AF280418

Waxmann Verlag GmbH
Steinfurter Straße 555, 48159 Münster
info@waxmann.com

Karoline Spelsberg

Diversität als Leitmotiv

Handlungsempfehlungen für eine
diversitäts- und kompetenzorientierte Didaktik

Eine explorative Studie im Kontext
einer Kunst- und Musikhochschule

Waxmann 2013
Münster / New York / München / Berlin

Bibliografische Informationen der Deutschen Nationalbibliothek
Die Deutsche Nationalbibliothek verzeichnet diese Publikation in
der Deutschen Nationalbibliografie; detaillierte bibliografische
Daten sind im Internet über http://dnb.d-nb.de abrufbar.

Internationale Hochschulschriften, Bd. 591
Die Reihe für Habilitationen und sehr gute
und ausgezeichnete Dissertationen.

ISSN 0932-4763
ISBN 978-3-8309-2925-3

© Waxmann Verlag GmbH, 2013
Postfach 8603, 48046 Münster

www.waxmann.com
info@waxmann.com

Umschlaggestaltung: Inna Ponomareva, Münster
Umschlagbild: © Valentina Boneva
Satz: Stoddart Satz- und Layoutservice, Münster

Gedruckt auf alterungsbeständigem Papier,
säurefrei gemäß ISO 9706

Inhalt

Abkürzungen

A	*Annahmen*
F	*Zentrale Forschungsfragen*
FF	*Forschungsleitende Fragen*
GP	*Gestaltungsprinzipien*
HK	*Hauptkategorien*
IP	*Interviewpartner_in*
KEF	*Kritische Erfolgsfaktoren*
T	*Thesen*
UK	*Unterkategorien*

Geleitwort

Ein Geleitwort gibt seinem Autor die Chance, Zugänge in die Welt eines Textes zu öffnen, Leserinnen und Leser auf dem Weg durch die Lektüre zu begleiten und ihr Interesse darauf zu lenken, was es dort zu beobachten gibt. Die Selektivität dieser Begleitung, die dabei unvermeidlich ist, sagt nicht nur etwas über den Text, sondern ebenso über die eigene Perspektive des begleitenden Beobachters aus. Wirft man wie in diesem Falle den Blick aus der Hochschuldidaktik auf die vorliegende Arbeit von Karoline Spelsberg, findet man sich unvermittelt im heißen Kern des Diskurses über die Entwicklung der Hochschulbildung, die sich zurzeit an ihrer eigenen Entwicklungsdynamik festzufressen droht.

Am Ausgang der ersten Phase des Bologna-Prozesses, in dem Hochschulexpansion, horizontale und vertikale Differenzierung des Hochschulsystems, chronische Unterfinanzierung der Hochschulbildung, Anpassung an Wirtschaft und Arbeitswelt, struktureller Umbau des Studiengangsystems und Bürokratisierung der Studiengangsorganisation mit einer wachsenden Zahl und Vielfalt unter den Studierenden zusammentreffen, geht es um die Frage, an welchem Ende die Studienreform ankommt. Wird die Qualität von Studium und Lehre in die Verschulung einer neuen Sekundarstufe III gezwängt? Oder befreit sie die Hochschulbildung in einer „zweiten Welle der Reform" zu einer Lehr/Lern-Kultur, die den Werten der Selbstverantwortung von Lernenden, der Stärkung ihrer Autonomie in der Selbstorganisation bzw. -steuerung der Lernprozesse sowie ihrer reflektierten Aneignung von fachlichen und sozialen Kompetenzen und einer kritischen Auseinandersetzung mit der Wissenschaftsentwicklung gerecht wird? Schafft Hochschulbildung Raum für Persönlichkeitsentwicklung und die Wahrnehmung gesellschaftlicher, kultureller und ökologischer Verantwortung?

In dieser Krise, in die die Hochschulbildung hineintreibt, richtet Spelsberg den Fokus ihrer Untersuchung auf „Diversity". Allein dies wäre nicht der Rede wert, verbliebe ihre Argumentation doch mit diesem Topos, der in den letzten Jahren wie kaum ein zweiter durch die Arena der Studienreform getrieben wird, im Mainstream. Spannend wird der Argumentationsgang erst an der Stelle, an der es gelingt, die Hochschulbildung aus der Sackgasse der selbstverschuldeten Verschulung herauszuführen. Dazu gilt es, eine Engführung des Diversity-Diskurses in Sackgassen zu vermeiden, in die er üblicherweise gerät.

Die eine Sackgasse, in die „Diversity Management" führt, läuft darauf hinaus, auf unterschiedliche Studienvoraussetzung einzelner sozialer Gruppen – meist Frauen, Migrantinnen und Migranten, Arbeiterkinder, Personen mit körperlichen und/oder geistigen Beeinträchtigungen, Berufstätige ohne Abitur – speziell ausgerichtete Förderungsmaßnahmen und Studienprogramme herzuleiten. Zweifellos mag es Sinn machen, Studierenden adaptive Lerngelegenheiten zur Verfügung zu stellen, um eine effektive Beteiligung an Bildungsprogrammen zu ermöglichen. Die Lernenden da abzuholen, wo sie sich befinden, und von den jeweils gegebenen Lernvoraussetzungen auszugehen, ist ein allgemein bewährter didaktischer Grundsatz, der für jedwede Studierende gilt und von dessen Beachtung dann natürlich auch die Mitglieder unterschiedlicher sozialer Gruppen profitieren. Die Ausrichtung der Förderung adaptiven Lernens jedoch auf spezielle Gruppen auszurichten, läuft Gefahr einer sozialen Etikettierung, was leicht zu Stigmatisierungen führt, und auf diese Weise die Differenzierung der Studienangebote sozial-selektiv weitertreibt.

Mit Bezug auf ein Diversity-Konzept, das *Unterschiede und Gemeinsamkeiten* in den Blick nimmt, setzt Spelsberg dagegen auf ein Arrangement von Lerngelegenheiten „fern jeder Zuschreibung" sozialer Distinktion, in dem die real existierende Diversität in der Lerngruppe als didaktisches Potential gesehen wird. Der Schlüssel dazu liegt in den Aufgabenstellungen, die in Art und Schwierigkeitsgrad eine hohe Variabilität und entsprechende Wahlmöglichkeiten bereithalten und gleichzeitig vielfältige Kooperationsanlässe zur Verbindung diverser Kompetenzen schaffen. Eine solche Aufgabenorientierung hilft zum zweiten es zu vermeiden, in die Sackgasse des Widerspruchs zu tappen, der aus der bolognatypisch intendierten Standardisierung der Lernergebnisse unter den Bedingungen der Diversity von Lerngruppen entsteht. Entsprechend der Logik einer Studiengangsgestaltung nach Bologna-Vorgaben wird zwar die Diversity der Lernerinnen und Lerner postuliert, diese aber spätestens im Prüfungsverfahren durch die Messung an vereinheitlichten Leistungsnormen letztlich einer Homogenisierungslogik untergeordnet. In ihrem didaktischen Arrangement kann die Autorin durch die von ihr konzipierte Aufgabenstruktur für die Lerngruppe zwar diesen Widerspruch nicht auflösen, was unter den gegebenen Konstellationen vermutlich auch zu utopisch erscheint, schafft aber die Möglichkeit, dass Lernende einerseits ein gemeinsames Fundamentum anstreben, darauf andererseits jedoch in einem Additum unterschiedliche Lernergebnisse verfolgen. Gestützt wir dieser Ansatz durch die Dokumentation und Reflexion der Aufgabenbearbeitung in einem Portfolio, in dem die Varianz der erreichten Leistung sichtbar wird. Dass diese Lern- bzw. Dokumentationsumgebung als ein E-Portfolio digital angelegt ist, zeigt einmal mehr, dass die didaktische Gestaltung der Möglichkeiten eines selbstgesteuerten und -organisierten Lernens in dieser Arbeit auf dem „state oft the art" des Arrangements von Lernumgebungen angelegt ist. Damit wird perspektivisch die Ausgestaltung einer radikalen Lernendenzentrierung sichtbar, so dass Lernende innerhalb eines gegebenen Möglichkeitsraumes vermögen, ihren jeweils eigenen Zielsetzungen nachzugehen. In einer solcherart entstandardisierten Hochschulbildung bestünde die Aufgabe der Lernbegleitung durch die Lehrenden zuvörderst darin, die Studierenden beim Erreichen ihrer selbst intendierten Lernergebnisse zu unterstützen. Der in der vorliegenden Arbeit enthaltene Fingerzeig auf ein derart radikalisiertes Umdenken der Lehr- und Lernverhältnisse an Hochschulen dient zugleich auch als Hinweis darauf, warum eine solche Didaktik der Diversity an der Folkwang als einer Universität der Künste Platz hat.

Zu Recht mögen sich die Leserinnen und Leser fragen, warum Spelsberg ihre Untersuchung im „Kontext" einer Kunst- und Musikhochschule durchführt. Zwar stellt es in der Szene der bundesdeutschen Hochschuldidaktik und Studienreform ein Novum und damit Alleinstellungsmerkmal dar, in dieser Domäne Curriculumforschung zu betreiben; die von Spelsberg konzipierte und ausgewertete Lehrveranstaltung zählt jedoch keineswegs zu den Kernfächern der künstlerischen Ausbildung. Sie liegt vielmehr mit ihrer

Ausrichtung auf Schlüsselkompetenzen auf einer fachübergreifenden Ebene und könnte insofern in ähnlicher Form auch an anderen Hochschulen realisiert werden. Nun lässt sich – wie die Autorin darlegt – eine Fülle von Argumenten finden, die auch in der künstlerischen Ausbildung Lernergebnisse auf dieser Ebene begründen.

Absolventinnen und Absolventen einer künstlerischen Ausbildung, die darauf angewiesen sind, sich in einem hochgradig kompetitiven und auf individuelle Leistungsprofile ausgerichteten Markt zu bewähren, benötigen in ihrem Studium nicht nur den Raum für die Bildung ihrer eigenen künstlerischen Persönlichkeit, sie sollten auch in der Lage sein, ihre Kompetenzen in geeigneter öffentlicher Form darzustellen. Die neuere Professionsforschung spricht in diesem Sinne von der Entwicklung einer Kompetenz zur Selbstinszenierung bzw. professionellen Selbstdarstellung. Spelsbergs Veranstaltungsarrangement schafft einschließlich des Portfolios dazu hervorragend geeignete Lerngelegenheiten, in denen die Studierenden genau diese Kompetenzen einüben können. Dass sie dies in einem von der künstlerischen Konkurrenz entlasteten Raum tun können, der gleichwohl die Selbstdarstellung mit der Beobachtung dessen verbindet, was andere Studierende tun, gibt ihnen gleichzeitig die Möglichkeit, sich selbst in Referenz zu diesen zu reflektieren. Professionelle Selbstinszenierung umschließt in diesem Sinne die Unterscheidung von anderen, die aber nur in Relation dazu möglich ist, wie man sich unterscheidet, mithin in einem Referenzsystem von Unterscheidungen situiert ist, indem man sich selbst lokalisiert.

Im Hinblick auf den Ertrag ist das Veranstaltungsexperiment zweifellos das Kernkapitel der vorliegenden Arbeit. Wer sich aber über eine versierte Erörterung der derzeitigen Debatte zu Diversity, Kompetenzorientierung und Curriculumentwicklung orientieren will, sollte sich die Zeit nehmen, die einzelnen Schritte der Argumentationskette nachzuvollziehen: Da ist zunächst die Analyse des Bildungsproblems und seiner theoretischen Grundfragen und Dimensionierungen; die grundlegenden Konzepte und der Stand der wissenschaftlichen Diskussion werden sodann in Interviews mit einschlägigen Expertinnen und Experten vertieft und erweitert. Daraus folgen Thesen, Gestaltungsempfehlungen und die kritische Reflexion von Erfolgsfaktoren praktischer Maßnahmen. Damit ist die Grundlage für ein Umsetzungsexperiment in der Hochschulbildung gelegt, das erprobt und mit formativer Evaluation begleitet wird. Schließlich werden die Auswertungen der Befunde an die Modell- und Theoriebildung rückgebunden und Schlussfolgerungen für die Bildungspraxis, einschließlich konkreter Handlungsempfehlungen gegeben. Spelsberg hat damit ein sehr anspruchsvolles theoretisches Konzept in ein hoch komplexes Forschungsdesign umgesetzt, in dem die Diversity-Debatte nicht nur aus der Managementperspektive behandelt wird, sondern in eine gehaltvolle Curriculumentwicklung einmündet. Aus hochschuldidaktischer Sicht fällt dabei besonders ins Gewicht, dass die Thematik zwar auf ihre institutionellen Implikationen für die Hochschulentwicklung hin reflektiert wird, aber in einem hochschuldidaktischen Diskurs steht, der die Gestaltung von Lehr- und Lernverfahren mit Learning Outcomes und Prüfungsformaten verbindet, und so im besten Sinne eines „constructive alignment" verläuft. Auch wenn die Arbeit im besonderen Kontext der Folkwang Universität der Künste ein spezielles Lehrveranstaltungsexperiment thematisiert, enthält sie vielfältig transferierbare Einsichten und Handlungsorientierungen, die aus der Sicht fachbezogener wie fachübergreifender Hochschuldidaktiken interessantes Anregungspotential bieten. Viel Vergnügen bereitet auch das sprachlich brillante Meisterstück aus der hochschuldidaktischen Wissenschaftswerkstatt. Viel Spaß bei der Lektüre.

Prof. (a.D.) Dr. Dr. h.c. Johannes Wildt

Danksagung

Die vorliegende Arbeit wurde als Dissertation am 08. November 2012 von der Fakultät für Bildungswissenschaften an der Universität Duisburg-Essen angenommen und am 21. März 2013 verteidigt. Auch wenn ich alleine für den Inhalt des vorliegenden Bandes verantwortlich bin, haben mich viele Personen auf ganz unterschiedliche Art und Weise auf meinem Weg begleitet und damit zum erfolgreichen Abschluss meiner Arbeit beigetragen. Ihnen gebührt mein herzlichster Dank.

Mein besonderer Dank gilt meinem Doktorvater Prof. Dr. Michael Kerres für die Übernahme der fachlichen Betreuung, das entgegengebrachte Vertrauen und seine konstruktiv-kritischen Anregungen. Prof. Dr. Isa Jahnke danke ich für die persönliche Unterstützung als Mentorin und dass sie sich als Zweitgutachterin meiner Arbeit zur Verfügung gestellt hat. Prof. Dr. Karl Düsseldorff danke ich für die Übernahme des Promotionsvorsitzes.

Ein großer Dank geht an jene Kolleginnen und Kollegen an der Folkwang Universität der Künste, die mir jede denkbare kollegiale Unterstützung gegeben und damit für das Gelingen dieser Arbeit gesorgt haben. Mein besonderer Dank gilt hier Mercè Mayor und Patricia Thegtmeier. Stefanie Melters danke ich zudem für ihre sorgfältigen, aufmerksamen Hinweise und für zahlreiche konstruktive Diskussionen.

Der Hochschulleitung danke ich für die Unterstützung hinsichtlich der Durchführung der Studie im Lehr- und Lernkontext an der Folkwang Universität der Künste. Hier gilt ein spezieller Dank dem Rektor Prof. Kurt Mehnert für die Chance, meine Ideen und Kenntnisse zur Entwicklung und Gestaltung neuer Handlungsfelder einbringen zu können wie auch für die stete Ermutigung, dabei den Weg des Denkbaren zu gehen. Dem ehemaligen Prorektor für Studium, Lehre und Forschung Prof. Dr. Stefan Klöckner danke ich für seine von Beginn an mir zugewandte kenntnisreiche Begleitung meiner Studie. Dem Kanzler Michael Fricke danke ich ganz besonders für die langjährige gute Zusammenarbeit, viele wertvolle Anregungen und motivierende Gespräche. Seine vielseitige Unterstützung gab mir die notwendige Ruhe und Sicherheit für die Erstellung dieser Arbeit.

Mein ganz besonderer Dank gilt den Studierenden und Expertinnen und Experten, die sich bereit erklärt haben, an den Studien mitzuwirken. Ohne ihre Teilnahme hätte diese Arbeit nicht realisiert werden können.

Für die kreative Gestaltung diverser Abbildungen in dieser Arbeit danke ich Valentina Boneva ganz herzlich.

Bedanken möchte ich mich auch bei Prof. Dr. Ulf Ehlers und Prof. (a.D.) Dr. Dr. h.c. Johannes Wildt. Sie gaben mir mit ihrem fundierten Fachwissen viele Anregungen für meine wissenschaftliche Arbeit. Prof. (a.D.) Dr. Dr. h.c. Johannes Wildt danke ich zudem ganz besonders herzlich, dass er es trotz eines vollen Terminkalenders auf sich genommen hat, für diesen Band ein Geleitwort zu verfassen.

Weiterhin danke ich Sabrina Eimler, Prof. Dr. Stefan Heinemann, Dr. Daniela de Ridder, Anne Steinert, Miriam Venn, Dr. Daniel Weber und Karola Wolff-Bendik für die anregenden Diskussionen und ihre konstruktive Kritik.

Robin Gibas, Bettina Jorzik und Prof. em. Dr. Jochen Vogt danke ich von ganzem Herzen für ihre großartige Unterstützung und kompetente Hilfe beim kritischen Korrekturlesen der Arbeit.

Am meisten danke ich meiner Familie, meinem Freund und meinen Freundinnen und Freunden für die Unterstützung und Aufmunterung während des langen Wegs der Fertigstellung dieser Arbeit. Ganz besonders danke ich Tanja dafür, dass sie mir gezeigt hat, dass die Lebenskunst darin besteht, im Alltäglichen das Wunderbare zu sehen. In dankbarer Erinnerung widme ich ihr und meinem Patenkind Mia diese Arbeit.

1. Einleitung

1.1 Problemstellung und Zielsetzung

Zielsetzung des 1999 angestoßenen Hochschulreformprozesses ist es, „international akzeptierte Abschlüsse zu schaffen, die Qualität von Studienangeboten zu verbessern und mehr Beschäftigungsfähigkeit zu vermitteln" (BMBF 2012).

Durch den Bologna-Prozess schreitet die Internationalisierung der Hochschulen stetig voran, die Studierenden werden immer internationaler,[1] mit der Folge einer wachsenden *kulturellen Vielfalt*. Zusätzliche Veränderungen der gesellschaftlichen Rahmenbedingungen, wie beispielsweise der demografische Wandel oder die interkulturelle Öffnung von deutschen Hochschulen im Zuge der Migrations- und Integrationspolitik werden zu einer immer größeren *Diversität der Studierenden* führen. So sind inzwischen nach Angaben des Stifterverbandes für die Deutsche Wissenschaft (vgl. Stifterverband 2012)[2] in Hochschulen annähernd elf Prozent der Studierenden Bildungsausländer_innen,[3] über 60 Prozent der Studierenden sind faktisch Teilzeitstudierende und jede fünfte Studienanfängerin bzw. jeder fünfte Studienanfänger ist ein so genanntes Arbeiterkind.[4]

Damit verbirgt sich hinter dem Begriff *Studierende* eine zunehmend diverse Gruppe. Die Anerkennung, Förderung und Nutzung dieser studentischen Vielfalt ist für die Hochschulen gleichermaßen *Chance* (Bereicherung durch Vielfalt) und *Herausforderung* (Umgang mit Vielfalt).

Um sich *systematisch* auf die wachsende Diversität der Studierenden in Deutschland einzustellen, haben sich die deutschen Hochschulen des Themas *Diversity* oder *Diversity Management* angenommen.[5]

Das Konzept Diversity Management, das ursprünglich aus der US-amerikanischen Betriebswirtschaft stammt, gibt Antworten auf die Frage, wie Unternehmen und Organisationen die unterschiedlichen Talente, Fähigkeiten und Fertigkeiten ihrer Belegschaften ressourcen- bzw. kompetenzorientiert (an-)erkennen, wertschätzen, fördern und nutzen können.

Kernelemente des Diversity Managements an Hochschulen stellen die aus den relevanten Kategorien des Audits *Vielfalt gestalten* des Stifterverbands für die Deutsche Wissenschaft (2012, 21) abgeleiteten sieben Handlungsfelder dar:

---

1 Vgl. den Sonderbericht „Internationalisierung des Studiums" der 19. Sozialerhebung des Deutschen Studentenwerks (BMBF 2010).
2 Vgl. dazu auch den Hauptbericht der 19. Sozialerhebung des Deutschen Studentenwerks (BMBF 2010a).
3 In dieser Arbeit wird für eine geschlechtersensible Schreibweise auch der Unterstrich verwendet. Der Unterstrich soll Personen sichtbar machen, die sich abseits der traditionellen Geschlechtsrollen befinden (vgl. Walgenbach et al. 2007).
4 www.arbeiterkind.de
5 Vgl. MIWF NRW (2011); de Ridder (2011). Als erste Universität bundesweit richtete 2008 die Universität Duisburg-Essen ein Prorektorat für Diversity Management ein.

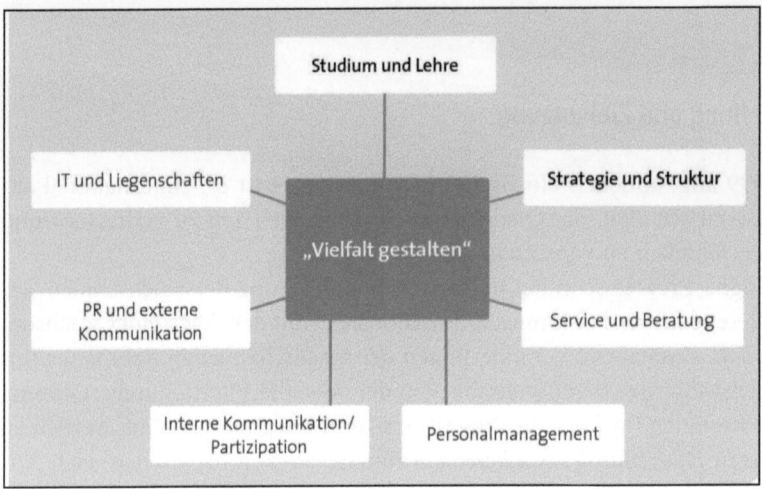

Abbildung 1: Handlungsfelder von Diversity Management an Hochschulen (Stifterverband 2012)

Im Handlungsfeld *Studium und Lehre* wird der Blick auf die Studierenden gelenkt. Neben strategischen Schwerpunkten in den Bereichen *Studierendengewinnung* und *Hochschulbindung* wird auch der Bereich *Didaktik*[6] in den Mittelpunkt gerückt.

> Die Berücksichtigung studentischer Diversität in unterschiedlichen Lernsettings und die Herstellung einer adäquaten Lernumgebung erlauben eine Weiterentwicklung von Kenntnissen, Fähigkeiten und Haltungen. Die Erfahrung in heterogenen Lerngruppen wiederum eröffnet Chancen für eine kritische Reflexion des eigenen Lernverhaltens (Stifterverband 2012, 17).

Um der Diversität der Studierenden (hochschul-)didaktisch adäquat zu begegnen, liegen – bis auf einzelne Leuchtturmprojekte[7] – kaum Ergebnisse vor, die aufzeigen, welche *Gestaltungsanforderungen* in einer didaktischen Konzipierung zu berücksichtigen sind, um der Diversität der Studierenden *fern einer Zuschreibung* von bestimmten personenbezogenen Merkmalen oder Verhaltensweisen Rechnung zu tragen.[8]

---

6   Der Begriff Didaktik ist nicht einheitlich definiert (vgl. für einen Überblick Peterßen 2004). Da in dieser Arbeit eine *gestaltungsorientierte* Perspektive in den Mittelpunkt gerückt wird, orientiert sich der Begriff Didaktik in dieser Arbeit weitgehend an den Leitgedanken der *Lerntheoretischen Didaktik* (vgl. Heimann et al. 1965).
7   Vgl. für eine Übersicht HRK (2012).
8   So liegen Ergebnisse vor, die bestimmte Diversitäts-Merkmale der Lernenden fokussieren (vgl. Rössler 1984; Bürner-Kotzam & Jensen 1988). Mit solchen Ansätzen wird im Allgemeinen versucht, mittels Reduktion eine überschaubare Anzahl von Dimensionen zu fokussieren, um (kulturelle) Besonderheiten zu benennen und sie *vergleichbar* machen zu können. Kritisch ist hier anzumerken, dass solche Ansätze oftmals eine *Übergeneralisierung* und *Stereotypisierung* zur Folge haben, wie bereits kritische Arbeiten zu kulturvergleichenden Modellen zeigen (vgl. Rathje 2003; Behrens 2007). Ziel sollte hier vielmehr sein, einen Handlungsspielraum *kultursensibel* auszugestalten (vgl. Spelsberg 2010). Ferner werden adaptive Systeme als Lösung für den Umgang mit der Diversität der Studierenden bestimmt (vgl. Kamentz 2006). Mehrere Gründe sprechen gegen eine *Fokussierung bestimmter Diversitäts-Merkmale* (vgl. Kapitel 2) wie auch gegen *adap-*

Zugleich stellt auch der intendierte *(didaktische) Paradigmenwechsel* im Zuge des Bologna-Prozesses von einer *Vermittlung* von Lerninhalten hin zu einer *kompetenzorientierten* Fokussierung auf die *Ergebnisse* von Lernprozessen (i.S.v. Kompetenzen) das deutsche Hochschulsystem im Allgemeinen (vgl. HRK 2008) und die Hochschuldidaktik im Besonderen (vgl. Paetz et al. 2011) vor große Herausforderungen.

Kompetenzorientierung vor dem Hintergrund der Bologna-Reform hat zum Ziel, wissensbasiertes *Handeln* zu ermöglichen und Hochschulabsolvent_innen zu befähigen, ihre Kompetenzen in unterschiedlichen (Arbeits-)Kontexten *anwenden* zu können. Damit ist Bologna auch ein Bekenntnis zu einer an *Learning Outcomes* orientierten Reform (vgl. D'Andrea & Gosling 2005), welche die *Handlungskompetenz* der Studierenden als Ziel der (Hochschul-)Bildung in den Mittelpunkt rückt (vgl. Schaeper & Briedis 2004). Mit der Fokussierung von Lernergebnissen (und Lernprozessen) geht wiederum eine *didaktische Perspektive* einher.

In diesem Zusammenhang zeigt sich nicht nur, dass das Thema *Kompetenzorientierung* an einer Unbestimmtheit dessen leidet, was genau unter *Kompetenz* verstanden wird.[9] Es liegen zudem auch hier kaum Ergebnisse vor, die aufzeigen, *wie* ein Lehr- und Lernarrangement gestaltet werden kann, um unterschiedlichen Voraussetzungen, Zugängen und Bedürfnissen der Studierenden und der Forderung nach Kompetenzorientierung Rechnung zu tragen.

Ferner wird in der aktuellen Diskussion zu den Themen *Diversität* und *Kompetenzorientierung* kaum über hochschulische Bemühungen und Entwicklungen der *Kunst- und Musikhochschulen* berichtet.[10] Die Gründe dafür sind unterschiedlich. Ein Grund ist möglicherweise, dass die Einführung einer gestuften Studienstruktur an Kunst- und Musikhochschulen erst im Jahre 2005 erfolgte.[11] Ein weiterer Grund dafür, dass die Themen *Diversität* sowie *Kompetenzorientierung* aus der Sicht von Kunst- und Musikhochschulen in der aktuellen Diskussion nicht präsent sind, ist gegebenenfalls einem *alten Paradigma* geschuldet.

Gemeinhin wird angenommen, dass Studierende von Kunst- und insbesondere von Musikhochschulen aus bildungsbürgerlichen Verhältnissen stammten (und deswegen

---

tive *Systeme* als Lösung für den didaktischen Umgang mit der Diversität der Studierenden (vgl. Schulmeister 2004, 8).

9 So wird entweder vorwiegend kritisch argumentiert (vgl. Dohmen 2002; Faulstich 2002) und sogar vor „dem Aufstieg des Terminus Kompetenz" gewarnt (Brödel 2002, 44). Geißler & Orthey (2002, 69) bezeichnen die Attraktivität des Kompetenzbegriffs als „Teil eines Sprachspielwettbewerbs"; Hof (2002, 80) spricht vom „Zauberwort Kompetenz". Andererseits bezeichnet der Kompetenzbegriff eine Disposition, die nicht beobachtbar ist, sondern in der Performanz sichtbar wird (vgl. Arnold 2002, 31).

10 Jüngst führen Bemühungen der HRK dazu, auch die Entwicklungen an Kunst- und Musikhochschulen in den Blick zu nehmen. Für anregende Gespräche wird hier besonders Dr. Juliane Bally und Mina Wiese gedankt.

11 Kunst- und Musikhochschulen lehnten geschlossen die Bologna-Idee mit dem Argument ab, dass ein künstlerisch-persönlicher Reifungsprozess mehr Zeit benötige, als in der gestuften Studienstruktur zunächst vorgesehen. 2003 erklärten sie sich jedoch geschlossen gegenüber der politischen Seite bereit, die gestufte Studienstruktur einzuführen, wenn ihnen eine Ausnahmegenehmigung vom Hochschulrahmengesetz eingeräumt werden würde. Die Ausnahmegenehmigung sollte ein vierjähriges Bachelor-Studium (8 Semester) und ein zweijähriges Master-Studium (4 Semester) ermöglichen. 2005 stimmte die Kultusministerkonferenz (KMK) einer besonderen Regelung für künstlerische Studiengänge an Kunst- und Musikhochschulen zu (vgl. KMK 2005).

auch ein Abitur hätten) und mit einer breiten musikalischen und kulturellen Vorbildung an die Hochschulen kämen, um dort eine ‚Handwerkslehre' zu erhalten, die sie auf eine ‚sichere' Festanstellung (Orchester, Opernhäuser) oder glanzvolle Solist_innen-Karrieren vorbereitet.

Dieses alte Paradigma durch ein *neues Paradigma* zu ersetzen, ist seit einigen Jahren zentraler Bestandteil des Bologna-Prozesses an Kunst- und Musikhochschulen.[12] Dieser Paradigmenwechsel ist vornehmlich hochschulspezifischen Besonderheiten und damit einhergehenden Herausforderungen geschuldet, welche Kunst- und Musikhochschulen von anderen Hochschultypen zentral unterscheiden.

So besteht das Aufnahmeverfahren an Kunst- und Musikhochschulen aus einer künstlerischen Eignungsprüfung vor Studienbeginn; die *Begabung* steht an erster Stelle, formale Hochschulzugangsberechtigungen sind sekundär.

Darüber hinaus geht das *begabungsorientierte Aufnahmeverfahren* mit dem Ziel einher, im nationalen und internationalen Wettbewerb künstlerisch exzellente Studierende zu gewinnen. Neben Studienangebot und Studienort ist demzufolge das knappe Gut *Reputation* von zentraler Bedeutung; die internationale Anerkennung der angebotenen (Aus-)Bildung steht im Mittelpunkt. Die anderenorts häufig vermisste Internationalität stellt somit an Kunst- und Musikhochschulen kein Desiderat dar. Führende Kunst- und Musikhochschulen zeichnen sich vielmehr durch einen hohen Anteil an internationalen Studierenden (Bildungsausländer_innen) aus, insbesondere innerhalb der rein künstlerischen Studiengänge (vgl. KMK & BMBF 2012).

Die mit dem begabungsorientierten Aufnahmeverfahren einhergehende kulturelle Vielfalt wird in der künstlerischen Förderung zur Entwicklung von exzellenten Künstler_innen-Persönlichkeiten ganzheitlich und potenzialorientiert berücksichtigt. Die Förderung des persönlichen Profils, d.h. die Begabungs- und Exzellenzförderung, wird erreicht durch eine intensive Interaktion mit der bzw. dem Lehrenden.

Zugleich steht die hohe Spezialisierung (und damit eine Engführung des Kompetenzprofils) im Widerspruch zu aktuellen gesellschaftlichen Herausforderungen, wie eine statistische Bestandsaufnahme zur Arbeitsmarktsituation für künstlerische Berufe von Söndermann (2004) im Auftrag der Beauftragten der Bundesregierung für Kultur und Medien zeigt.[13] Nur wenige Absolvent_innen schaffen den Durchbruch zu einer (inter) nationalen Karriere, und angesichts des Rückgangs von öffentlich geförderten Kultureinrichtungen stehen Künstler_innen oftmals vor ernsthaften Existenzproblemen. So gilt es, nicht nur tradierte künstlerische Identitäten und Arbeitsmodelle zu reproduzieren, sondern Studierende zu befähigen, sich in verändernden Berufsfeldern zu behaupten und eigene Handlungsperspektiven zu entwickeln, ohne dabei das Grundprinzip der künstlerischen Ausbildung aus den Angeln zu heben: Bei Kunst handelt es sich um ein Gut *an sich*.

---

12 Vgl. Ullrich (2011).

13 Darüber hinaus funktionieren die so genannten Künstler_innen-Arbeitsmärkte als Netzwerk-Arbeitsmärkte, d.h. die Reputationsbildung wird durch Empfehlungen und Beziehungen ermöglicht (vgl. Schmid 2000, 285). Diese netzwerkartige Arbeitsorganisation führt auch zu Kontaktabhängigkeiten, die weitere Risiken mit sich bringt (vgl. Haak & Schmid 1999; Röbke 2000).

Diesem Spannungsverhältnis suchen Kunst- und Musikhochschulen gerecht zu werden, indem Studienangebote durch das Angebot *Schlüsselkompetenzen*[14] ergänzt werden. Damit tragen Kunst- und Musikhochschulen sich verändernden gesellschaftlichen Rahmenbedingungen durch Kompetenzerweiterung im Studium Rechnung. Mit der Entscheidung, ob Schlüsselkompetenzen additiv und/oder integrativ angeboten werden (organisatorische Sicht), sind jedoch auch didaktische Anforderungen (didaktische Sicht) verbunden. Ohne an dieser Stelle auf die Vor- und Nachteile additiver und integrativer Ansätze eingehen zu können (vgl. Knauf 2003; Fehr 2004), stellt das Angebot *Schlüsselkompetenzen* Kunst- und Musikhochschulen aufgrund hochschulspezifischer Besonderheiten vor neue *organisatorische* und *didaktische* Herausforderungen (vgl. Kapitel 5; Kapitel 9.2).

Nicht zuletzt finden die hochschulspezifischen Besonderheiten und die damit einhergehenden Herausforderungen an Kunst- und Musikhochschulen in der aktuellen Diskussion mit dem Fokus auf Diversity Management kaum Berücksichtigung, da Kunst- und Musikhochschulen derzeit nur vereinzelt in der Hochschulentwicklung einen Management-Ansatz verfolgen.[15]

Diversity Management stellt jedoch auch für Kunst- und Musikhochschulen angesichts der sich verändernden gesellschaftlichen Rahmenbedingungen eine Zukunftsaufgabe dar (vgl. HRK 2010, 8).

An eben dieser Stelle setzt die vorliegende Arbeit an. Der Hochschultyp Kunst- und Musikhochschule und die mit dem hochschulspezifischen Paradigmenwechsel verbundenen Herausforderungen sollen in den Vordergrund der aktuellen Diskussion zu den Themen *Diversität* und *Kompetenzorientierung* gerückt werden.

Ausgangspunkt ist die Frage, *wie* an einer Kunst- und Musikhochschule der *Diversität der Studierenden* und der Forderung nach *Kompetenzorientierung* bei der Gestaltung und Umsetzung eines hybriden Lehr- und Lernarrangements[16] im ergänzenden Angebot *Schlüsselkompetenzen* Rechnung getragen werden kann. Als Hintergrundsfolie für die Notwendigkeit einer in die Zukunft gerichteten *diversitäts*- und *kompetenzorientierten* (Hochschul-)Didaktik dient die aufgezeigte Auseinandersetzung mit Diversity Management und der intendierte (didaktische) Paradigmenwechsel.

Zur Beantwortung der Frage wird eine *gestaltungsorientierte* Perspektive eingenommen. Damit stehen nicht die Identifikation der „besten Methode" (Kerres 2004, 10) oder

14 Da hierzu eine systematische Übersicht fehlt, wurde anhand einer kursorischen Internetrecherche ermittelt, wie viele Kunst- und Musikhochschulen in Deutschland Studienangebote durch das Angebot *Schlüsselkompetenzen* ergänzen. Von 58 Kunst- und Musikhochschulen haben 37 das Angebot *Schlüsselkompetenzen* implementiert. Dieses Angebot wird begrifflich unterschiedlich ausgewiesen. An 21 Kunst- und Musikhochschulen findet sich kein expliziter Hinweis darauf, dass Studienangebote durch *Schlüsselkompetenzen* ergänzt werden. An dieser Stelle vielen Dank an Valentina Boneva für die Durchführung der Synopse.

15 So zeigt die Bestandsaufnahme „Diversity an nordrhein-westfälischen Hochschulen" (Jansen-Schulz et al. 2011), dass das Thema Diversity (Management) an der Hochschule für Musik Detmold, an der Folkwang Universität der Künste und an der Hochschule für Musik Köln eine Rolle spielt. Weitere systematische Übersichten fehlen.

16 Ziel eines hybriden Lernarrangements ist es, die Vorteile konventioneller Unterrichtsformen (Präsenzunterricht) mit den Vorteilen von E-Learning sinnvoll zu verbinden.

die Fokussierung bestimmter Diversitäts-Merkmale der Studierenden im Mittelpunkt des Forschungsinteresses.

Mit der *gestaltungsorientierten* Perspektive soll vielmehr die Frage in den Vordergrund gerückt werden, wie *didaktische Entscheidungen*[17] *systematisch* getroffen werden können, um der *Diversität der Studierenden* und der Forderung nach *Kompetenzorientierung* in einer (medien-)didaktischen Konzeption Rechnung zu tragen.[18]

Die Forschungsarbeit ist demzufolge in der Medien- und Hochschuldidaktik anzusiedeln, denn es ist deren Aufgabe, (medien-)didaktische Szenarien zu entwickeln und zu untersuchen (vgl. Kerres 2001).

Vor dem Hintergrund des angezeigten Forschungsdesiderats lauten die zentralen Forschungsfragen (F):

F1: Wie können didaktische Elemente[19] ausgestaltet werden, um der Diversität der Studierenden und der Forderung nach Kompetenzorientierung gerecht zu werden?

F2: Inwiefern hält E-Learning[20] (zusätzliche) Möglichkeiten für die Ausgestaltung didaktischer Elemente bereit?

F3: Welche kritischen Erfolgsfaktoren gilt es in einer (medien-)didaktischen Konzeption zu berücksichtigen?

Konkret werden folgende Ziele verfolgt:

1. Die Erarbeitung eines theoretischen Bezugsrahmens, der

   a. Einflussfaktoren und Gestaltungsmöglichkeiten didaktischer Elemente sowie Gestaltungsprinzipien als Grundlage für didaktische Entscheidungen aufzeigt und

   b. die (zusätzlichen) Ausgestaltungsmöglichkeiten didaktischer Elemente durch E-Learning offenlegt.

2. Das Heben pädagogischen (Erfahrungs-)Wissens anhand von Expert_innen-Interviews.

3. Die Konzeption und Umsetzung eines hybriden Lehr- und Lernarrangements unter Rückgriff auf die gewonnenen Schlussfolgerungen.

---

17 Mit dem Begriff *didaktische Entscheidungen* ist hier gemeint, begründete Entscheidungen darüber zu treffen, wie *didaktische Elemente* und damit einhergehende *Merkmale* in einer (medien-) didaktischen Konzeption *ausgestaltet* werden können. Die *gestaltungsorientierte* Perspektive rückt damit neben der Begründung des *Bildungsgehalts* der Lerninhalte (vgl. Klafki 1975) den *Gestaltungsgehalt* didaktischer Elemente in den Vordergrund.

18 Lernprinzipien geben eine Orientierung für die Gestaltung von Lernumgebungen, um Lernen zu beeinflussen (vgl. Weinert 1996, 1-48); sie beziehen sich jedoch nicht auf die konkreten *Gestaltungsanforderungen* von zentralen Merkmalen *didaktischer Elemente*.

19 Im Fokus dieser Arbeit stehen die didaktischen Elemente *Lernziel*, *Lernaufgabe* und *Portfolio* (vgl. Kapitel 4).

20 Da die verwendeten Formen und Technologien, die für elektronisch unterstütztes Lernen eingesetzt werden, sehr vielfältig sind und sich beispielsweise von „Webbased Trainings (WBTs)" über Online Learning bis hin zu integrierten Systemen" (de Witt 2005, 74) und dem Einsatz von Social Media erstrecken, wird mit Kerres (2001, 14) E-Learning als Oberbegriff für alle Varianten internetbasierter Lehr- und Lernangebote aufgefasst.

1.2   Struktur der Arbeit bzw. Vorgehensweise

Im Mittelpunkt der Arbeit stehen die Fragen, inwiefern Gestaltungsprinzipien dazu beitragen können, eine Grundlage für didaktische Entscheidungen zur Ausgestaltung didaktischer Elemente aufzuzeigen, und inwieweit E-Elearning (zusätzliche) Ausgestaltungsmöglichkeiten bereithält, um der Diversität der Studierenden und der Forderung
nach Kompetenzorientierung gerecht zu werden. Dazu ist es notwendig, die hergeleite-
ten Gestaltungsprinzipien auf eine konkrete Situation anzulegen und zu erproben.

Zur Beantwortung der Forschungsfragen gliedert sich die Arbeit in einen theoretischen
(A) und in einen empirischen (B) Teil.

Einleitend (Kapitel 1) werden die Problemstellung, das Forschungsdesiderat, die Zielsetzung und die Struktur bzw. Vorgehensweise beschrieben.

Im ersten, theoretischen Teil dieser Arbeit wird zur Beantwortung der Forschungsfragen zunächst ein theoretischer Bezugsrahmen erarbeitet. Dazu wird im zweiten Kapitel
der Gegenstandsbereich *Diversität* begrifflich differenziert. In der aktuellen Diskussion
gewinnen die Begriffe *Diversity* bzw. *Diversity Management* immer mehr an Bedeutung
und werden oftmals synonym verwendet. Unklar bleibt damit zuweilen auch, welches
Verständnis von Diversität einem *didaktischen Anliegen* zugrunde liegt und auf welchen
Ansatz in der Diversityforschung dieses Verständnis rekurriert. Zugleich soll in dieser
Arbeit die Diversität der Studierenden *fern einer Zuschreibung* von bestimmten personenbezogenen Merkmalen oder verhaltensbezogenen Aspekten als *didaktischer Ausgangspunkt* und *Leitmotiv* in den Blick genommen werden, um Perspektiven für eine
diversitäts- und *kompetenzorientierte* (Hochschul-)Didaktik aufzuzeigen, die sowohl die
unterschiedlichen Zugänge, Voraussetzungen und Fähigkeiten der Studierenden als auch
die Forderung nach Kompetenzorientierung bei der Gestaltung eines Lehr- und Lernarrangements berücksichtigt. Dieser didaktische Ausgangspunkt geht mit der pädagogischen Zielsetzung einher, Studierenden einen *Handlungsspielraum* anzubieten, um ihren
individuellen Zugängen, Bedürfnissen und Fähigkeiten Rechnung zu tragen.[21] Dies betont auch Biggs (2001, 80):

> It is probably not necessary to set up alternate classroom systems which in most
> instances would be unrealistic, but to set up alternative components within the
> classroom systems. There are levels at which there is room for student choice, if
> desired, without the need to specify which individual differences are important
> and which are not.

Am Ende des zweiten Kapitels werden die wichtigsten Aussagen zusammengefasst sowie
die Voraussetzungen aufgezeigt, die in dem zu konzipierenden hybriden Lehr- und Lernarrangement berücksichtigt werden sollen.

Im dritten Kapitel wird der Begriff *Kompetenz* aus pädagogischer Perspektive näher
betrachtet und eine Arbeitsdefinition von Kompetenz hergeleitet. Zudem werden Ein-

---

21 Für einen Überblick zu *personalized learning* vgl. Hargreaves & Shirley (2009).

flussfaktoren und Anforderungen offengelegt, die für weitere didaktische Überlegungen von Bedeutung sind. Im Fokus steht hier nicht die Frage, wie Kompetenzen gemessen werden können. Vielmehr gilt es aufzuzeigen, welche *didaktischen Anforderungen* an die Gestaltung und Umsetzung eines (hybriden) Lehr- und Lernarrangements mit der Fokussierung auf die *Ergebnisse* von Lernprozessen (i.S.v. Kompetenzen) einhergehen. Um der Diversität der Studierenden Rechnung zu tragen, fordert Jorzik (Stifterverband 2012, 5), „Differenz(en) anzuerkennen und wertzuschätzen [sowie] die darin liegenden Ressourcen und Potenziale zu nutzen". *Kompetenzorientierung* in einem Lehr- und Lernarrangement meint dann das Schaffen einer Vielzahl von Handlungsmöglichkeiten, damit sich die individuellen Potenziale der Studierenden in einer Vielzahl von Situationen kompetenzorientiert ausdifferenzieren können (vgl. Erpenbeck & von Rosenstiel 2003, XII).

Abschließend werden die zentralen Aussagen zusammengefasst sowie auch hier die Voraussetzungen offengelegt, die in dem zu konzipierenden hybriden Lehr- und Lernarrangement berücksichtigt werden sollen.

Nach Klärung grundlegender Begrifflichkeiten, dem Offenlegen von Einflussfaktoren sowie damit einhergehenden Anforderungen, der Formulierung von Voraussetzungen und der Identifizierung von kritischen Erfolgsfaktoren für eine *diversitäts-* und *kompetenzorientierte* (Hochschul-)Didaktik, stehen im vierten Kapitel die *didaktischen Elemente* Lernziel, Lernaufgabe und Portfolio aus *gestaltungsorientierter* Perspektive im Mittelpunkt.

Am Ende eines jeden Abschnitts wird zusammenfassend aufgezeigt, wie der Diversität der Studierenden und der Forderung nach Kompetenzorientierung *systematisch* mit Hilfe von entwickelten Gestaltungsprinzipien Rechnung getragen werden kann. Zugleich wird angezeigt, dass didaktische Zielsetzungen in konventionellen Unterrichtsformen (Präsenzunterricht) und in einem papierbasierten Portfolio nicht oder nur unzureichend zu realisieren sind.

So wird im fünften Kapitel der Frage nachgegangen, inwiefern durch den Einsatz von E-Learning (zusätzliche) Gestaltungsmöglichkeiten für die Umsetzung didaktischer Überlegungen erschlossen werden können. E-Learning ermöglicht nicht nur, individuellen Bedürfnissen in Bezug auf orts- und zeitunabhängiges Lernen gerecht zu werden, sondern kann unter Umständen auch zur *Erweiterung* oder *Verbesserung* der Ausgestaltungsmöglichkeiten didaktischer Elemente beitragen. Inwiefern E-Learning Möglichkeiten bereithält, didaktische Zielsetzungen umzusetzen, um der Diversität der Studierenden und der Forderung nach Kompetenzorientierung Rechnung zu tragen, kann jedoch erst durch eine geeignete mediendidaktische Konzeption und Umsetzung überprüft werden (vgl. Kerres 2001).

Am Ende des fünften Kapitels werden die zentralen Aussagen zusammengefasst sowie die damit einhergehenden Thesen angezeigt.

Der theoretische Teil der Arbeit (Teil A) endet mit dem sechsten Kapitel, das die zentralen Schlussfolgerungen zusammenfassend diskutiert. Zur Beantwortung der Forschungsfragen sind jedoch weiterführende Erkenntnisse erforderlich. Zum einen gilt es, Informationen zu den identifizierten kritischen Erfolgsfaktoren für eine *diversitäts-* und *kompetenzorientierte* (Hochschul-)Didaktik zu erhalten, die formulierten Thesen explorativ zu prüfen und kritische Erfolgsfaktoren zu eruieren (F3), die für die Konzeption und Umsetzung eines hybriden Lehr- und Lernarrangements bedeutsam sein können. Zum anderen ist es notwendig, die Praxistauglichkeit der entwickelten Gestaltungsprinzipien zu überprüfen, indem diese auf eine konkrete Situation angelegt werden. Dazu werden zwei empirische Untersuchungen im hochschulischen Kontext durchgeführt.

Der zweite, empirische Teil der vorliegenden Arbeit beginnt in Kapitel 7.

Nach Klärung der dieser Arbeit zugrunde liegenden Methodologie und Methoden (Kapitel 7) werden in Kapitel 8 die Ergebnisse der ersten explorativen Studie vorgestellt. Unter Rückgriff auf die theoretischen Schlussfolgerungen steht in der ersten Studie das (Erfahrungs-)Wissen von elf pädagogischen Professionals respektive Expert_innen aus verschiedenen Hochschultypen im deutschsprachigen Raum im Forschungsfokus.

Die Ergebnisse der Expert_innen-Interviews sollen Erkenntnisse darüber liefern, *wie* pädagogische Professionals die Diversität der Studierenden wahrnehmen, welches Diversitätsverständnis ihrem hochschuldidaktischen Handeln zugrunde liegt, wie sie der Forderung nach Kompetenzorientierung in der Hochschulpraxis Rechnung tragen und welcher Mehrwert durch den Einsatz von E-Learning erzielt werden soll. Zugleich sollen weiterführende Erkenntnisse in Bezug auf die kritischen Erfolgsfaktoren für eine *diversitäts-* und *kompetenzorientierte* (Hochschul-)Didaktik und die formulierten Thesen gewonnen sowie kritische Erfolgsfaktoren identifiziert werden, die für die Konzeption und Umsetzung eines hybriden Lehr- und Lernarrangements relevant sein können (F3).

Anschließend wird auf der Basis der gewonnenen Schlussfolgerungen ein hybrides Lehr- und Lernarrangement im hochschulischen Kontext einer Kunst- und Musikhochschule konzipiert und umgesetzt (vgl. Kapitel 9).

Die Ergebnisse der zweiten Studie werden in Kapitel 10 vorgestellt. Hier wird der Frage nachgegangen, *wie* die Studierenden das hybride Lehr- und Lernarrangement genutzt und *ob* sie es akzeptiert haben. Dazu rückt die zweite Untersuchung anhand eines bestimmten Handlungsausschnitts das Lernhandeln der Studierenden in den Vordergrund. Lernen, das mit Holzkamp (1993) eine Sonderform des Handelns darstellt, setzt voraus, dass die Beschäftigung mit Lerngegenständen für die Lernenden *Sinn* macht und Sinn machen nur Lernhandlungen, die auch für die eigene Lebensperspektive von Bedeutung sind (vgl. Holzkamp 1993, 189).

Der Zusammenhang von Sinn, Bedeutung und Lebensperspektive kann nicht von Dritten gestiftet werden (vgl. Rihm 2004, 16); er kann jedoch durch eine didaktische Konzeption, die zum Ziel hat, die Studierenden in ihrer praktischen Handlungsfähigkeit zu unterstützen, angeregt werden (vgl. Rihm 2004, 19).

Im Mittelpunkt des empirischen Forschungsdesigns dieser Arbeit steht somit nicht die Prüfung von Hypothesen, sondern die explorative Generierung neuer didaktischer Erkenntnisse (und Hypothesen) für die hochschulische Praxis. Insgesamt orientiert sich das explorative Forschungsdesign an Tomczak (1992, 84; vgl. Kapitel 7).

Die theoretisch und empirisch gewonnenen Erkenntnisse sowie die daraus resultierenden Handlungsempfehlungen für die Hochschulpraxis, die Grenzen der Arbeit und Ausblicke auf zukünftige Forschungsfelder werden in Kapitel 11 beschrieben.

2. Diversität

In dieser Arbeit steht nicht die Diversität der Studierenden als *Zielbezug* (Berücksichtigung fachübergreifender oder fachintegrierter Diversitäts-Aspekte in einem Lehr- und Lernarrangement oder in einem Studienmodul) oder als *Methode* (Beförderung von Diversitäts-Aspekten in einer Lerngruppe für den Lernprozess) im Mittelpunkt.

In dieser Arbeit ist die Diversität der Studierenden *fern einer Zuschreibung* von bestimmten personenbezogenen Merkmalen oder Verhaltensweisen *Ausgangspunkt* und *Leitmotiv* der didaktischen Überlegungen.

Für die Gestaltung eines Lehr- und Lernarrangements bedeutet dies, den Studierenden in Bezug auf bestimmte personenbezogene Merkmale wie Geschlecht, Alter oder nationale Herkunft *nicht* von vornherein bestimmte Verhaltensweisen, Fähigkeiten oder Lernpräferenzen zuzuschreiben. Vielmehr nimmt die Diversität der Studierenden als *didaktischer Ausgangspunkt* eine zentrale *didaktische Herausforderung* in den Blick: Die Diversität der Studierenden erfordert ein Äquivalent in der Didaktik, denn: „Wer didaktische Vielfalt pflegt, wird auf die eine oder andere Weise für jeden der Lernenden einmal eine günstige Konstellation erzeugen" (Flechsig 1996, 5).

Die übergeordnete Frage ist nicht, wie ein passgenaues Angebot aussehen kann, das von vornherein bestimmten personen- oder verhaltensbezogenen Diversitäts-Merkmalen der Studierenden gerecht werden will, sondern: Wie sieht eine „didaktische Vielfalt" aus, die der Diversität der Studierenden (fern einer Zuschreibung) und der Forderung nach Kompetenzorientierung Rechnung trägt?

Die Zielsetzung, der Diversität der Studierenden *fern einer Zuschreibung* didaktisch Rechnung zu tragen, wirft zugleich Fragen auf wie beispielsweise: Was ist unter Diversität eigentlich zu verstehen? Welche Konzepte und Forschungsrichtungen untersuchen das Phänomen menschlicher Vielfalt? Und mit welchem Ziel? Angesichts aktueller Diskussionen, schillernder Termini und Entwicklungen in der US-amerikanischen Forschung ist eine klare Differenzierung der Begrifflichkeiten und des Gegenstands zur Beantwortung dieser Fragen unabdingbar. Eine vollständige Darstellung der Diversityforschung und aktueller amerikanischer und europäischer Diversity-Management-Konzepte würde jedoch den Rahmen dieser Arbeit sprengen.[22]

Daher beschränken sich die nachfolgenden Ausführungen neben einer begrifflichen Klärung von *Diversity* auf die für die didaktische Zielsetzung dieser Arbeit wesentlichen Aspekte der Diversityforschung. Zentrale Punkte sind dabei Erscheinungsformen von Diversität, die Erläuterung der Herkunft und Bedeutung des Konzepts Diversity (Management) und zentrale Definitionsansätze. Daran anschließend wird das dieser Arbeit zugrunde liegende Diversitätsverständnis in Abgrenzung zum Heterogenitätsbegriff erläutert.

---

22 Für einen umfassenden Überblick siehe Sepehri (2002), Banks (2004) und Krell et al. (2007).

2.1 Diversity und Diversity Management

Diversität (englisch: ‹diversity›) kann mit ‹Vielfalt›, ‹Vielfältigkeit› oder auch ‹Mannigfaltigkeit› übersetzt werden (vgl. Aretz & Hansen 2002; Jung & Schäfer 2003; Becker & Seidel 2006). Je nach Konzept oder Fachdisziplin finden sich zahlreiche Begriffsdefinitionen, unter denen die nach verschiedenen Kriterien definierten Unterschiede (und Gemeinsamkeiten) zwischen Menschen erfasst werden können. Diversität als *Phänomen* hat es immer schon gegeben[23] und es mag insofern zunächst seltsam anmuten, dass erst seit wenigen Jahrzehnten der Begriff *Diversity* in Deutschland zur Diskussion gestellt wird (vgl. Sepehri 2002). Seitdem ist jedoch eine sprunghafte Zahl an Veröffentlichungen zu verzeichnen und das Thema Diversity (Management) hat seit dem Jahr 2000 in Deutschland Hochkonjunktur (vgl. Süß & Kleiner 2006). Der Forschungsstand ist allerdings zum Teil eklektisch (vgl. Becker 2006), was nicht zuletzt auf die Tatsache zurückzuführen ist, dass der Begriff *Diversity* synonym sowohl zur Beschreibung der *Unterschiede* als auch der *Unterschiede und Gemeinsamkeiten* von Personen sowie für das Konzept Diversity Manangement in einem strategischen Sinne verwendet wird (vgl. Krell 2003). Zudem handelt es sich in Deutschland um ein von deutschen Töchtern amerikanischer Konzerne so genanntes ,importiertes' Themenfeld, mit der Folge, dass zum Teil ungefiltert und unkritisch US-amerikanische Diversity-Konzepte auf deutsche Unternehmen übertragen wurden.[24] Es ist somit zunächst unklar, auf welchen *Gegenstandsbereich* sich die Begriffe *Diversity* und *Diversity Management* beziehen und wie sie inhaltlich bestimmt werden.

---

23 So werden in Nordamerika Vielfältigkeit und Unterschiedlichkeit diskutiert „simply because they exist" (Fleras & Elliot 2002, 1).

24 Die ,Diversity' in Deutschland hat seit Mitte der 90er Jahre ihren Ursprung in der Beschäftigung mit einem ,importierten' Managementkonzept und befasst sich weitgehend mit Aspekten der Nutzenorientierung von personeller Vielfalt. Seitdem entstehen in deutschen Unternehmen Maßnahmen, welche Diversität ,managen' oder steuern sollen. Die Diskussionen um Diversity Management oder Managing Diversity sind damit wirtschaftswissenschaftlicher Natur und beschreiben ein ökonomisch betriebswirtschaftlich orientiertes Konzept, welches die Vielfalt der Belegschaft und sonstigen Stakeholder bewusst zum Gegenstand des Unternehmens- bzw. Personalmanagement macht. Hier steht die Förderung und Nutzung der personellen Vielfalt im Unternehmen zur Erreichung *ökonomischer Vorteile* im Vordergrund. Eventuelle Machtstrukturen und Diskriminierungspotenziale sollen verringert und abgebaut werden, um die personelle Vielfalt als Ressource ökonomisch nutzbar zu machen.
In sozialen Systemen kann angenommen werden, dass trotz der vordergründigen ökonomisch-ressorcenorientierten Überlegungen in Unternehmen auch soziale Aspekte eine Rolle spielen und dadurch eine Wertschätzung der personellen Vielfalt in Gang gesetzt wird. Auch unterstützt die Einführung der „Charta der Vielfalt" die Etablierung einer offenen und toleranten Organisationskultur. Eine systematische Wertschöpfung personeller Vielfalt durch Wertschätzung findet aktuell jedoch weitgehend noch nicht statt (vgl. Wagner & Sepehri 2000, 459). Die personelle Vielfalt wird anhand sichtbarer Merkmale beschrieben, die Dimensionen darstellen, die meist für Stereotypisierung und Vorurteilsbildung herangezogen werden. Auch wird vielerorts nicht deutlich, welcher Ansatz der unternehmerischen Form des Diversity Managements zugrunde liegt. Neben Thomas & Ely (1996) beeinflusst auch Cox (1993) als ein wichtiger Vertreter in der US-amerikanischen Diskussion die Entwicklungen von Diversity Management in Deutschland. Dennoch hat der Rückbezug auf diese Autor_innen in Deutschland bisher nicht dazu geführt, ein ganzheitliches Diversity Management einzuführen (vgl. Sepehri 2002).

Maßgeblich geprägt wurden beide Begriffe in den USA.[25] Die so genannte *traditionelle Diversity*, angelehnt an die klassische Rassen- und Geschlechterforschung, beschäftigt sich mit Aspekten der Diskriminierung und Chancengleichheit oder mit anderen Worten mit den Abweichungen von Normvorstellungen. Die dort zunehmend schärfere Antidiskriminierungsgesetzgebung veranlasste die Unternehmen aus Angst vor Schadensersatzzahlungen bereits in den 1960er Jahren dazu, sich erstmals mit dem Thema *Diversity Management* auseinanderzusetzen. Ein juristischer Meilenstein war 1964 der „Civil Right Act"; in späteren Jahren folgten gruppenspezifische Antidiskriminierungsgesetze.[26]

Einen anderen Weg gingen die Affirmative-Action-Programme, welche in Form von positiven Diskriminierungen ihren Zielgruppen Recht verschaffen wollten. Hier führten die Maßnahmen aufgrund der positiven Stigmatisierung allerdings zum Teil zu gesteigerter, unterschwelliger Diskriminierung (vgl. Thomas 1992). Dennoch veränderten sie das Verhalten der Unternehmen, angetrieben durch eine *soziale Diversity-Debatte* in den USA (vgl. Wood 1993). Die *traditionelle Diversity*, die sich im engeren Sinn auf spezifische Gruppen und Minoritäten bezog, löste sich in den 1970er und 1980er Jahren immer mehr von ihrer ursprünglichen Herkunft. Aus Unternehmersicht wurden zunehmend die Vorteile eines Diversity Managements erkannt, nicht zuletzt aufgrund der in soziologischen Studien aufgezeigten demografischen Entwicklungen der US-amerikanischen Bevölkerung, wie zum Beispiel die Workforce 2000 (vgl. Johnston & Parker 1987). Die Studie zeigt, dass der Anteil der so genannten *Minorities* bis zum Jahr 2000 radikal ansteigen und in manchen Regionen quantitativ die Mehrheit ausmachen wird. Diese Prognosen haben zur Entwicklung einer integrativen Personal- und Unternehmenspolitik geführt, welche sowohl zukünftige Einwanderungsentwicklungen berücksichtigt als auch die Erfahrungen und das Wissen der jeweiligen Bevölkerungsgruppen in Unternehmen nutzbar macht. Dies führte von einer *bloßen Tolerierung* hin zu einer *systematischen Nutzung* personeller Vielfalt in Unternehmen.

Die Untersuchungen von Thomas & Ely (1996) und Dass & Parker (1999) zeigen, dass sich die unternehmerischen Formen des Diversity Managements parallel zu den historischen Entwicklungen verändert haben. Thomas & Ely (1996) beschreiben in ihrem auch als Klassiker bezeichneten Beitrag „Making Differences Matter. A New Paradigm for Managing Diversity" verschiedene unternehmerische Umgangsformen mit Diversität in Organisationen, anhand derer sich sowohl theoretische Ansätze als auch die in Unternehmen jeweils gültigen Sichtweisen von *Diversity* und *Diversity Manangement* beschreiben und zuordnen lassen (vgl. Becker & Seidel 2006).

In Anlehnung an Thomas & Ely (1996) haben Dass & Parker (1999) die Vielzahl der unterschiedlichen Ansätze in *vier Hauptkategorien* eingeordnet. Neben dem so genannten *Resistenzansatz* unterscheiden sie die *Diskriminierungs- und Fairnessansätze*, die *Marktzutritts- und Legitimitätsansätze* und die *Lern- und Effektivitätsansätze*. Diese vier Kate-

---

25 Weitere Vorreiter waren Kanada, Australien und Ozeanien (vgl. Kymlicka 2000).
26 Als Beispiele seien hier folgende aufgeführt: 1967 Age Discrimination in Employment Act, 1973 Rehabilitation Act, 1978 Pregnancy Discrimination Act, 1986 Immigration Reform and Control Act, 1990 Americans with Disabilities Act.

gorien werden häufig auch als *Perspektiven* bezeichnet, da sie zugleich den *Reifegrad* des Diversitätsverständnisses der Organisation zum Ausdruck bringen.

Der Reifegrad ist bei dem *Resistenzansatz* niedrig, da es sich hier genau genommen nur um eine Bewahrung und Verteidigung des Status quo handelt. Der Resistenzansatz entstand in den 1960er Jahren, als Dominanzgruppen sich von dem wachsenden Streben nach Diversität bedroht fühlten (vgl. Dass & Parker 1999; Krell 1999; Sepehri 2002; Vedder 2005). Das Vorhandensein jeglicher Diversität wird dabei verneint, ignoriert oder abgewertet, da es das Ziel ist, die eigene wahrgenommene ‚Homogenität' zu schützen und so den Status quo zu halten:

> Individuals embodying some visible form of difference – nationality, color or gender – were seen as not like the homogenous insiders in business organizations. Growing pressures for diversity are likely to be perceived as threats (Dass & Parker 1999, 69).

Der *Diskriminierungs- und Fairness-Ansatz* (Discrimination & Fairness Paradigm) kommt einer juristischen Betrachtung sehr nahe. Es handelt sich um einen *defensiven* Ansatz, der Diversität als Gleichstellungsinstrument sieht (vgl. Thomas & Ely 1996, 81f.). Das Hauptaugenmerk liegt auf der Überprüfung der Auswahl-, Beurteilungs- und Beförderungsverfahren im Hinblick auf diskriminierende Elemente. Der Schwerpunkt dieses Ansatzes wird auf Chancengleichheit gelegt und hat sich durch die Antidiskriminierungsgesetzgebung entwickelt (vgl. Ely & Thomas 2001, 245).

Dieser Umgang mit Diversität, bei dem die Vermeidung von Diskriminierung im Vordergrund steht, eröffnet der Organisation jedoch keine neuen Denk- und Handlungsweisen. Die Parole ‚Alle sind gleich!' verneint existierende Unterschiede und unterstützt (unbewusst) eine Orientierung der Minderheit an der so genannten Mehrheitskultur. Diversität wird hier sehr eng definiert und bezieht sich auf Merkmale diskriminierter Gruppen wie Geschlecht, Hautfarbe oder Alter (vgl. Sepehri 2002). Diese „verordnete Gleichmacherei", so Haselier & Thiel (2005, 14) „ist kein gelebtes Diversity Management". Besondere Befähigungen, die gerade in der Verschiedenartigkeit begründet sein können, gehen dadurch verloren; das Lernpotenzial durch Diversität wird vernachlässigt:

> Without doubt, there are benefits to this paradigm: it does tend to increase demographic diversity in an organization, and it often succeeds in promoting fair treatment. But it also has significant limitations. The first of these is that its color-blind, gender-blind ideal is to some degree built on the implicit assumption that "we are all the same" or "we aspire to being all the same." Under this paradigm, it is not desirable for diversification of the workforce to influence the organization's work or culture. The company should operate as if every person were of the same race, gender, and nationality. It is unlikely that leaders who manage diversity under this paradigm will explore how people's differences generate a potential diversity of effective ways of working, leading, viewing the market, managing people, and learning (Thomas & Ely 1996, 81).

Diversity Management nach dem *Marktzutritts- und Legitimitätsansatz* (Access & Legitimacy Paradigm) dient in erster Linie als *strategisches* Instrument zur Markterschließung. Basierend auf einer marktorientierten Sichtweise werden soziodemografische Faktoren als Diversitätsdimensionen mit Märkten in Beziehung gesetzt. Es wird versucht, eine Mitarbeiter_innen-Struktur im Unternehmen abzubilden, die der Struktur des Zielmarktes entspricht. Im Unternehmen entsteht so Wissen, welches vor allem im Marketingbereich sowie bei der Problemlösungskompetenz und Innovationsfähigkeit Vorteile gegenüber Mitbewerber_innen verspricht. Organisationen, die Diversity Management nach dem Marktzutritts- und Legitimitätsansatz verstehen, „pushed for access to – and legitimacy with – a more diverse clientele by matching the demographics of the organization to those of critical consumer or constituent groups" (Thomas & Ely 1996, 83). Dieser Ansatz zielt damit auf Wettbewerbsvorteile ab; die Vielfalt der Beschäftigten wird zur Erreichung dieser Ziele zugelassen und genutzt (vgl. Cox 1993; Milliken & Martins 1996). Kritisch anzumerken ist, dass der Marktzutritts- und Legitimitätsansatz

> tend to emphasize the role of cultural differences in a company without really analyzing those differences to see how they actually affect the work that is done. (...). [A]ccess-and-legitimacy leaders are too quick to push staff with niche capabilities into differentiated pigeonholes without trying to understand what those capabilities really are and how they could be integrated into the company's mainstream work (Thomas & Ely 1996, 83).

Dieser *rational-ökonomische* Blick auf Diversität führt in der Praxis oft zu der Frage, wie viel Diversität ‚nützlich' ist, sowie zu einer Gleichsetzung personen- und verhaltensimmanenter Diversität. Diese Gleichsetzung führt wieder zu neuer Diskriminierung, da aus verhaltensbezogenen Aspekten auf personenbezogene Merkmale geschlossen wird. Doch auch verhaltensbezogene Aspekte sind „divers, individuell verschieden und leiten sich nicht quasi automatisch aus bestimmten personenbezogenen Merkmalen ab" (Stifterverband 2012, 18).

Die Reduzierung auf die Zugehörigkeit zu einer bestimmten Gruppe aufgrund einer Gleichsetzung von personenbezogenen Merkmalen und verhaltensbezogenen Aspekten führt weiter zu einer Überbetonung offensichtlicher Unterschiede. Die der Gruppe zugeschriebenen ‚gruppentypischen' Einstellungen und Verhaltensweisen werden von Mitarbeiter_innen, unabhängig von ihren personenbezogenen Merkmalen, erwartet. In theoretischer Hinsicht können diesem Ansatz die Arbeiten von Cox & Blake (1991), Cox (1993) sowie Bateman & Zeithaml (1993) zugeordnet werden (vgl. Sepehri 2002, 145).

Die *Lern- und Effektivitätsperspektive* (Learning & Effectiveness Paradigm) bezeichnen Thomas & Ely (1996) als den reifsten und effektivsten Umgang mit Diversität in Organisationen. Dieser Perspektive liegt ein *holistisches* Verständnis zugrunde. Es werden Aspekte des Diskriminierungs- und Fairness-Ansatzes mit ökonomischen Vorteilen des Marktzutritts- und Legitimitätsansatzes verbunden und darüber hinaus die Chance des Lernens betont, die sich durch die Berücksichtigung der Diversität für die Organisation und ihre Mitglieder ergibt. Die Verbindung zwischen Differenzierung und Integration zur Erschließung neuer Strategien und Neugestaltung von Unternehmensprozessen strebt eine so genannte Win-win-Situation an.

> Therefore, managers of organizations that are successfully shifting to the learning-and-effectiveness paradigm take one more step: they make sure their organizations remain "safe" places for employees to be themselves. These managers recognize that tensions naturally arise as an organization begins to make room for diversity, starts to experiment with process and product ideas, and learns to reappraise its mission in light of suggestions from newly empowered constituents in the company. But as people put more of themselves out and open up about new feelings and ideas, the dynamics of the learning-and-effectiveness paradigm can produce temporary vulnerabilities. Managers who have helped their organizations make the change successfully have consistently demonstrated their commitment to the process and to all employees by setting a tone of honest discourse, by acknowledging tensions, and by resolving them sensitively and swiftly (Thomas & Ely 1996, 90).

Diese Perspektive nähert sich dem Konzept Diversity Management aus dem Blickwinkel einer *lernenden Organisation*. Als notwendige Voraussetzung für ein erfolgreiches Management wird hier eine Unternehmenskultur angesehen, die Diversität als einen *Wert an sich* schätzt. Unternehmen, „welche diese Perspektive von Diversity Management vertreten, verfolgen (…) oft langfristig geplante strategische Initiativen und sind Pioniere bezüglich Diversity Management" (Sepehri 2002, 151).

Zusammenfassend kennzeichnen folgende Entwicklungslinien den gegenwärtigen Stand des Konzepts Diversity Management:

Tabelle 1: Entwicklungslinien des Konzepts Diversity Management. Eigene Darstellung in Anlehnung an Thomas & Ely (1996) und Dass & Parker (1999)

Diversity-Ansätze	Haltung	Verständnis	Organisationskultur	Zielsetzung
Resistenzperspektive	Gefahr	Dominantes Homogenitätsideal	Monokultur, eigene wahrgenommene Homogenität erhalten	Bewahrung & Verteidigung des Status Quo
Fairness- und Antidiskriminierung	‚Anders' sein verursacht Probleme	Klassische Unterschiede (benachteiligte Gruppen)	Assimilierung und Chancengleichheit	Gleichbehandlung benachteiligter Gruppen
Marktzutritts-perspektive	Vielfalt führt zu Vorteilen	Generelle Unterschiede	Differenzierung	Zugang zu neuen Kund_innen und Märkten
Lern- und Effektivitäts-perspektive	Vielfalt ist ein Wert an sich	Unterschiede und Gemeinsamkeiten	Transkulturelle Veränderung, Pluralismus	Langfristiges Lernen, Abbau von Dominanzen

Zu beobachten ist weiter, dass in der US-amerikanischen Diversityforschung die Ausprägungen bzw. Erscheinungsformen von *Diversity* im Laufe der letzten zehn Jahre immer weiter gefasst wurden; der Grad der Verschiedenartigkeit hat sich auf immer mehr Dimensionen bzw. Ausprägungen erweitert (vgl. Gardenswartz & Rowe 2010). Thomas (1995) sieht in der Erweiterung des Begriffsverständnisses einen Ausdruck für den gesellschaftlichen Wandel, d.h. die *Einstellung* zum Anderssein: „(…) the mixture of red, purple and green jelly beans is likely to be much more unassimilated than is the case when the individual beans are uncomfortable with being different" (Thomas 1995, 248).

Gegenwärtig existieren zahlreiche Sichtweisen und Auffassungen (vgl. Thomas 1992; Fine 1996; Gardenswartz et al. 2008; Gardenswartz & Rowe 2010), die, je nach Zugang, verschiedene Unterscheidungsmerkmale von Vielfalt aufgreifen. Einige betrachten nur die so genannten *sichtbaren* bzw. *wahrnehmbaren Unterschiede* (auch primäre Dimensionen) von Diversität. Diese sichtbaren Unterschiede wurden explizit eingegrenzt auf Rasse und ethnische Herkunft, Geschlecht und Alter (vgl. Fine 1996, 485f.) und werden in der Literatur auch als *klassische Dimensionen* bezeichnet (vgl. Thomas 1992). Sichtbare bzw. wahrnehmbare Dimensionen werden meist für Stereotypisierung und Vorurteilsbildung herangezogen. Daher bezieht Thomas (1992, 10f.) weitere Merkmale mit ein:

> Diversity includes everyone; it is not something that is defined by race or gender. It extends to age, personal and corporate background, education, function, and personality. It includes lifestyle, sexual preference, geographic origin, tenure with the organization, exempt or nonexempt status, and management or non-management. (…) A commitment to diversity is a commitment to all employees, not an attempt at preferential treatment.

Weitere Autor_innen folgen und betrachten auch *unsichtbare* bzw. *kaum wahrnehmbare Unterschiede* (auch sekundäre Dimensionen) als relevante und dazugehörende Erscheinungsformen (u.a. vgl. Milliken & Martins 1996; Robinson & Dechant 1997). Lieberman et al. (2004, 26ff.) führen in ihrem umfassenden Diversitäts-Modell 66 Merkmale bzw. Faktoren von Vielfalt an und auch Sepehri (2002) macht deutlich, dass je nach Kontext, aus und in dem man Menschen betrachtet, noch weitere Merkmale hinzukommen können. Gardenswartz & Rowe (2010, 23f.) beschreiben in ihrem sehr anschaulichen Modell „Four Layers of Diversity" die menschliche Vielfalt in Organisationen. In dem Modell werden Persönlichkeitsmerkmale, demografische Kerndimensionen, externe demografische Dimensionen sowie organisatorische Dimensionen unterschieden. Dieser *systematisierende* Überblick über personelle Vielfalt ist hilfreich, da er die *Multidimensionalität* aufzeigt und damit der Gefahr entgegengewirkt wird, *personenbezogene* Merkmale und *verhaltensbezogene* Aspekte *gleichzusetzen* bzw. aufgrund von personenimmanenter Diversität auf verhaltensimmanente Diversität zu schließen.

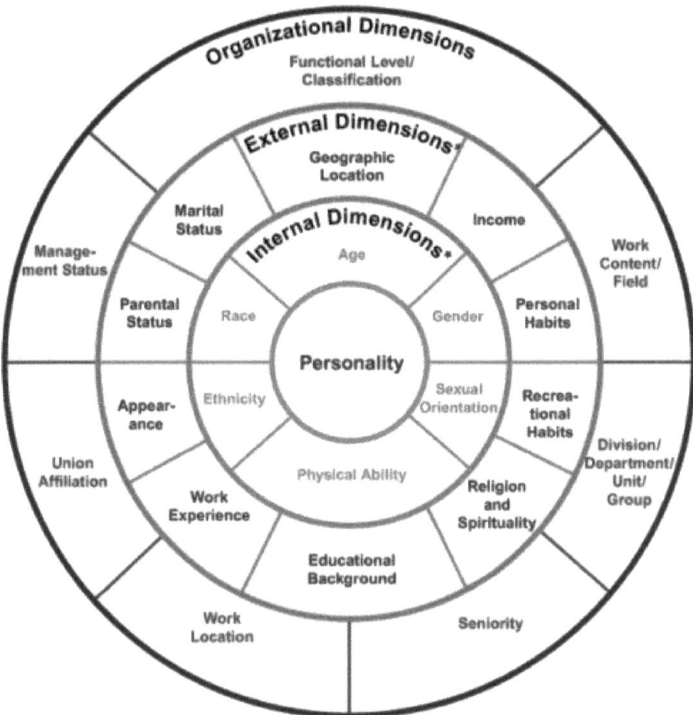

Abbildung 2: Four Layers of Diversity (Gardenswartz & Rowe 2010)

Das Modell der so genannten „Four Layers of Diversity" wird auch der Komplexität des Themas *Diversity* gerecht, denn es gilt, die jeweiligen Ausprägungen in ihrer *Gesamtheit* zu betrachten. So definieren Gardenswartz & Rowe (1994, 10) Diversität als „all of the ways that human beings are both similar and different".

Auch der Diversity-Pionier Thomas (1996) lenkt den Blick auf eine umfassende Sichtweise. Dazu erweitert er seine Definition um den simplen Terminus „similarities". Er stellt fest, dass auch *Gemeinsamkeiten* und einheitliche Werte zu den Ausprägungen von Diversität gehören sollten.

> In other words, diversity is not synonymous with differences, but encompasses differences and similarities. It means when making managerial decisions, you no longer have the option of dealing only with the differences or similarities present in the situation; instead, you must deal with both simultaneously. You may face many situations where choosing to consider only the differences or only the similarities is a legitimate option, but this is not the same as dealing with diversity (Thomas 1996, 5).

Nach Thomas (1996) ist Diversität nicht gleichzusetzen mit Vielfältigkeit und Unterschiedlichkeit, sondern beinhaltet alle *individuellen Unterschiede* wie auch *alle vorhandenen Gemeinsamkeiten*. Diversität tritt somit in vielfältiger Form und unterschiedlichsten Ausprägungen auf.

Die Aufforderung, alle individuellen Unterschiede wie auch alle vorhandenen Gemeinsamkeiten in Betracht zu ziehen, erfordert somit eine *ganzheitliche Sichtweise*, um die *Multidimensionalität* nicht außer Acht zu lassen (vgl. Dietz 2007). Während ein eingeschränktes Verständnis von *Vielfalt als Unterschiede* zu einer verallgemeinernden Zuschreibung von Eigenschaften und Verhaltensweisen und damit zur pauschalen Homogenisierung aller Individuen innerhalb dieser Gruppe führen kann, macht das Verständnis von Diversität als *Unterschiede und Gemeinsamkeiten* hingegen auf Differenzen aufmerksam, ohne dadurch Personen auf bestimmte Merkmale oder Verhaltensweisen festzuschreiben.

2.2 Begriffsbestimmung

Die Ausführungen im vorangegangenen Abschnitt zeigen, dass es notwendig ist, *Diversity* und *Diversity Management* begrifflich zu unterscheiden und ihren Gegenstandsbereich zu differenzieren.

Diversity ist nicht synonym mit *Diversity Management*. Die Begriffe gehören sicherlich zusammen, aber wie die Betrachtung verschiedener Konzepte und damit einhergehenden Sichtweisen und Auffassungen gezeigt hat, in unterschiedlichen und zu differenzierenden Zusammenhängen.

Im Folgenden soll nun das dieser Arbeit zugrunde liegende Diversitätsverständnis vor dem Hintergrund ihrer Zielsetzungen erläutert werden. Dazu wird auf ausgewählte Verständnisansätze rekurriert und die pädagogische Notwendigkeit der Abgrenzung zum Heterogenitätsbegriff aufgezeigt.

Die Diversität der Studierenden soll in dieser Arbeit *fern einer Zuschreibung* von bestimmten personenbezogenen Merkmalen oder verhaltensbezogenen Aspekten als *didaktischer Ausgangspunkt* in den Blick genommen werden.

Dazu ist es von zentraler Bedeutung, dass das Verständnis von Diversität über eine bloße Zustandsbeschreibung hinaus geht und sich ferner nicht in einem eingeschränkten Verständnis von *Vielfalt als Unterschiede* erschöpft. Der hier verwendete Begriff Diversität versteht in Anlehnung an Thomas (1996) somit Diversität als *Unterschiede und Gemeinsamkeiten*. Dieses Verständnis zielt vor allem auf die *Lern- und Effektivitätsperspektive* ab, die auf ganzheitliches organisationales Lernen setzt (vgl. Bendl et al. 2009, 564). Hier werden *Unterschiede und Gemeinsamkeiten* als *duale* Aspekte gesehen, die es zu nutzen gilt, um sie zu multiplen Zielen führen zu können. Die *Lern- und Effektivitätsperspektive* zielt auf organisationales Lernen, indem durch die Ausschöpfung bzw. Nutzbarmachung der Diversität in einer Belegschaft Innovation durch Beteiligung gefördert wird. Dies impliziert, die in der Diversität einer Belegschaft liegenden Ressourcen und Potenziale anzuerkennen, wertzuschätzen und zu nutzen (Potenzialorientierung).

Zugleich wird offenkundig, inwiefern es notwendig ist, das erweiterte Verständnis von Diversität begrifflich von *Heterogenität* abzugrenzen. In seiner Wortbedeutung geht der Begriff Heterogenität auf das griechische ‹héteros› (anders, verschieden) sowie ‹génos› (Klasse, Geschlecht, Art) zurück (vgl. Kluge 1999) und im Duden wird das Adjektiv ‹heterogen› mit „anders geartet, ungleichartig, fremdstoffig" erklärt (Duden 2004, 465). Der zunächst wertneutrale Begriff *Heterogenität* beschreibt somit einen Zustand, der jedoch die Andersartigkeit auf ein Merkmal fokussiert. Dieses Merkmal bzw. „Kriterium [wird] als Maßstab angelegt" und führt dazu, dass eine „Ungleichheit festgestellt" wird (Wenning 2007, 23). Entsprechend definiert Wenning (2007, 23) *Homogenität* als „Ergebnis des Vergleichs von Dingen bezogen auf ein Kriterium, wobei festgestellt wird, dass diese gleich sind." Dies bedeutet, dass die Zuschreibung von Ungleichheit oder Gleichheit immer die Vergleichbarkeit (der Dinge) voraussetzt und der Begriff *Heterogenität* damit ein *Gegenstück* erfordert, die *Homogenität*, welche begrifflich nur in der Dualität mit Heterogenität existiert.

Das erweiterte Verständnis von Diversität begreift *Unterschiede und Gemeinsamkeiten* jedoch als *duale* Aspekte, d.h. dass Diversität – anders als der Begriff Heterogenität – keinen Gegenbegriff braucht. Zudem führt ein Vergleich zwischen verschiedenen Dingen – bezogen auf ein Kriterium – zur Beschreibung von Abweichungen (vgl. Wenning 2007). Abweichungen (von so genannten Homogenitätsidealen) haben jedoch nicht selten Stereotypenbildung und Diskriminierung einer ganzen (Lern-)Gruppe zur Folge.

Dies zeigt beispielsweise die Bereitstellung von so genannten passgenauen Angeboten, die oftmals aus einer substitutiven oder aktiven Reaktion einer Lehrperson im Umgang mit der Diversität der Lernenden resultiert (vgl. Weinert 1997, 51f.). Die passgenaue Bereitstellung läuft Gefahr, aufgrund einer Orientierung an bestimmten Lerntypen oder Lernkulturen eine Lerngruppe (bezogen auf ein Kriterium) zu übergeneralisieren und zu stereotypisieren. So finden sich in der Literatur mehrfach Aussagen, die zum Beispiel Präferenzen von Lernenden aus China hinsichtlich des Komplexitätsgrades von Lernaufgaben oder der Sozialform unter der Schablone ‚asiatische Lerner_innen' betrachten (vgl. Rössler 1984; Bürner-Kotzam & Jensen 1988). Solch eine verallgemeinernde Zuschreibung ist problematisch, da damit Stereotype über die chinesische Lernende bzw. den chinesischen Lernenden (bei über 1,3 Milliarden Einwohner_innen) transportiert werden.

Weiter geht die Bereitstellung eines passgenauen Lernangebots an eine Lerngruppe zumeist noch mit einer *Lehrendenzentrierung* einher. Die Fokussierung auf ein Merkmal bzw. Schablone (‚asiatische Lerner_innen') hat oftmals zur Folge, dass die Lehrperson auch ein Angebot bereitstellt, das dem Merkmal bzw. der Schablone ‚gemäß' ist. Die Aktivität der einzelnen Lernenden wird dann reduziert auf die von der Lehrperson eingebrachten Impulse für eine (vermeintlich homogene) Lerngruppe. Den Grad an *Selbstbestimmung* verstärken zu wollen bedeutet jedoch, Studierenden *Handlungsmöglichkeiten* aufzuzeigen, damit sie eine selbstbestimmte[27] Lernhandlung ausführen können, so Holzkamp (1993, 130): „Man kann nicht die eigene Selbstbestimmung erweitern, indem man von andern gesteckte Ziele verfolgt."

Ein Verständnis von Diversität als *Unterschiede und Gemeinsamkeiten* weist somit in der begrifflichen Abgrenzung zum Heterogenitätsbegriff nicht nur kritisch darauf hin,

---

27 Die Bedeutung selbstbestimmten Lernens findet sich schon bei Comenius, der die Idee der Bildung des Menschen zu einem zentralen Anliegen seiner Philosophie erhebt (vgl. Comenius 1637/1963).

dass es einer Aberration vom Homogenitätsideal der so genannten ‚Normalstudieren-den‘ bzw. ‚idealtypischen‘ Lernenden bedarf, und dass die vermeintliche Zuschreibung von Gleichheit (‚Normalstudierende‘[28]) begrifflich nur in der Dualität mit Heterogeni-tät (‚Abweichungen von Normalstudierenden‘) existiert. Die aufgezeigte begrifflich-kate-goriale Unterscheidung ist weiter von zentraler Relevanz für weiterführende didaktische Überlegungen. Denn, so kann argumentiert werden: Wird die Heterogenität der Studie-renden als didaktischer Ausgangspunkt formuliert, ist es das vorrangige Ziel, die Hete-rogenität durch Maßnahmen zu ‚reduzieren‘, um weitgehende Homogenität zu erreichen. Dadurch wird aber die Diversität nivelliert. Mit der Zuschreibung ‚heterogen‘ werden ferner eher negative Assoziationen (Abweichungen) geweckt. Auch fördert eine verallge-meinernde Zuschreibung (bezogen auf ein Merkmal) nicht nur (unbewußt) eine Stereo-typisierung der Lernenden, sondern unterstützt auch einen einseitig *anpassungsorientier-ten* Lernvorgang. Damit wird in Kauf genommen, dass Lernende den *Sinnbezug* zu ihren Lernhandlungen verlieren (vgl. Rihm 2004, 23).

Die Diversität der Studierenden hingegen als didaktischen Ausgangspunkt für die Ge-staltung eines Lehr- und Lernarrangements zu begreifen heißt, diese nicht als Defizit zu verstehen, als Belastung zu bewerten oder ausschließlich zu tolerieren (Minimierung von Diskriminierung), sondern *Unterschiede und Gemeinsamkeiten* der Studierenden be-wusst anzuerkennen und die Herausforderung anzunehmen, der damit verbundenen Vielfalt an Lernpräferenzen, Voraussetzungen und Kenntnisständen didaktisch Rech-nung zu tragen.

Die scharfe semantische Unterscheidung zwischen den Begriffen Diversität und Hetero-genität zeigt nicht zuletzt auch auf, dass es für einen *erfolgreichen* didaktischen Umgang mit der Diversität der Studierenden – sei es an Universitäten, an Hochschulen oder an Kunst- und Musikhochschulen – zum einen notwendig ist, das Diversitätsverständnis begrifflich zu präzisieren, das (hochschulspezifischen) didaktischen Überlegungen (und Diversity Management-Ansätzen) zugrunde liegt. Zum anderen ist eine *ausdrückliche Abkehr* von der Orientierung an den so genannten ‚Normalstudierenden‘ erforderlich. Anderenfalls besteht die Gefahr, Diversität als *defizitäre Abweichung* von einer *Normvor-stellung* zu verstehen. Hier stellt sich abschließend die Frage, *wer* sich an die so genann-ten ‚Normalstudierenden‘ orientiert.

Das Analysetool QUEST (vgl. CHE 2012) hat zum Ziel, „die Sensibilität der Pro-fessorinnen- und Professorenschaft für die vorhandene Heterogenität ihrer Studieren-den" zu erhöhen (Güttner 2011, 34). Dazu werden Professor_innen die Ergebnisse einer

---

28 Hier ist kritisch anzumerken, dass eine Orientierung an so genannte „Studierenden-Typologien" (Studierendenwerk Hamburg 2010, 5ff.) Gefahr läuft, Studierende als ‚Normalstudierende‘ oder ≠ ‚Normalstudierende‘ zu stereotypisieren. Auch Analysetools, welche eine allgemeine Zuschrei-bung in so genannte „Studierendentypen" vornehmen (vgl. CHE 2012, 9), unterstützen eine pauschale Homogenisierung aller Studierenden innerhalb eines so genannten Typs. Nicht nur erscheint es unangebracht, die Multidimensionalität personeller Vielfalt monokausal erklären zu wollen; auch kann mit Thomas & Ely (1996) argumentiert werden, dass dieses eingeschränkte eindimensionale Verständnis von Diversität Hochschulen keine neue Denk- und Handlungswei-sen eröffnet.

studentischen Befragung anhand acht so genannter Studierendentypen vorgestellt,[29] damit sie die „eigenen Studierenden besser kennen- und einschätzen (…) lernen" (Güttner 2011, 35). Kritisch ist hier nicht nur darauf zu verweisen, dass anhand der Zuschreibung in Studierendentypen eine pauschale Homogenisierung aller Studierenden innerhalb eines so genannten Typs unterstützt wird, sondern zugleich auch behauptet wird, dass es erforderlich ist, Professor_innen „zu verdeutlichen, mit welchem Studierendenklientel [sie] real zu tun haben" (Güttner 2011, 34f.). Es wird somit davon ausgegangen, dass Professor_innen ihr hochschuldidaktisches Handeln an den so genannten ‚Normalstudierenden' orientieren bzw. die ‚Abweichungen von Normalstudierenden' als *defizitär* verstehen würden (vgl. Güttner 2011, 34). Diese Behauptung soll nicht ungeprüft übernommen werden; sie formuliert einen *kritischen Erfolgsfaktor* für eine *diversitäts-* und *kompetenzorientierte* (Hochschul-)Didaktik. Die Ausführungen haben gezeigt, dass das *Verständnis* von Diversität als *Unterschiede und Gemeinsamkeiten* auf die *Lern- und Effektivitätsperspektive* abzielt. Dieser Diversity-Ansatz schätzt Diversität als einen *Wert an sich* (vgl. Tabelle 1). Folglich ist eine *wertschätzende* und *differenzierte Haltung* der Professor_innen gegenüber der studentischen Vielfalt für einen erfolgreichen *didaktischen* Umgang mit der Diversität der Studierenden unabdinglich.

2.3　Zusammenfassung

In diesem Kapitel wurde der Begriff *Diversity* bzw. das Begriffspaar *Diversity Management* kontextabhängig anhand wesentlicher Aspekte der Diversityforschung und zentraler Definitionsansätze geklärt und unterschieden.

Anhand der einschlägigen Literatur wurden zwei grundlegende Verständnisse des Begriffs Diversität aufgezeigt: Zum einen wird Diversität primär als *Unterschiede*, zum zweiten als *Unterschiede und Gemeinsamkeiten* verstanden.

Unter Rückgriff auf wesentliche Aspekte der Diversityforschung wurde ein Verständnis von Diversität als *Unterschiede und Gemeinsamkeiten* hergeleitet, das vor allem auf die *Lern- und Effektivitätsperspektive* abzielt. Dieser Perspektive liegt ein *holistisches* Verständnis zugrunde; sie wird von Thomas & Ely (1996) als der reifste und effektivste Umgang mit Diversität in Organisationen bezeichnet.

Zugleich zeigt die begrifflich-kategoriale Unterscheidung zum Heterogenitätsbegriff auf, dass das Verständnis von Diversität als *Unterschiede und Gemeinsamkeiten* eine pädagogische Perspektive ermöglicht, die auf Differenzen aufmerksam macht und die darin liegenden Ressourcen und Potenziale zu fördern sucht (Potenzialorientierung), *ohne* dadurch Personen auf bestimmte Merkmale oder Verhaltensweisen festzuschreiben.[30] Auch

---

29　Die acht Studierendentypen lauten: „Die Traumkandidat(innen)", „Die Lonesome Rider", „Die Pragmatiker(innen)", „Die Ernüchterten", „Die Pflichtbewussten", „Die Nicht-Angekommenen", „Die Mitschwimmer(innen)" und „Die Unterstützungsbedürftigen" (CHE 2012, 9). Die Annahme, anhand von Typen die Sensibilität der Professor_innen für die Multidimensionalität personeller Viefalt zu erhöhen, ist kurzschlüssig.

30　Möglicherweise erschließen sich auch für eine *Pädagogik der Vielfalt*, in der die Begriffe Gleichheit (Homogenität) und Verschiedenheit (Heterogenität, Differenz) eine zentrale Rolle spielen (vgl. Prengel 1993), neue Perspektiven durch eine Begriffsunterscheidung.

geht das Verständnis von Diversität als *Unterschiede und Gemeinsamkeiten* dezidiert mit einer *wertschätzenden Haltung* einher, der Heterogenitätsbegriff hingegen, der nur in der Dualität mit Homogenität existiert, nimmt Merkmale bzw. „zugeschriebene Eigenschaften" (Wenning 2007, 23) größtenteils als problematisch wahr (Defizitorientierung).

Ferner wurden anhand der Begriffsbestimmung (An-)Forderungen für einen *erfolgreichen* didaktischen Umgang mit der Diversität der Studierenden formuliert: Zum einen gilt es begrifflich zu präzisieren, welches Diversitätsverständnis (hochschulspezifischen) didaktischen Überlegungen zugrunde liegt. Zum anderen ist es notwendig, sich von der Postulierung von Normvorstellungen zu verabschieden. Die Ausführungen haben gezeigt, dass personelle Diversität *mehrdimensional* ist (vgl. Abbildung 2). Ein *eindimensionales* Verständnis von Diversität läuft Gefahr, Personen zu stereotypisieren und eröffnet Hochschulen keine neuen Denk- und Handlungsweisen. Die Ausweisung dieser (An-)Forderungen hat zugleich die Frage befördert, wer sich an den so genannten ‚Normalstudierenden' orientiert. Die Beantwortung der Frage hat eine Behauptung offengelegt, die einen *kritischen Erfolgsfaktor* für eine *diversitäts-* und *kompetenzorientierte* (Hochschul-)Didaktik formuliert und zu prüfen ist.

Abschließend werden anhand der theoretischen Überlegungen zwei Voraussetzungen formuliert, die der Konzeption und Umsetzung eines hybriden Lehr- und Lernarrangements zugrunde liegen sollten. Um der Diversität der Studierenden und der Forderung nach Kompetenzorientierung gerecht zu werden, ist:
1. die Diversität der Studierenden anzuerkennen und wertzuschätzen (Potenzialorientierung vs. Defizitorientierung) und
2. der Diversität der Studierenden fern einer Zuschreibung Rechnung zu tragen.

Im folgenden Kapitel gilt es nun, das dieser Arbeit zugrunde liegende *Kompetenzverständnis* zu klären.

3. Kompetenz

Wie in der Einleitung bereits genannt, ist die Auseinandersetzung mit Methoden zur Kompetenzerfassung nicht Gegenstand der Betrachtung in dieser Arbeit.[31] Von Interesse ist, *wie* ein Handlungsspielraum in einem Lehr- und Lernarrangement ausgestaltet werden soll, welcher der Diversität der Studierenden und der Forderung nach Kompetenzorientierung gerecht wird.

Dazu bedarf es aus unterschiedlichen Gründen einer näheren Betrachtung des *Kompetenzbegriffs*.

Erstens ist der Begriff Kompetenz in dieser Arbeit von Relevanz, da ausgehend von dem Diversitätsverständnis in dieser Arbeit die Differenzen der Studierenden anzuerkennen und zu fördern sind (Potenzialorientierung). Um dem Prinzip der Potenzialorientierung *didaktisch* gerecht zu werden, ist wiederum eine Kompetenzorientierung erforderlich.[32]

Zweitens wird als Ziel der (Hochschul-)Bildung die *Handlungskompetenz* der Studierenden in den Mittelpunkt gerückt wird. Dazu ist ein Kompetenzbegriff notwendig, der die *Anwendbarkeit* von Kenntnissen und Fertigkeiten in den Vordergrund rückt (Handlungsorientierung).

Drittens haben Kunst- und Musikhochschulen, wie bereits aufgezeigt, zum Ziel, Studierende zu befähigen, eine noch unsichere persönliche, künstlerische und gesellschaftliche Zukunft zu bewältigen, indem sie ihre Begabungen gezielt fördern. Die Betonung von Subjektivität und Lebenswelt macht es erforderlich, Kompetenz auch als ein *subjektgebundenes* Konstrukt zu verstehen (vgl. Arnold et al. 2001).

Diese Überlegungen zeigen, dass zunächst eine nähere Betrachtung des Kompetenzbegriffs notwendig ist, um das dieser Arbeit zugrunde liegende Kompetenzverständnis zu klären. Dem Gang der Argumentation folgend, gilt es ein Kompetenzverständnis herzuleiten, das zum einen die *Handlungsorientierung* und zum anderen den *Subjektbezug* integriert. Diese Bezugspunkte machen es erforderlich, dass die nachfolgenden Betrachtungen unter Vernachlässigung zahlreicher anderer Theorietraditionen[33] vornehmlich aus der *pädagogischen* Perspektive erfolgt.

Für eine begriffliche Annäherung aus pädagogischer Perspektive ist es wiederum notwendig, berufs- und erwachsenenpädagogische Entwicklungen und Aspekte zu berücksichtigen. Ziel dieser Betrachtungen ist es keinesfalls, die ‚richtige‘ oder ‚gültige‘ Definition von Kompetenz zu finden und zu formulieren, sondern die Entwicklungslinien dieser beiden Disziplinen zum Kompetenzbegriff für die genannten Bezugspunkte fruchtbar zu machen.

---

31 Vgl. dazu Erpenbeck & von Rosenstiel (2003); Kaufhold (2006).
32 Diesem Argumentationsschritt liegt die Annahme zugrunde, dass Kompetenzorientierung ausschließlich potenzialorientiert ist.
33 Der Begriff Kompetenz hat als Schlagwort, ähnlich wie *Diversity*, Hochkonjunktur (vgl. für einen Überblick Klieme & Hartig 2008). Die Entwicklungsgeschichte und verschiedenen Kompetenzbegriffe im Einzelnen nachzuzeichnen würde daher den Rahmen dieser Arbeit übersteigen. Für eine ausführliche Darstellung der Geschichte des Kompetenzbegriffs siehe Erpenbeck und von Rosenstiel (2003).

3.1 Versuch einer Begriffsbestimmung: der Kompetenzbegriff aus pädagogischer Perspektive

Um das dieser Arbeit zugrunde liegende Kompetenzverständnis aus pädagogischer Perspektive zu klären, bietet sich eine nähere Betrachtung des Verhältnisses der Begriffe *Qualifikation* und *Kompetenz* an. Diese Begriffe sind allseits gebräuchlich, doch sind ihre Verwendung und die dahinterstehenden pädagogischen Ansätze nicht frei von Kontroversen. Im Folgenden wird nun versucht, die Trennlinie dieser Begriffe aufzuzeigen und zugleich berufs- und erwachsenenpädagogische Entwicklungen für die Bezugspunkte *Handlungsorientierung* und *Subjektbezug* fruchtbar zu machen.

In Folge gesellschaftlicher Entwicklungen und den daraus resultierenden beruflichen Anforderungen erfährt die Förderung von „beruflicher Mündigkeit" (Lipsmeier 1982, 233) im deutschsprachigen Raum in den 1960er und frühen 1970er Jahren eine große Aufmerksamkeit. In der Berufsbildungsforschung wird mit der Herausbildung von „beruflicher Mündigkeit" die Hoffnung verbunden, die Ausbildung flexibler und effizienter zu gestalten (vgl. Bernien 1997, 26) sowie der wachsenden Wissensintensität und den Anforderungen in unterschiedlichen Berufsfeldern wirkungsvoll zu begegnen (vgl. Arnold & Schüssler 2001, 53). Die Zielbestimmung der „beruflichen Mündigkeit" umfasst „die berufliche Autonomie als *Summe der Qualifikationen*, die erforderlich sind, um sich im Erwerbsleben nach vorgegebenen Leistungsnormen zu bewähren und gleichzeitig diese Normen in Frage stellen zu können" (Lipsmeier 1982, 233; *kursiv* original). Qualifikation(en) beschreiben hier somit Kenntnisse und Fertigkeiten, die für die Ausführung einer *Tätigkeit* notwendig sind; die Arbeitstätigkeiten stellen wiederum Anforderungen an die Qualifikationsanforderungen. [34]

Eine vergleichbare Definition stammt von Benner (1983, 202): „Qualifikation ist ein Bündel von Kenntnissen, Fertigkeiten und Verhaltensweisen, das zur Lösung bestimmter Aufgaben befähigt."

Im Gegensatz zu den genannten Definitionen von Qualifikation, die auf die Erfüllung vorgegebener Tätigkeiten bzw. auf die Lösung bestimmter Aufgaben ausgerichtet sind, plädiert Weinberg (1996) dafür, den Kompetenzbegriff *ergänzend* neben dem Begriff der Qualifikation zu stellen, um über berufliche Anforderungen hinaus alle Handlungspotenziale eines Individuums zu erfassen. Strukturverschiebungen am Arbeitsmarkt, Veränderungen von Arbeitsprozessen und Organisationen führen von Qualifikationskon-

---

34 Zur Herausbildung „beruflicher Mündigkeit" und in Anbetracht der schnellen Veränderbarkeit der beruflichen Tätigkeitsanforderungen werden in der Arbeitsmarkt- und Berufsforschung Ansätze zur Veränderung der Lehr- und Lernkultur in der Erstausbildung unter dem Stichwort *Schlüsselqualifikationen* entwickelt (vgl. Mertens 1974). Schlüsselqualifikationen sind hier objektiv beschreibbare, inhaltlich abgrenzbare Fertigkeiten, die in formalen qualifizierenden Maßnahmen vermittelt und als grundlegende Basis für die berufliche Existenz angesehen werden (vgl. Schelten 2004). *Schlüsselkompetenzen* hingegen lassen sich definieren als „erwerbbare allgemeine Fähigkeiten, Einstellungen und Wissenselemente, die bei der Lösung von Problemen und beim Erwerb neuer Kompetenzen in möglichst vielen Inhaltsbereichen von Nutzen sind, so dass eine Handlungsfähigkeit entsteht, die es ermöglicht, sowohl individuellen als auch gesellschaftlichen Anforderungen gerecht zu werden" (Orth, 1999, S. 107).

zepten hin zu Kompetenzmodellen, die Lernen als kontinuierlichen Prozess innerhalb und außerhalb beruflicher Kontexte verstehen (vgl. Sauer 2002). Dieses Verständnis von Lernen schließt an eine Diskussion an, die in Deutschland bereits fast 40 Jahre zurückreicht (vgl. Olbrich 2001, 364f.). Danach vollzieht sich *lebenslanges Lernen*[35] als kontinuierlicher Prozess und wird als beständige Weiterentwicklung des Individuums verstanden. Diese Sichtweise führt zu einer Entwicklung umfassender Konzepte in der Berufspädagogik, die Begriffe wie Qualifikation oder Weiterbildung in beruflichen Arbeitskontexten durch den Kompetenzbegriff ersetzen bzw. um ihn erweitern.

So beschreibt Weinberg (1996, 213) Qualifikationen als „diejenigen Fähigkeiten, über die jemand verfügt und deren Vorhandensein durch ein Zeugnis oder Zertifikat bescheinigt wird." Kompetenz hingegen umfasst

> alle Fähigkeiten, Wissensbestände und Denkmethoden (…), die ein Mensch in seinem Leben erwirbt und betätigt (…). Durch den so beschriebenen Kompetenzbegriff soll der Qualifikationsbegriff nicht ersetzt, aber beweglich gemacht und erweitert werden (Weinberg 1996, 213).

Dieser *erweiterte Qualifikationsbegriff* ist für die Positionierung am Arbeitsmarkt bedeutend und führt zu einem Verständnis von Kompetenz, das all diejenigen Anlagen, Fähigkeiten und Fertigkeiten einer Person fokussiert, über welche diese bei der Ausübung ihrer Tätigkeit verfügen kann. Problematisch ist dabei, dass das Kompetenzverständnis durch eine ökonomische Orientierung an die Bewältigung konkreter Anforderungen eines Arbeitsplatzes eine eingeengte, *sachverhaltszentrierte* Zielbestimmung erfährt, die das Subjekt weitgehend ausblendet. Qualifikationen im Sinne von formalen Qualifikationen bescheinigen die Fertigkeiten und orientieren sich damit an *Leistungsresultaten* (vgl. Erpenbeck & von Rosenstiel 2003, XIX). Durch diese leistungsorientierte Zielbestimmung wird ebenso der Subjektbezug weitgehend ausgeblendet. Es werden ausschließlich vorhandene Fertigkeiten bezogen auf Leistungsresultate zertifiziert und damit die „Dispositionen, entsprechende Leistungen hervorzubringen" nicht berücksichtigt (Erpenbeck & von Rosenstiel 2003, XIX). Um Studierende zu befähigen, eine noch unsichere persönliche, künstlerische und gesellschaftliche Zukunft zu bewältigen, ist es jedoch erforderlich, „die Handlungsfähigkeit in offenen, unsicheren, komplexen Situationen" zu fördern (Erpenbeck & von Rosenstiel 2003, XII). Die Überlegungen zeigen, dass „Kompetenzen (…) Fertigkeiten, Wissen und Qualifikationen [einschließen], sich aber nicht darauf reduzieren lassen" (Erpenbeck & von Rosenstiel 2003, XII).

Die ausufernden und unüberschaubaren Entwicklungen der Qualifikationsdebatte bzw. die damit einhergehende Tendenz, den Kompetenzbegriff *ökonomisch* und damit synonym im Sinne einer Qualifikation zu verwenden, führte in Argumentationen für eine „kompetenzorientierte Wende" in den 1990er Jahren in der Erwachsenenbildung dazu, dass der Kompetenzbegriff als *Gegenbegriff* zum Qualifikationsbegriff verwendet wird (vgl. Arnold & Schüßler 2001, 54). Arnold (2001, 176) fasst kritisch zusammen:

---

35 Dieser Arbeit liegt ein übergreifendes systemisches Verständnis von lebenslangem Lernen zugrunde (vgl. Hof 2009; Wolter et al. 2010).

Kompetenz bezeichnet das Handlungsvermögen der Person. Während der Begriff Qualifikation Fähigkeiten zur Bewältigung konkreter (in der Regel beruflicher) Anforderungssituationen bezeichnet, d.h. deutlich verwendungsorientiert ist, ist der Kompetenzbegriff subjektorientiert. Er ist zudem ganzheitlicher ausgerichtet: Kompetenz umfasst nicht nur inhaltliches bzw. fachliches Wissen und Können, sondern auch außerfachliche und überfachliche Fähigkeiten, die häufig mit Begriffen wie Methodenkompetenz, Sozialkompetenz, Personalkompetenz oder auch Schlüsselqualifikationen umschrieben werden.

Eine vergleichbare Darstellung stammt von Dehnbostel (2003, 14):

Die Kompetenzentwicklung wird aus der Perspektive des Subjekts, seiner Fähigkeiten und Interessen gesehen und bezieht in seiner Subjektorientierung die Bildungsdimension mit ein. Unter Qualifikation hingegen sind Fertigkeiten, Fähigkeiten und Wissensbestände im Hinblick auf ihre Verwertung zu verstehen, d.h. Qualifikation ist primär aus der Sicht der Nachfrage und nicht des Subjekts bestimmt.

Als Ausgangspunkt für die Entwicklungen der „kompetenzorientierte[n] Wende" kann das vom Bundesministerium für Bildung und Forschung initiierte Forschungs- und Entwicklungsprogramm „Kompetenzentwicklung für den wirtschaftlichen Wandel – Strukturveränderung betrieblicher Weiterbildung" aus dem Jahre 1995 betrachtet werden. Aufgrund einer verstärkten Ausdifferenzierung ökonomischer, gesellschaftlicher und beruflicher Leistungsanforderungen wird eine *umfassende Kompetenzentwicklung* eingefordert. So finden sich in Theoriekonzepten wie dem Erfahrungs- und Deutungslernen (vgl. Arnold 1985; Arnold & Schüssler 1996) Ansätze der Interaktions- und Handlungstheorien, die auf die Entwicklung von Kompetenz in einem ganzheitlichen Sinne, d.h. auf eine stärkere Betonung von Subjektivität und Lebenswelt, abzielen (vgl. Halle & Griese 1994, 86). Die Entwicklung von Kompetenz wird als ein „ganzheitlicher Lehr- und Lernprozess verstanden, der auf die Herausbildung von umfassender Handlungsfähigkeit" abhebt (Bernien 1997, 29). Der Prozess des Lernens wird nicht (nur) durch äußere Anreize, sondern erst „durch die vom Individuum selbst hergestellten *Bedeutungszusammenhänge*" begründet (Faulstich & Zeuner 1999, 31; *kursiv* original). Kompetenz beinhaltet damit die Fähigkeit, das eigene Handeln selbst zu koordinieren und erforderliches Wissen selbstständig zu erwerben. Als *subjektbezogene Kategorie* ist Kompetenz somit nicht (nur) an eine bestimmte Situation gebunden. Vielmehr wird sie als Handlungsvermögen bzw. als *Handlungsdisposition* verstanden, die eine Person befähigt, auftretende Probleme in einer Vielzahl von Situationen zu lösen (vgl. Erpenbeck & von Rosenstiehl 2003, XIX). Handlungsdispositionen beschreiben weiter in Anlehnung an das Kompetenz-Performanz-Modell von Chomsky (1980) die *Voraussetzungen* zum Handeln, während *Performanz* die Ausübung der Handlung meint (vgl. Kaufhold 2006). Damit sind Handlungsdispositionen keine direkt beobachtbaren Persönlichkeitseigenschaften, sondern äußern sich in Handlungen, also erst dann, wenn die Dispositionen in Tätigkeiten münden. Somit besteht beim Kompetenzbegriff ein enger Zusammenhang mit der *Performanz* (vgl. Huber 2001).

Zur Konkretisierung des komplexen Zusammenspiels der verschiedenen Handlungsdispositionen ist die Unterscheidung der (beruflichen) Handlungskompetenz in die Kompetenzbereiche Sach-, Sozial- und Selbstkompetenz weit verbreitet (vgl. Euler & Hahn 2004, 133f.; KMK 2011, 11), die in den Handlungsdimensionen Wissen, Einstellungen und Fertigkeiten wirksam werden (vgl. Euler & Hahn 2004, 134f.). Unschwer ist zu erkennen, dass der Begriff der Handlungskompetenz auch auf eine umfassende Subjektorientierung (Wissen, Einstellungen und Fertigkeiten) verweist.

Ohne an dieser Stelle auf die Vielzahl der (bildungspolitischen) Konzepte eingehen zu können (vgl. Olbrich 1991; Schelten 2004), die auch auf die allgemeine Rezeption des Kompetenzbegriffs starken Einfluss nehmen (vgl. Arnold et al. 2001), zeigen die Ausführungen, dass die *berufspädagogische* Sichtweise einen ersten Zugang für ein Kompetenzverständnis anbietet, das dem Prinzip der *Handlungsorientierung* Rechnung trägt. Es wird die Anwendbarkeit von Kenntnissen und Fertigkeiten in den Vordergrund gerückt und damit das Merkmal *Handlungsbezug* bzw. *Handlungsgebundenheit* zur Entwicklung einer Begriffsbestimmung von Kompetenz fokussiert. In der Qualifikationsdebatte finden sich dann jedoch Tendenzen, den Kompetenzbegriff ökonomisch zu verwenden (vgl. Geißler & Orthey 2002). Damit wird der Begriff Kompetenz weitgehend einem Effizienz- und ökonomischen Paradigma untergeordnet. Dies hat eine Anforderungsorientierung zur Folge, die objektbezogen ist und damit die subjektbezogenen Aspekte fast völlig ausblendet.

Diese Ökonomisierung der Selbstrationalität ist der Hauptausgangspunkt der Kritik der Erwachsenenpädagogik. Über den Aspekt des Handlungsbezugs bzw. der Handlungsgebundenheit hinaus wird aus *erwachsenenpädagogischer* Sicht Kompetenz als ein *subjektgebundenes* Konstrukt aufgefasst. Kompetenzen sind damit nicht (nur) an eine bestimmte Situation oder eine Tätigkeit gebunden, sondern sind subjektgebunden, so dass erworbenes Wissen auch „situationsflexibel in praktisches Handeln" umgesetzt werden kann (Schüssler 2004, 7). Die Subjektbezogenheit hat wiederum eine umfassende Betrachtung von Kompetenz zur Folge. Nicht nur tätigkeitsbezogene Fertigkeiten, sondern die Handlungs- und Entwicklungspotenziale eines Individuums sollen berücksichtigt und gefördert werden. Diese Potenzialorientierung ist anschlussfähig an das dieser Arbeit zugrunde liegende Verständnis von Diversität. Die Subjektbezogenheit führt in der Argumentation für eine „kompetenzorientierte Wende" ferner nicht nur dazu, den Kompetenzbegriff als Gegenbegriff zum Qualifikationsbegriff zu verwenden (Arnold & Schüßler 2001, 54). Mit der „kompetenzorientierte[n] Wende" ist auch ein Paradigmenwechsel in der beruflichen Aus- und Weiterbildung verbunden, der sich vor allem im Begriff einer umfassenden (beruflichen) Handlungskompetenz widerspiegelt.

Auf der Grundlage einer erweiterten Arbeitsdefinition von Kompetenz (Handlungs- und Subjektorientierung) können nun erste Einflussfaktoren reflektiert werden, die bei der didaktischen Gestaltung eines Lehr- und Lernarrangements zu berücksichtigen sind.

3.2 Kompetenzorientierung aus lerntheoretischer und lernpsychologischer Perspektive

Das Prinzip der Handlungs- und Subjektorientierung rückt ein Lernverständnis in den Mittelpunkt, das unter dem Paradigma des so genannten „Shift from Teaching to Learning" (Wildt 2002; Graus & Welbers 2005) darauf abzielt, Studierende dazu zu bringen, „Wissen selbsttätig zu entdecken und zu konstruieren" (Barr & Tagg 1995, 15), um sie letztlich zu befähigen, in sich wandelnden Kontextbedingungen kompetent zu handeln.

Unter Berücksichtigung von Ergebnissen der (pädagogischen) Lehr- und Lernforschung ist Lernen weder ausschließlich intentional noch nur funktional zu begreifen (vgl. Weinert 1996; Köller 2008). Vielmehr ist Lernen durch „Offenheit und Situativität" gekennzeichnet (Faulstich & Zeuner 1999, 31). Dies bedeutet, dass Lernen durch die Person selbst begründet wird (vgl. Holzkamp 1993) und zugleich von den jeweiligen Handlungsanforderungen abhängig ist.

Wenn Lernprozesse sowohl von außen als auch von innen angestoßen werden (vgl. Reinmann & Eppler 2008, 13), kann weiter argumentiert werden, dass „diskursive, selbst organisatorische und identitätsstützende Lernmethoden" (Baitsch 1996, zit. nach Arnold & Schüssler, 2001, 55) erforderlich sind. Damit werden die in der Hochschullehre noch immer vorherrschenden instruktionalorientierten Ansätze einer kompetenzorientierten Sichtweise auf das Lernen nicht gerecht (vgl. Bauer & Munz 2004, 55; Mulder & Lauenbacher 2007, 71). Bei instruktionalorientierten Ansätzen steht die Instruktion und Gestaltung des Lernprozesses durch die Lehrperson im Mittelpunkt. Diese Ansätze beruhen letztlich auf *behavioristischen Lerntheorien*, die Lernende weitgehend als passive Empfänger_innen von Informationen betrachten (vgl. Röll 2003). Aus dieser Auffassung resultiert fast zwangsläufig, dass vornehmlich durch die von einer Lehrperson gestalteten ‚Reizsituationen' die angestrebten Lernergebnisse eintreten sollen. Um der Handlungsorientierung didaktisch gerecht zu werden, muss den Studierenden jedoch eine aktive Rolle zuteil werden.

Kognitive Lerntheorien sprechen Lernenden eine aktivere Rolle zu, jedoch steht auch hier noch die Instruktion des Lernprozesses durch die Lehrperson im Vordergrund (vgl. Mietzel 2003). Nach Mietzel (2003, 22ff.) besteht die Aufgabe der Lehrperson nicht nur vornehmlich darin, den Lernprozess zu kontrollieren und den Wissensfortschritt zu überprüfen, sondern auch darin, Inhalte auszuwählen und darzustellen. Auch wenn im Gegensatz zu behavioristischen Lerntheorien Lernende hier vor dem Hintergrund ihrer Kenntnisse und Erfahrungen Informationen aufnehmen und verarbeiten (vgl. Reinmann-Rothmeier 2003), wird ihnen kein großes Maß an Eigenaktivität und -verantwortung zugesprochen.

Konstruktivistische Lerntheorien hingegen rücken die aktive Wissenskonstruktion von Lernenden in den Mittelpunkt. Danach ist das Ziel nicht Wissensvermittlung, sondern das „eigenständige Auffinden und Konstruieren von Problemen sowie der Umgang mit authentischen Situationen" (Reinmann-Rothmeier 2003, 36). Damit gilt Lernen aus konstruktivistischer Sicht als ein selbstgesteuerter Prozess, in dem Lernende eine aktive Position einnehmen (vgl. Reinmann-Rothmeier & Mandl 2001; Röll 2003). Die Lehrperson hingegen nimmt die Rolle der *Beraterin* bzw. des *Beraters* ein und hat die Aufgabe, die Selbststeuerung der Lernenden zu unterstützen und die dazu erforderlichen Hilfsmittel bereitzustellen (vgl. Bloom 2000). Keine Belehrungskultur, sondern eine *Lernbegleitungs-kultur* soll die Lernenden darin unterstützen, ihre Fähigkeiten (weiter-) zu entwickeln (vgl. Neumann & Osterloh 2002). Problematisch ist hier, dass das besonders hohe Maß an Selbststeuerung einige Lernende möglicherweise überfordert, wie Ergebnisse aus der Praxis zeigen (vgl. Pätzold 2008). Lernen aus konstruktivistischer Sicht geht mit einem ‚Idealbild‘ eines aktiv-konstruktiven Lernenden einher und setzt bei Lernenden „bereits umfassende Lernkompetenzen und eine hohe Motivation voraus. Genau dies aber gehört zu den Zielen eines Hochschulstudiums und kann folglich nicht als gegeben vorausge-setzt werden" (Reinmann & Jenert 2011, 116). Damit sind konstruktivistische Lerntheo-rien nicht anschlussfähig an das dieser Arbeit zugrunde liegende Diversitätsverständnis. ‚Idealbilder‘ bergen die Gefahr, die mit der Diversität der Studierenden einhergehenden unterschiedlichen Lernvoraussetzungen und Bedürfnisse nicht zu berücksichtigen. So-mit bedarf es in der Umsetzung der Lerntheorien einer integrativen Position, welche den Prozess des Lernens weder über- noch untersteuert, sondern vielmehr die *Bedürfnisse der Studierenden* in den Blick nimmt.

Diese *integrative Position* wird von der *gemäßigt-konstruktivistischen Lerntheorie* ein-genommen, die versucht, Instruktions- und Konstruktionsprinzipien zu verbinden (vgl. Reinmann-Rothmeier 2003, 38). So wird einerseits eine instruktionale Anleitung und Unterstützung für notwendig erachtet, andererseits soll auch den Autonomiebedürfnis-sen der Studierenden Rechnung getragen werden (vgl. Gräsel et al. 1997, 6f.). Das Ziel von gemäßigt-konstruktivistischen Lehr- und Lernkonzepten besteht folglich darin,

> die lehrerzentrierte Informationsvermittlung (also das Primat der Instruktion) und die lernerorientierte Unterstützung des Wissensaufbaus (also das Primat der Konstruktion) miteinander zu verbinden – und zwar derart, dass es dem Ge-genstandsbereich, dem Lehr-Lernziel, vor allem aber den Lernenden dienlich ist (Reinmann-Rothmeier 2003, 38).

Die integrative Perspektive ist anschlussfähig an das Prinzip der Handlungs- und Subjekt-orientierung. Die aktive Teilnahme der Lernenden und die damit einhergehende eigen-verantwortliche Selbststeuerung des Lernprozesses kann dazu beitragen, dass sie „Wissen selbsttätig (…) entdecken und (…) konstruieren" (Barr & Tagg 1995, 15). Zugleich kann den Bedürfnissen der Lernenden Rechnung getragen werden, indem die Möglichkeit ei-ner Anleitung und Unterstützung angeboten wird, die sie bei Problemen, besonders bei einer Überforderung der Selbstorganisation ihrer Lernprozesse, nutzen können.

Diese Überlegungen zeigen, dass gemäßigt-konstruktivistische Grundideen in Ein-klang mit einer kompetenzorientierten Sichtweise auf das Lernen zu bringen sind. Zu-gleich werden erste *Anforderungen* offengelegt, die bei der Orientierung an einer *inte-grativen Perspektive* in einer didaktischen Konzeption eines Lehr- und Lernarrangements zu berücksichtigen sind. Die Orientierung an einer integrativen Perspektive meint kon-kret, dass:

- eine Selbststeuerung der Lernenden ermöglicht werden soll,
- Möglichkeiten der Anleitung und Unterstützung angeboten werden sollen und
- die Lehrperson die Rolle einer Beraterin bzw. eines Beraters einnehmen soll.

Diese Anforderungen charakterisieren wiederum zentrale Merkmale des so genannten „Shift from Teaching to Learning" (vgl. Wildt 2002), der mit einem *Wandel in der Lehrendenrolle* einhergeht (vgl. Schneider et al. 2009). Dazu ist es erforderlich, dass sich das Rollenverhältnis zwischen Lehrenden und Studierenden dahingehend ändert, dass Lehrende Lernprozesse beratend und moderierend begleiten. Lehrende sind „[a]t times (…) a guide on the side…at times a sage on the stage…-or, at other times, something in between in the role of an active moderator" (Garrison & Anderson 2003, 81). Die Ergebnisse empirischer Untersuchungen formulieren die Behauptung, dass der Rollenwandel auf Seiten der Lehrenden nicht grundsätzlich akzeptiert würde (vgl. Brauchle 2008). Diese These soll nicht ungeprüft übernommen werden; sie formuliert einen weiteren *kritischen Erfolgsfaktor* für eine *diversitäts-* und *kompetenzorientierte* (Hochschul-)Didaktik. Die Ausführungen zeigen, dass für einen erfolgreichen *didaktischen* Umgang mit der Diversität der Studierenden (und der kompetenzorientierten Sichtweise auf das Lernen) ein *pädagogisches Selbstverständnis als Lernbegleiter_in* von zentraler Bedeutung ist.

Ferner gilt es, die Fähigkeit der Lernenden für die eigenverantwortliche Steuerung ihrer Lernprozesse zu fördern bzw. „die Fähigkeit zum erfolgreichen Lern-Handeln" zu unterstützen (Mandl & Krause 2001, 8). Nach Mandl & Krause (2001, 10) bedarf es dazu vor allem der Förderung der (Selbst-)Lernkompetenz, welche die Selbststeuerungs-, Kooperations- und Medienkompetenz umfasst.

Zur Konkretisierung des komplexen Zusammenspiels der verschiedenen (Lern-) Handlungsdispositionen ist, wie im vorigen Abschnitt aufgezeigt, die Unterscheidung der (beruflichen) Handlungskompetenz in die Kompetenzbereiche Sach-, Sozial- und Selbstkompetenz weit verbreitet. Vor dem Hintergrund dieser Einteilung können wiederum die drei Handlungsdimensionen Wissen, Einstellungen und Fertigkeiten differenziert werden, in denen die Sach-, Sozial- und Selbstkompetenz jeweils wirksam werden (vgl. Euler & Hahn 2004, 135).[36] Diese Handlungsdimensionen werden wie folgt beschrieben (Brahm & Seufert 2007, 8f.):

> Wissen umfasst die Dimension des Erkennens (…). Somit stehen bei dieser Dimension kognitive Handlungsschwerpunkte im Mittelpunkt. Einstellungen können als Dimension des Wertens aufgefasst werden. Dabei können diese affektiven Haltungen gegenüber Sachen, gegenüber anderen Menschen oder gegenüber der eigenen Person eingenommen werden [und] Fertigkeiten als Dimension des Könnens beinhalten das handhabend-gestaltende Wirken.

Die Differenzierung der Handlungsdimensionen Wissen, Einstellungen und Fertigkeiten ermöglicht es wiederum, Merkmale von Kompetenzen genauer zu beschreiben und ihre Wechselwirkung zu berücksichtigen, wie das nachfolgende Schaubild zeigt:

---

36 Diese Einteilung von Handlungskompetenzen wird bei weiteren Autoren noch trennschärfer vorgenommen (vgl. Erpenbeck & von Rosenstiel 2003, XXIII-XXIV). Wesentlich ist hier, dass aufgezeigt wird, dass Handlungskompetenz *mehr als Fachwissen* umfasst und die Kompetenzbereiche in *Wechselwirkung* mit den Handlungsdimensionen stehen.

Tabelle 2:   Kompetenzbereiche und Handlungsdimensionen (Euler & Hahn 2004)

| Handlungskompetenzbereiche | Handlungsdimensionen | | |
	Erkennen (Wissen)	Werten (Einstellungen)	Können (Fertigkeiten)
Sachkompetenzen Umgang mit Sachen - materielle - symbolische	z.B. erinnern verstehen	z.B. sich interessieren, zuwenden, sich begeistern	z.B. (an)fertigen, produzieren, erzeugen, verrichten, (um)formen, konstruieren
Sozialkompetenzen Umgang mit anderen Menschen - Dyade - Gruppe / Team - Gemeinschaft	anwenden analysieren evaluieren	z.B. tolerieren, respektieren, akzeptieren, billigen, vertrauen, sich verständigen, durchsetzen, anpassen	z.B. klären, interpretieren, artikulieren, Feedback geben, (aus)prägen
Selbstkompetenzen Umgang mit eigner Person, z.B. - Emotionen - Lernen	gestalten	z.B. zulassen, sich einlassen	z.B. Strategien einsetzen, routinisieren

An anderer Stelle wird der Begriff (Selbst-)Lernkompetenz hingegen enger gefasst und bezieht sich auf den Lernprozess im eigentlichen Sinne; auf den Gebrauch von Lernstrategien. Wild & Schiefele (1994) gehen aufgrund empirischer Untersuchungen davon aus, dass vor allem kognitive, metakognitive und ressourcenbezogene Lernstrategien wichtig sind. Die kognitiven und metakognitiven Lernstrategien werden als „Primärstrategien", die ressourcenbezogenen Lernstrategien als „Sekundärstrategien" bezeichnet (Wild & Klein-Allermann 1995, 13). Die „Sekundärstrategien" werden wiederum in interne und externe Ressourcenstrategien unterteilt. Das nachfolgende Schaubild nach Baumert (1993) veranschaulicht die Zusammenhänge der genannten Lernstrategien:

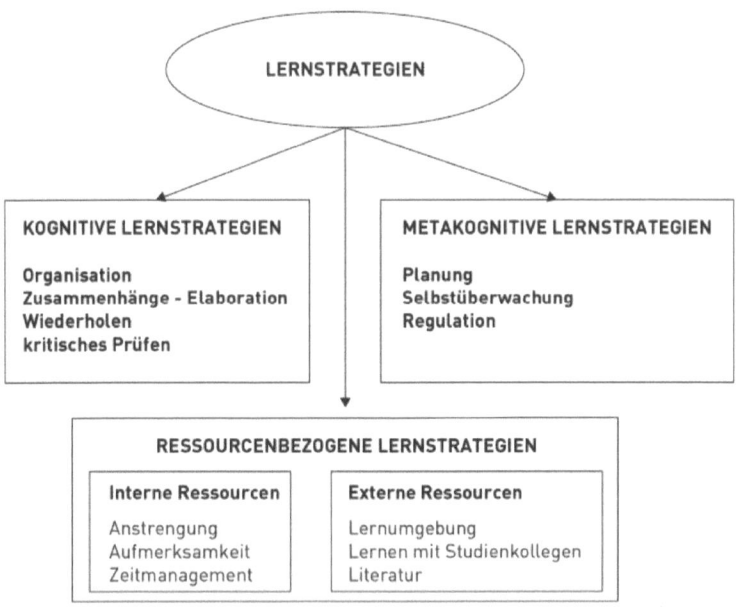

Abbildung 3:   Lernstrategien (Baumert 1993)

Auch Weinstein (1994) unterscheidet in seinem Modell zwischen äußeren (beispielswei-se sozialen Aktivitäten und weiterführenden Ressourcen) und inneren Faktoren (bei-spielsweise Wissen über die eigene Lernfähigkeit und Lernstrategien, motivationale Komponenten sowie Komponenten der Selbstregulation wie Selbstbeobachtung und sys-tematisches Vorgehen), die für die Lernenden relevant sind. Die inneren Faktoren wer-den weiter nach zwei Aspekten unterschieden: Wissen über Fähigkeiten und Strategien sind Komponenten des deklarativen Wissens; die Selbstbeobachtung des Lernverhal-tens charakterisiert prozedurales Wissen. Diese Unterscheidung verweist wiederum auf die Aspekte, nach denen metakognitives Wissen unterschieden werden kann (vgl. Seel 2000, 223). Die neuere Forschung zum selbstgesteuerten[37] Lernen unterscheidet expli-zit zwischen kognitiven und meta-kognitiven Anteilen in selbstgesteuerten Lernprozes-sen (vgl. Boekaerts & Corno 2005) und erweitert das Organisationsprinzip von Friedrich & Mandl (1997, 242) um metakognitive Komponenten (vgl. Tiaden 2006, 20). Der Vor-teil des erweiterten Organisationsmodells oder auch des „Drei-Schichten-Modells" von Boekaerts (1999, 449) sowie des prozessorientierten Modells von Borkowski et al. (2000) gegenüber Weinsteins Modell (1994) ist, dass die enge Beziehung und Relevanz sämtli-cher Komponenten im selbstgesteuerten Lernen aufgezeigt wird.

Die Ergebnisse verschiedener Untersuchungen zeigen weiter, dass sich – neben der Förderung kognitiver und metakognitiver Lernstrategien sowie interner und exter-ner Ressourcenstrategien – die intrinsische Motivation förderlich auf die Lernprozes-se auswirken kann (vgl. Noß & Achtenhagen 2000). Diese Ergebnisse sind auch für die Ausgestaltung von (hochschulischen) Lehr- und Lernprozessen von Interesse, wie bei-spielsweise die Selbstbestimmungstheorie von Deci & Ryan (1993), die empirischen Er-gebnisse von Konrad & Traub (1997) und das Münchner Modell von Reinmann-Roth-meier et al. (1999) zeigen.

Als intrinsisch motiviert bezeichnen Deci & Ryan (1993, 225) Handlungen, die um ihrer selbst willen ausgeübt werden und in einem engen Zusammenhang stehen mit dem Bedürfnis nach Kompetenz und Autonomie. Deci & Ryan (1993, 235) sind überzeugt, dass:

> optimales Lernen unmittelbar an die Entwicklung des individuellen Selbst ge-knüpft ist und gleichzeitig von der Beteiligung des Selbst abhängt. Eine Lernmo-tivation, die nicht den Prinzipien des individuellen Selbst entspricht, z.B. weil sie von außen aufgezwungen wird, beeinträchtigt die Effektivität des Lernens und be-hindert zugleich die Entwicklung des individuellen Selbst.

---

37 Die Förderung von Kompetenzen und die Fähigkeit, selbstgesteuert zu lernen, gelten weiter als eine der wichtigsten Aufgaben der Bildungspolitik (vgl. Rosenberger 2007). Das bildungspoliti-sche Interesse führt dazu, dass die Thematik des selbstgesteuerten Lernens in den letzten Jahren in der Forschung erheblich an Bedeutung gewonnen hat. Problematisch ist dabei, dass der Begriff des selbstgesteuerten Lernens in der Literatur nicht einheitlich definiert wird und sich somit von ähnlichen Begriffen (und Modellen) nur unscharf abgrenzen lässt (vgl. Faulstich 1999, 27). Dies führt dazu, das Dilemma zwischen selbst- und fremdgesteuertem Lernen nicht nur nicht aufzulö-sen, sondern auch zu verschleiern (vgl. Reinmann-Rothmeier 2003a, 11).

Wird dem Bedürfnis nach Kompetenz und Autonomie innerhalb einer (Lern-)Tätigkeit Rechnung getragen, empfindet sich die Person als selbstbestimmt. Selbstbestimmtheit, als Prototyp intrinsischer Motivation, gründet somit in der Sache selbst und ist laut Deci & Ryan (1993) unabhängig von äußeren Zwängen oder Anreizen (extrinsische Motivation).

Die Ausführungen zeigen einmal, dass (Selbst-)Lernkompetenz aus verschiedenen Teilkomponenten besteht, die es für die „die Fähigkeit zum erfolgreichen Lern-Handeln" in einem Lehr- und Lernarrangement zu fördern gilt (Mandl & Krause 2001, 10). Zugleich weisen die Komponenten kognitiver, metakognitiver und ressourcenbezogener Lernstrategien sowie die motivationalen Elemente eine enge Beziehung zu den in der aufgezeigten Matrix von Euler & Hahn (2004, 135) genannten Kompetenzbereichen respektive zu den Dimensionen Wissen, Einstellungen und Fertigkeiten auf (vgl. Tabelle 2). So kann weiter zusammenfassend argumentiert werden, dass (Selbst-)Lernkompetenz sich vornehmlich in den Dimensionen Wissen, Einstellungen und Fertigkeiten manifestiert. Um die Fähigkeit der Lernenden „zum erfolgreichen Lern-Handeln" zu unterstützen (Mandl & Krause 2001, 8) ist es daher erforderlich, dass die didaktische Gestaltung eines Lehr- und Lernarrangements einer *umfassenden Perspektive* folgt, d.h. dass

- die Kompetenzbereiche und ihre Handlungsdimensionen nicht losgelöst voneinander zu betrachten sind und
- prinzipiell alle Kompetenzbereiche und Handlungsdimensionen in einer didaktischen Konzeption zu berücksichtigen sind.

Aufgabe der Lehrenden ist es wiederum, die Lernenden in der (Weiter-)Entwicklung ihrer (Selbst-)Lernkompetenz zu unterstützen.

3.3 Zusammenfassung

Der Versuch einer Begriffsbestimmung anhand der Entwicklungslinien der berufs- und erwachsenenpädagogischen Diskurse ermöglichte die Herleitung einer Arbeitsdefinition von Kompetenz, welche sowohl einen Handlungs- als auch einen Subjektbezug integriert und damit dezidiert ganzheitlich ausgerichtet ist. Darüber hinaus weisen die Entwicklungslinien auf einen zentralen Verknüpfungspunkt hin: Die Einigung auf den Kompetenzbegriff als Ziel von (beruflicher) Bildung ermöglicht die Entwicklung pädagogischer Konzepte, die „Subjektbezogenheit, Ganzheitlichkeit und das Potenzial eines Individuums, sein Handeln selbst zu organisieren" in den Mittelpunkt rücken (Kerres et al. 2005, 12).

Kompetenz soll damit nicht als Gegenmodell zum Bildungsideal im Humboldt'schen Sinne ausgelegt werden, vielmehr bietet der erweiterte Kompetenzbegriff sogar die Chance, den Humboldt'schen Begriff der (Selbst-)Bildung zu aktualisieren. Dessen Ziel „Bildung der Kräfte eines Individuums zu einem Ganzen" (Humboldt 1972/1999, 195) meint letztlich die Förderung und Verwirklichung des persönlichen Potenzials. Der erweiterte Kompetenzbegriff nimmt die persönliche Entwicklung *ganzheitlich* in den Blick, d.h. auch die Fähigkeit, sich Entwicklungsziele im Sinne von Selbstbildung zu setzen.

Auf der Grundlage einer Arbeitsdefinition von Kompetenz konnten erste Einflussfaktoren auf das *Lernen* reflektiert und zugleich *Anforderungen* offengelegt werden, die es in einer didaktischen Konzeption eines Lehr- und Lernarrangements zu berücksichtigen gilt. So zeigen die Überlegungen aus *lerntheoretischer Sicht*, dass gemäßigt-konstruktivistische Grundideen in Einklang mit dem Prinzip der Handlungs- und Subjektorientierung zu bringen sind. Die Orientierung an einer *integrativen Perspektive* (gemäßigt-konstruktivistische Grundideen) hat wiederum Anforderungen offengelegt, die bei der Ausgestaltung eines Lehr- und Lernarrangements berücksichtigt werden sollten und die zugleich zentrale Merkmale des „Shift from Teaching to Learning" charakterisieren (vgl. Wildt 2002), der mit einem *Wandel in der Lehrendenrolle* einhergeht. Hier wurde angezeigt, dass Ergebnisse empirischer Untersuchungen die Behauptung formulieren, dass der Rollenwandel auf Seiten der Lehrenden nicht grundsätzlich akzeptiert würde. Diese These soll nicht ungeprüft übernommen werden; sie formuliert einen weiteren *kritischen Erfolgsfaktor* für eine *diversitäts-* und *kompetenzorientierte* (Hochschul-)Didaktik. Für einen erfolgreichen *didaktischen* Umgang mit der Diversität der Studierenden ist ein *pädagogisches Selbstverständnis als Lernbegleiter_in* von zentraler Bedeutung.

Die Anforderung, die eigenverantwortliche Steuerung der Studierenden zu ermöglichen, hat die Fragen befördert, wie ihre Fähigkeit, Lernprozesse eigenverantwortlich zu steuern, unterstützt werden kann bzw. was genau unter (Selbst-)Lernkompetenz zu verstehen ist.

Hier haben dann sowohl eine Unterscheidung in die Kompetenzbereiche Sach-, Sozial- und Selbstkompetenz (vgl. Euler & Hahn 2004, 135) als auch die Ausführungen aus überwiegend *lernpsychologischer Sicht* gezeigt, dass Komponenten kognitiver, metakognitiver und ressourcenbezogener Lernstrategien sowie die motivationalen Elemente eine enge Beziehung zu den Kompetenzbereichen respektive den Dimensionen Wissen, Einstellungen und Fertigkeiten aufzeigen. So lässt sich weiter argumentieren, dass (Selbst-)Lernkompetenz sich vornehmlich in den Dimensionen Wissen, Einstellungen und Fertigkeiten manifestiert. Dies hat zur Offenlegung weiterer Anforderungen geführt, die bei der Ausgestaltung eines Lehr- und Lernarrangements berücksichtigt werden sollten. Zugleich ist es erforderlich, dass die Lehrenden die Fähigkeit der Lernenden „zum erfolgreichen Lern-Handeln" unterstützen (Mandl & Krause 2001, 8).

Nicht zuletzt eignet sich die Arbeitsdefinition von Kompetenz dazu, auch die externen Rahmenbedingungen, hier ein Lehr- und Lernarrangement, in den Blick zu nehmen, mit denen die Handlungsdispositionen der Studierenden nichts zu tun haben. Dies bedeutet, dass es für *Performanz* erforderlich ist, den Blick auf die *didaktische Qualität* des zur Verfügung gestellten Handlungsspielraums zu lenken. Anderenfalls besteht die Gefahr, „die Defizite in die Person der Lernenden hineinzuverlegen" (Häcker 2005, 2). Aber: Wo Wissen angeboten wird, kann noch kein Können erwartet werden.

Damit werden anhand der theoretischen Überlegungen zwei weitere Voraussetzungen formuliert, die der Konzeption und Umsetzung eines hybriden Lehr- und Lernarrangements zugrunde liegen sollten. Um der Diversität der Studierenden und der Forderung nach Kompetenzorientierung gerecht zu werden, ist:

3. die Orientierung an einer *integrativen Perspektive* und
4. die Orientierung an einer *umfassenden Perspektive* zu berücksichtigen.

Um der grundsätzlichen (Neu-)Ausrichtung auf Handlungs- und Subjektorientierung Rechnung zu tragen, ist es ferner notwendig, die *Selbsttätigkeit*[38] der Studierenden zu ermöglichen. Dazu ist wiederum, wie im nachfolgenden Kapitel aufgezeigt wird, eine *differenzierte Aufgabenkultur* notwendig.

Abschließend wird argumentiert, dass die (Neu-)Ausrichtung auf Handlungs- und Subjektorientierung im hochschuldidaktischen Handeln der Lehrenden von *grundsätzlicher* Bedeutung ist, um dem intendierten (didaktischen) Paradigmenwechsel und der damit einhergehenden Forderung nach Handlungskompetenz als Ziel der (Hochschul-) Bildung gerecht zu werden. Die Ausführungen haben gezeigt, dass Handlungskompetenz mehr als Fachwissen umfasst und die Kompetenzbereiche in Wechselwirkung mit den Handlungsdimensionen stehen, die wiederum auf eine umfassende Subjektorientierung verweisen. Eine einseitige (Kompetenz-)Förderung würde hingegen nicht nur das Bekenntnis zu einer an Learning Outcomes orientierten Reform ad absurdum führen, sondern auch der Diversität der Studierenden nicht gerecht werden.

Im Folgenden wird nun näher betrachtet, wie ein Lehr- und Lernarrangement konkret ausgestaltet werden kann, das der Diversität der Studierenden und der Forderung nach Kompetenzorientierung gerecht werden soll.

---

38 Mit dem Begriff der Selbsttätigkeit soll auf die Selbstbestimmung und die Handlung als *duale* Aspekte hingewiesen werden. Dieser Hinweis findet sich bereits bei Rousseau (1762/1997, 38f., 71f.). Eine einseitige Betonung dieser Perspektiven wird der (Neu-)Ausrichtung auf Handlungs- und Subjektorientierung nicht gerecht.

4. Gestaltungsprinzipien als Leitlinien für didaktische Entscheidungen

Grundlagen der nachfolgenden Überlegungen aus *gestaltungsorientierter* Perspektive sind die bisherige Klärung der Begrifflichkeiten *Diversität* und *Kompetenz* sowie die damit einhergehenden Erkenntnisse und formulierten Voraussetzungen, die in dem zu konzipierenden Lehr- und Lernarrangement berücksichtigt werden sollen.

Sie haben jedoch für die Ausgangsfrage, *wie* an einer Kunst- und Musikhochschule der Diversität der Studierenden und der Forderung nach Kompetenzorientierung in der didaktischen Konzeption eines Lehr- und Lernarrangements Rechnung getragen werden kann, keine unmittelbar *gestaltungspraktische* Relevanz.

Aus gestaltungsorientierter Perspektive sind für weiterführende Überlegungen Ansätze notwendig, die *didaktische Elemente* in den Mittelpunkt rücken.

Einen ersten Zugang bietet das Konzept der *inneren Differenzierung*. Ein wesentliches Ziel der inneren Differenzierung ist die Berücksichtigung und Förderung der individuellen Fähigkeiten und Fertigkeiten der Lernenden in Lernprozessen (vgl. Winkeler 1979, 19ff.). Im Gegensatz zur *institutionellen* und *äußeren Differenzierung*[39] ist bei der inneren Differenzierung die *Diversität* einer Lernendengruppe *Ausgangspunkt* für didaktische Überlegungen (vgl. Winkeler 1979, 19); abgrenzend zur *Individualisierung* (die ein Motiv aller Differenzierungsmaßnahmen darstellt und damit nicht von der äußeren Differenzierung klar abgrenzbar ist) werden die diversen Voraussetzungen von Lernenden nicht nivelliert, um eine *Homogenität* der Lernenden zu erreichen (vgl. Winkeler 1979, 20; vgl. Kerres et al. 2012, 37). Die Individualisierung wird thematisch damit eher dem Bereich der Reduzierung von Lerndefiziten zugeordnet (vgl. Kerres et al. 2012, 37).

Ausgangspunkt der inneren Differenzierung ist weiter eine ganzheitliche Persönlichkeitsentfaltung (vgl. Geppert & Preuß 1978; Klafki & Stöcker 1985); *Kompetenzorientierung* soll mit Hilfe einer didaktischen *Binnendifferenzierung* erreicht werden. Dazu werden *zwei Formen* der inneren Differenzierung unterschieden (vgl. Klafki & Stöcker 1985): Die ziel- und inhaltsgleiche Differenzierung für alle Lernenden durch *Methoden und Medien* und die Differenzierung nach *Variation der Inhalte und Ziele* unter Berücksichtigung der besonderen Interessen und Fähigkeiten der Lernenden.

Eine Differenzierung nach *Methoden und Medien* fokussiert vornehmlich die Berücksichtigung unterschiedlicher Lernstrategien und Sozialformen sowie unterschiedlicher Sinnesmodalitäten durch die Bereitstellung verschiedener Medien und erfolgt im Hinblick auf die zu lösende Aufgabe.[40]

---

39 Es werden drei Differenzierungsebenen unterschieden, die sich entsprechend den Ebenen des Bildungssystems zuordnen lassen. Die *institutionelle Differenzierung* ergibt sich beispielsweise aus der Gliederung des Schul- und Hochschulsystems in seine Schul- und Hochschularten, bei der *äußeren Differenzierung* werden Lernende nach bestimmten Merkmalen in Studiengänge oder Klassen eingeteilt. Beide Differenzierungsebenen streben damit, im Gegensatz zur inneren Differenzierung, die Bildung homogener Leistungsgruppen an. Diese Zielsetzung wie auch ihre Umsetzung werden von Bönsch (1995, 34) kritisch betrachtet.

40 Kritisch anzumerken ist hier, dass Methoden und Medien auf eine Stufe gestellt werden, wohingegen heute Medien auch zum Lernen mit unterschiedlichen Methoden eingesetzt werden.

Eine Differenzierung nach *Variation der Inhalte und Ziele* bedeutet, dass nicht alle Lernziele und -inhalte in gleicher Weise für jede Lernende bzw. jeden Lernenden verbindlich sein müssen. So weisen die Autoren darauf hin, dass ein verbindliches Minimum an Lerninhalten, ein so genanntes *Fundamentum*, grundsätzlich von allen Lernenden erreicht werden sollte, weiterführende Inhalte (*Additamentum*) jedoch beispielsweise zur vertiefenden Erweiterung leistungsstärkerer Lernenden vorbehalten sein können.

Winkeler (1979, 33ff.) hat die zwei Formen der inneren Differenzierung (Differenzierung nach *Methoden und Medien* und Differenzierung nach *Variation der Inhalte und Ziele*) für die konkrete Unterrichtsplanung strukturiert und konkretisiert wie folgt das didaktische Element *Lernaufgabe*:

1. Differenzierung in der Aufgabenstellung
   * Anzahl
   * Zeitaufwand
   * Schwierigkeitsgrad
   * Anzahl der Durchgänge
   * Aufgabenauswahl
2. Differenzierung in den Methoden
3. Differenzierung durch Medien
4. Differenzierung nach Variation der Sozialformen
5. Differenzierung in der Lehrerhilfe

Das Konzept der inneren Differenzierung stellt damit einen *Gestaltungsansatz* dar, der zentrale Merkmale des didaktischen Elements *Lernaufgabe* in den Vordergrund rückt, die bei der Konstruktion von Lernaufgaben zu berücksichtigen sind. Inwiefern sich diese Merkmale auch in theoretischen Ansätzen und empirischen Befunden wiederfinden, wird im Konzept der inneren Differenzierung jedoch nicht explizit problematisiert. Hier bietet sich aus zweierlei Gründen das *kategoriale Modell* nach Astleitner (2006, 26) an. Zum einen wird hier ein Großteil der zentralen Merkmale des didaktischen Elements Lernaufgabe aufgegriffen, die es nach Winkeler (1979, 33ff.) bei der Konstruktion von Lernaufgaben zu beachten gilt. Zum anderen lassen sich die in dem Modell enthaltenen ausdifferenzierten Merkmale in diversen Ansätzen zur Unterrichtsgestaltung wiederfinden und sind damit ex post facto „mit Ergebnissen aufgabenbezogener Forschung fundierbar" (Astleitner 2006, 40). Die nachfolgende Tabelle fasst das kategoriale Modell nach Astleitner (2006, 26) zusammen:

Tabelle 3: Das kategoriale Modell (Astleitner 2006)

MERKMALE	DIMENSIONEN	
Anzahl	wenige	viele
Ansatz	als Teile	als Ganzes
Komplexität		
Grad	niedrig	hoch
Veränderungsrate	steigend	fallend
Variation		
Wechsel	homogen	abwechselnd
Vorhersagbarkeit	konstant	zufällig
Zugriff		
Organisation	flach	hierarchisch
Kontrolle	frei	vorgegeben
Zeit		
Zeitdruck	schwach	stark
Verzögerung	nein	Intervalle
Störung	nein	ja
Art		
Ähnlichkeit	niedrig	hoch
Zielniveau	Fakten	Metakognition
	Erinnern	Erzeugen
	Genauigkeit	Geschwindigkeit
Unterstützung	konventionell	integriert

Mit Blick auf die in dieser Arbeit gestellten Forschungsfragen werden in Anlehnung an Winkeler (1979, 33ff.) und Astleitner (2006, 26) folgende Merkmale des didaktischen Elements Lernaufgabe bei der Konstruktion von Lernaufgaben aus gestaltungsorientierter Perspektive näher betrachtet:

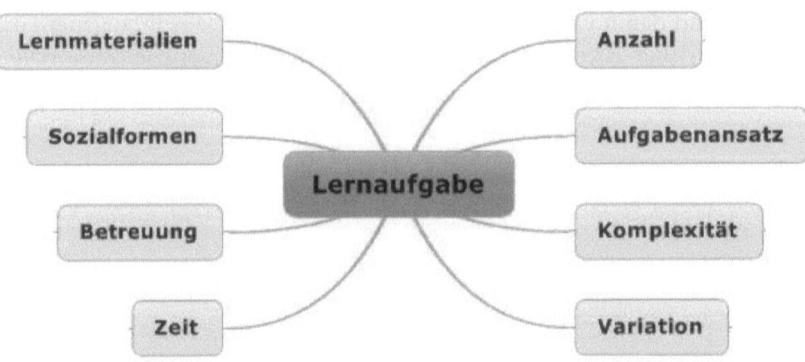

Abbildung 4: Mind-Map: Merkmale Lernaufgabe (eigene Darstellung)

Darüber hinaus ist es für eine möglichst *zuverlässige Aktivierung des Lernprozesses* nicht nur von zentraler Bedeutung, dass Lernaufgaben einen Lernprozess überhaupt erst anregen und grundlegende Zusammenhänge erfahrbar machen (vgl. Seel 1981).[41]

Es ist zudem erforderlich, dass die kognitiven Prozesse, die zur Bearbeitung einer Lernaufgabe und zur *Erreichung der intendierten Lernziele* notwendig sind, als kognitive Lernaktivitäten aufgefasst werden. So fasst Baumgartner (2007, 10) zusammen: „Das Lernziel hat daher gewissermaßen zwei Ausprägungen: eine inhaltliche, statische und eine dynamische, didaktische Seite."

Auch wenn eine Differenzierung in der *Lernzielbestimmung* bei den oben genannten Autoren keine Erwähnung findet, lässt sich der Stellenwert dafür aus zentralen Merkmalen des didaktischen Elements Lernaufgabe ableiten.

Zum einen gilt es zentrale Merkmale des didaktischen Elements Lernaufgabe derart zu gestalten, dass der Diversität der Studierenden in Bezug auf unterschiedliche Leistungsniveaus durch die Berücksichtigung unterschiedlicher kognitiver Prozesse bei der Bearbeitung von Lernaufgaben zur Erreichung des intendierten Lernziels Rechnung getragen wird. Zugleich erfordert diese Berücksichtigung bei der Konstruktion von Lernaufgaben, *kognitive Prozesse* (i.S.v. *Erkenntnisdimensionen*, vgl. Kapitel 4.1) als kognitive Lernaktivitäten zu begreifen.

Zum anderen besteht die didaktische Herausforderung darin, Lernziele derart zu formulieren, dass Vorkenntnisse, Fähigkeiten und Fertigkeiten ausgewiesen werden, die notwendig sind, damit Lernende erfolgreich an einer Lehrveranstaltung teilnehmen können, sowie das *Wissen* (i.S.v. *Wissensdimensionen*, vgl. Kapitel 4.1) anzuführen, das nach der Teilnahme an einer Lehrveranstaltung Lernende weiterentwickelt, erworben und umgesetzt haben sollten. Bei der Lernzielbestimmung sind folglich *Erkenntnis-* und *Wissensdimensionen* zu berücksichtigen.

Abbildung 5:   Mind-Map: Merkmale Lernziel (eigene Darstellung)

Ferner gilt es auch, die Aktivierung von Lernprozessen *im Vollzug* sicherzustellen, so Kerres (2002, 11; *kursiv* original):

> Lernaufgaben dienen hier *nicht* der Lernerfolgskontrolle und Prüfung (wie in der »Programmierten Unterweisung«), sondern ihr *Vollzug* soll einen Lernprozess sicherstellen. Es wird davon ausgegangen, dass bestimmte kognitive und/oder emotionale Prozesse zwingend notwendig sind, damit Lernerfolge tatsächlich eintreten. Ein *didaktisch aufbereitetes* Lernangebot zeichnet sich demnach durch solche Lernaufgaben aus, wobei diese unterschiedlich gestaltet sein können.

---

41 Mit dem Begriff *Lernaufgabe* sind hier keine so genannten Hausaufgaben gemeint, die den bereits stattgefundenen Lernprozess überprüfen, aber nicht aktivieren.

Um sicherzustellen, dass eine Aktivierung der erforderlichen Lernprozesse anhand einer *Auseinandersetzung mit den Lernaufgaben* gelungen ist, muss diese *sichtbar* werden. Hier bietet sich als Form bzw. Methode das *Portfolio* an.[42]

In einem Portfolio können die „Begegnungen der Lernenden mit den Lerngegenständen" (Schwarz et al. 2008, 7) anhand von Artefakten *dokumentiert* und damit sichtbar werden. Weiter ist die *Reflexivität* ein weiteres Hauptmerkmal der Portfolioarbeit (vgl. Paulson et al. 1991, 60). Mit Hilfe eines Portfolios kann den Lernenden ihr Lernhandeln erfahrbar gemacht werden. Ein differenziertes und kontinuierliches *Peer-Feedback* kann Lernende wiederum darin unterstützen, eine differenzierte Beurteilung in Bezug auf ein Lernergebnis (Artefakt im Portfolio) einzuüben (vgl. Kapitel 4.3.3). Die *Präsentation* des Portfolios kann, je nach Zielsetzung und Ausrichtung der Portfolioarbeit (vgl. Baumgartner et al. 2009), dazu dienen, die dokumentierten Artefakte der Lernenden zu bewerten. Da in dieser Arbeit in der Konzeption und Umsetzung eines Lehr- und Lernarrangements von einer Bewertung der Portfolioarbeit aus unterschiedlichen Gründen abgesehen wird (vgl. Kapitel 4.3; Kapitel 9), sollen vor dem Hintergrund der Überlegungen das Portfolio als didaktisches Element sowie die damit verbundenen Merkmale *Dokumentation, Reflexion* und *Peer-Feedback* aus gestaltungsorientierter Perspektive näher betrachtet werden.

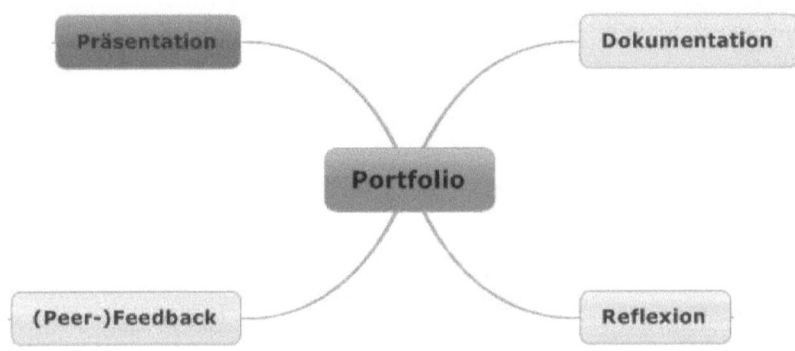

Abbildung 6:   Mind-Map: Merkmale Portfolio (eigene Darstellung)

Das nachfolgende Kreisdiagramm fasst die drei didaktischen Elemente *Lernziel, Lernaufgabe* und *Portfolio* sowie die damit einhergehenden Merkmale zusammen:

---

42 In dieser Arbeit bezeichnet der Begriff Portfolio die traditionelle papierbasierte Form, die durch elektronische *Medien* wie CDs oder DVDs *angereichert* werden kann. Die Beschreibung E-Portfolio hingegen bezieht sich ausschließlich auf die elektronische Form, die über eine Anreicherung von elektronischen Medien auch *Lernprozesse* elektronisch unterstützt (vgl. Challis 2005).

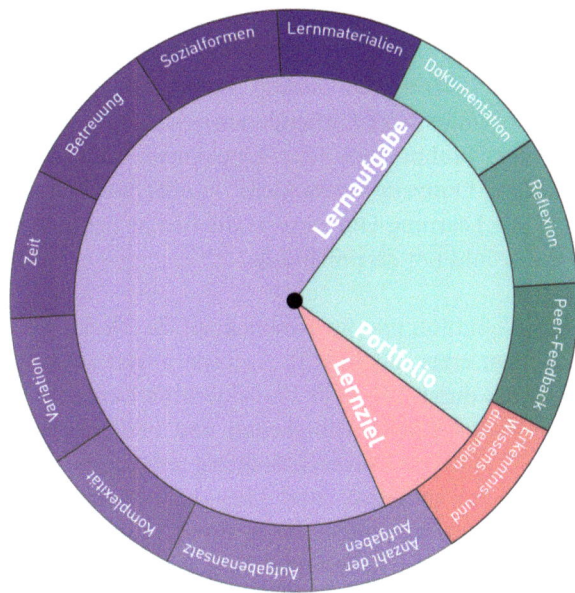

Abbildung 7:   Kreisdiagramm 1: Lernziel, Lernaufgabe & Portfolio (eigene Darstellung)[43]

Diese drei didaktischen Elemente sollen hinsichtlich ihrer *Gestaltungsanforderungen* näher betrachtet und *Gestaltungsprinzipien* als *Orientierungsgrundlage* für *didaktische Entscheidungen* zur Ausgestaltung der jeweiligen Merkmale abgeleitet werden. In Anlehnung an Biggs (2002) wird die enge Abstimmung von Lernziel, Lernaufgabe und Portfolio in dieser Arbeit als „Constructive Alignment" bezeichnet.

> ‚Constructive alignment' starts with the notion that the learners *constructs* his or her own learning through relevant learning activities. The teacher's job is to ‚broker' a learning environment that supports the learning activities appropriate to achivieng the desired learning outcomes. The key is that all components in the teaching systems (…) are *aligned* to each other. All are tuned to learning activities adressded in the intended outcomes (Biggs 2002, 2; *kursiv* original).

Die Gestaltungsprinzipien sind nicht als starres Schema anzusehen, sondern als Reflexionshilfe, um begründete didaktische Entscheidungen zu treffen.

Da in dieser Arbeit das Ziel verfolgt wird, ein mediendidaktisches Lehr- und Lernarrangement im Rahmen eines Blended-Learning-Unterrichts (hybrides Lernarrangement) zu konzipieren und umzusetzen, wird ferner idealtypisch näher erläutert, inwieweit E-Learning (zusätzliche) Möglichkeiten für die Ausgestaltung der didaktischen Elemente Lernaufgabe und Portfolio bereithält.

---

43 An dieser Stelle ein herzliches Dankeschön an Valentina Boneva für die gestalterische Umsetzung dieses Kreisdiagramms wie auch für die gestalterische Umsetzung der Abbildung 14 und der Abbildungen 38-46.

4.1 Lernziel als didaktisches Element

Unter Lernzielen (oder Learning Outcomes) werden an Hochschulen (seit Bologna)[44] Aussagen darüber verstanden, was Lernende am Ende eines Lernprozesses in der Lage sind zu *tun* (vgl. Fischer-Bluhm 2005, 121). Eine Antwort auf die Frage ‚Was wird unter Lernziele oder Learning Outcome verstanden?' könnte mit Watson (2002, 208) zusammenfassend lauten: „A ‚Learning Outcome' is defined as being something that students can do now that they could not do previously."

Basierend auf dieser Definition und im Hinblick auf die Merkmale *Erkenntnis-* und *Wissensdimensionen* werden erste didaktische Anforderungen aufgezeigt, die bei der Ausweisung eines Lernzieles durch Lehrende berücksichtigt werden sollten. Lehrende sollten reflektieren, welche Vorkenntnisse, Fähigkeiten und Fertigkeiten Lernende mitbringen müssen, um erfolgreich an ihrer Lehrveranstaltung teilnehmen zu können.

So führt beispielsweise an Kunst- und Musikhochschulen das *begabungsorientierte Aufnahmeverfahren* dazu, dass Studierende in erster Linie ihren Studienplatz aufgrund ihrer künstlerischen Begabung erhalten; verbindliche universitäre Hochschulzugangsbedingungen wie das Abitur sind sekundär. Dies führt zu einer Bandbreite von schulischer Vorbildung unter den Studierenden, die wiederum mit unterschiedlichen Leistungsniveaus und Kenntnisständen der Studierenden einhergehen kann. Diese gilt es bei der Lernzielbestimmung zu berücksichtigen.

Die Ausführungen im dritten Kapitel haben weiter gezeigt, dass Kompetenzbereiche und ihre Handlungsdimensionen nicht nur nicht losgelöst voneinander betrachtet werden sollten (vgl. Euler & Hahn 2004, 135), sondern dass vielmehr die verschiedenen Kompetenzbereiche und Handlungsdimensionen in Wechselwirkung mit Komponenten kognitiver, metakognitiver und ressourcenbezogener Lernstrategien sowie mit motivationalen Elementen stehen. Ohne die Vielschichtigkeit konkreter Lernsituationen auszublenden, d.h. auch die Lernziele, welche begleitend, informell und individuell geprägt sind, sollten die im formellen Lehr- und Lernkontext intendierten Lernziele alle Kompetenzklassen berücksichtigen und bei der Lernzielformulierung explizit ausgewiesen werden, damit Lernende *verstehen*, welches Wissen und welche Fähigkeiten und Fertigkeiten sie nach der Teilnahme an einer Lehrveranstaltung (weiter-)entwickelt, erarbeitet und umgesetzt haben sollten.

Zur Ausweisung von Lernzielen wird von Lernzieltheoretiker_innen (vgl. Möller 1973; Mager 1977) entweder ein sehr enges Begriffsverständnis von Lernzielen vorgeschlagen, das keine Handlungsdispositionen einschließt bzw. eine Differenzierung von Lernzielen in Richtziele, Grobziele und Feinziele vorgenommen, die jedoch darüber im Unklaren lässt, ob sich das Richt- oder Grobziel aus den Feinzielen zusammensetzt und in welchem Zusammenhang die Feinziele zueinander stehen. Auch sind den Unterscheidungen

---

44 Die Orientierung an Lernzielen ist nicht neu, wird jedoch seit Bologna stärker als zuvor in den Blick genommen (vgl. Sidler 2007).

nach Lernzieltypen (vgl. Oser & Patry 1990) keine konkreten Angaben zu entnehmen, anhand derer die Lernziele *operationalisiert* werden könnten.

Zur *systematischen* Ableitung von Lernzielen stellt die Matrix von Euler & Hahn (2004, 135) eine Hilfe dar, welche die zwei Ordnungskriterien *Handlungskompetenzbereiche* und *Handlungsdimensionen* kombiniert. Zur besseren Nachvollziehbarkeit der nachfolgenden Erläuterungen wird die Matrix hier erneut abgebildet:

Tabelle 4: Kompetenzbereiche und Handlungsdimensionen (Euler & Hahn 2004)

Handlungsdimensionen Handlungs- kompetenzbereiche	Erkennen (Wissen)	Werten (Einstellungen)	Können (Fertigkeiten)
Sachkompetenzen Umgang mit Sachen - materielle - symbolische	z.B. erinnern verstehen	z.B. sich interessieren, zuwenden, sich begeistern	z.B. (an)fertigen, produzieren, erzeugen, verrichten, (um)formen, konstruieren
Sozialkompetenzen Umgang mit anderen Menschen - Dyade - Gruppe / Team - Gemeinschaft	anwenden analysieren evaluieren	z.B. tolerieren, respektieren, akzeptieren, billigen, vertrauen, sich verständigen, durchsetzen, anpassen	z.B. klären, interpretieren, artikulieren, Feedback geben, (aus)prägen
Selbstkompetenzen Umgang mit eigner Person, z.B. - Emotionen - Lernen	gestalten	z.B. zulassen, sich einlassen	z.B. Strategien einsetzen, routinisieren

Lernziele, die in der obigen Matrix den Kompetenzbereichen zugeordnet werden, müssen zugleich die damit einhergehende Handlungsdimension berücksichtigen und diese bei der Lernzielformulierung explizit ausweisen. So können beispielsweise – je nach Zielsetzung – als übergeordnetes Lernziel (Grobziel) verschiedene Kompetenzbereiche fokussiert und diese damit einhergehenden Handlungsdimensionen als Feinziele ausgewiesen werden.

Die Matrix von Euler & Hahn (2004, 135) zeigt zudem auf, dass die Bereiche (Kompetenzen und Handlungsdimensionen) nicht unabhängig voneinander betrachtet werden sollten. So beinhaltet die Matrix *kognitive* (vgl. Bloom et al. 1956; Anderson & Krathwohl 2001), *motorische* (vgl. Meyer 1991) und *affektive* (vgl. Krathwohl et al. 1978) Elemente. Um beispielsweise Werthaltungen zu entwickeln, müssen Lernende zunächst Interesse zeigen, um schließlich eigene Werthaltungen zu entwickeln und andere zu respektieren. Zur Erkennung und Beurteilung von Werthaltungen sind auch kognitive Fähigkeiten erforderlich. Die Matrix stellt somit auch eine Hilfe dar, um bei der *Lernzielbestimmung* eine *umfassende* Kompetenzorientierung zu berücksichtigen.

Innerhalb der Kategorie *Wissen* wird in der Matrix (vgl. Tabelle 4) zudem das Kriterium *Schwierigkeits-* oder *Komplexitätsgrad* herangezogen. Dieses *Ordnungskriterium* findet sich bei Bloom et al. (1956), wie nachfolgende Tabelle zeigt:

Tabelle 5: Lehrziel-Taxonomie (Bloom et al. 1956)

Lehrziel	Lehrziel ist erreicht, wenn der bzw. die Lernende
Kenntnisse	Sachverhalte beschreiben, definieren und erinnern kann.
Verständnis	in eigenen Worten Zusammenhänge beschreiben, Sachlagen interpretieren, vergleichen kann.
Anwendung	Berechnungen durchführen, Regeln anwenden, Verbindungen herstellen, Schlussfolgerungen ableiten kann.
Analyse	die Bestandteile eines Ganzen erkennen und ihr Zusammenwirken durchschauen, Problemquellen finden und zwischen Fakten und Schlussfolgerungen unterscheiden kann.
Synthese	aus vorgegebenen Bestandteilen etwas Neues schaffen, eine Struktur aufbauen, Prozeduren entwickeln oder Lösungen entwerfen kann.
Beurteilung	fundierte Bewertungen von komplexen Sachverhalten vornehmen, Urteile fällen und die effizientesten Lösungswege für schwierige Probleme ermitteln kann.

Diesen streng hierarchischen Aufbau von Bloom et al. (1956) *eindimensionaler* Taxonomie modifizieren Anderson & Krathwohl (2001) in ihrer „Revision of Bloom's taxonomy".[45] Dabei wird die eindimensionale Taxonomie in eine *zweidimensionale* Systematik weiterentwickelt.

Anderson & Krathwohl (2001, 214) unterscheiden zwischen den Wissensformen *Faktenwissen*, *Konzeptuelles Wissen*, *Prozedurales Wissen* und *Metakognitives Wissen* und teilen diesen Charakteristiken zu. Diese Unterscheidung – die erste Dimension von Anderson & Krathwohl (2001) – löst das dichotome Verständnis von Wissen auf.

Die zweite Dimension bezieht sich auf unterschiedliche kognitive Fähigkeiten und Fertigkeiten (vgl. Anderson & Krathwohl 2001, 215). Wie auch die Wissensformen werden die bei den Lernenden ablaufenden kognitiven Prozesse von Stufe zu Stufe komplexer. Diese *Zweidimensionalität* ermöglicht eine *Kombination* einzelner kognitiver Prozesse mit jeder Wissensdimension. Bei Bloom et al. (1956) hingegen galt es aufgrund des *eindimensionalen* Aufbaus Lernziele anhand von *hierarchisch geordneten Stufen* zu erklimmen (vgl. Baumgartner 2011, 36ff.) Folgende Matrix stellt die zweidimensionale Systematik der Bloom'schen Taxonomie nach Anderson & Krathwohl dar (2001):

---

45 Nach der Veröffentlichung der Taxonomie von Bloom et al. (1956) sind eine Reihe weiterer Taxonomien entwickelt worden, welche die Bloom'sche Taxonomie zu verbessern und zu erweitern suchen. An dieser Stelle soll auf die Arbeiten von Gerlach & Sullivan (1967), Gagné (1968), Biggs & Collins (1982) und Quellemaz (1987) verwiesen werden.

Tabelle 6: Zweidimensionale Taxonomie (Anderson & Krathwohl 2001)

DIE WISSENS-DIMENSIONEN	DIE KOGNITIVEN PROZESS-DIMENSIONEN					
	Erinnern	Verstehen	Anwenden	Analysieren	Evaluieren	Kreieren
Faktenwissen						
Konzeptuelles Wissen						
Prozedurales Wissen						
Metakognitives Wissen						

Anhand dieser Matrix können zum einen bestimmten Lernzielen verschiedene Wissensdimensionen und Erkenntnisgrade zugeordnet werden. Zum anderen werden Aussagen über und Rückschlüsse auf die kognitiven Prozesse möglich. Auf diese Weise werden die Anforderungen an die Lernenden transparent und eine einseitige Förderung der Wissensformen *Faktenwissen* und *Konzeptuelles Wissen* sowie der kognitiven Prozesse *erinnern* und *verstehen* wird verhindert.

Ziel muss es vielmehr sein, unterschiedlichen Voraussetzungen und Fähigkeiten der Lernenden gerecht zu werden, indem auch die Wissensdimensionen *Prozedurales Wissen* und *Metakognitives Wissen* berücksichtigt sowie die kognitiven Prozesse *anwenden*, *analysieren*, *evaluieren* und *kreieren* unterstützt werden.

Weiter führen Anderson & Krathwohl (2001, 215) zu den sechs kognitiven Prozessen Verben an, die dabei helfen, *explizite Aussagen* über die intendierten Lernziele zu treffen. Mit dieser expliziten Ausweisung ist weiter eine Schwerpunktverlagerung von der Input- zur Outcomeorientierung verbunden, die für den Perspektivenwechsel auf die Lernenden in konkreten Lernsituationen unabdingbar ist (vgl. Wildt 2004, 169).

Die entscheidende Frage lautet nicht: ,Was will ich den Lernenden vermitteln?'; sondern: ,Was sollen die Lernenden anhand der Inhalte lernen und was sind sie in der Lage zu *tun*?'.

An dieser Stelle wird deutlich, inwiefern es von Relevanz ist, kognitive Prozesse respektive Erkenntnisdimensionen als kognitive Lernaktivitäten zu begreifen. Die im Rahmen der Lernzielbestimmung explizit ausgewiesenen Wissensdimensionen und Erkenntnisgrade gilt es so genau und unmissverständlich wie möglich zu beschreiben, damit Lernende wissen, was sie wie in der Lage zu tun sind. Ihnen sollte deutlich werden, welche Lernhandlung sie durchführen müssen, um sowohl die intendierte Wissensdimension als auch die jeweilige Erkenntnisdimension zu erreichen.

In Anlehnung an die zweidimensionale Matrix nach Anderson & Krathwohl (2001) tritt das *Verb* dabei als Indikator des *kognitiven Prozesses* und das *Nomen* als Indikator für die *Wissensdimension* auf. Aussagen über Lernziele sollten daher in folgender Form getroffen werden: die bzw. der Studierende wird in der Lage sein + *Verb* + *Nomen*. Folgende Verben-Sammlung kann dazu verwendet werden, Lernziele auszuweisen:[46]

Tabelle 7:   Matrix in Anlehnung an die Taxonomie nach Anderson & Krathwohl (2001)

DIE KOGNITIVEN PROZESS-DIMENSIONEN	VERBEN
Erinnern	erkennen, sich wieder ins Gedächtnis rufen, nennen
Verstehen	interpretieren, Beispiele geben, klassifizieren, zusammenfassen, Schlüsse ziehen, vergleichen, erklären
Anwenden	ausführen, implementieren
Analysieren	differenzieren, organisieren, Rückschlüsse ziehen
Evaluieren	prüfen, kritisieren
Kreieren	entwickeln, planen, produzieren

Diese Überlegungen führen zur Formulierung eines *ersten* Gestaltungsprinzips (GP), das eine Orientierungsgrundlage anbietet, um didaktische Entscheidungen zur Bestimmung von Lernzielen zu treffen:

> GP 1: Unter Berücksichtigung der Ordnungskriterien Kompetenzbereiche und Handlungsdimensionen (nach Euler & Hahn) sowie Wissens- und Erkenntnisdimensionen (nach Anderson & Krathwohl) lassen sich Lernziele systematisch ableiten, differenziert operationalisieren und explizit ausweisen.

4.1.1 Zusammenfassung

Zusammenfassend zeigt sich, dass Ordnungsvorschläge (Matrixdarstellung, Taxonomien) eine große Hilfe für die Planung eines Lehr- und Lernarrangements sein können, um der Diversität der Studierenden und der Forderung nach Kompetenzorientierung gerecht zu werden.

---

46 Im Leitfaden „Lernergebnisse in der Praxis" (DAAD 2008) finden sich weitere hilfreiche Verb-Sammlungen zur Formulierung von Lernzielen.

Ordnungskriterien können dazu beitragen, dass die Lehrperson verschiedene Kompetenzbereiche sowie die damit verbundenen Handlungs- und Wissensdimensionen bei der Bestimmung von Lernzielen *systematisch* berücksichtigt und explizit ausweist. Die umfassende Förderung von Kompetenzbereichen und Handlungsdimensionen sowie die systematische Berücksichtigung unterschiedlicher Anforderungsniveaus können dazu beitragen, unterschiedliche Voraussetzungen und Fähigkeiten der Studierenden zu berücksichtigen und zu fördern sowie neben kognitiven Elementen auch affektive und durchführungsorientierte (manuell-motorische) Fähigkeiten und Fertigkeiten bei der Lernzielbestimmung einzubeziehen. Zugleich gilt es bereits bei der Lernzielbestimmung die *enge Verzahnung* mit der Konstruktion von Lernaufgaben zu berücksichtigen (i.S.v. constructive alignment). Dazu ist es erforderlich, die ausgewiesenen kognitiven Prozesse als *Lernaktivitäten* zu begreifen, die, wie nachfolgend gezeigt werden soll, durch Lernaufgaben angeregt werden können.

Diese Überlegungen haben zur Formulierung eines *ersten* Gestaltungsprinzips geführt, das abschließend angeführt wird:

GP 1: Unter Berücksichtigung der Ordnungskriterien Kompetenzbereiche und Handlungsdimensionen (nach Euler & Hahn) sowie Wissens- und Erkenntnisdimensionen (nach Anderson & Krathwohl) lassen sich Lernziele systematisch ableiten, differenziert operationalisieren und explizit ausweisen.

Abbildung 8: Gestaltungsprinzip Lernziel (eigene Darstellung)

4.2 Lernaufgabe als didaktisches Element

Im vorigen Kapitel wurde gezeigt, wie anhand von Ordnungsvorschlägen am Anfang einer Unterrichtsplanung Lernziele präzisiert und mit Hilfe von Verb-Tabellen ausgewiesen werden können. Lernaufgaben stellen eine zentrale Schnittstelle dar, um zum einen den Lernprozess zu aktivieren[47] und um zum anderen die Lernziele zu explizieren.

Somit ist eine *angemessene Gestaltung* von Lernaufgaben von *herausragender Bedeutung*, und man sollte annehmen, dass die Frage, wie Lernaufgaben *systematisch* konstruiert werden, Thema einschlägiger Forschungsarbeiten sei. Doch dies ist nicht der Fall. Vielmehr liegt eine Fülle von Einzelbeiträgen aus verschiedenen Fachbereichen vor.[48]

Nachfolgend wird anhand zentraler Merkmale näher untersucht, wie das didaktische Element *Lernaufgabe* systematisch ausgestaltet werden kann. Dazu werden verschiedene theoretische Ansätze und empirische Befunde integriert, um Gestaltungsprinzipien als Orientierungsgrundlage für didaktische Entscheidungen in Bezug auf die Konstruktion

---

47 Mit Reinmann (2006) ist zudem kritisch darauf zu verweisen, dass deswegen für die Konstruktion von Lernaufgaben auf Verfahren der Testkonstruktion zurückgegriffen wird.
48 Für eine Übersicht vgl. Jacobs (2002) und Astleitner (2006).

von Lernaufgaben abzuleiten. Zur besseren Nachvollziehbarkeit der nachfolgenden Ausführungen wird erneut angezeigt, welche Merkmale des didaktischen Elements Lernaufgabe näher betrachtet werden:

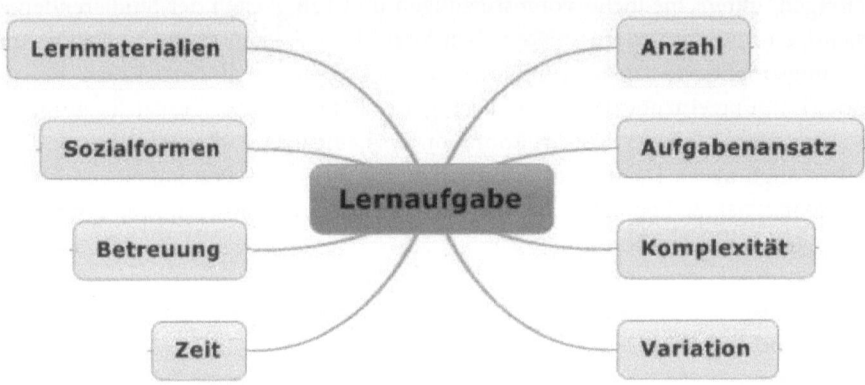

Abbildung 9:   Mind-Map: Merkmale Lernaufgabe (eigene Darstellung)

4.2.1 Anzahl

Wie bereits in diesem Kapitel einleitend erwähnt, weisen Klafki & Stöcker (1985) darauf hin, dass eine Differenzierung nach *Variation der Inhalte und Ziele* bedeutet, dass nicht alle Lerninhalte in gleicher Weise für jede Lernende bzw. jeden Lernenden verbindlich sein müssen. Es sollte vielmehr ein verbindliches Minimum an Lerninhalten grundsätzlich von allen erreicht werden (Fundamentum), weiterführende Inhalte jedoch beispielsweise zur vertiefenden Erweiterung fakultativ sein (Additamentum).

Lernaufgaben sind „eigens zum Zwecke lernender Auseinandersetzung didaktisch ausgewählte und erstellte" Aufgaben (Jüngst 1985, 277), welche einer grundlegenden formalen Struktur von Aufgaben folgend Lerninhalte als „Informationskomponente" berücksichtigen (Seel 1981, 48; Lienert & Raatz 1998). Wenn Lerninhalte in Lernaufgaben als „Informationskomponente" Berücksichtigung finden, kann weiter argumentiert werden, dass eine Differenzierung nach *Variation der Inhalte und Ziele* auch bedeutet, dass ein verbindliches Minimum an Lernaufgaben grundsätzlich von allen Lernenden bearbeitet werden sollte, weiterführende Lernaufgaben jedoch beispielsweise zu Übungs- oder Erweiterungszwecken zur Verfügung gestellt werden sollten.

Vor dem Hintergrund dieser Überlegungen ist das Merkmal *Anzahl* nicht ausschließlich *quantitativ* zu reflektieren. Es geht nicht darum, eine intuitiv erzeugte Aufgabenmenge zu produzieren, sondern zwischen einem Fundamentum und einem Additamentum *qualitativ* zu differenzieren.

Die als Wahlmöglichkeiten zur Verfügung gestellten Lernaufgaben können dazu beitragen, den Handlungsspielraum der Studierenden zu erweitern, indem individuelle Schwerpunkte gesetzt werden können. Die individuelle Schwerpunktsetzung kann möglicherweise das Autonomieerleben der Studierenden steigern (vgl. Deci & Ryan 1993, 235).

Diese Überlegungen führen zur Formulierung eines *zweiten* Gestaltungsprinzips, das eine Orientierungsgrundlage anbietet, um didaktische Entscheidungen zur Bestimmung der Aufgabenanzahl zu treffen:

> GP 2: Die Differenzierung in ein verbindliches Fundamentum und in ein fakultatives Additamentum ermöglicht seitens der Lernenden eine individuelle Schwerpunktsetzung.

Kritisch anzumerken ist hier, dass Wahlmöglichkeiten in konventionellen Unterrichtsformen vornehmlich zeit- und ortsabhängig bereitgestellt werden. Eine individuelle Schwerpunktsetzung wird fast nur durch verschiedene Vertiefungsrichtungen ermöglicht. Dies schränkt den Handlungsspielraum der Studierenden ein und kann so möglicherweise ihr Autonomieerleben beeinträchtigen.

4.2.2 Aufgabenansatz

Das Merkmal *Aufgabenansatz* hat seinen Ursprung in der so genannten traditionellen betriebswissenschaftlichen Aufgabenanalyse (vgl. Taylor 1913). Hier werden Gesamtaufgaben in *diskrete Teilaufgaben* heruntergebrochen, die aus spezifischen Aktionssequenzen bestehen.

Diese Herangehensweise von Aufgabengestaltung resultiert aus einer Analyse von Tätigkeiten am Arbeitsplatz zu Beginn des 20. Jahrhunderts. Taylor hatte hier nach Ansätzen gesucht, um Arbeitsabläufe (und damit einhergehend die Produktivitätssteigerung) am Arbeitsplatz zu optimieren. Die Berücksichtigung der Dimensionen „als Teile" und „als Ganzes" im *kategorialen Modell* nach Astleitner (2006, 26) weist auf die Möglichkeit hin, Aufgaben dahingehend zu kombinieren, dass zum Beispiel im Rahmen eines Aufgabensets Teilaufgaben oder ganze Aufgaben im Sinne von komplexeren Aufgaben bereitgestellt werden. Die Verwendung nur eines Aufgabenansatzes (Gesamt- oder Teilaufgaben) sowie die Möglichkeit unterschiedlicher Kombinationen (Gesamt- und Teilaufgaben) orientiert sich an Kontext und Ziel der Lehrmaßnahmen und eignet sich möglicherweise für so genannte ‚Learning-on-the-Job'-Settings (vgl. Jonassen et al. 1999).

Für die Gestaltung von Lernaufgaben in hochschulischen Lehr- und Lernprozessen ist dieser Ansatz aus Sicht der Autorin nicht geeignet. Zum einen fokussiert der traditionelle Ansatz die instruktive Vermittlung in kleinen Schritten. Ziel ist es, Wissen und Fähigkeiten für eine Aufgabe mit Hilfe einer Analyse des beobachtbaren aufgabenorientierten Verhaltens zu identifizieren und somit prozedurale Fertigkeiten zu beschreiben (vgl.

Crystal & Ellington 2004; Wei & Salvendy 2004). Diese Fertigkeiten zielen vornehmlich auf ein Verständnis von *situationsbezogener* Verhaltenskompetenz. Zum anderen verfolgt die traditionelle Aufgabenanalyse damit das Ziel, Lernergebnisse in Form von Verhalten zu beobachten.

Mit Blick auf die dieser Arbeit zugrunde liegende Arbeitsdefinition von Kompetenz gilt es jedoch vielmehr, die Studierenden zu befähigen, auch in neuen Situationen handlungsfähig zu sein. Zugleich muss bedacht werden, dass sich die Situiertheit des Lernens im hochschulischen Lehr- und Lernkontext (einer Kunst- und Musikhochschule) durch mindestens zwei Referenzsysteme auszeichnet: die Hochschule und die Gesellschaft bzw. die Arbeitswelt (vgl. Wildt 2007, 59f.).

Dieser doppelte Praxisbezug, das „Prinzip des ‚Entweder-Oder‘" hin zu dem „des ‚Sowohl-als-Auch‘", welcher das Hauptmerkmal der Moderne beschreibt (Beck et al. 2004, 19), ist auch für die Ausgestaltung von Lernaufgaben zu thematisieren.[49]

Ferner eignen sich der *traditionelle* Ansatz sowie der angesichts technologischer Entwicklungen entstandene *kognitive* Ansatz (vgl. Jonassen et al. 1999) nicht zur Analyse und Beschreibung von komplexen kognitiven Aktivitäten respektive zur Unterscheidung von Komplexitätsgraden, um beispielsweise bei der Gestaltung von Lernaufgaben die unterschiedlichen Leistungsniveaus der Studierenden zu berücksichtigen, die mit Blick auf die Bandbreite von schulischer Vorbildung im Kontext einer Kunst- und Musikhochschule einhergehen können. Die kognitive Aufgabenanalyse hat vornehmlich das Ziel, kognitive Aufgabenexpertise anhand verschiedener Methoden zu erfassen und zu bestimmen, welche mentalen Prozesse und Fertigkeiten bei Entscheidungs- und Problemlöseprozessen eine Rolle spielen (vgl. Jonassen et al. 1999). Vor dem Hintergrund dieser Ausführungen stellt das Merkmal *Aufgabenansatz* in dieser Arbeit *kein Kriterium* zur Gestaltung von Lernaufgaben dar.

4.2.3 Komplexität

Unter Aufgabenkomplexität wird der Schwierigkeitsgrad einer Lernaufgabe verstanden. Für die Berücksichtigung unterschiedlicher Schwierigkeitsgrade (Low- und High-level-Aufgaben)[50] finden sich aufgrund verschiedener theoretischer Ansätze (vgl. Bloom et al. 1956; Vygotsky 1978) und empirischer Befunde (vgl. Brophy & Good 1986) unterschiedliche Empfehlungen. Der Nutzen dieser Empfehlungen zur Erklärung der Wirksamkeit des Schwierigkeitsgrads ist jedoch begrenzt. Dies resultiert zum einen daraus, dass die Theorien die empirischen Befunde nicht ausreichend begründen können. Dies ist wiederum dadurch zu erklären, dass die theoretischen Modelle nicht unmittelbare Grundlage der empirischen Studien waren und somit auch nicht übertragbar sind (vgl. Shuell

---

49 Auf die notwendige enge Verbindung von Theorie und Praxis, d.h auf den grundlegenden interaktiven Erlebenszusammenhang, verweist bereits Dewey (MW9, 146ff.).
50 Aus pragmatischen Gründen erfolgt in der Forschung weitgehend eine Zweiteilung in Low- und High-level-Aufgaben (vgl. Brophy & Good 1986; Crooks 1988).

1993). Doch trotz ihrer Unterschiede in Bezug auf die Wirksamkeit des Schwierigkeitsgrads haben die Empfehlungen eines gemeinsam: Die Berücksichtigung unterschiedlicher Komplexitätsgrade ist im Hinblick auf die unterschiedlichen Leistungsniveaus einer Lerngruppe notwendig.

Weiter erfolgt die Bestimmung der Schwierigkeit in Low- und High-level-Aufgaben in den meisten Untersuchungen auf der Grundlage der Bloom'schen Taxonomie (vgl. Brophy & Good 1986; Crooks 1988; Lienert & Raatz 1998).[51]

Da die vorliegenden Forschungsergebnisse zur Wirksamkeit des Schwierigkeitsgrads durch theoretische Überlegungen nicht umfassend geklärt sind, soll in dieser Arbeit geprüft werden, inwiefern die bereits aufgezeigte Revision der Bloom'schen Taxonomie von Anderson & Krathwohl (2001) zur Lernzielbestimmung auch dazu beitragen kann, Ordnungskriterien für die Beschreibung und Konstruktion von Lernaufgaben zu formulieren. Zur besseren Nachvollziehbarkeit der nachfolgenden Erläuterungen wird die Taxonomie hier erneut abgebildet:

Tabelle 8:   Zweidimensionale Taxonomie (Anderson & Krathwohl 2001)

DIE WISSENS-DIMENSIONEN	DIE KOGNITIVEN PROZESS-DIMENSIONEN					
	Erinnern	Verstehen	Anwenden	Analysieren	Evaluieren	Kreieren
Faktenwissen						
Konzeptuelles Wissen						
Prozedurales Wissen						
Metakognitives Wissen						

Für die Klassifikation und Konstruktion von Lernaufgaben ist es von Interesse, dass die Taxonomie *zweidimensional* angelegt ist. Denn: Lernaufgaben sollten, auch mit Blick auf die intendierten Lernziele, sowohl *unterschiedliche kognitive Niveaus* als auch *unterschiedliche Wissensdimensionen* berücksichtigen.

In einem ersten Schritt kann die in der Forschung aus pragmatischen Gründen erfolgte Zweiteilung in Low- und High-level-Aufgaben auf der Grundlage der Taxonomie Blooms et al. (1956) mit Hilfe der Revision von Anderson & Krathwohl (2001) weiter ausdifferenziert werden. Während Bloom et al. (1956) sechs kognitive Hauptprozesse berücksichtigt, benennen Anderson & Krathwohl (2001) 19 weitere kognitive Prozesse und ordnen diese den Hauptkategorien als Untertypen zu. Ziel der Autoren war es, eine prä-

---

51 Andere Autoren legen das Klassifikationssystem von Guilfords Intelligenz-Struktur-Modell an (vgl. Aschner 1961).

zise Beschreibung kognitiver Prozesse zu erreichen. Dies ermöglicht nunmehr, eine *Dreiteilung* der Aufgaben in Bezug auf ihren Schwierigkeitsgrad vorzunehmen und somit unterschiedlichen Leistungsniveaus in einer Lerngruppe Rechnung zu tragen.

Eine Dreiteilung der Aufgaben hat sich bereits in einigen Untersuchungen bewährt (vgl. Ballstaedt & Mandl 1981), allerdings wurde aus mehreren Gründen auf die komplexeren Fertigkeiten und Prozesse (analysieren, evaluieren, kreieren) verzichtet. Da jedoch somit auch keine Ergebnisse vorliegen, die aufzeigen, dass bei der Gestaltung von Lernaufgaben auf komplexere Fertigkeiten und Prozesse verzichtet werden *müsste* und die meisten Studien mit kleinen Stichproben gearbeitet haben (vgl. Ballstaedt & Mandl 1981), sollte die Entscheidung, ob und, wenn ja, welche Fertigkeiten und Prozesse bei der Dreiteilung der Aufgaben berücksichtigt werden, *zielgruppenorientiert* erfolgen.[52]

So kann es im Kontext einer Kunst- und Musikhochschule möglicherweise durchaus sinnvoll sein, den unterschiedlichen Leistungsniveaus der Studierenden, die aus dem begabungsorientierten Aufnahmeverfahren resultieren, Rechnung zu tragen, indem in der Konzeption eines Lehr- und Lernarrangements eine *Dreiteilung der Aufgaben* in der Aufgabenkonstruktion berücksichtigt wird.

Eine stärkere Zielgruppenorientierung kann zudem auch dazu beitragen, dass die Ausgestaltung der Aufgabenschwierigkeit nahe an Vygotskys (1978) Zone der *proximalen Entwicklung* reicht, die Vygotsky (1978, 86) wie folgt definiert:

> (…) the distance between the actual developmental level as determined by independent problem solving and the level of potential development as determined through problem solvin under guidance or in collaboration with more capable peers.

Die Zone spezifiziert somit das, was eine Lernende bzw. ein Lernender (mit Hilfe anderer) tun *könnte* und ist nach Vygotsky individuell unterschiedlich.

Zur Berücksichtigung des aktuellen Entwicklungsstands („actual developmental level") und dem Stand zukünftiger Entwicklungen („level of potential development") ist es daher erforderlich, den Schwierigkeitsgrad zielgruppenspezifisch zu bestimmen und ihn damit weder bei der Aufgabenstellung dem Zufall zu überlassen (vgl. van Dijk & Kintsch 1983), noch eine Berücksichtigung komplexerer Aufgaben und damit das Fördern des *Lernens in Zusammenhängen*, von vornherein auszuschließen (vgl. Niegemann & Stadler 2001).

Die ausschließliche Berücksichtigung des Schwierigkeitsgrades anhand *kognitiver Prozesse* ist für die Konstruktion von Lernaufgaben jedoch nicht ausreichend. Wie aufgezeigt, sind bei der Konstruktion von Lernaufgaben in Bezug auf die Aufbereitung der Lerninhalte auch die unterschiedlichen *Wissensdimensionen* zu berücksichtigen. Um der Diversität der Studierenden und der Forderung nach Kompetenzorientierung gerecht zu

---

52 Der Verzicht auf komplexere Aufgabenstellungen ist nicht zuletzt möglicherweise der Tendenz von Lehrpersonen geschuldet, Faktenwissen zu unterrichten – was eine ausschließliche Überprüfung der Behaltenseffekte mit sich führt und damit eher Input- als Outcomeorientierung zur Folge hat (vgl. Ropo 1990).

werden, sollten in einem zweiten Schritt auch die *Inhalte* den verschiedenen *Wissensdimensionen* zugeordnet und die damit einhergehenden kognitiven Prozesse berücksichtigt werden, die zur Bearbeitung der Lernaufgabe erforderlich sind.

Für eine Ausdifferenzierung der unterschiedlichen Aufgaben wird oftmals auf die Bloom'sche Taxonomie zurückgegriffen (vgl. Lienert & Raatz 1998). In dieser Arbeit dient dagegen die Taxonomie nach Anderson & Krathwohl (2001) als Grundlage. Um die Möglichkeiten einer Ausdifferenzierung in Anlehnung an Anderson & Krathwohl (2001) aufzuzeigen, bedarf es jedoch einer *Modifikation* in der Taxonomie, welche die Verbindung des Inhalts (Wissensdimensionen) mit den kognitiven Prozessen darstellt, für die jeweils unterschiedliche Aufgaben entwickelt werden müssen. Zur besseren Nachvollziehbarkeit dieser Modifikation sollen die kognitiven Prozesse und Wissensdimensionen kurz erläutert werden.

Die kognitive Prozessdimension *Erinnern* meint das Vermögen, Wissen aus dem Langzeitgedächtnis abzurufen; die Dimension *Verstehen* bedeutet, Wissen zu erkennen und neues mit altem Wissen zu verknüpfen. *Faktenwissen* ist Basiswissen und *Konzeptuelles Wissen* ist Wissen über die Beziehungen zwischen einzelnen Elementen und dem Basiswissen. Da weiter in der Taxonomie nach Anderson & Krathwohl (2001) jede Erkenntnisdimension (i.S.v. kognitive Prozessdimension) in der darauf folgenden Dimension aufgeht, so dass beispielsweise die Erkenntnisdimension *Verstehen* auch das Vermögen impliziert, sich an Wissen zu erinnern, kann gefolgert werden, dass zur Bearbeitung von Inhalten, die in die Wissensdimension *Konzeptuelles Wissen* unterteilt werden, die Erkenntnisdimensionen *Erinnern* und *Verstehen* erforderlich sind bzw. aktiviert werden. Ferner ist jedoch kritisch zu reflektieren, inwiefern es sinnvoll ist, Inhalte ausschließlich der Dimension *Faktenwissen* zuzuordnen. Dies kann dazu führen, dass Lernende ihr Faktenwissen nicht tiefergehend verstanden haben, da für die Bearbeitung der Aufgaben vornehmlich schematisches Auswendiglernen eingefordert wird. Um weg von isolierten Wissensfragmenten und hin zu Transferleistungen zu kommen, kann es sich deshalb als sinnvoll erweisen, bei der Aufgabenkonstruktion *Faktenwissen* als integrierten Teil von *Konzeptuellem Wissen* anzusehen.

Die kognitive Erkenntnisdimension *Anwenden* bedeutet, Inhalte oder Verfahren in einer bestimmten Situation anwenden zu können und die Dimension *Analysieren* beschreibt die Fähigkeit, Wissen in Bestandteile zerlegen und in Beziehung setzen zu können. Verfahrensorientiertes (prozedurales) Wissen ist Wissen darüber, wie man etwas tut. Zur Bearbeitung von Inhalten, die der Wissensdimension *Prozedurales Wissen* zugeordnet werden, sind demzufolge die Erkenntnisdimensionen *Anwenden* und *Analysieren* erforderlich. Auch hier wird wieder dafür plädiert, die beiden Erkenntnisdimensionen nicht eindeutig voneinander zu trennen bzw. bei der Aufgabenkonstruktion in der Kategorie *Prozedurales Wissen* nicht ausschließlich eine Erkenntnisdimension zur Bearbeitung der Aufgabe zu berücksichtigen.

Unter Bezug auf die Arbeitsdefinition von Kompetenz und mit Blick auf die aufgezeigte Notwendigkeit, den doppelten Praxisbezug zu berücksichtigen, ist es für eine erfolgreiche Wissensanwendung erforderlich, dieses bewusst auch in neuen Situationen abrufen zu können. Dazu bedarf es des Vermögens, Erlerntes in seine Bestandteile zu zerlegen oder Inhalte aus verschiedenen Aufgabenstellungen in Beziehung zu setzen, um über die situierte Lernsituation hinaus eine generalisierbare Fähigkeit zur Lösung von Aufgaben zu entwickeln (vgl. Gagné 1965).

Metakognitives Wissen ist reflektiertes und differenziertes Wissen über das eigene Wissen und Tun. Zur Bearbeitung von Inhalten, die dazu anregen sollen, Lern- und Denkprozesse zu reflektieren, eignen sich so genannte Beurteilungs- und/oder Gestaltungsaufgaben (vgl. Tulodziecki et al. 2004). Die Erkenntnisdimension *Evaluieren* beschreibt die Fähigkeit, anhand von Kriterien den Nutzen eines Sachverhalts zu prüfen und zu bestimmen. Die Erkenntnisdimension *Kreieren* meint das Vermögen, Elemente zu einem neuen Ganzen zusammen zu führen. Auch hier stellt sich die Frage, inwiefern es sinnvoll ist, Aufgaben zu konstruieren, die vornehmlich die Beurteilungsfähigkeit fördern, oder ob nicht bei der Aufgabenkonstruktion die Erkenntnisdimension *Evaluieren* als integrierter Bestandteil einer Gestaltungsaufgabe anzusehen ist. Gestaltungsaufgaben zu entwickeln, die zu konstruierenden und schöpferischen Lernhandlungen anregen, ist überaus anspruchsvoll. Dies birgt wiederum die Gefahr, dass metakognitive Formen der Wissensbearbeitung bei der Konstruktion von Lernaufgaben vernachlässigt werden. Um *metakognitive Lernprozesse* anzuregen kann es sich als sinnvoll erweisen, in einem Lehr- und Lernarrangement neben dem didaktischen Element Lernaufgabe auch das didaktische Element *Portfolio* zu berücksichtigen (vgl. Breuer 2009, 201).

Die nachfolgende Matrix fasst nun zusammen, wie eine Ausdifferenzierung der unterschiedlichen Aufgaben vor dem Hintergrund der ausgeführten Überlegungen aussehen kann. Um der Diversität der Studierenden beispielsweise in Bezug auf ihre unterschiedliche Leistungsfähigkeit gerecht zu werden, ist zu berücksichtigen, dass es für jeden Inhalt (zum Beispiel in einer Lerneinheit) unterschiedlicher Aufgaben bedarf, denen die inhaltlichen Schwerpunkte einer Wissensdimension zugeordnet sind und welche die damit einhergehenden kognitiven Prozesse berücksichtigen, die zur Bearbeitung der Aufgabe erforderlich sind.[53] Die unterschiedlichen Aufgaben werden in der Tabelle durch unterschiedliche Buchstaben dargestellt. Die Pfeile verdeutlichen, dass die zur Bearbeitung komplexerer Aufgaben erforderlichen kognitiven Prozesse die vorangegangenen miteinschließen.

---

53 Zur Verknüpfung des inhaltlichen Schwerpunkts mit einer Itemform (hier Erkenntnisdimension) vgl. auch Tyler (1973).

Tabelle 9: Eigene Darstellung in Anlehnung an die Taxonomie von Anderson & Krathwohl (2001)

INHALT	DIE KOGNITIVEN PROZESS-DIMENSIONEN					
	Erinnern	Verstehen	Anwenden	Analysieren	Evaluieren	Kreieren
Inhaltlicher Schwerpunkt **Fakten- und konzeptuelles Wissen**	⟶	A				
Inhaltlicher Schwerpunkt **Prozedurales Wissen**	⟶			B		
Inhaltlicher Schwerpunkt **Metakognitives Wissen**	⟶				C ⟶	C'

Die Matrix zeigt exemplarisch auf, dass zur Berücksichtigung aller drei Wissensdimensionen respektive der Unterteilung von inhaltlichen Schwerpunkten in die Wissensdimensionen sowie zum Einbezug der damit einhergehenden kognitiven Prozesse mindestens drei verschiedene Aufgaben zu einem Inhalt erzeugt werden müssen. Eine trennscharfe Ausdifferenzierung der Erkenntnis- und Wissensdimensionen wird in Anbetracht der Überlegungen nicht nur als wenig sinnvoll erachtet; sie würde auch dazu führen, dass mindestens sechs verschiedene Aufgaben je Inhalt erzeugt werden müssten, um nicht die einseitige Förderung bestimmter Wissens- und Erkenntnisdimensionen zu begünstigen.

Diese Argumente führen zur Formulierung eines *dritten* Gestaltungsprinzips, das eine Orientierungsgrundlage anbietet, um didaktische Entscheidungen zur Ausdifferenzierung unterschiedlicher Aufgaben in Bezug auf ihren Komplexitätsgrad zu treffen:

> GP 3: Unter Berücksichtigung der Ordnungskriterien Wissens- und Erkenntnisdimensionen (nach Anderson & Krathwohl) sind Lerninhalte systematisch einzuordnen und differenziert in unterschiedlichen Lernaufgaben zu operationalisieren.

4.2.4 Variation

Eine Variation der Lernaufgaben kann durch *unterschiedliche Aufgabentypen* erreicht werden. Die Klassifikation von Aufgabentypen wird in der Regel anhand des erwarteten Antwortformats vorgenommen (vgl. Rütter 1973; Lienert & Raatz 1998). Eine hilfreiche Übersicht für die Typologie von Aufgaben gibt Rütter (1973). Er unterscheidet zwischen Makro-, Fein- und Mikrostruktur und entsprechenden Aufgabenklassen, -gattungen und -arten wie nachfolgende Abbildung zeigt:

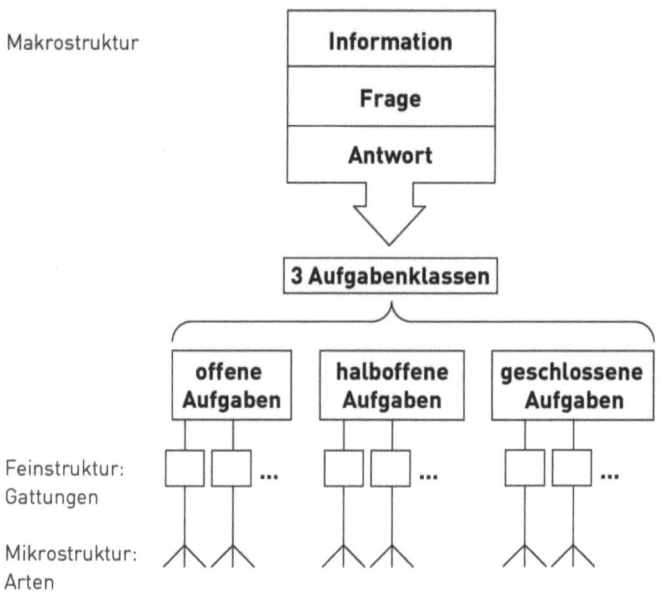

Abbildung 10: Strukturtypologie von Aufgaben (Rütter 1973)

Für die Klassifikation von Aufgabentypen[54] ist hier besonders die Makrostruktur von Interesse. Nach Rütter (1973) definiert die Makrostruktur drei Aufgabenklassen: Die erste enthält so genannte offene Aufgaben, die zweite halboffene und die dritte geschlossene Aufgaben. Offene Aufgaben können Gestaltungs-, Deutungs- oder Assoziationsaufgaben sein, d.h. das Ergebnis der Aufgabenbearbeitung ist offen und in der Regel sind den Lernenden keine Antwort- oder Lösungsalternativen bekannt (vgl. Rütter 1973, 56, 62f.). Gestaltungsaufgaben unterstützen, wie im vorangegangen Abschnitt aufgezeigt, komplexere kognitive Prozesse. Je offener die Aufgabenstellung formuliert ist, umso komplexer ist die Auseinandersetzung.

Bei halboffenen Aufgaben hingegen liegt eine (Muster-)Lösung vor, die jedoch selbst erarbeitet werden muss. Hier unterscheidet Rütter (1973, 65ff.) sechs Gattungen halboffener Aufgaben: die Freiantwort-, die (halboffene) Assoziations-, Ergänzungs-, Substitutions-, Aufbau- oder Umbauaufgabe. Allen sechs Gattungen ist gemeinsam, dass Ler-

---

54 Für die Einteilung von Aufgaben in komplexe Aufgabentypen vgl. Petschenka et al. (2004).

nenden keine Antwortmöglichkeiten vorgegeben werden. Zur Entwicklung der Lösung sind je nach Aufgabenschwierigkeit (vgl. den vorherigen Abschnitt) unterschiedliche Erkenntnisdimensionen erforderlich.

Im Gegensatz dazu wird bei geschlossenen Aufgaben aus vorgegebenen Antwortmöglichkeiten ausgewählt (vgl. Rütter 1973, 132). Geschlossene Aufgaben wie beispielsweise Multiple-Choice-, Lückentext- oder Zuordnungsaufgaben[55] fördern damit eher den Erwerb von konzeptuellem Wissen.

Die dargestellte Strukturtypologie von Aufgaben nach Rütter (1973) bietet einen hilfreichen Rahmen, um die im vorangegangen Abschnitt genannten Prinzipien für die Gestaltung von Lernaufgaben handlungspraktisch in unterschiedliche Aufgabenklassen zu überführen.

Im Kontext einer Kunst- und Musikhochschule kann beispielsweise zur Berücksichtigung der unterschiedlichen Leistungsniveaus der Studierenden in einem Lehr- und Lernarrangement eine *Dreiteilung* der Aufgaben in verschiedene Aufgabentypen übergeführt und den Studierenden damit zugleich eine *Vielfalt an Bearbeitungsmöglichkeiten* angeboten werden.

Nachfolgend werden die Buchstaben (Ausdifferenzierung der unterschiedlichen Aufgaben) aus der obigen Matrix (Tabelle 9) exemplarisch in Aufgabenklassen übergeführt. Die unterschiedlichen Aufgabenklassen werden wie folgt dargestellt: offene Aufgaben = Δ, halboffene Aufgaben = O und geschlossene Aufgaben = □. Das hochgestellte ^{n} steht für die Menge an Ausgestaltungsmöglichkeiten innerhalb der Aufgabenklasse, die es zielgruppen- und inhaltsspezifisch zu bestimmen gilt.

Tabelle 10: Eigene Darstellung in Anlehnung an die Taxonomie von Anderson & Krathwohl (2001) und Typologie nach Rütter (1973)

INHALT	DIE KOGNITIVEN PROZESS-DIMENSIONEN					
	Erinnern	Verstehen	Anwenden	Analysieren	Evaluieren	Kreieren
Inhaltlicher Schwerpunkt **Fakten- und konzeptuelles Wissen**	→ $\square^n$					
Inhaltlicher Schwerpunkt **Prozedurales Wissen**			→	O^n		
Inhaltlicher Schwerpunkt **Metakognitives Wissen**					→	$\triangle^n$

---

55 Rütter führt für geschlossene Aufgaben zehn verschiedene Gattungen an (vgl. Rütter 1978, 259).

Die drei Aufgabenklassen liefern damit eine Grundlage für begründete didaktische Gestaltungsmöglichkeiten, so dass ein *viertes* Gestaltungsprinzip formuliert werden kann, aus dem sich didaktische Entscheidungen zur Ausgestaltung unterschiedlicher Aufgabentypen ableiten lassen:

> GP 4: Mit Hilfe von Typologien (offene, halboffene und geschlossene Aufgabentypen) lassen sich Lernaufgaben variieren.

Kritisch anzumerken ist auch hier, dass die Vielfalt an Bearbeitungsmöglichkeiten in konventionellen Unterrichtsformen vornehmlich zeit- und ortsabhängig bereitgestellt wird.

4.2.5 Zeit

Die Erkenntnis, dass das individuelle Lerntempo eine wichtige Rolle für den Lernerfolg spielt und sich auf die Motivation und Zufriedenheit auswirken kann, ist nicht neu (vgl. Wahl 2006). So kann sich bei Lernenden beispielsweise Ärger und Frustration einstellen, wenn die für eine Aufgabe vorgesehene Bearbeitungszeit nicht ausreicht. Lernende, die bei der Bearbeitung von Lernaufgaben etwa auf vorhandenes Vor- und Erfahrungswissen zurückgreifen können, können sich in einer Lerngruppe jedoch auch unterfordert fühlen. Dies kann Monotonie oder Langeweile zur Folge haben. Da also das Lerntempo innerhalb einer Lerngruppe stark schwanken kann (vgl. Aeppli 2005, 32), kann im Mittelpunkt des Unterrichts nicht mehr das Lernen in einem gemeinsamen Lerntempo stehen.

Weiter ist es auch nicht ausreichend, bei der Konstruktion von Lernaufgaben ausschließlich den Zeitaufwand zu berücksichtigen, den es aus der Sicht der Lehrperson zur Bearbeitung einer Aufgabe braucht, beispielsweise in Bezug auf den Schwierigkeitsgrad. Mit Lerntempo ist vielmehr gemeint, wie lange eine Lernende bzw. ein Lernender für die Bearbeitung einer Lernaufgabe benötigt. Zur Berücksichtigung des individuellen Lerntempos ist es daher von Bedeutung, dass die *individuelle Bearbeitungszeit* einer Lernaufgabe von der durch die Lehrperson *vorgesehene Bearbeitungszeit* abweichen kann. Damit Lernende sich weder unter- noch überfordert fühlen, ist es erforderlich, dass sie selbst bestimmen können, wie lange sie eine Aufgabe bearbeiten (individuelle Bearbeitungszeit).

Zur selbstbestimmten Einteilung der Lernzeit (über ein gesamtes Lernangebot oder eine Lerneinheit) ist es zum einen erforderlich, Lernenden eine individuelle Schwerpunktsetzung zu ermöglichen. Die Differenzierung in ein verbindliches Fundamentum (Basis) und in ein fakultatives Additamentum (Vertiefung, Übung) kann dazu beitragen, dass Lernende nicht alle erzeugten Aufgaben, die verfügbar sind, bearbeiten. Darüber hinaus gilt es jedoch zu berücksichtigen, dass Lernende selbst bestimmen können, *wann* sie welche Lernaufgabe zum Beispiel in einer Themeneinheit bearbeiten.

Das Merkmal *Zeit* rückt damit nicht nur die individuelle Bearbeitungszeit, sondern auch die Lernzeit in den Vordergrund, die sich über ein gesamtes Lernangebot oder eine Lerneinheit spannt. Um erstere zu ermöglichen (individuelle Bearbeitungszeit), bedarf es der Berücksichtigung der selbstbestimmten Einteilung der Lernzeit über die gesamte Zeitspanne eines Lernangebots oder einer Lerneinheit.

Darüber hinaus erfordert eine selbstbestimmte Zeiteinteilung ein gewisses Maß an *Zeit-kompetenz*. Lernende sollten nicht nur einschätzen können, wie viel Bearbeitungszeit sie für eine Aufgabe benötigen (vgl. Siebert 2006, 166f.), sondern auch beurteilen können, wie viel Lernzeit sie für die Bearbeitung eines Basiskontingents (Fundamentum) in einer Themeneinheit benötigen, welche weiterführenden Lerninhalte von Interesse sind (Additamentum) und wie viel Zeit sie für das Wiederholen und Üben einplanen können bzw. müssen (vgl. die Gütekriterien für effektives Üben bei Linser & Paradies 2003). Die Bereitstellung eines (Wochen-)Plans (vgl. Huschke 1982) oder Zeit- und Contentfahrplans (vgl. Kerres & Petschenka 2002) kann möglicherweise dazu beitragen, Lernende darin zu unterstützen, ihre Lernzeit besser einzuteilen. Auch wenn diese Instrumente vornehmlich in (Berufs-)Schulen genutzt werden, kann eine Bereitstellung von (Wochen-)Plänen oder Zeit- und Contentfahrplänen möglicherweise auch in hochschulischen Lehr- und Lernprozessen den Studierenden als Organisations- und Strukturierungshilfe dienen.

Die Ausführungen zeigen, dass die Reflexion des Merkmals *Zeit* von unmittelbarer handlungspraktischer Relevanz ist, um unterschiedlichen Voraussetzungen und Bedürfnissen der Studierenden sowie der Forderung nach Kompetenzorientierung gerecht zu werden.

Um im Kontext einer Kunst- und Musikhochschule die unterschiedlichen Leistungsniveaus der Studierenden in der Konzeption eines Lehr- und Lernarrangements zu berücksichtigen, ist es zum einen von Bedeutung, dass die individuelle Bearbeitungszeit einer Lernaufgabe von der durch die Lehrperson vorgesehenen Bearbeitungszeit abweichen kann. Dazu ist es zum anderen erforderlich, den Studierenden eine selbstbestimmte Einteilung ihrer Lernzeit zu ermöglichen. Eine Berücksichtigung der Merkmals *Zeit* anhand der Bestimmung der Bearbeitungszeit durch die Lehrperson ist nicht ausreichend. Nicht zuletzt erfordert die selbstbestimmte Zeiteinteilung ein gewisses Maß an Zeitkompetenz seitens der Studierenden. (Wochen-)Pläne oder Zeit- und Contentfahrpläne können möglicherweise dazu beitragen, sie bei ihrer Zeitplanung zu unterstützen.

Diese Reflexionen zeigen, von welch hoher Relevanz die Berücksichtigung des Merkmals *Zeit* bei der Konstruktion von Lernaufgaben ist. Somit lautet das *fünfte* Gestaltungsprinzip:

> **GP 5: Um das individuelle Lerntempo zu berücksichtigen, ist es erforderlich, die selbstbestimmte Einteilung der Lernzeit über die gesamte Zeitspanne eines Lernangebots oder einer Lerneinheit zu ermöglichen.**

Wie bereits kritisch angemerkt, werden Wahlmöglichkeiten in konventionellen Unterrichtsformen vornehmlich zeit- und ortsabhängig bereitgestellt. Um Studierenden eine selbstbestimmte Einteilung ihrer Lernzeit und damit auch eine individuelle Bearbeitungszeit von Lernaufgaben zu ermöglichen, ist es erforderlich, Lernaufgaben (auch) zeit- und ortsunabhängig bereitzustellen.

4.2.6 Betreuung

In sozialen Interaktionsprozessen spielen pädagogische Betreuungsaufgaben eine zentrale Rolle. Dabei kommt der Betreuung als didaktische Überlegung eine besondere Rolle zu, die je nach Lehr- und Lernarrangement verschieden ausgestaltet werden kann. So machte bereits 2008 der Wissenschaftsrat darauf aufmerksam, „dass sich die Ausrichtung der neuen Studiengänge auf eine beschäftigungsrelevante Qualifizierung (…) nur durch neue Lehrformen und verdichtete Interaktionsformen mit erhöhter Betreuungsintensität realisieren lässt" und zeigt anhand der „Empfehlungen zur Qualitätsverbesserung von Lehre und Studium", dass eine „auf Kompetenzgewinn ausgerichtete Lehre (…) eine intensivere Betreuung und Beratung der Studierenden" verlangt (Wissenschaftsrat 2008, 14f.).

Zugleich erfordert das Merkmal *Betreuung*, auch *hochschulspezifische* Besonderheiten in den Blick zu nehmen. Studierende, die es aufgrund ihrer bisherigen so genannten „erzeugungsdidaktischen" Erfahrungen (an Schulen, Hochschulen oder Universitäten) nicht gewohnt sind, weitgehend selbsttätig zu lernen, bedürfen möglicherweise spezifischer Betreuungsformen, die sie darin unterstützen, ihre Fertigkeiten und Fähigkeiten in Lernprozessen anzuwenden und weiterzuentwickeln (vgl. Gieseke et al. 2009, 45). Studierende, die im Kontext einer Kunst- und Musikhochschule hingegen eine sehr intensive Interaktion mit der bzw. dem Lehrenden erfahren, müssen möglicherweise lernen, in einem hybriden Lehr- und Lernarrangement mehr Verantwortung für die Selbstorganisation ihrer Lernprozesse zu übernehmen.

Für die Lehrenden führt die Realisierung des Schritts vom Lehren zum Lernen ebenfalls zu neuen Herausforderungen (vgl. Kapitel 3.2). An Universitäten (und Hochschulen) setzt sie voraus, dass sich das Rollenverhältnis zwischen Lehrenden und Studierenden dahingehend ändert, dass Lehrende Lernprozesse beratend und moderierend begleiten. Lehrende sind „[a]t times (…) a guide on the side … at times a sage on the stage … -or, at other times, something in between in the role of an active moderator" (Garrison & Anderson 2003, 81).

An Kunst- und Musikhochschulen, wo die Interaktion zwischen Lehrenden und Studierenden durch ein hohes Maß an Nähe bestimmt wird, bedarf es mit Blick auf die aktuellen gesellschaftlichen Herausforderungen einer Überprüfung des so genannten Meister-Schüler-Verhältnisses. Die symmetrische und zugleich asymmetrische Beziehung zwischen Lehrenden und Studierenden ermöglicht, dass Lehrende zum einen die Potenziale der Studierenden erkennen und fördern. Zum anderen birgt das so genannte Meister-Schüler-Verhältnis die Gefahr einer hohen Spezialisierung und damit Engführung des Kompetenzprofils der Studierenden. So betrifft der aktuelle Umbruch des Hochschulwesens

> nicht nur die Frage nach den Zielgruppen, die Kunst- und Musikhochschulen im Zuge der neuen Studienstrukturen adressieren sollen bzw. werden, sondern insbesondere das Aufbrechen gewachsener Rollen-Strukturen, wo sich bis dato Vielseitigkeit und Exzellenz einander zu widersprechen schienen (Jorzik et al. 2011, 36).

Eine erste Annäherung zur Differenzierung und Beschreibung von didaktischen Gestaltungsmöglichkeiten im Betreuungskontext rückt somit – unter Berücksichtigung hochschulspezifischer Besonderheiten – zunächst die sich verändernde Beziehung zwischen Lernenden und Lehrenden in den Vordergrund und macht es erforderlich, dass Lehrende (und Lernende) eine neue Rolle einnehmen. Zugleich wird deutlich, dass sich die (neue) Lehrendenrolle – unabhängig vom Hochschultyp – vor allem dadurch auszeichnet, dass Lehrende eine mäeutische Haltung einnehmen sollten, um die Potenziale ihrer Studierenden zu erkennen und zu fördern und zugleich lenkend, aber nicht steuernd, den Lernprozess der Studierenden unterstützen.

Aus gestaltungsorientierter Perspektive hält diese *Rollenzuschreibung* jedoch keine konkreten Hinweise für die didaktische Ausgestaltung von Betreuungsaufgaben bereit, die bei der Konzeption und Umsetzung eines Lehr- und Lernarrangements im Angebot *Schlüsselkompetenzen* im Kontext einer Kunst- und Musikhochschule berücksichtigt werden sollten.[56]

Vor diesem Hintergrund sollen im Folgenden fern von Rollenzuschreibung(en) konkrete Hinweise für die Ausgestaltung von Betreuungsaufgaben im Betreuungskontext eines Lehr- und Lernarrangements näher betrachtet werden.

Zunächst gilt es vor allem, eine vertrauensvolle Lernatmosphäre zu schaffen (vgl. Buskist & Saville 2001) und Hilfestellung bei der Lösung von fachlichen sowie methodischen Fragen oder sozialen Problemen anzubieten (vgl. Kurtz 1998). Hierbei ist zu beachten, dass Lernende eine direkte oder indirekte Hilfestellung immer dann in Anspruch nehmen können, wenn sie diese konkret benötigen und dass die Hilfestellungen Anregungen zur Selbsttätigkeit geben. Kritisch betrachtet kann sich in konventionellen Unterrichtsformen die Angemessenheit der Hilfestellungen nur begrenzt an den Bedürfnissen der Lernenden orientierten, da sie sich großteils in einer direkten Betreuung durch konkrete Interaktion erschöpft, die orts- und zeitgebunden ist.

---

56 So wird die Lehrendenrolle beispielsweise bei Arnold & Schüssler (1998, 130) mit zwei oder mehreren Begriffen beschrieben, wenn sie von einem Wandel der „Rolle des Lehrenden zu der eines Arrangeurs, eines Moderators und eines Beraters im Lehr-Lern-Prozeß" sprechen. Meisel (2002, 137) greift zur Beschreibung der neuen Lehrendenrolle auf die Kombination „Lernbegleiter/in und Lernberater/in" zurück. Da für Fassnacht (2001, 145) Beratung ein Teil von Lernbegleitung ist, bleibt vage, was charakteristisch ist für die Lernbegleitung. Auch finden sich widersprüchliche Beschreibungen, wie etwa bei Reutter (1998). Reutter (1998, 32). weist auf die Kombination von „Moderator/in und Coach" hin und beschreibt die kombinierte Rolle wie folgt: „Der sich als Neutrum verhaltende Moderator von Lernprozessen, der aber gleichwohl Coach sein soll, also beratende Funktion übernimmt, die immer auch Interventionscharakter hat." Die so formulierten unterschiedlichen *Rollenerwartungen* sind vage und teilweise widersprüchlich formuliert und enthalten keine konkreten Hinweise für die Ausgestaltung von Betreuungsaufgaben.

Weiter treten in der Interaktion Lehrende und Lernende in einen „Prozess des Aushandelns" (Hawelka 2007, 47), in dem die Bedeutung einer Nachricht von den Sendenden und Empfangenden subjektiv konstruiert wird. Dies bedeutet, dass der kommunikative Prozess im Betreuungskontext ein großes Potenzial für Missverständnisse mit sich führt. Die didaktische Perspektive auf den *kommunikativen Prozess* in hochschulischen Betreuungsformen wird jedoch bisher stark vernachlässigt (vgl. Bargel et al. 2008, 35f.; Wissenschaftsrat 2008, 36). Um diese Lücke zu schließen, soll nachfolgend auf die Bedeutung des *Feedbacks* eingegangen werden.

Der englische Terminus ‹Feedback› wird zumeist mit ‹Rückkopplung›, ‹Rückwirkung›, ‹Rückmeldung›, ‹Antwort› oder ‹Reaktion› übersetzt (vgl. Slembek & Geißner 2001, 7) und zur Unterscheidung systemtheoretischer und lerntheoretischer Sichtweisen herangezogen (vgl. Narciss 2006, 15ff.).

In dieser Arbeit wird der Begriff einmal als ‚eingedeutscht' behandelt. Zum anderen wird die Perspektive auf Feedback als *kommunikativen Prozess* fokussiert, d.h. als Interaktion zwischen der Feedback-Geberin bzw. dem Feedback-Geber und der Feedback-Empfängerin bzw. dem Feedback-Empfänger.

Zur didaktischen Ausgestaltung dieser Interaktion im Betreuungskontext eines Lehr- und Lernarrangements ist jedoch die bloße Unterscheidung zwischen Sender_in (Wer) und Empfänger_in (Wem) von Feedback nicht ausreichend (vgl. Wunder 2001; Alberternst 2007). Mit Wunder (2001, 40) gilt es, weitere Merkmalsbereiche des Feedbacks im pädagogischen Kontext zu berücksichtigen. Wunder hat dazu sieben Merkmalsbereiche ausgemacht, die sich an folgenden W-Fragen orientieren (Wunder 2001, 43):

• Wer? Sendermerkmale
• Wem? Empfängerseite
• Was? Inhalt
• Wie? Art der Rückmeldung
• Wann? Zeitpunkt des Feedbacks
• Wo? Ort des Feedbacks
• Wozu? Funktion des Feedbacks

Diesen unterschiedlichen Merkmalsbereichen weist Wunder (2001, 43ff.) Teilaspekte zu und zeigt dabei auf, dass beispielsweise eine regelmäßige und zeitnahe Rückmeldung zur Nutzung des Feedbacks im Lernprozess (Wann) sowie räumliche wie soziale Aspekte (Wo) beachtet werden sollten (vgl. Gibbs & Simpson 2004).

Die verschiedenen Feedbackmerkmale zur Feedbackgestaltung zeigen weiter, dass Feedback sich nicht nur auf ein Ergebnis, sondern auch auf den Prozess des Lernens (Wozu) beziehen muss (vgl. Wunder 2001, 44f.). Damit rückt die Art und Weise (Wie) in den Vordergrund. Feedback im Lernprozess kann entweder formell oder informell erfolgen. Formelle Rückmeldungen zeichnen sich dadurch aus, dass sie bewusst gegeben werden und mit einer bearbeiteten Aufgabe (Was) im Lernprozess verbunden sind (vgl. Värlander 2008, 149).

Dies bedeutet auch, dass es zur formellen Rückmeldung im Unterschied zum informellen Feedback einer genaueren didaktischen Planung und Strukturierung bedarf. Formelle Rückmeldung erfolgt weitgehend von Lehrenden an Lernende über Richtig- oder Falsch-Rückmeldungen zu ihren Lernergebnissen am Ende eines Lernprozesses. Diese Form der Rückmeldung bezeichnet Värlander (2008, 149) als summatives Feedback (Ergebnisbezug). Summatives Feedback stellt nach Värlander Lernenden keine Informationen bereit, die sie zur Korrektur oder Verbesserung ihrer Aufgabenlösung (Was) im Lernprozess heranziehen könnten. Im Unterschied zum summativen Feedback bezeichnet Värlander (2008, 149) prozessbezogenes Feedback als formatives Feedback, dass die Lernenden darin unterstützen soll, im Lernprozess ihre Schwächen zu verbessern und ihre Stärken weiterzuentwickeln. Diese Unterscheidung charakterisiert zwei Extreme. Denkbar ist auch ein summatives Feedback, welches Lernenden nach abgeschlossener Aufgabe oder beendetem Themenblock anhand von Kriterien (vgl. Irons 2008, 38) weiterführende Informationen bereitstellt, die zur Weiterentwicklung von Kompetenzen beitragen (vgl. London & Sessa 2006, 304). Weiterhin sollte sich formatives wie auch summatives Feedback an elaborierten[57] bzw. informativen Formen des Feedbacks orientierten (vgl. Narciss 2006, 23). Einfache Komponenten wie ‚richtig‘ oder ‚falsch‘ enthalten keine weiterführenden Informationen und geben Lernenden keine konkrete Rückmeldung zu ihrer Aufgabenbearbeitung und ihren Entwicklungspotenzialen.

Angesichts dieser Kriterien wird auch deutlich, dass Feedback neben Sachinformationen auch subjektzentrierte Informationen beinhalten sollte (vgl. Schulmeister 2004a, 33f.), die Lernende dazu anregen, ihren Lösungsprozess zu reflektieren. Feedback-Geben ist demzufolge nicht nur auf die Übermittlung von Informationen zu reduzieren, sondern wie oben bereits angeführt, ein *kommunikativer Akt* zwischen Feedback-Gebenden und Feedback-Empfangenden.[58]

Das Ziel, die Reflexion und Selbsttätigkeit der Lernenden durch Feedback zu fördern, kann möglicherweise auch dazu beitragen, das Autonomieerleben der Lernenden zu erhöhen.

Abschließend ist noch darauf hinzuweisen, dass im Rahmen einer formellen Rückmeldung auch Feedback von Studierenden an Studierende (Peer-Feedback) erfolgen kann (vgl. Kapitel 4.3.3).

Vor dem Hintergrund dieser Ausführungen wird nicht nur deutlich, dass dem Merkmal *Betreuung* eine besondere Rolle bei der Ausgestaltung eines Lehr- und Lernarrangements zukommt. Es wurden konkrete Hinweise für die Ausgestaltung von Betreuungsaufgaben gegeben, die dazu beitragen können, die beratende und moderierende Lehrendenrolle konkret auszugestalten. Eine dialogorientierte (versus anweisende bzw. einfache) Rückmeldung kann die Reflexion und Selbsttätigkeit der Lernenden unterstützen und das Interesse für die Lerninhalte wecken. Von zentraler Bedeutung ist dabei, Feedback in den Betreuungskontext zu *integrieren* (vgl. Sippel & Florian 2008; Sippel 2009, 10). Nicht zu-

---

57 Da die Nutzung des Terminus „elaboriertes Feedback" in der Literatur nicht einheitlich ist und Shute (2008, 160) den Ausdruck „informatives Feedback" für die komplexeste Form einer Rückmeldung verwendet, werden in dieser Arbeit beide Ausdrücke synonym gebraucht. Sie dienen vor allem der Unterscheidung zwischen einfachen und komplexen Formen der Rückmeldung.

58 Vgl. Schulz von Thun (2005, 81).

letzt stehen Lehrende und Lernende zum Feedback-Geben und Feedback-Nehmen im dialogischen Austausch, der – idealerweise – dazu beiträgt, die asymmetrisch verlaufenden Lehrenden-Lernenden-Interaktionen aufzubrechen.

Diese Überlegungen führen zur Formulierung eines *sechsten* Gestaltungsprinzips, das eine Orientierungsgrundlage anbietet, um didaktische Entscheidungen zur Ausgestaltung von Feedback im Betreuungskontext zu treffen:

> GP 6: Die Berücksichtigung und Unterscheidung von Feedbackmerkmalen (W-Fragen nach Wunder), Feedbackformen (summativ oder formativ) und Feedbackcharakteristika (einfach oder komplex) fördern ein dialogorientiertes Feedback im Betreuungskontext.

4.2.7 Sozialformen

Wie bereits aufgezeigt, finden Lernprozesse in sozial-kommunikativ geprägten Umgebungen statt. Neben Aspekten zur Gestaltung der Betreuungsaufgaben und hier insbesondere der didaktischen Perspektive auf die Bedeutung von Feedback bedarf es bei der Bearbeitung von Lernaufgaben auch der Berücksichtigung unterschiedlicher Sozialformen, um soziale Interaktionen zu aktivieren und soziale Fähigkeiten in einem Lehr- und Lernarrangement zu fördern.

Während die klassische *Einzelarbeit* vorwiegend für Übungsphasen eingesetzt wird (vgl. Reich 2006), gilt es sich in der partnerzentrierten Interaktion gegenseitig zu unterstützen und zu motivieren. *Partnerarbeit* ist somit dann besonders sinnvoll, wenn die Aufgabenstellung für einzelne Lernende möglicherweise zu schwierig zu bearbeiten ist (vgl. Reich 2006). Nach Brüning (2006) eignet sich Partnerarbeit besonders, damit

- Lernende sich gegenseitig aufgrund individuell unterschiedlicher Erfahrungen oder Kenntnisse bei Sammelaufgaben ergänzen,
- Lernende sich aufgrund unterschiedlicher Aufmerksamkeit bei Beobachtungsaufgaben ergänzen,
- Lernende sich bei Problemlöseaufgaben und in Entscheidungssituationen beraten,
- Lernende sich bei Bewertungsvorgängen beraten,
- Lernende sich im „Helfersystem" / „Tandem" helfen: z.B. gegenseitiges Korrigieren; Vorschläge für die Aufgabenbearbeitung; „Abprüfen" eines auswendig gelernten Faktenwissens etc.

In der Partnerarbeit steht somit die Interaktion zwischen zwei Lernenden im Mittelpunkt. Die ersten zwei genannten Charakteristika nach Brüning (2006) zeigen, dass in der Partnerarbeit die Verschiedenheit der Lernenden als Potenzial für den Lernprozess genutzt werden kann; die weiteren Charakteristika fokussieren darüber hinaus Merkmale kooperativen Lernens[59] und des Peer-Learnings. Durch die partnerzentrierte Interaktion wird im Gegensatz zur Einzelarbeit ein erster kooperativer Lernprozess aktiviert.

Die *Gruppenarbeit* ermöglicht innerhalb einer Lerngruppe eine weitere innere Differenzierung, um beispielsweise die verschiedenen Lösungswege einer Aufgabenstellung aufzuzeigen. Die unterschiedlichen Ergebnisse der verschiedenen Gruppen werden dann üblicherweise zu einem Gesamtergebnis zusammengeführt, indem sie beispielsweise allen Lernenden präsentiert werden. Auch wird Gruppenarbeit eingesetzt, wenn die Lerninhalte sehr umfangreich sind und aufgrund der Arbeitsteilung in Gruppen die Lerninhalte in Teilaufgaben bearbeitet werden können. Für eine erfolgreiche Gruppenarbeit bedarf es neben geeigneter Aufgabenstellungen nach Mattes (2002, 32f.) zudem einer sorgfältigen Vorbereitung der Gruppenarbeitsphasen, in denen die Gruppe dann weitgehend ohne Mitwirkung der bzw. des Lehrenden interagiert. In der Gruppenarbeit steht die Interaktion von „gut funktionierenden Teams" (Greif & Kurtz 1996, 164) innerhalb einer Lerngruppe im Mittelpunkt. Nach Greif & Kurtz (1996, 164) zeichnet sich ein „gutes Team" durch folgende Merkmale aus:

- Die Mitglieder schätzen sich gegenseitig.
- Über die Hauptziele und Werte kann Einigkeit erreicht werden.
- Konflikte bestehen nur kurz und werden aus Sicht der Beteiligten konstruktiv gelöst.
- Die Hauptziele werden gemeinsam engagiert vertreten.
- Die Zusammenarbeit ist kooperativ.
- Die Gruppe hat gelernt, effizient selbstorganisiert zu arbeiten.
- Die Gruppe sieht sich selbst als gutes Team.

Das Merkmal *Sozialformen* rückt damit nicht nur in den Vordergrund, dass zur Aktivierung sozialer Interaktion bei der Bearbeitung von Lernaufgaben unterschiedliche Formen (Einzel-, Partner- und Gruppenarbeit) bedacht werden sollten, sondern auch dass die damit *einhergehenden Charakteristika* dazu beitragen können, unterschiedlichen Voraussetzungen der Lernenden gerecht zu werden.

So kann es beispielsweise sinnvoll sein, komplexere Aufgaben in Partnerarbeit bearbeiten zu lassen, um unterschiedlichen Kenntnisständen der Lernenden Rechnung zu tragen. Anhand von Gruppenarbeit können zudem unterschiedliche Lösungswege einer Aufgabenstellung sichtbar und zugleich ein zentrales Merkmal kooperativen Lernens erfahrbar gemacht werden: Die eigenen Ziele können nur im Zusammenhang mit der Erreichung des Gruppenziels verfolgt werden, so Johnson et al. (2000, 2):

> Cooperative learning exists when students work together to accomplish shared learning goals (…). Each student can then achieve his or her learning goal if and only if the other group members achieve theirs.

---

59 Wie auch der Begriff des selbstgesteuerten Lernens ist der Bereich des kooperativen Lernens ein relativ weit erforschtes Untersuchungsfeld, dem u.a. verschiedene Vorstellungen über den Begriff Kooperation sowie theoretische Begründungen zugrunde liegen. Für eine Übersicht vgl. Slavin (1990). Allgemeiner formuliert ist den theoretischen Begründungen jedoch gemeinsam, dass Kooperation den kommunikativen Austausch von Informationen und die Koordination derselben zwischen mindestens zwei Personen erfordert, mit dem Ziel, sich kooperativ bei der Bewältigung bestimmter Aufgaben und Probleme zu unterstützen (vgl. Johnson et al. 2002, 2).

Die Ausführungen zeigen, dass mit dem Merkmal *Sozialformen* nicht nur der soziale Handlungsspielraum von Lernenden zur Bearbeitung von Lernaufgaben gestaltet wird, sondern dass mit dem Merkmal *Sozialformen* auch *Charakteristika* verbunden sind, die es bei didaktischen Entscheidungen in Bezug auf die Konstruktion von Lernaufgaben zu berücksichtigen gilt.

Da sich das hybride Lehr- und Lernarrangement im Kontext einer Kunst- und Musikhochschule vornehmlich an Bachelor-Studierende richten wird, die *fachübergreifend* an Veranstaltungen im Angebot *Schlüsselkompetenzen* teilnehmen, soll den unterschiedlichen Kenntnisständen (und Leistungsniveaus) der Studierenden Rechnung getragen werden, indem bei der Konstruktion von Lernaufgaben die mit den Sozialformen einhergehenden Charakteristika berücksichtigt werden. Somit kann ein *siebtes* Gestaltungsprinzip formuliert werden:

> GP 7: Bei der Bestimmung von Sozialformen (Einzel-, Partner- und Gruppenarbeit) für die Bearbeitung von Lernaufgaben sind die damit verbundenen Charakteristika (Unterstützung von Übungsphasen oder Aktivierung kooperativer Lernprozesse) zu berücksichtigen.

Kritisch betrachtet können in konventionellen Unterrichtsformen keine Partner- und Gruppenarbeiten mit geographisch verteilten Lernenden durchgeführt werden. So ist es Lernenden beispielsweise bei der Bearbeitung einer Lernaufgabe in Gruppenarbeit nicht möglich, Lernende in den Lernprozess einzubeziehen, die örtlich oder zeitlich entfernt sind. Weiter ist es in konventionellen Unterrichtsformen sehr aufwändig, verschiedene Sozialformen zu kombinieren (vgl. Petschenka et al. 2004). Diese Begrenztheit der Ausgestaltung der sozialen Formen kann möglicherweise dazu führen, dass vornehmlich die Lehr- und Lern*organisation* bei didaktischen Entscheidungen eine Rolle spielt und weniger die Frage, welche Sozialform für die Bearbeitung der Aufgabe am geeigneten ist und inwiefern die damit einhergehenden Charakteristika dazu beitragen können, unterschiedlichen Voraussetzungen und Kenntnisständen der Studierenden gerecht zu werden. Dies kann wiederum der Förderung des Autonomieerlebens der Lernenden entgegenwirken.

4.2.8 Lernmaterialien

Für Lernmaterialien gilt grundsätzlich, dass sie didaktisch gut aufbereitet und auf die intendierten Lernziele sowie auf die jeweilige Zielgruppe zugeschnitten sein sollen (vgl. Ballstaedt 1997).[60] Da Lernmaterialien zur Bearbeitung von Lernaufgaben bereitgestellt werden, sind diese einerseits inhaltlich bestimmt. Um der Diversität der Studierenden gerecht zu werden, ist eine inhaltliche Bestimmung von Lernmaterialien jedoch nicht

---

60 Für ausführliche Beispiele zur Abhängigkeit von *Aufgabenstellung* und *didaktischer Aufbereitung des Materials* vgl. Schulmeister (2004a).

ausreichend. Es bedarf andererseits auch didaktischer Überlegungen, auf welche *Art und Weise* Lernmaterialien aufbereitet werden sollten, um *unterschiedlichen Zugängen* Rechnung zu tragen (vgl. Kerres 2012, 143ff.). Ohne an dieser Stelle vertiefend auf unterschiedliche Lernstil-Modelle (vgl. Coffield et al. 2004) einzugehen, wird hier aus der gestaltungsorientierten Perspektive in Anlehnung an die Kategorisierung von Weidenmann (1997, 67) die Kategorie *Multimodalität* herangezogen.

Lernmaterialien, die beispielsweise ausschließlich aus Text oder Bild bestehen, sind rein visuell, und eine Audiodatei ohne begleitendes Text- oder Bildmaterial ist rein auditiv. Hier handelt es sich um *monomodale* Lernmaterialien.

Lernmaterialien in Form einer Videodatei sind hingegen *multimodal*, da zur Rezeption sowohl Auge als auch Ohr notwendig sind. Um unterschiedliche Sinnesmodalitäten bei der Ausgestaltung von Lernmaterialien zu berücksichtigen, sollten daher verschiedene Formen der Materialaufbereitung und Materialbearbeitung (mono- und multimodal) zur Wissensaneignung bereitgestellt werden.

In einem weiteren Schritt stellt sich dann die Frage, inwiefern die unterschiedlichen Materialformen (mono- und multimodal) miteinander kombiniert bzw. nach Weidenmann (1997, 67) kodiert (Kategorie *Multicodalität*) werden sollten. Verschiedene Ansätze und Theorien (vgl. Wickens et al. 1993; Mayer 2005) geben aufgrund unterschiedlicher informationstheoretischer Grundlagen auch verschiedenartige Empfehlungen zur Gestaltung multimedialer Lernumgebungen – es finden sich jedoch auch übereinstimmende Empfehlungen, die hier in aller Kürze zusammengefasst werden sollen.

Die erste übereinstimmende Empfehlung lautet, zur besseren Verarbeitung bei der Ausgestaltung von Lernmaterialien *mindestens zwei* Sinnesmodalitäten anzusprechen respektive unterschiedliche Verarbeitungsprozesse zu aktivieren (vgl. auch Fletcher & Tobias 2005). Dies bedeutet, bei der Materialaufbereitung auf mindestens zwei Kodierungen (multikodal) zurückzugreifen (zum Beispiel Text und Grafik) und von einer monokodalen Ausgestaltung (Text oder Grafik) abzusehen. Diese Empfehlung geht jedoch mit einer Voraussetzung einher: Die multikodale Kombination muss *inhaltlich* von Bedeutung sein, d.h. zum Beispiel, dass eine Tabelle oder ein Diagramm einen semantischen Zusammenhang zu den Textinformationen aufweisen muss (vgl. auch Ballstaedt 1997; Langer et al. 1999). Dies führt zu der Empfehlung, auf irrelevantes Material, das nicht dem Verständnis eines Lerninhaltes dient, zu verzichten. Auch kann das Lernmaterial unter Berücksichtigung der vorangegangenen Gestaltungsprinzipien strukturiert oder weniger strukturiert dargeboten werden. Die differenzierte Ausgestaltung von Lernmaterialien erlaubt es nicht zuletzt, unterschiedliche *Gestaltungspräferenzen* der Studierenden zu berücksichtigen (vgl. Jonassen & Grabowski 1993).

Die Berücksichtigung unterschiedlicher Gestaltungspräferenzen in der Konzeption eines Lehr- und Lernarrangements für Studierende einer Kunst- und Musikhochschule kann vermutlich dazu beitragen, ihrem Bedürfnis nach einem kreativen Umgang mit Lernmaterialien Rechnung zu tragen.[61]

---

61 Zur Gestaltung kreativitätsförderlicher Lehr- und Lernkulturen an Hochschulen vgl. Haertel & Jahnke (2011).

Diese Betrachtungen führen zur Formulierung eines *achten* Gestaltungsprinzips, das eine Orientierungsgrundlage anbietet, um didaktische Entscheidungen zur Ausgestaltung von Lernmaterialien zu treffen:

> GP 8: Mit Hilfe der Kategorien Multimodalität und Multikodalität (nach Weidenmann) lassen sich Lernmaterialien differenziert ausgestalten.

Kritisch anzumerken ist hier, dass in konventionellen Unterrichtsformen die Gefahr besteht, aus organisatorischen Gründen vorwiegend Lernmaterialien bereitzustellen, die nur eine Einkanalkommunikation ermöglichen. Darüber hinaus ist auch die laufende Aktualisierung von Lernmaterialien mit einem hohen Aufwand verbunden. Werden diese jedoch nicht laufend aktualisiert, sind sie zu einem späteren Zeitpunkt veraltet. Weiter werden aus organisatorischen und/oder ökonomischen Gründen unter Umständen vorwiegend fertige Lernmaterialien in (elektronischen) Lernquellenpools, wie beispielsweise einem (elektronischen) Semesterapparat, (eingescannt) zur Verfügung gestellt. Kritisch betrachtet dienen (elektronische) Lernquellenpools üblicherweise der massenhaften Informationsweitergabe und fungieren damit als Distributionskanal. Hier besteht – wie auch bei E-Learning 1.0 – die Gefahr, dass sich ein „Datengrab" entwickelt (Kerres & Nattland 2007, 45). Weiter werden Lernquellenpools weitgehend von Lehrenden mit Informationen gespeist (*One-Way-Access* versus *Two-Way-Access*). Dies fördert weniger den interaktiven und komplexen Umgang mit Wissen, sondern vielmehr eine unkritische Wissensaufnahme seitens der Lernenden.

4.2.9 Zusammenfassung

Die vorangegangenen Ausführungen zeigen exemplarisch auf, wie das didaktische Element *Lernaufgabe* und die damit einhergehenden Merkmale derart auszugestalten sind, dass unterschiedlichen Zugängen, Voraussetzungen, Fähigkeiten und Bedürfnissen der Studierenden und der Forderung nach Kompetenzorientierung Rechnung getragen wird. Zugleich führten die Überlegungen zur Formulierung von Gestaltungsprinzipien, die als Orientierungsgrundlage für didaktische Entscheidungen im Rahmen einer Unterrichtsplanung herangezogen werden können, um Lernaufgaben *systematisch* zu konstruieren. Inwiefern diese Gestaltungsprinzipien eine Grundlage bieten, um begründete Entscheidungen darüber zu treffen, wie das didaktische Element Lernaufgabe konkret ausgestaltet werden kann, bedarf der Prüfung durch die Umsetzung einer geeigneten didaktischen Konzeption.

Zur besseren Übersicht werden die Gestaltungsprinzipien hier zusammengefasst:

GP 2: Die Differenzierung in ein verbindliches Fundamentum und in ein fakultatives Additamentum ermöglicht seitens der Lernenden eine individuelle Schwerpunktsetzung.

GP 3: Unter Berücksichtigung der Ordnungskriterien Wissens- und Erkenntnisdimensionen (nach Anderson & Krathwohl) sind Lerninhalte systematisch einzuordnen und differenziert in unterschiedlichen Lernaufgaben zu operationalisieren.

GP 4: Mit Hilfe von Typologien (offene, halboffene und geschlossene Aufgabentypen) lassen sich Lernaufgaben variieren.

GP 5: Um das individuelle Lerntempo zu berücksichtigen, ist es erforderlich, die selbstbestimmte Einteilung der Lernzeit über die gesamte Zeitspanne eines Lernangebots oder einer Lerneinheit zu ermöglichen.

GP 6: Die Berücksichtigung und Unterscheidung von Feedbackmerkmalen (W-Fragen nach Wunder), Feedbackformen (summativ oder formativ) und Feedbackcharakteristika (einfach oder komplex) fördern ein dialogorientiertes Feedback im Betreuungskontext.

GP 7: Bei der Bestimmung von Sozialformen (Einzel-, Partner- und Gruppenarbeit) für die Bearbeitung von Lernaufgaben sind die damit verbundenen Charakteristika (Unterstützung von Übungsphasen oder Aktivierung kooperativer Lernprozesse) zu berücksichtigen.

GP 8: Mit Hilfe der Kategorien Multimodalität und Multikodalität (nach Weidenmann) lassen sich Lernmaterialien differenziert ausgestalten.

Abbildung 11: Gestaltungsprinzipien Lernaufgabe (eigene Darstellung)

Zugleich haben kritische Überlegungen zu den Gestaltungsanforderungen der einzelnen Merkmale in konventionellen Unterrichtsformen gezeigt, dass die Ausgestaltung einiger Merkmale begrenzt ist.

Inwiefern E-Learning zusätzliche Möglichkeiten zur Ausgestaltung zentraler Merkmale des didaktischen Elements Lernaufgabe bereithält, wird im Anschluss an eine nähere Betrachtung des didaktischen Elements *Portfolio* untersucht.

4.3 Portfolio als didaktisches Element

Im vorigen Kapitel wurde anhand zentraler Merkmale aufgezeigt, wie das didaktische Element Lernaufgabe systematisch ausgestaltet werden kann, um der Diversität der Studierenden sowie der Forderung nach Kompetenzorientierung Rechnung zu tragen. Nun gilt es das dritte didaktische Element näher zu betrachten: das *Portfolio*.

Der Begriff Portfolio kommt aus dem Lateinischen und setzt sich zusammen aus dem Verb ‹portare› (tragen) und dem Nomen ‹folio› (Blatt). Damit bezeichnet Portfolio wörtlich eine Mappe, in der eine Person Blätter aufbewahrt, die zu Präsentationszwecken mitgebracht werden kann. Die ausgewählten Blätter werden als *Artefakte* bezeichnet.[62]

In künstlerischen Bereichen wird das Portfolio in Form einer Sammelmappe von Künstler_innen und/oder Baumeister_innen schon seit der Renaissance zur Dokumentation und Reflexion relevanter künstlerischer Artefakte verwendet (vgl. Häcker 2012). So diente und dient das Portfolio beispielsweise zur Aufnahme an Akademien zur Dokumentation und Reflexion der Qualität der künstlerischen Arbeit und ihrer Entwicklung. Auch heute werden an Kunsthochschulen persönliche Bewerbungsmappen bei künstlerischen Eignungsprüfungen genutzt und sowohl studien- als auch berufsbegleitend mit persönlichen *pieces of evidence* angereichert. Im angloamerikanischen Raum setzte dann Ende der 1980er Jahre ein so genannter Boom der Portfolio-Methode in der *pädagogischen Praxis* ein (vgl. Elbow & Belanoff 1991; Mitchell 1992). Erfahrungsberichte zum Einsatz von Portfolios reichen hier vom Leseunterricht in der Grundschule bis zum Einsatz im hochschulischen Lehr- und Lernkontext (vgl. Stangl 2012). Eine erste Definition auf die Frage ‚Was wird unter Portfolio verstanden?' könnte mit Paulson et al. (1991, 60) lauten:

> A portfolio is a purposeful collection of student work that exhibits the student's efforts, progress, and achievements in one or more areas. The collection must include student participation in selecting contents, the criteria for judging merit, and evidence of student selfreflection.

In dieser Definition wird deutlich, dass neben der *Dokumentation* von Artefakten die *Reflexivität* ein weiteres Hauptmerkmal der Portfolioarbeit ist. Die Portfolioarbeit schließt die Selbstreflexion der Lernenden ein und ist partizipativ; die Lernenden werden am *gesamten Vorgang* beteiligt.

Darüber hinaus kann das Portfolio auch Lehrenden ermöglichen, Rückschlüsse auf die *Kompetenzentwicklung* der Lernenden zu ziehen, da es die „personal learning history" der Lernenden zeigt (Matsuba et al. 2012).

Seither gibt es auch im deutschsprachigen Raum eine zunehmende Differenzierung der Ziele, Begründungen und Darstellungen, um Lernende darin zu unterstützen, ihre Lernerfahrungen sinnvoll zu verknüpfen und ihre Kompetenzen sichtbar zu machen. Dazu wurden sowohl im Kindergartenbereich (vgl. Schwarz et al. 2008), im Bereich all-

---

62 Die Bezeichnung Artefakte stammt ebenfalls aus dem Lateinischen und bedeutet „mit Geschick gemachte Arbeit" (Stowasser et al. 1980, 44).

gemeinbildender Schulen (vgl. Häcker 2005; Brunner et al. 2009) wie auch im Bereich der Hochschulbildung (vgl. Hornung-Prähauser et al. 2007; Baumgartner et al. 2009) verschiedene theoretische Modelle und Ansätze entwickelt und in der Praxis ausgeführt.

Im Kontext dieser pädagogischen Bildungsbereiche wird ungeachtet verschiedener Ansätze das gemeinsame Ziel verfolgt, durch den Einsatz von Portfolios als Instrument oder didaktische Methode[63] (vgl. Häcker 2005, 8; Stratmann et al. 2009a, 96) die Kompetenzen von Lernenden aufzuzeigen, indem „das Produkt (Lernergebnisse) und [der] Prozess (Lernpfad/Wachstum) (…) in einer bestimmten Zeitspanne und für bestimmte Zwecke" (Salzburg Research 2007, 16) dokumentiert und veranschaulicht werden. Weiter ist zu beachten, dass „[d]ie betreffende Person (…) die Auswahl der Artefakte selbstständig getroffen (…) und in Bezug auf das Lernziel selbst organisiert" hat (Salzburg Research 2007, 16). Zudem hat die Person „als Eigentümer(in) die komplette Kontrolle darüber, wer, wann wie viel Information aus dem Portfolio einsehen darf" (Salzburg Research 2007, 16).

In dieser Definition der Salzburg Research Group sind implizit und explizit drei zentrale Merkmale enthalten, welche die Kernaktivitäten der *Portfolioarbeit* fokussieren:

- Sammeln und Auswahl eigener Lernergebnisse (Dokumentation)
- Beschreibung eigener Lernprozesse (Reflexion)
- Teilhabe an einer Praxisgemeinschaft (Austausch/Feedback)

Die im Folgenden vorgenommene nähere Betrachtung der didaktischen Ausgestaltungsmöglichkeiten des didaktischen Elements *Portfolio* erfolgt vor dem Hintergrund dieser drei identifizierten Orientierungspunkte.[64] Den Rahmen der didaktischen Überlegungen zur Ausgestaltung einer Portfolioarbeit bilden die von der Salzburg Research Group (2007) beschriebenen Prozessphasen.

Zu Beginn der Portfolioarbeit (Phase 1) findet eine Klärung der Zielsetzung, der Anforderungen und Adressaten statt. Im Rahmen der Zielsetzung gilt es die *grundsätzliche* Ausrichtung des Portfolios zu erläutern (vgl. Baumgartner et al. 2009).[65] Ohne an die-

---

63 „Während Portfolios als Instrument grundsätzlich jeden Lernprozess einer Person begleiten können – hierbei liegt die Entscheidung allein beim Eigentümer bzw. der Eigentümerin –, ist der Einsatz des Portfolios als Methode (in der Regel) von der Entscheidung der Lehrperson abhängig" (Stratmann et al. 2009a, 95).

64 Im „Internationalen Netzwerk Portfolio" finden sich eine Reihe von Orientierungspunkten für einen Einsatz von Portfolios (vgl. www.portfolio-schule.de). Die dabei identifizierten Merkmale finden sich auch in der von der Salzburg Research Group (2007) beschriebenen Phasen der Portfoliomethode wieder. In Anlehnung an das Analyseraster von Stratmann et al. (2009, 9) soll in dieser Arbeit anhand der o.g. Orientierungspunkte nicht der Zweck der Portfolioarbeit beschrieben, sondern didaktische Ausgestaltungsmöglichkeiten der Kernaktivitäten der Portfolioarbeit näher betrachtet werden.

65 Ziel dieser Arbeit ist es nicht, Portfolio auf der Makro- oder Mesoebene zu implementieren (vgl. Baumgartner et al. 2009), sondern Gestaltungsmöglichkeiten für den didaktischen Einsatz eines Portfolios aufzuzeigen (Mikroebene). Die Taxonomie von Baumgartner et al. (2009) bietet hierzu, und zwar (zunächst) unabhängig davon, ob bereits E-Portfolio-Software-Systeme installiert sind, eine Hilfe an die Hand, um bei der Klärung der Anforderungen und Adressatenorientierung in der ersten Phase auch die *Ausrichtung* des Portfolios zu berücksichtigen. Die Ausrichtung bzw. der *Zweck*, zu dem das Portfolio angelegt wird, ist zudem auch im Hinblick auf die Bewertung (Phase 5) von Relevanz. Bei der Frage, ob und, wenn ja, die Portfolioarbeit bewertet

ser Stelle auf die zahlreichen unterschiedlichen Portfolioarten einzugehen,[66] die je nach Zweck und Funktion variieren, können die Portfolio-Unterscheidungen mit Blick auf ihre genuine Ausrichtung in *zwei Typen* eingeteilt werden: Das Portfolio dient entweder einem *summativen* oder einem *formativen* Assessment, d.h. Portfolioarbeit wird als alternatives Beurteilungsinstrument oder als Lehr-, Lern- und Entwicklungsinstrument verstanden. Die von der Salzburg Research Group (2007, 19) zusammenfassende Gegenüberstellung veranschaulicht die zwei unterschiedlichen Zielsetzungen:

Tabelle 11: Gegenüberstellung von summativem und formativem Assessment mit Hilfe von E-Portfolios (Salzburg Research 2007)

Portfolio für summative Bewertungen des Lernens	Portfolio zur formativen Bewertung zur Unterstützung des Lernens
Der Zweck des Portfolios wurde von einer Institution vorgeschrieben.	Der Zweck des Portfolios wurde mit dem/der Lernenden abgestimmt.
Artefakte werden von Institutionen vorgeschrieben um die Ergebnisse einer Instruktion festzulegen.	Artefakte wurden vom Lerner/von der Lernerin ausgewählt ,um damit die Geschichte ihres Lernens zu erzählen
Portfolios werden üblicherweise am Ende eines Schuljahres, Semesters oder Programms angefertigt, mit Zeitbeschränkung-	Portfolios werden laufend gepflegt, über ein Schuljahr, Semester oder Programm hinweg, mit flexibler Zeiteinteilung-
Die Portfolios und/oder Artefakte werden üblicherweise benotet, basierend auf einer Matrix und quantitativen Daten für ein externes Publikum-	Die Portfolios und Artifakte werden mit den Lernenden begutachtet und benutzt, um Rückmeldung zur Verbesserung des Lernens zu geben.
Das Portfolio ist üblicherweise durch die vorgegebenen Ergebnisse, Ziele oder Standards strukturiert.	Die Organisation des Portfolios ist durch den Lernenden bestimmt oder mit dem Mentor/Berater/Lehrer ausgehandelt
Manchmal werden sie benutzt, um wichtige Entscheidungen zu treffen-	Sie werden kaum genutzt, um wichtige Entscheidungen zu treffen.
Summativ - was wurde bis heute gelernt? (Vergangenheit – Gegenwart)	Formativ – welche Lernbedürfnisse gibt es in der Zukunft? (Gegenwart – Zukunft)
extrinsische Motivation ist notwendig	hegt intrinsische Motiation, mobilisiert den/die Lernenden
Publikum: extern, geringe Auswahlmöglichkeiten	Publikum: Lernende, Familie, Freunde – Lernende können sie auswählen

Die Klärung der grundsätzlichen Ausrichtungen der Portfolioarbeit ist notwendig, da Lernende es möglicherweise nicht gewohnt sind, dass ihnen Möglichkeiten zum selbsttätigen Lernen eingeräumt werden und sie weiter Mitbestimmungsmöglichkeiten erhalten sollen, um aktiv und selbstbestimmt ihre Kompetenzen zu reflektieren und darzustellen (vgl. Häcker 2005).

---

wird, sollten Bewertungskriterien entwickelt werden, die der Ausrichtung Rechnung tragen. Die Leistungsbewertung in Form von Notengebung ist darüber hinaus kein Problem der Portfolioarbeit, sondern vielmehr ein genuines Problem im pädagogischen Bildungsbereich (vgl. Reinmann 2011).

66 Eine umfassende Übersicht geben Baumgartner et al. (2009).

Ferner gilt es zu betonen, dass die Portfolioarbeit als neue Form der Selbstreflexion oder Leistungsbeurteilung zum Ziel hat, Artefakte mit den geplanten Lernzielen (vgl. Kapitel 4.1) und den damit verbundenen Kompetenzbereichen bzw. Handlungsdimensionen in Beziehung zu setzen (i.S.v. constructive alignment). Die damit im Vorfeld verbundene Explizierung der Lernziele ist erforderlich, da Lernende unter Umständen nicht gewohnt sind, ihren Lernverlauf kompetenzorientiert zu reflektieren und zu dokumentieren. Zugleich bieten solche Klärungen im Vorfeld die Chance, das *Interesse* der Lernenden an der Portfolioarbeit zu wecken.

Die übergeordnete Zielsetzung der Portfolioarbeit sollte in beiden Ausrichtungen darin bestehen, die Kompetenzen der Lernenden anhand von Artefakten (i.S.v. „realized abilities"; Connell et al. 2003, 142) sichtbar zu machen.

Auch im Kontext einer Kunst- und Musikhochschule können die Kenntnisse hinsichtlich des Arbeitens mit einem Portfolio unter den Studierenden sehr unterschiedlich sein. Zum einen ist die Arbeit mit Portfolios in Form einer Sammelmappe Studierenden in gestalterischen Studiengängen bekannt, da sie im Rahmen der künstlerischen Eignungsprüfungen ihre Bewerbungsmappe einreichen und diese studien- und berufsbegleitend mit Artefakten anreichern.

Für Studierende in musikalischen, musikwissenschaftlichen und -pädagogischen oder darstellenden Studiengängen stellt die Sammelmappe hingegen kein fachspezifisches Element dar und ist ihnen möglicherweise als Dokumentations- und Reflexionsinstrument gänzlich unbekannt. Da das zu konzipierende Lehr- und Lernarrangement *fachübergreifend* angeboten werden soll, sind somit die im Folgenden idealtypisch beschriebenen Überlegungen für die Ausgestaltung einer Portfolioarbeit auch im Kontext einer Kunst- und Musikhochschule zu berücksichtigen (vgl. Spelsberg 2012).

4.3.1 Dokumentation

Im nächsten Schritt (Phase 2) geht es um die Gestaltung des Merkmals *Dokumentation*. Zur Dokumentation ihrer Lernhandlungen sollen die Lernenden alle ihre Artefakte, die in inhaltlicher Auseinandersetzung mit Lernmaterialien und Lernaufgaben entstanden sind, in ihrem Portfolio sammeln. Diese Sammelphase sollte während des gesamten Lernprozesses erfolgen.

Ein didaktisch entscheidender Schritt in dieser Phase ist, dass Lernende nicht beliebige Artefakte sammeln, sondern lernen, eine *differenzierte* Auswahl ihrer Artefakte zu treffen. Ungeübte Lernende, die möglicherweise in dieser Phase zunächst sehr umfangreich und unstrukturiert Artefakte sammeln, können in der Beurteilung ihrer Auswahl durch die methodisch-didaktische Bereitstellung von Leitfragen unterstützt werden (vgl. Brunner et al. 2009). Dateiensammlungen, welche eine Auswahl an Leitfragen zur Verfügung stellen, an denen sich Lernende zur Beurteilung ihrer Artefakte orientieren können, gibt es zur Genüge (vgl. Schwarz et al. 2008; Brunner et al. 2009). Mögliche Fragen sind etwa:

- Warum sollte ich dieses Artefakt in mein Portfolio aufnehmen? Was würde dem Portfolio fehlen, wenn ich es nicht aufnehme?
- Was sagt dieses Artefakt über mein Wissen aus?

- Mit welchen Zielen habe ich das Artefakt angefertigt? Was wollte ich nachher wissen und können?
- Was würde ich besser machen, wenn ich das Artefakt noch einmal überarbeiten könnte?

Die offenen Fragen ‚Was sagt dieses Artefakt über mein Wissen aus?‘ oder ‚Was wollte ich nachher wissen und können?‘ könnte Lernende überfordern, da die Beantwortung ein *Bewusstsein* für unterschiedliche Kompetenzbereiche bzw. kognitive Lernaktivitäten voraussetzen. Das Ziel sollte daher vor allem sein, eine *Bewusstmachung* zu unterstützen und damit den Kompetenzbereich *Selbstkompetenz* zu fördern (vgl. Euler & Hahn 2004, 135). Dazu können den Lernenden geschlossene Reflexionsfragen zur Verfügung gestellt werden, die sie darin unterstützen, ihre kognitiven Lernaktivitäten zu reflektieren und differenziert Artefakte für ihr Portfolio auszuwählen (vgl. Stratmann et al. 2009, 14).

Ferner ist es von Bedeutung, dass für die Lernenden die *Sinnhaftigkeit* der bereitgestellten Fragen erkennbar wird. Der Zusammenhang von Sinn, Bedeutung und Lebensperspektive kann, wie in der Einleitung in dieser Arbeit bereits angemerkt, nicht stellvertretend gestiftet werden (vgl. Rihm 2004, 16); er kann jedoch hier dadurch angeregt werden, indem die Fragen die Schwerpunkte repräsentieren, die beispielsweise in der Konstruktion der Lernaufgaben berücksichtigt wurden. Damit kann nicht zuletzt auch der Gefahr entgegengewirkt werden, eine einseitige *„Perfektionierung individuellen Lernhandelns"* zu betreiben (Häcker 2005, 6; *kursiv* original). Da die Portfolioarbeit aus der inhaltlichen Auseinandersetzung mit Lernaufgaben resultiert, sollte für die Lernenden erkennbar sein, dass die Qualität ihrer Ergebnisse mit der Qualität des didaktischen Lehr- und Lernarrangements einhergeht (vgl. Häcker 2005, 6).

Diese Überlegungen führen zur Formulierung eines *neunten* Gestaltungsprinzips, das eine Orientierungsgrundlage anbietet, um didaktische Entscheidungen zur Ausgestaltung des Merkmals *Dokumentation* zu treffen:

> GP 9: Die methodisch-didaktische Bereitstellung von Leitfragen trägt dazu bei, Artefakte differenziert zu reflektieren und auszuwählen.

Kritisch anzumerken ist, dass in konventionellen Unterrichtsformen zur Portfolioarbeit meist die papierbasierte Form eingesetzt wird – zum Beispiel in Form von Ordnern oder Mappen, die im Kursraum aufbewahrt werden (vgl. Schwarz 2008, 23). Damit sind zum einen die hinterlegten Artefakte auch für Dritte einsehbar und zum anderen wird der Zugriff auf das Portfolio für die Lernenden während des gesamten Lernprozesses erschwert. Dadurch besteht die Gefahr, die Eigentumsrechte der Portfolio-Inhaberin bzw. des Portfolio-Inhabers zu verletzen[67] und die Partizipationsmöglichkeiten der Lernenden

---

67 Zu der Eigentumssituation und den damit einhergehenden Rechten an einem Portfolio vgl. Baumgartner et al. (2009).

einzuschränken. Die Auswahl der Artefakte sollte sich nicht nur auf (fertige) Produkte beschränken, sondern auch Artefakte einschließen, die im Lernprozess (d.h. auch außerhalb der Unterrichtssituation) entstehen. Zur Einbettung von Artefakten, die im Lernprozess entstehen, müssten Lernende ihre Ordner/Mappen immer mit sich tragen.

Nicht zuletzt resultieren Artefakte aus der inhaltlichen Auseinandersetzung mit Lernaufgaben, d.h. die Portfolioarbeit darf nicht als *abgelöste Arbeitstechnik* betrachtet werden. Da in konventionellen Unterrichtsformen bei der didaktischen Ausgestaltung des Merkmals *Lernmaterialien* unterschiedliche Modi (Bild, Ton, Text, Video) nur eingeschränkt eingesetzt werden können (vgl. Kapitel 4.2.8), kann weiter argumentiert werden, dass in konventionellen Unterrichsformen die Portfolioarbeit nur an weitgehend multimedial eingeschränkten Inhalten erfolgt. Dies kann wiederum das Bedürfnis der Studierenden nach einem kreativen Umgang mit den Inhalten in der Portfolioarbeit einschränken.

4.3.2 Reflexion

In der dritten Phase der Portfolioarbeit wird das Merkmal *Reflexion* in den Mittelpunkt der didaktischen Betrachtungen gerückt, welches „das Herzstück" der Portfolioarbeit darstellt (Häcker 2005, 6).

Die Reflexion über das eigene Lernen findet während der gesamten Portfolioarbeit statt und soll die reflexive Auseinandersetzung mit mehreren ausgewählten Artefakten und dem damit verbundenen Lernprozess über einen größeren Zeitraum unterstützen. Die Reflexion des eigenen Lernprozesses kann auch hier durch die Bereitstellung von formalisierten Reflexionsbögen unterstützt werden (vgl. Brunner et al. 2009). Zahlreiche Dateiensammlungen stellen Fragen zur Verfügung, an denen sich Lernende zur Reflexion ihres Lernprozesses orientieren können (vgl. Schwarz et al. 2008; Brunner et al. 2009). Mögliche Reflexionsleitfragen sind hier:

- Wie bin ich beim Lernen vorgegangen?
- Was habe ich konkret gelernt?
- Wo hatte ich Schwierigkeiten?
- Welche Ziele habe ich erreicht, welche nicht?

Die Leitfragen zur Selbstreflexion sollen den eigenen Lern- und Erkenntnisprozess reflexiv nachvollziehbar machen, indem beispielsweise auf der Ebene der inhaltlichen Reflexion auf bereits gemachte Erfahrungen, verschiedene Wissensdimensionen und Erkenntnisgrade rekurriert wird.[68] Die Ebene der Reflexion über das eigene Lernen kann zu neuen Ansichten anregen; Reflexionsleitfragen ermöglichen eine kontinuierliche Selbstbeurteilung bzw. Selbsteinschätzung.

Bei der ausschließlichen Bereitstellung der oben exemplarisch genannten offenen Leitfragen besteht jedoch erneut die Gefahr, dass beispielsweise Fragen ‚Wie bin ich beim

---

68 Für eine ausführlichere Beschreibung der Zusammenhänge zwischen Lernen und Reflexion und Dimensionen des Reflexionsbegriffs vgl. Czerwionka et al. (2010, 4ff.).

Lernen vorgegangen?' oder ‚Was habe ich konkret gelernt?' Lernende überfordern könnten, den über einen größeren Zeitraum erfahrenen Lernprozess tiefergehend zu reflektieren und sich eigener Stärken und Schwächen bewusst zu werden. Auch hier kann nicht vorausgesetzt werden, dass Lernende ihr Lernhandeln kompetenzorientiert (kritisch) einzuschätzen wissen. Die Bereitstellung formalisierter Reflexionsbögen kann Lernende darin unterstützen, Zusammenhänge im eigenen Lernen tiefergehend zu erkennen (vgl. Seiler & Reinmann 2004, 16) und damit auch wertvolle Hinweise zur Selbsteinschätzung zu erhalten. Zudem sollte auch hier für die Lernenden die Sinnhaftigkeit der bereitgestellten Fragen erkennbar sein.

Diese Überlegungen führen zur Formulierung eines *zehnten* Gestaltungsprinzips, das eine Orientierungsgrundlage anbietet, um didaktische Entscheidungen zur Ausgestaltung des Merkmals *Reflexion* zu treffen:

> GP 10: Die methodisch-didaktische Bereitstellung von Leitfragen trägt dazu bei, tiefergehend Zusammenhänge im eigenen Lernen zu erkennen.

Kritisch anzumerken ist, dass die papierbasierte Form die Kooperation und Selbstbestimmung der Lernenden einschränkt. Lernende, die beispielsweise ihre Selbsteinschätzung mit anderen Lernenden im Lernprozess teilen möchten, werden durch das Führen eines papierbasierten Portfolios dahingehend eingeschränkt, dass dieses nicht gleichzeitig ihnen und einer anderen Person zur Verfügung steht. Der reflexive Austausch in Gruppen ist somit mit einem hohen organisatorischen Aufwand seitens der Lernenden verbunden.

Die durch das Medium eingeschränkte selbstbestimmte öffentliche Verfügbarkeit führt weiter dazu, dass Lernende nicht entsprechend ihrem Bedürfnis entscheiden können, ob sie mit anderen Lernenden ihre Selbsteinschätzung teilen möchten. Darüber hinaus unterscheidet sich beispielsweise die Nutzung eines persönlichen Blogs nicht nur durch die öffentliche Verfügbarkeit von einem papierbasierten Tagebuch. In einem hybriden Lehr- und Lernarrangement besteht der pädagogische Mehrwert darin, dass Lernende sich entsprechend ihrem Bedürfnis entscheiden können, welche Form sie für die Dokumentation der persönlichen Reflexion nutzen möchten. Eine Einschränkung in der Kooperation und Selbstbestimmung kann sich negativ auf die Motivation und das Autonomie- und Kompetenzerleben der Lernenden auswirken.

4.3.3 Peer-Feedback

In der vierten Phase kann – entsprechend der in der ersten Phase getroffenen Vereinbarungen – das Portfolio veröffentlicht werden, indem es einem Publikum vorgestellt wird. Diese (Selbst-)Präsentation stellt ein zentrales Element der Portfolionutzung dar. Je nach Zielsetzung dient es der (Selbst-)Reflexion oder der (Selbst-)Bewertung der Portfolioarbeit, die in Form eines Austauschs (Feedback) *über* und *zu* dem Portfolio stattfinden.

Dieser Austausch erfolgt vor dem Hintergrund einer Präsentation und erfordert eine offene, konstruktive und wertschätzende Feedback-Kultur, die schriftlich oder mündlich erfolgen kann.

Der Austausch hat zum Ziel, dass Lernende die Reaktionen und Kommentare anderer in ihre (Selbst-)Reflexion oder (Selbst-)Beurteilung über ihre Artefakte und ihren Lernprozess in den *Gesamtzusammenhang* dessen stellen, was in einer Veranstaltung mit Blick auf das Grobziel erarbeitet wurde.

Damit bekommt die (Selbst-)Beurteilung bzw. (Selbst-)Reflexion in dieser Phase eine andere Funktion. Während in der dritten Phase der Portfolioarbeit die Kernaktivität *Reflexion* die Lernenden dazu anregen soll, eine *Binnenperspektive* einzunehmen, wird diese hier zunehmend aufgegeben. Die Lernenden sollen einen Schritt zurücktreten und ihre Stärken (und Schwächen) durch eine differenzierte dialogorientierte Rückschau – also im Vergleich zwischen Selbst- und Fremdwahrnehmung – in einen Gesamtzusammenhang stellen. Diese Rückschau soll neue, reflexionsförderliche Perspektiven eröffnen und Fremd- und Selbstbeurteilung miteinander verbinden. Dies erfordert seitens aller Beteiligten als Feedback-Gebende und Feedback-Empfangende eine differenzierte Betrachtungsweise, die sich weitgehend an Feedback-Merkmalen orientieren sollte (vgl. Kapitel 4.2.6). Im Rahmen der reflektieren Rückschau sollte seitens der Feedback-Gebenden ein sensibles und präzises Feedback zu den Stärken gegeben werden. Zugleich gilt es, auch mit Fehlern sensibel und differenziert umzugehen. So kann beispielsweise ein reflektierter Misserfolg für einen Fortschritt entscheidend sein (ein Fehler als Chance). Ein stärkenorientiertes Feedback erfordert weiter, dass sich das Feedback differenziert auf den Feedback-*Gegenstand* (Artefakt im Portfolio) bezieht. Feedback-Empfangende sollen zur Verbesserung ihrer Schwächen und zur Weiterentwicklung ihrer Stärken das Feedback dazu nutzen, sich eben diese eigenen Stärken und Schwächen bewusst zu machen. Dazu sollen sie Feedback vor allem nicht personen-, sondern *gegenstandsorientiert* (Artefakt im Portfolio) aufnehmen. Dies bietet die Chance, die Relevanz und Konsistenz der im Feedback enthaltenen Informationen für den Feedback-*Gegenstand* einordnen zu können. Fällt das Feedback hingegen nicht differenziert aus, kann dies zur Folge haben, dass es für Feedback-Empfangende keinen Mehrwert darstellt.

Die kurze exemplarische Beschreibung einer Rückschau im Rahmen der (Selbst-) Präsentation zeigt, dass die Voraussetzungen für die positive Wirksamkeit von Feedback auf ein konkretes Lernergebnis (Artefakt im Portfolio) sehr hoch sind. Es besteht auch die Gefahr, dass das Feedback sich nicht nur ausschließlich auf den *Gegenstand* (Artefakt im Portfolio) bezieht, da in der Rückschau auch der Lernprozess eine Rolle spielen sollte.

Hier kommt das Merkmal *Peer-Feedback* ins Spiel; es rückt die Einübung einer *differenzierten Peer-Feedback-Kultur* während der *gesamten* Portfolioarbeit in Bezug auf ein *Lernergebnis* (Artefakt im Portfolio) in den Vordergrund.

Peer-Feedback (oder Peer-Learning) kann nicht nur die Studienzufriedenheit erhöhen (vgl. Szczyrba & Wiemer 2011). Auf Basis von Peer-Feedback kann auch ein gemeinsamer Lernprozess aktiviert und gefördert und damit konkrete Lernerfahrungen und neue Einsichten ausgearbeitet und ausgetauscht werden.

Zur Aktivierung *gemeinsamer* Lernprozesse sollte der gegenseitige Austausch jedoch schon in der *dritten Phase* systematisch eingebunden werden. Das Ziel, mit einem Portfolio ein möglichst umfassendes Bild der Lernhandlungen im Sinne einer umfassenden ‚Spurensicherung' aufzuzeigen, heißt auch, Lernwege und Lernergebnisse einer *fortlaufenden Reflexion* verfügbar zu machen. Nach Himpsl-Gutermann (2011, 44) ist ein kontinuierliches und „kritisch-konstruktives Feedback" (…) einer der wichtigsten Faktoren für einen hohen Lernerfolg". Himpsl-Gutermann (2011, 44) führt weiter aus:

> Durch die Möglichkeit der Überarbeitung nach einem kritischen Feedback sowie über Dialoge zum Portfolio und die Bewertung der darin enthaltenen Artefakte werden zusätzliche wertvolle Einsichten gewonnen und die Motivation für das künftige Lernen gesteigert.

Dabei ist auch von zentraler Bedeutung, dass Lernende nicht nur als Feeback-Empfangende, sondern auch als Feedback-Gebende von dem Austausch, insbesondere für die Aktivierung und Förderung der Metakognition, profitieren (vgl. Ertmer et al. 2007). So fassen Ertmer et al. (2007) zusammen: „[S]udents are offered the oppurtunity not only to reflect on the work of their peers but also on their own work, which over time can lead to increased learning."

Damit das Peer-Feedback *differenziert* ausfällt, stehen auch hier wieder Dateiensammlungen zur Verfügung, welche neben allgemeinen Hinweisen bzw. Feedback-Regeln zum Feedback-Geben und Feedback-Nehmen auch Leitfragen bereitstellen, an denen sich Feeback-Gebende orientieren können (vgl. Stangl 2012). Mögliche Orientierungsfragen sind hier:

- Zeigt das Artefakt deine Fähigkeiten und Kenntnisse?
- Finde ich dein Artefakt aussagekräftig?
- Kann ich daraus etwas lernen?
- Würde ich etwas anders machen?

Bei der ausschließlichen Bereitstellung der exemplarisch genannten offenen Leitfragen besteht auch hier die Gefahr, dass beispielsweise die Frage ‚Zeigt das Artefakt deine Fähigkeiten und Kenntnisse?' Feedback-Gebende überfordert, da sie es möglicherweise nicht gewohnt sind, ein *differenziertes* Feedback zu geben. Dies kann zur Folge haben, dass das Feedback für die Feedback-Empfangende bzw. den Feedback-Empfangenden keinen Mehrwert darstellt. Durch eine Bereitstellung von Anhaltspunkten in Form quantitativer Werkzeuge kann möglicherweise eine differenzierte Feedback-Praxis „zum Zwecke der individuellen Lernförderung" eingeübt und unterstützt werden (Häcker 2005, 1). Eine Bereitstellung von Anhaltspunkten in Form von Feedback-Bögen kann Lernende zudem auch darin unterstützen, ihre (Selbst-)Beurteilung bzw. (Selbst-)Reflexion im Rahmen der Präsentation in einen Gesamtzusammenhang zu stellen. Zentral ist auch hier, die Leitfragen auf die Schwerpunkte in der Konzeption eines Lehr- und Lernarrangements abzustimmen.

Nicht zuletzt können eine unterstützende und dialogorientierte Feedbackgestaltung im Betreuungskontext (vgl. Kapitel 4.2.6) sowie ein differenziertes Peer-Feedback in Bezug auf ein Lernergebnis dazu beitragen, eine umfassende *Feedback-Kultur* zu fördern.

Diese Überlegungen erlauben die Formulierung eines *elften* Gestaltungsprinzips, das eine Orientierungsgrundlage anbietet, um didaktische Entscheidungen zur Ausgestaltung des Merkmals *Peer-Feedback* zu treffen:

> **GP 11: Die methodisch-didaktische Bereitstellung von Leitfragen trägt dazu bei, eine differenzierte Peer-Feedback-Kultur einzuüben.**

Kritisch anzumerken ist auch hier, dass die papierbasierte Form eines Portfolios die Kooperation und Selbstbestimmung der Lernenden einschränkt. Denkbar ist, dass Lernende sich mit Hilfe von Feedbackbögen im Unterricht ihr Portfolio zeigen und zu ausgewählten Artefakten Feedback geben. Lernende, die jedoch im Lernprozess (partnerzentriertes) Feedback geben oder erhalten möchten oder ihr (partnerzentriertes) Feedback für alle einsehbar machen möchten (Modell sozialer Vergleich), müssen dazu Zugriff auf die Arbeiten anderer haben bzw. den Zugriff auf ihre eigenen Arbeiten erlauben.

Nicht zuletzt ist mit dem Fokus auf *lebenslanges Lernen* kritisch darüber nachzudenken, inwieweit es sinnvoll ist, Artefakte in einer „mehr oder minder dicke[n]" papierbasierten Mappe im Laufe einer Bildungsbiografie zu sammeln (Winter 2008, 16). Im Kontext des *lebenslangen Lernens* ist eine wesentliche Zielsetzung, dass Lernende ihr persönliches Portfolio „beim Wechsel in eine weitere Bildungsstufe sowie ins Berufsleben mitnehmen und weiterentwickeln können" (Salzburg Research Group 2007, 128).

In der letzten Phase soll eine Bewertung der Portfolios erfolgen. Wie bereits erwähnt, entscheidet die Ausrichtung der Portfolioarbeit (Phase 1), ob das Portfolio zur Bewertung von Leistungen und damit auch zur Notengebung dient. Bei den reflexiven Anteilen im Portfolio (zweiter Orientierungspunkt) besteht die Gefahr, dass sie seitens der Lernenden nicht mehr authentisch sind, sondern mit Blick auf die zugrunde liegenden Bewertungskriterien reflektiert werden (vgl. Riedinger 2006, 95). Andererseits kann auch ein Nicht-Benoten unerwünschte Folgen haben, wie beispielsweise kein oder nur oberflächliches Reflektieren (vgl. Czerwionka et al. 2010, 9). Im Zusammenhang mit der Motivation zur Nutzung eines Portfolios wird die Frage gestellt, ob die Portfolioarbeit überhaupt benotet werden kann (oder soll). Reinmann (2011, 45) bringt in ihrer Antwort genuine Herausforderungen der Leistungsbewertung auf den Punkt, welche durch konventionelle Leistungsbeurteilungsformen in den Hintergrund und durch die Portfolioarbeit wieder in den Vordergrund treten:

> Ich frage mich oft, wie man denn die Lernerfahrungen anderer bewerten kann? Was bewertet man da? Das, was inhaltlich erlebt wurde? Die Art, wie das Erlebte dargestellt wird? Den Bezug, den ein Lernender zwischen seinen Erfahrungen und den curricularen Inhalten erstellt? Und nach welchen Kriterien mache ich das? Und wie komme ich auf diesem Wege zu Noten? Gar nicht, werden die meisten (zu Recht) sagen und dann empfehlen, dass man Portfolios überhaupt

nicht bewerten sollte. Wenn man sie aber nicht bewertet, sind viele Lernende nicht motiviert, überhaupt ein Portfolio zu führen. Dann machen es eben nur die ohnehin Interessierten, die es ja immerhin auch noch gibt.

Darüber hinaus birgt der Verzicht auf jegliche Leistungsbewertung die Gefahr, dass Portfolios in pädagogischen Bildungsbereichen eine Insellösung bleiben und weiterhin überwiegend defizitorientierte Leistungsbeurteilungsformen durchgeführt werden (vgl. Häcker 2005).

Einen ersten Lösungsansatz bietet die Unterscheidung zwischen einem „Assessment of Learning" und einem „Assessment for Learning" (vgl. Knight & Yorke 2003, 178). Zur Bewertung der Portfolioarbeit wird hier empfohlen, gemeinsam mit den Lernenden Beurteilungsraster zu entwickeln (vgl. Brunner 2009, 92) und diese schriftlich zu fixieren und Lernenden zugänglich zu machen (vgl. Sippel 2009, 8). Studien, die zunächst die Effizienz bestehender Software-Lösungen zum Einsatz unterschiedlicher Portfoliotypen auf der Makro- und Mesoebene evaluieren, bieten durch die Kategorisierung von E-Portfoliotypen ebenfalls einen ersten fruchtbaren Ansatz für weiterführende Überlegungen zur *systematischen* Erarbeitung von Beurteilungskriterien an (vgl. Baumgartner et al. 2009).

4.3.4 Zusammenfassung

Die Ausführungen zeigen exemplarisch auf, wie das didaktische Element *Portfolio* und die damit einhergehenden Kernaktivitäten *Dokumentation*, *Reflexion* und *Peer-Feedback* im Rahmen der von der Salzburg Research Group (2007) beschriebenen Prozessphasen *systematisch* ausgestaltet werden können, um der Diversität der Studierenden und der Forderung nach Kompetenzorientierung gerecht zu werden.

Studierende sollten darin unterstützt werden, ihre Portfolioarbeit sowohl selbstbestimmt als auch differenziert (i.S.v. kompetenzorientiert) auszugestalten. Es gilt die unterschiedlichen Kenntnisse mit der Portfolioarbeit zu berücksichtigen und die Studierenden weder zu unter- noch zu überfordern. Zudem kann nicht vorausgesetzt werden, dass sie ein Bewusstsein für unterschiedliche Kompetenzbereiche bzw. kognitive Aktivitäten haben. Um die Forderung nach Kompetenzorientierung auch in der Portfolioarbeit zu berücksichtigen und damit eine Bewusstmachung für die eigenen Stärken zu fördern, bedarf es der Bereitstellung von Leitfragen. Zentral ist es, diese präzise auf die Schwerpunkte in der Konzeption eines Lehr- und Lernarrangements abzustimmen, damit für die Studierenden auch die *Sinnhaftigkeit* der zu Verfügung gestellten Fragen erkennbar wird.

Zugleich führten die Ausführungen zur Formulierung von Gestaltungsprinzipien, die als Grundlage für didaktische Entscheidungen zur Ausgestaltung der drei Kernaktivitäten in der Portfolioarbeit herangezogen werden können. Inwiefern diese Gestaltungsprinzipien eine Grundlage bieten, um begründete Entscheidungen darüber zu treffen, wie das didaktische Element Portfolio konkret ausgestaltet werden kann, bedarf auch hier der Prüfung durch die Umsetzung einer geeigneten didaktischen Konzeption.

Zur besseren Übersicht werden die Gestaltungsprinzipien abschließend zusammengefasst:

GP 9: Die methodisch-didaktische Bereitstellung von Leitfragen trägt dazu bei, Artefakte differenziert zu reflektieren und auszuwählen.

GP 10: Die methodisch-didaktische Bereitstellung von Leitfragen trägt dazu bei, tiefergehend Zusammenhänge im eigenen Lernen zu erkennen.

GP 11: Die methodisch-didaktische Bereitstellung von Leitfragen trägt dazu bei, eine differenzierte Peer-Feedback-Kultur einzuüben.

Abbildung 12: Gestaltungsprinzipien Portfolio (eigene Darstellung)

Nicht zuletzt haben die kritischen Überlegungen aufgezeigt, dass die Gestaltungsmöglichkeiten der drei Kernaktivitäten Dokumentation, Reflexion und Peer-Feedback in einem papierbasierten Portfolio nicht ausgeschöpft werden können. Inwiefern E-Learning
(zusätzliche) Möglichkeiten zur Gestaltung des didaktischen Elements Portfolio bereithält, wird im nachfolgenden Kapitel näher erläutert.

5. Gestaltungsmöglichkeiten durch E-Learning

Vor dem Hintergrund der vorangegangenen Überlegungen ist es von Interesse, inwieweit unter Einsatz von E-Learning didaktische Überlegungen umgesetzt werden können, die in konventionellen Unterrichtsformen und in einem papierbasierten Portfolio nicht oder nur unzureichend zu bewerkstelligen sind.

Damit steht im Vordergrund, inwieweit E-Learning zur *Erweiterung* oder *Verbesserung* der Ausgestaltungsmöglichkeiten zentraler Merkmale der didaktischen Elemente Lernaufgabe und Portfolio exemplarisch beitragen kann.

Der Definitionsfokus von E-Learning liegt somit nicht auf der eingesetzten Technik, sondern vornehmlich auf dem didaktischen Mehrwert, der durch den Einsatz von E-Learning erzielt werden soll. Da die verwendeten Formen und Technologien, die für elektronisch unterstütztes Lernen eingesetzt werden, zudem sehr vielfältig sind, wird der Begriff E-Learning in dieser Arbeit nicht zuletzt auch als Oberbegriff verwendet.

Ein Blick auf die deutschen Kunst- und Musikhochschulen zeigt, dass E-Learning hier noch weitgehend der digitalen Bereitstellung von Lernmaterialien zur Vor- und Nachbereitung der Veranstaltung dient. Die Konzeption und Durchführung von hybriden Lehr- und Lernarrangements gehört damit derzeit noch nicht zum Kerngebiet der Kunst- und Musikhochschulen. Dies wird privaten Akademien überlassen; die kommerziellen Möglichkeiten – beispielsweise im Segment der Weiterbildung – auch.

Vor diesem Hintergrund wird nun deutlich, warum das Angebot *Schlüsselkompetenzen* Kunst- und Musikhochschulen vor neue *organisatorische* und *didaktische* Herausforderungen stellt. Zum einen wird das Angebot *Schlüsselkompetenzen* an Kunst- und Musikhochschulen größtenteils additiv und fachübergreifend angeboten. Dazu ist eine neue Lehr- und Lernorganisation erforderlich.[69] E-Learning bietet hier die Chance, Studierenden aus unterschiedlichen Fachbereichen (mit unterschiedlichen Studienverlaufsplänen) eine *interessenorientierte* Teilnahme an Veranstaltungen zu ermöglichen, da diese durch den Einsatz von E-Learning zeit- und ortsunabhängig konzipiert und angeboten werden können. Zum anderen geht eine neue Lehr- und Lernorganisation auch mit neuen didaktischen Herausforderungen einher. Daher wird in dieser Arbeit der organisatorische und didaktische Mehrwert von E-Learning in den Blick genommen; E-Learning wird damit nicht als Ökonomisierungsinstrument gesehen (vgl. Krautz 2007).

Zudem ist von Interesse, welches *tutorielle Betreuungsmodell* sich für die didaktische Konzeption und Umsetzung eines hybriden Lehr- und Lernarrangements im Kontext einer Kunst- und Musikhochschule eignet, das der Diversität der Studierenden und der Forderung nach Kompetenzorientierung gerecht werden soll.

Im Zentrum der folgenden Überlegungen steht wieder eine *gestaltungsorientierte* Perspektive. Die konkrete Ausschöpfung der Ausgestaltungsmöglichkeiten bedarf einer geeigneten mediendidaktischen Konzeption (vgl. Kerres 2001).

---

69 Vgl. Spelsberg (2013).

5.1 Lernaufgabe

Die im Kapitel 4.2 exemplarisch aufgezeigten Gestaltungsmöglichkeiten zentraler Merkmale des didaktischen Elements Lernaufgabe zeigen, dass die Ausgestaltung bestimmter Merkmale in konventionellen Unterrichtsformen begrenzt ist. Der eingeschränkte Gestaltungsspielraum limitiert weiter den Handlungsspielraum von Lernenden, da in Bezug auf die *Anzahl der Aufgaben* und ihre *Variation* ausschließlich ortsgebundene und zeitabhängige Wahlmöglichkeiten zur Verfügung gestellt werden können, die wiederum in einer dafür vorgesehenen Zeit bearbeitet werden müssen. Die Bearbeitung der Lernaufgaben in Partner- und Gruppenarbeiten mit Lernenden, die nicht am selben Ort sind, kann nicht oder nur mit einem hohen organisatorischen Aufwand seitens der Lernenden durchgeführt werden.

E-Learning hingegen ermöglicht orts- und zeitunabhängiges Lernen. Damit geht die Chance einher, dass weniger der organisatorische Rahmen, sondern vielmehr die *Zielgruppe* mit ihren *Bedürfnissen* in den Mittelpunkt gerückt wird.

Weiter gilt es die Aktualität von Lernmaterialien als *didaktisches Qualitätsmerkmal* zu berücksichtigen. Für die persönliche Kompetenzentwicklung ist es wesentlich, sich kontinuierlich mit neuen Inhalten auseinanderzusetzen (Stichwort Lerngesellschaft; vgl. Dewe 2005). Unter Einsatz von E-Learning können Lernmaterialien laufend aktualisiert und Lernenden in einem hybriden Lehr- und Lernarrangement somit aktuelle Informationen bereitgestellt werden. Darüber hinaus kann zur Aktualisierung der Informationen das World Wide Web genutzt werden. Orientierungsmarken oder weiterführende Lernressourcen können hierzu unter Einsatz von E-Learning den Lernenden in einem hybriden Lehr- und Lernarrangement als „ein Portal mit Inhalten und Werkzeugen" als Hyperlinks bereitgestellt werden (Kerres 2012, 458).

Die didaktische Bereitstellung von informationstechnologischen Werkzeugen wie Hyperlinks kann ferner dazu beitragen, das Herstellen eines Zusammenhangs oder das kritische Prüfen der Informationen zu fördern. Im Kontext von *lebenslangem Lernen* hat sich zudem der Begriff der „information literacy" (IL) entwickelt (Grassian & Kaplowitz 2001, 4). Laut Grassian & Kaplowitz (2001, 4) haben Menschen, die sich „information literacy" (IL) angeeignet haben, gelernt, „to use a wide range of information sources in order to solve problems at work and in his or her daily life." In einem hybriden Lehr- und Lernarrangement kann die IL gefördert und zugleich der Diversität der Lernenden Rechnung getragen werden. Zentral ist dabei, dass die Lernenden selbst verschiedene Zugänge zu weiterführenden Informationsquellen ausprobieren, vergleichen und die Informationen heranziehen, die sie beispielsweise für die Bearbeitung einer Lernaufgabe für relevant halten, denn „IL means different things to different people and their definitions may even vary from situation to situation." Ferner können bei der Ausgestaltung von Lernmaterialien (Bild, Ton, Text, Video) unterschiedliche Sinnesmodalitäten berücksichtigt werden. Kritisch betrachtet wird die Qualität der Medien dabei nicht von den Merkmalen des Mediums bestimmt.

Darüber hinaus ermöglicht E-Learning nicht nur Gestaltungsmöglichkeiten zu realisieren, die in konventionellen Unterrichtsformen nicht oder nur unzureichend umzusetzen sind, sondern erweitert auch die Ausgestaltungsmöglichkeiten des didaktischen Elements Lernaufgabe.

So ermöglichen Webanwendungen oder Hyperlinks, hypertextuelle Beziehungen beispielsweise durch Wikis und Weblogs herzustellen, und fördern damit eine *interaktive Auseinandersetzung* mit den Lernmaterialien (vgl. Mosel 2005). Wikis eignen sich beispielsweise dazu, Lerninhalte zu erstellen, zu verändern und zu verknüpfen (vgl. Schmalz 2007). Laut Hippner (2006, 12) ist unter dem Begriff Wiki „eine Web-Applikation" zu verstehen, „die es den Besuchern nicht nur ermöglicht, Inhalte auf einer Website hinzuzufügen, sondern auch die Inhalte anderer Besucher zu editieren." Durch die gemeinsame Erstellung und Bearbeitung von Dokumenten wird somit die klassische Rollenaufteilung aufgebrochen (vgl. Kerres & Natland 2007).

Weiter ermöglicht die zeit- und ortsunabhängige gemeinsame Produktion von Inhalten in einem hybriden Lehr- und Lernarrangement, dass Lernende auch zeitlich und örtlich *entfernte* Lernende in die *kooperative Interaktion* einbeziehen können. Die Navigation in nicht linearen Hypertexten in einem hybriden Lehr- und Lernarrangement ist zudem auch Ausdruck bzw. Anlass für soziale Beziehungen, die aus Interaktionen zwischen den Lernenden (und Lehrenden) entstehen. Diese soziale Interaktion kann sozial-kommunikative Kompetenzen fördern. So bedarf es beispielsweise einer Konsensfähigkeit, um an einem gleichen Text zu arbeiten; die Konsens- und Kooperationsbereitschaft bilden die Grundlage für eine funktionierende Zusammenarbeit in einem Wiki (vgl. Ebersbach et al. 2008, 36).[70] Nicht zuletzt kann die interaktive Auseinandersetzung mit Lerninhalten dazu beitragen, den Lernprozess als solchen zu aktivieren (vgl. Petschenka et al. 2004).

Kritisch betrachtet kann mit E-Learning eine Desorientierung (vgl. Schulmeister 2007, 55) und kognitive Überlastung verbunden sein, die aus der Navigation in nicht linearen Hypertexten resultiert. Eine tutorielle Betreuung in der Phase des Informationsaustauschs kann dazu beitragen, einer mögliche Überforderung oder Passivität der Lernenden entgegenzuwirken (vgl. Ojstersek 2009).

Auch Weblogs rücken neben den Lerninhalten die Lernenden in den Mittelpunkt. Im Gegensatz zum Wiki, in dem sich die kritische Auseinandersetzung mit den Lernmaterialien durch eine objektive Sichtweise auszeichnet (vgl. Hippner 2006, 12), kennzeichnet Subjektivität die Inhalte von Weblogs. Weblogs, ein Kompositum aus *Web* und *Log*buch, sind meistens öffentlich geführte Tagebücher,[71] in denen periodisch oder auch sporadisch kurze Beiträge publiziert werden, die in umgekehrter chronologischer Reihenfolge angezeigt werden.[72]

---

70 Zu den möglichen Problemen, die aus einer wertenden Auseinandersetzung in Wikis folgen können, siehe Erbersbach et al. (2008, 51 ff.).
71 Neben den als persönliche Tagebücher geführten Weblogs haben sich viele verschiedene Typen etabliert (vgl. Hippner 2006, 10).
72 Weblogs ermöglichen weiter die Verlinkung zu anderen Webseiten und Weblogs, einen schnellen Informationsüberblick über Änderungen abonnierter Webseiten durch RSS-Feeds, die gegenseitige Referenzierung und Kommentierung (‚Trackbacks'), die Klassifizierung von

Die Reflexion der eigenen Lernerfahrung sowie der öffentliche Austausch unter Blogger_innen führen im Idealfall zum Wissensaufbau, denn „Ich lerne, indem ich bestimmte (beobachtbare) Lernaktivitäten ‚zeige'. Ich entwickle ein Projekt, tausche mich mit Anderen in einem Forum aus und reflektiere meine Aktivitäten in einem Weblog" (Kerres & Nattland 2007, 45). Die öffentliche Darstellung der Lernaktivitäten führt weiter dazu, dass die Grenzverschiebung *privat* versus *öffentlich* verwischt und Lernen zur Performanz wird (vgl. Kerres & Nattland 2007, 45). Durch diese Grenzverschiebung werden neben Inhalten von Lernaufgaben vor allem Personen und ihre Beziehungen sowie Bewertungen sichtbar.

Ferner können durch den didaktischen Einsatz *synchroner* und *asynchroner Kommunikationsformen* die Lernenden zu neuen Möglichkeiten der *kooperativen* und *kollaborativen* Bearbeitung von Lernaufgaben angeregt werden (vgl. Carell 2006). Laut Czerwionka und de Witt (2007, 101) sind Chat, E-Mail[73] und Foren die wichtigsten Kommunikationsformen, die in mediengestützten Lernprozessen eingesetzt werden.

Synchrone Kommunikationsformen wie die Nutzung eines Chats bieten in hybriden Lehr- und Lernarrangements einen textbasierten kurzen Austausch zu einem vereinbarten Zeitpunkt zwischen zwei Personen und/oder innerhalb einer Gruppe an. Weitere synchrone Kommunikationsformen wie beispielsweise Audio- und Videokonferenzfunktionen, die über Group-Werkzeuge wie Instant Messaging bereitgestellt werden können, erweitern die textbasierte Kommunikationsform im Chat um multimediale Kommunikationsformen und ermöglichen zudem einen Dateiaustausch in einem integrativen System. Dadurch wird, unter Beachtung technischer Voraussetzungen und technisch bedingter Übertragungsverzögerungen (vgl. Drecoll 2001, 40), den Lernenden die Möglichkeit gegeben, sich beispielsweise bei offenen Fragen zu einer Lernaufgabe, für weiterführende Informationen oder zur Absprache von Themen, Personen in die Kommunikation einzubeziehen, die örtlich entfernt sind. Die Klärung von offenen Fragen durch andere oder das Wissen um weiterführende Informationen außerhalb der konventionellen Unterrichtsformen ermöglicht es, zeitnah und zielgerichtet Antworten und Informationen zu erhalten. Das im Chat automatisch geführte Chatprotokoll (oder die aufgezeichnete Videokonferenz) kann darüber hinaus dazu dienen, das erhaltene Feedback oder weiterführende Informationen zur Bearbeitung der Lernaufgabe zu speichern, um sie für den eigenen Bedarf oder für die Partner- und Gruppenlernprozesse zu nutzen.

Asynchrone Kommunikationsformen wie Foren können in einem hybriden Lehr- und Lernarrangement dazu genutzt werden, durch eine Eingliederung in Aufgaben- oder Themenbereiche Partner- oder Gruppenarbeiten zu unterstützen (vgl. Kerres 2001, 29). Dadurch werden parallel unterschiedliche Schwerpunkte und mehrere „inhaltliche Themenstränge" bearbeitet (Bremer 2003, 192). Laut Bremer (2003, 192) eignen sich Foren aufgrund „dieser Asynchronität und der Parallelität der Diskussionsstränge (…) laut

---

einzelnen Beiträgen (‚Tagging') nach Themen und die Einbindung von multimedialen Elementen (vgl. Ebersbach et al. 2008, 57).

73 Der didaktische Einsatz von E-Mail kann dazu beitragen, den Grad der Verbindlichkeit in mediengestützten Lernprozessen zu erhöhen (vgl. Kerres 2001).

der Theory of Media Synchronicity (…) vor allem für divergente Kommunikationsprozesse." Daraus leitet Bremer (2003, 196f.) für Foren bestimmte Einsatzszenarien ab. So eignen sie sich, im Gegensatz zur synchronen Kommunikationsform im Chat, weniger, um Vereinbarungen für die Partner- oder Gruppenarbeit zu treffen, sondern unterstützen die Partner- oder Gruppenarbeit dadurch, dass sie eine textbasierte sowie zeit- und ortsunabhängige Kommunikation über Meinungen und Standpunkte ermöglichen. Foren unterstützen und regen damit in erster Linie Fachdiskussionen an. Die Möglichkeit, in Foren neue Fragestellungen und kontroverse Standpunkte zu diskutieren kann dazu beitragen, metakognitive Lernstrategien zu aktivieren, denn es gilt in den Foren Meinungen zu begründen und zu reflektieren. Vor diesem Hintergrund argumentiert Bremer (2003, 197) weiter, dass Foren eher zu Beginn einer Phase eingesetzt werden sollten. Wie weiter oben anhand des Wiki exemplarisch gezeigt wurde, könnten somit auch Foren dazu dienen, den Lernprozess als solchen zu aktivieren (vgl. Petschenka et al. 2004), beispielsweise indem die Aufgabenstellungen in den (Gruppen-)Foren *vor* ihrer Bearbeitung diskutiert oder direkt als Frage formuliert ins Forum gestellt werden (vgl. Kerres 2001). Die Beiträge werden auch hier wieder für alle Lernenden elektronisch dargestellt, so dass der (Gruppen-)Kommunikationsprozess nachvollziehbar und zu einem anderen Zeitpunkt wieder abgerufen werden kann.

Die Ausführungen zeigen, dass die vielfältige didaktische Ausgestaltung von synchronen und asynchronen Kommunikationsformen dazu beitragen kann, neue Möglichkeiten der kooperativen Bearbeitung von Lernaufgaben anzuregen. Zugleich ist kritisch anzumerken, dass dazu ein hohes Maß an sozial-kommunikativen Kompetenzen erforderlich ist, insbesondere für die Moderation (vgl. Sauter & Sauter 2004). Kritisch betrachtet können ferner aufgrund fehlender kommunikativer Schlüsselreize wie Mimik und Gestik, Kommunikationsprobleme auftauchen.

5.2 E-Portfolio

Die im Kapitel 4.3 idealtypisch beschriebenen Phasen haben gezeigt, dass die Gestaltung der Merkmale *Dokumentation* und *Reflexion* nahezu parallel zueinander verläuft. Um die Einübung einer differenzierten Peer-Feedback-Kultur zu ermöglichen, wurde zudem dafür plädiert, *Peer-Feedback* bereits in der dritten Phase einzubinden. Im Folgenden sollen daher ausschließlich die didaktischen Ausgestaltungsmöglichkeiten dieser drei Kernaktivitäten (Merkmale) in einem *E-Portfolio* näher betrachtet werden.

Das Merkmal *Dokumentation* fokussiert das Sammeln von Artefakten sowie deren begründete Auswahl. Hier wurde kritisch angemerkt, dass Lernende durch die Aufbewahrung von Artefakten in papierbasierten Ordnern/Mappen keinen direkten Zugriff auf ihr Portfolio während des gesamten Lernprozesses haben. Der Mehrwert eines E-Portfolios besteht nunmehr zunächst darin, dass Lernende jederzeit Zugriff auf ihre Arbeiten im Lernprozess (und darüber hinaus) haben. Entscheidend ist zudem, dass alle Zugriffsrechte bei den Lernenden liegen und damit Eigentümer_innen und Ersteller_innen von Artefakten identisch sind, was das Autonomieerleben der Lernenden fördern kann.

Damit ist ein E-Portfolio mehr als eine bloße digitale Sammelmappe. Das E-Portfolio trägt in erster Linie dazu bei, die Ausgestaltung des Lernprozesses in die Hände der Lernenden zu legen. Weitere didaktische Potenziale können durch die didaktische Nutzung bereitgestellter Software-Lösungen hergeleitet werden (vgl. Baumgartner et al. 2009, 10). So können in einem E-Portfolio nicht nur Artefakte digital gesammelt, d.h. hochgeladen werden. Durch die technische Bereitstellung von Notiz- und Beschreibungsfunktionen können Gedanken unmittelbar am Artefakt (Datei) festgehalten oder die mit Hilfe von Leitfragen begründete Auswahl notiert werden. In den meisten Software-Lösungen können die Lernenden entscheiden, ob ihre Begründung in Form einer privaten, nicht öffentlichen Notiz an das Artefakt gebunden wird, oder ob sie ihre Begründung durch die Beschreibungsfunktion veröffentlichen möchten. Darüber hinaus lassen sich auch unabhängig von der Zuordnung zu Dateien private Notizen verfassen, beispielsweise Memos mit weiterführenden Informationen oder kritischen Anmerkungen. Da die Lernenden ihre Artefakte während eines gesamten Lehr- und Lernarrangements sammeln und auswählen bzw. es im Kontext des *lebenslangen Lernens* eine wesentliche Zielsetzung ist, dass sie ihr E-Portfolio mitnehmen und weiterentwickeln, ist es wichtig, dass im E-Portfolio Dateien verknüpft und verschoben und verschiedenen Themenbereichen zugeordnet werden können. Denkbar ist eine Einteilung zu verschiedenen Bereichen wie beispielsweise *Modul & Lehrveranstaltungen* oder *Studium* und *Praktikum*. Auch diese Einteilung obliegt den Lernenden.

Die hier nur exemplarisch genannten Beispiele zeigen, dass die durch Software-Lösungen bereitgestellten Funktionen den didaktischen Gestaltungs- sowie den Handlungsspielraum der Lernenden erweitern und damit unterschiedlichen Bedürfnissen Rechnung getragen werden kann.

Das Merkmal *Reflexion* rückt das so genannte Herzstück der Portfolioarbeit in den Mittelpunkt. Ziel ist es hier, die reflexive Auseinandersetzung mit mehreren ausgewählten Artefakten und den damit verbundenen Lernprozess über einen größeren Zeitraum zu unterstützen. Hier wurde kritisch angemerkt, dass die Kooperation und Selbstbestimmung der Lernenden jedoch dadurch eingeschränkt wird, dass sie nicht ihrem Bedürfnis nach entscheiden können, ob und, wenn ja, mit wem sie ihre reflexiven Auseinandersetzungen teilen möchten. Wie weiter oben beschrieben, können Lernende durch eine didaktische Nutzung bereitgestellter Software-Lösungen in einem E-Portfolio über die Notiz- oder Beschreibungsfunktion Gedanken und Meinungen schriftlich fixieren. Diese Funktion kann auch dazu dienen, den eigenen Lernprozess, beispielsweise mit Hilfe von bereitgestellten Reflexionsfragen, zu dokumentieren und zu reflektieren.

Der Mehrwert eines E-Portfolios besteht vor dem Hintergrund der formulierten Kritik weiter darin, dass Lernende für jede Datei bestimmen können, welchen Ansichten sie zugeordnet werden soll. So kann eine hinterlegte Selbsteinschätzung in der Beschreibungsfunktion beispielsweise unter der Ansicht *Lernpartnerin* bzw. *Lernpartner* oder *Peer-Group* eingegeben und damit eine Selbsteinschätzung geteilt werden. Durch die Bereitstellung dieser Funktion kann eine E-Portfolio-Inhaberin bzw. ein E-Portfolio-Inhaber alle Daten und Informationen, die im E-Portfolio zusammengestellt, begründet und reflektiert wurden, anderen Lernenden (und der Lehrperson) zugänglich machen. Auch kann ein Weblog zur Selbstreflexion eingesetzt werden. Wichtig ist hier, dass der Blog nicht nur die Unterteilung in einen privaten und öffentlichen Bereich erlaubt, sondern Lernende innerhalb dieser Grenzziehung weiter differenzieren können.

Somit sind für die Ausschöpfung der didaktischen Ausgestaltungsmöglichkeiten eines E-Portfolios auch die Software- bzw. Bloggingsoftware-Lösungen zu prüfen (vgl. Kapitel 9.2.4.2). Der Mehrwert besteht abschließend weiter darin, dass die bereitgestellte Auswahl an Reflexions- und Kooperationsformen den Selbstbestimmungsgrad der Lernenden erhöhen kann, was sich vermutlich positiv auf ihre Motivation und ihr Autonomieerleben auswirkt.

Das dritte Merkmal *Peer-Feedback* stellt ebenfalls ein zentrales Element der Portfolioarbeit dar, um in einen differenzierten Austausch *über* und *zu* den Artefakten im E-Portfolio zu treten. Zugleich wurde kritisch darauf hingewiesen, dass in papierbasierten Portfolios das gegenseitige Peer-Feedback nicht ausschöpfend ausgestaltet werden kann. Die beschriebenen Gestaltungsmöglichkeiten eines E-Portfolios zeigen auch für die Ausgestaltung von Peer-Feedback erste grundlegende Möglichkeiten auf. Lernende können nunmehr sehr leicht den Zugriff auf ihre Arbeiten durch Peers zulassen und in (partnerzentrierten) Austausch treten. Bereitgestellte Feedbackfragen können Lernende zudem darin unterstützen, sich ein Feedback zu geben, das für die individuelle (Weiter-)Entwicklung wertvolle Erkenntnisse enthält und die Motivation für das Lernen steigert. Darüber hinaus erlaubt die didaktische Nutzung von Software-Lösungen, über Neuigkeiten informiert zu werden, die das eigene E-Portfolio oder die E-Portfolios von anderen Personen betreffen. So erfahren Lernende beispielsweise automatisch, ob sie Antworten auf ihre Feedbackanfrage erhalten haben oder ob ihnen eine Feedbackanfrage gestellt wurde. Diese *Rückkopplung* kann Lernende darin unterstützen, in einen *regelmäßigen Dialog* einzutreten und damit unterstützende Anregungen für die eigene (Weiter-)Entwicklung im Lernprozess zu erhalten. Auch können E-Portfolio-Inhaber_innen mehreren Personen Dateien (Artefakte) zugänglich machen und diese zugleich um Feedback bitten. Dabei können sie ihre Dateien sowie Feedback-Anfragen und Feedback-Antworten für alle Peers einsehbar machen oder in den Ansichten eine Differenzierung vornehmen. Wenn die Dateien und Feedback-Anfragen wie auch Feedback-Antworten für alle einsehbar sind, besteht für die Peers die Möglichkeit, am Modell zu lernen. Die E-Portfolio-Inhaber_innen können weiter die Feedback-Antworten aufbewahren. Dieser Mehrwert kann in einem papierbasierten Portfolio nicht ausgeschöpft werden.

5.3 Tutorielle Betreuungsmodelle

Die Erkenntnis, dass mediengestützte Lehr- und Lernkonzepte mit neuen Betreuungsbedarfen und -anforderungen einhergehen, ist nicht neu und so liegen zahlreiche Ergebnisse vor, die aufzeigen, wie den Betreuungsbedarfen und -anforderungen der Lernenden Rechnung getragen werden kann (vgl. Ojstersek 2009).

Da die Konzeption und Umsetzung eines hybrides Lehr- und Lernarrangements im Kontext einer Kunst- und Musikhochschule jedoch stark von den Unterrichtsformen wie Kleingruppen- oder Einzelunterricht, Orchester- und Ensemblearbeit oder Atelierbegehung und Werkstattunterricht abweicht und zudem vor dem Hintergrund der Ausführungen nicht davon ausgegangen werden kann, dass den Studierenden der technische Umgang mit mediengestützten Aktivitäten und Funktionen vertraut ist, kann das tutorielle Betreuungskonzept entscheidend zum Gelingen eines hybrides Lehr- und Lernarrangements beitragen. Deshalb soll in diesem Kapitel auf drei Betreuungskonzepte eingegangen werden, die auf den Aspekt der gezielten Anregung von Lernaktivitäten durch tutorielle Betreuung (vgl. Kerres 2005, 172) sowie auf die Ausgestaltung von Feedback eingehen und in den letzten Jahren in nationalen und internationalen Bildungsprozessen angewendet wurden.

Im Rahmen des Bundesleitprojekts „Virtuelle Fachhochschule" wurde das so genannte *Emder-Konzept* umgesetzt (vgl. Thomaschewski 2005). Im Mittelpunkt der Online-Betreuung für ein Online-Studium von mehrheitlich berufstätigen Studierenden steht der Informationsfluss zwischen Studierenden und Betreuenden, denn „eine schnelle und beratende Beantwortung der studentischen Fragen fördert die kontinuierliche, motivierende Auseinandersetzung mit den Lerninhalten und damit den Lernerfolg" (Thomaschewski 2005, 46). Der Forderung nach einer „schnelle[n] und beratende[n] Beantwortung der studentischen Fragen" soll im Emder-Konzept durch ein *zweistufiges* Betreuungsmodell Rechnung getragen werden.

Im First-Level-Support, der ersten Stufe, stehen wissenschaftliche Mitarbeiter_innen vorrangig für technische und organisatorische Fragen sowie für die Klärung von Lese- und Verständnisproblemen als direkte Ansprechpartner_innen zur Verfügung (vgl. Thomaschewski 2005, 47).

Im Second-Level-Support, der zweiten Stufe, werden Studierende ausschließlich von Lehrenden (Professor_innen) betreut, die vor allem für die fachbezogene Betreuung zuständig sind. Im Rahmen ihrer Online-Veranstaltung sind die Lehrenden dafür verantwortlich, Fachfragen zu beantworten und Studien- bzw. Lernleistungen zu bewerten (vgl. Thomaschewski 2005, 47); sie agieren im Rahmen der Rollendifferenzierung[74] als Fachexpert_innen (vgl. Busch & Mayer 2002; Sauter & Sauter 2004).

Thomaschewski (2005, 48) sieht positive Auswirkungen des zweistufigen Betreuungsmodells vor allem darin, dass durch die ausschließlich beratende Funktion im First-Level-Support zum einen für die Studierenden „die Schwelle zur Kommunikation herabgesetzt" wird und zum anderen daraus der Betreuungsaufwand für die Lehrenden minimiert werden kann. Für eine umfassende Kompetenzorientierung ist es jedoch notwendig, dass sich der Betreuungsprozess nicht in einem funktionierenden Informationsfluss erschöpft. Weiter verhindert die Einteilung in ein First-Level- und Second-Level-Support das Aufbrechen einer vertikal verlaufenden Lehrenden-Lernenden-Interaktion. Lernende bleiben weitgehend Unwissende, die Feedback empfangen, und Lehrende Wissende, die Feedback geben.

Kritisch betrachtet finden sich auch keine didaktischen Hinweise darauf, wie die Betreuungsaufgaben- und rollen so ausgestaltet werden können, dass sie den Bedürfnissen der Lernenden gerecht werden.

---

74 Zur Dynamik sozialer Rollen vgl. Jahnke (2006).

Das *Split-Tutor-Concept* von Kerres et al. (2004), das im weiterbildenden Blended-Learning-Studienprogramm *Educational Media* Anwendung findet, bietet einen Lösungsansatz. Dazu ist im Split-Tutor-Concept eine Trennung von fach- und personen-/gruppenbezogener Betreuung vorgesehen.

Eine fachbezogene Betreuung beantwortet inhaltliche Fragen bei Verständnisproblemen, gibt Hinweise zu weiterführenden Informationen, Arbeitstechniken und Methoden sowie Rückmeldung zu erarbeiteten Lösungen im Lernprozess (vgl. Kerres et al. 2004, 340). Tutor_innen, die für die fachbezogene Betreuung verantwortlich sind, „verstehen sich primär als Inhaltsexpert/innen, die bei fachlichen Fragen zu Rate gezogen werden" sowie Lernenden sowohl bei der Bearbeitung von Lerneinheiten als auch Autor_innen von Lehrmaterialien bei deren Erstellung zur Seite stehen (Kerres et al. 2004, 341).

Die personen-/gruppenbezogene Betreuung soll hingegen in erster Linie „soziale Präsenz und Kohäsion" schaffen soll (Kerres et al. 2004, 340). Tutor_innen, die die personen-/gruppenbezogene Betreuung übernehmen, „verstehen sich primär als Coach, der sich für das Wohlbefinden des Einzelnen / der Gruppe verantwortlich fühlt, bei übergreifenden Fragen und Problemen zum Lernprozess einspringt und bei der Erreichung des Lernzieles unterstützt" (Kerres et al. 2004, 341).

Eine personen-/gruppenbezogene Betreuung nimmt somit vor allem den sozialen Kontext des Lernprozesses in den Blick und rückt damit nicht nur Individuen, sondern auch soziale Einheiten wie die Lerngruppe bzw. Gruppen innerhalb der Lerngruppe in den Mittelpunkt. Die personen-/gruppenbezogene Betreuung dient der Organisation von Lernaktivitäten, fördert die Reflexion des Lernverhaltens durch Rückmeldung und unterstützt Lernende bei Konflikten und Lernproblemen (vgl. Kerres et al. 2004, 340). Im Rahmen dieser sozialen Interaktion können Konsensfähigkeit und Verständnisbereitschaft der Lernenden gefördert werden. Darüber hinaus kann eine personen-/gruppenbezogene Betreuung das Aushandeln gemeinsamer Ziele unterstützen, indem beispielsweise durch Feedback zum Lernverhalten oder durch die Unterstützung bei Konflikten und Lernproblemen deutlich wird, dass das Erreichen des Gruppenziels für das Erreichen der eigenen Ziele von zentraler Bedeutung ist. Damit wird der Gruppe als Ganzes, als „lernende Gemeinschaft", ein Lernpotenzial zugeschrieben (Kerres & de Witt 2004, 95) und zugleich verhindert, dass die soziale Interaktion eine funktionale Rolle einnimmt.[75]

Das Split-Tutor-Concept berücksichtigt zur Ausgestaltung der sozialen Interaktion zudem Feedback-Merkmale in der fach- und personen-/gruppenbezogenen Betreuung (vgl. Ojstersek 2009). Die Ergebnisse der Untersuchung von Ojstersek (2009) zeigen, dass die Studierenden des weiterbildenden Blended-Learning-Studienprogramms Educational Media innerhalb von zwei bis drei Werktagen Feedback auf inhaltliche und organisatorische Fragen und nach spätestens sieben Werktagen ein schriftliches Feedback zur eingereichten Lernaufgabe erhalten haben (Ojstersek 2009, 190).[76]

---

75 Nimmt die soziale Interaktion hingegen eine funktionale Rolle ein, kann dies dazu führen, dass die Gruppenarbeit nicht „den erhofften Nutzen für das Lernen bringt" (Kerres & de Witt 2004, 95).

76 Zu weiteren internetgestützten tutoriellen Betreuungsbeispielen aus der Praxis siehe Ojstersek (2009, 138ff.).

Neben dem Zeitpunkt des Feedbacks (Wann) sowie räumlichen wie sozialen Aspekten (Wo) werden im Studienprogramm Educational Media somit auch die inhaltliche Qualität (Was) und die Funktion des Feedbacks (Wozu) berücksichtigt (vgl. Ojstersek 2009, 194, 197). Die Untersuchungsergebnisse zeigen weiter, dass die befragten Studierenden großen Wert auf den sozialen Kontakt mit der Online-Tutorin bzw. dem Online-Tutor legen. Vor diesem Hintergrund wünschen sie sich auch schnelleres und ausführlicheres Feedback (vgl. Ojstersek 2009, 197). Weiter wird von den befragten Studierenden das arbeitsteilige Betreuungskonzept als gut nachvollziehbar empfunden (Ojstersek 2009, 196). Die Zufriedenheit mit dem Betreuungskonzept ist zudem auch darauf zurückzuführen, dass den unterschiedlichen Erwartungen der Lernenden an die tutorielle Betreuung Rechnung getragen wird (vgl. Ehlers 2004, 45; Ojstersek 2009, 203). Neben diesen Vorteilen, die das Split-Tutor-Concept für die Studierenden mit sich bringt, sehen Kerres et al. (2004) weitere positive Auswirkungen vor allem darin, dass

- durch das Fördern von Kommunikation und Austausch durch die Gruppentutor_innen die Hemmschwelle, Fragen zu stellen, beispielsweise in Chats und/oder Foren, herabgesetzt wird (vgl. Friedrich & Hron 2002),
- durch den engen Kontakt zwischen den Fachtutor_innen und den Autor_innen die Qualität des Materials gewährleistet wird und
- die Betreuenden durch die verteilten Aufgaben (und Rollen) entlastet werden.

Somit bietet das arbeitsteilige Betreuungskonzept Potenziale für die Ausgestaltung tutorieller Betreuungsaufgaben an, um verschiedenen Erwartungen und Bedürfnissen der Studierenden gerecht zu werden.

Kritisch betrachtet fehlt in diesem Betreuungskonzept die Integration von Peer-Feedback, was auch seitens der befragten Studierenden als Optimierungsvorschlag für die Gestaltung von Feedback formuliert wurde (vgl. Ojstersek 2009, 197). Kritisch anzumerken ist weiter, dass die strikte Unterscheidung in fachbezogene und personen-/gruppenbezogene Betreuung zwei Extreme charakterisiert. Die Ausführungen zu den Feedback-Kriterien haben gezeigt (vgl. Kapitel 4.2.6), dass Feedback neben Sachinformationen (fachbezogene Betreuung) auch subjektzentrierte Informationen beinhalten sollte (personenbezogene Betreuung), die Lernende dazu anregen können, ihren Lösungsprozess zu reflektieren. Der Wunsch der befragten Studierenden, im Rahmen der fachbezogenen Betreuung zugleich auch ein individuelles, personenbezogeneres Feedback zu erhalten (vgl. Ojstersek 2009, 197), bestätigt die Annahme, die strikte Trennung zwischen fach- und personen-/gruppenbezogener Betreuung zugunsten einer „Matrixorganisation" aufzulösen (Kerres et al. 2004, 347), ohne zugleich der Vorstellung einer ‚idealen' tutoriellen Betreuung zu erliegen, welche die Aufgaben beider Dimensionen erfüllt.

Im letzten hier vorgestellten Modell – dem erprobten *5-Stufen-Modell* von Salmon (2004) – erfolgt die Differenzierung von Rollen und Aufgaben anhand idealtypischer Stufen respektive Phasen. Im Rahmen dieses Modells, das Salmon basierend auf ihren Erfahrungen an der Unversity of Leicester entwickelte, beschreibt Salmon sowohl die spezifischen Fähigkeiten und die Entwicklung der Lernenden als auch die unterschiedlichen Aufgaben respektive Fähigkeiten und Fertigkeiten der E-Tutor_innen innerhalb der Stufen. Ergänzend zu dem Split-Tutor-Concept werden im 5-Stufen-Modell somit vor allem die einzelnen Durchführungsphasen sowie die jeweiligen Anforderungen an die tutorielle Betreuung näher betrachtet. Nachfolgende Abbildung zeigt das 5-Stufen-Modell:

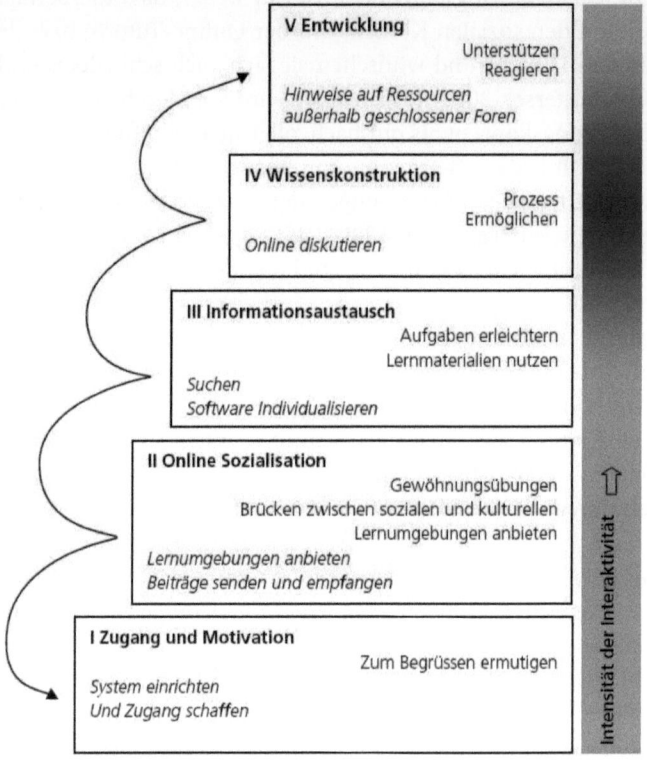

Abbildung 13: Modell des Online-Lehrens und Lernens in Online-Netzwerken (Salmon 2004)

Die erste Stufe *Zugang und Motivation* bildet die Einstiegs- bzw. Orientierungsphase und gilt als besonders kritisch (vgl. Müskens 2001). Um eine mögliche Drop-out-Quote zu verringern, benötigen Lernende eine motivierende Begleitung seitens der E-Tutor_innen, die sie vor allem im sozialen und technischen Bereich unterstützen. Im sozialen Bereich haben die E-Tutor_innen die Aufgabe, Lernende immer wieder zu motivieren, sich aktiv zu beteiligen, indem sie beispielsweise „als Vorbild guter Kommunikation wirken" (Salmon 2004, 35), eine einladende Lernumgebung schaffen und Lerneinheiten oder Themen unterhaltsam und interessant einleiten.

Im technischen Bereich soll den Lernenden durch tutorielle Betreuung vor allem ein problemloser Umgang mit dem System ermöglicht werden. Technische Übungen und Hilfestellungen können dazu beitragen, dass Lernende sich mit der Technik vertraut machen und Kommunikationswerkzeuge erproben.

Die erste Stufe gilt als abgeschlossen, wenn alle Lernenden sich in der Lernumgebung aktiv am Kommunikationsgeschehen beteiligen.

In der zweiten Stufe, der so genannten *Online Sozialisation*, steht das gegenseitige Kennenlernen im Mittelpunkt. Dazu bietet es sich an, Lerngruppen zu bilden, um eine vertraute Lerngemeinschaft herzustellen, die – in Abhängigkeit vom didaktischen Konzept – phasenweise oder kontinuierlich kooperativ zusammenarbeitet. E-Tutor_innen haben hier vor allem die Aufgabe, den Austausch in den Lerngemeinschaften zu ermöglichen und zu fördern, um so auch eine vertrauensvolle und kommunikationsfreudige Lernatmosphäre herzustellen. Neben vielen anderen Besonderheiten und Implikationen ist es besonders wichtig, den Wert der Lerngemeinschaft zu vermitteln. Für Salmon (2004, 37) muss dazu „ein Vertrauensnetzwerk geknüpft werden, das von physischen Treffen unabhängig ist." Die zweite Stufe ist daher für Salmon (2004, 40) erst abgeschlossen, „wenn Teilnehmende beginnen, ihre Gedanken online auszutauschen. Damit ist die Basis für den zukünftigen Informationsaustausch und die Wissenskonstruktion gelegt."

Nachdem Lernende in den ersten zwei Stufen durch tutorielle Betreuung in erster Linie den sicheren Umgang mit dem System und den Kommunikationswerkzeugen eingeübt haben sowie ausreichend Möglichkeiten geschaffen wurden, sich gegenseitig kennenzulernen, sind Prozesse des aktiven *Informationsaustauschs* das primäre Ziel der dritten Stufe. Statt der Informationsvermittlung soll Wissen auf konkrete Situationen übertragen werden. Damit nimmt diese Stufe einen wichtigen Ort in einem hybriden Lehr- und Lernarrangement ein (vgl. Hinze & Blakowski, 2002). Lernende sollen nicht mit Informationsmengen konfrontiert und überladen werden, vielmehr lernen sie, Informationen zielgerichtet zu finden und zu prüfen sowie auf unterschiedliche Situationen zu übertragen. E-Tutor_innen können die Lernenden darin unterstützen, externe Ressourcenstrategien einzuüben und Interaktionen einleiten, die Lernende dazu ermutigen, neu erworbenes Wissen anzuwenden (vgl. Rautenstrauch 2001). Hier ist einmal – in Abhängigkeit vom didaktischen Konzept – zu prüfen ob für die fachliche Betreuung ein inhaltliches Überblickswissen ausreichend ist oder ob es Detail- respektive Expert_innenwissen bedarf (vgl. Sauter & Sauter 2004). Auch kann bei verschiedenen Themenbereichen eine Rollen- bzw. Aufgabendifferenzierung notwendig sein. Neben der Fachkompetenz bedarf es weiter ausgewiesener methodisch-didaktischer Kompetenzen, um beispielsweise Lernanlässe mit Praxisbezug bereitzustellen oder um durch fachliches Feedback Lernende im Lernprozess zu motivieren und bei Bedarf zu helfen. Auch gilt es, die Interaktion in der Lerngemeinschaft durch das Schaffen von Kommunikationsanlässen zu unterstützen, beispielsweise durch Fachdiskussionen in Foren. Für Salmon (2004, 44) ist die dritte Stufe beendet, „wenn Teilnehmende gelernt haben, Informationen zu finden (…) und wenn die Anzahl derjenigen minimal ist, welche passiv lesen (‚lurkers'), durchblättern und nur indirekt lernen."

Auf der vierten Stufe dient die tutorielle Betreuung in erster Linie der Unterstützung der innerhalb der Lerngemeinschaft(en) geführten Diskurse und dadurch der Förderung von *Wissenskonstruktion*. Dies ist für alle Beteiligten eine besondere Herausforderung, da nonverbale Kommunikationsreize wie Mimik und Gestik fehlen und dadurch Missverständnisse möglich sind. Hier müssen E-Tutor_innen über ausgeprägte sozial-kommunikative Kompetenzen verfügen und um die Potenziale wie auch um die Besonderheiten asynchroner und synchroner Kommunikationswerkzeuge wissen. Auch bei der

Bearbeitung von Lernaufgaben liegt die Aufgabe der E-Tutor_innen nicht mehr nur darin, Lernende im Bearbeitungs- und Lösungsprozess zu unterstützen, vielmehr fokussiert die tutorielle Betreuung von dieser Stufe an vornehmlich die Moderation kooperativer Lernprozesse (vgl. Sauter & Sauter 2004). Von zentraler Bedeutung für die Wissenskonstruktion ist, dass die E-Tutor_innen ihre Strukturierungs- und Steuerungsfunktion sukzessiv an die Lernenden abgeben. Dies kann auch dazu beitragen, das Autonomie- und Kompetenzerleben der Lernenden zu fördern. Dazu benötigen E-Tutor_innen ein besonderes Feingespür für das richtige Maß an Struktur (vgl. Salmon 2004, 46). Ausdruck dafür, dass Lernende in die nächste Stufe eintreten, ist für Salmon, wenn in der Lerngemeinschaft eine kooperativ erarbeitete Aktivität „zu einem vereinbarten Ergebnis geführt hat" (Salmon 2004, 48).

Auf der fünften Stufe sollen die Lernenden sowohl für das eigene Lernen als auch für das ihrer Gruppe Verantwortung übernehmen. Die Erwartungen an ein hohes Maß an Selbsttätigkeit können jedoch sowohl bei den Lernenden als auch bei den E-Tutor_innen variieren. Bei den E-Tutor_innen werden auf dieser Stufe Kenntnisse über Theorie und Praxis zu selbstgesteuertem Lernen vorausgesetzt. Lernende können sukzessiv Funktionen der E-Tutor_innen übernehmen, indem sie „zu hilfreichen Ratgeberinnen für neu Ankommende" werden (Salmon 2004, 48). Ziel der fünften Stufe ist es, „Einsichten herbeizuführen sowie Erkenntnisse und aufgebautes Wissen kritisch zu beurteilen" (Salmon 2004, 129).

Die idealtypische Darstellung der fünf Stufen zeigt, dass das *5-Stufen-Modell* nicht nur die tutoriellen Betreuungsaufgaben in den Mittelpunkt rückt, sondern auch die Kompetenzen ausweist, die in den einzelnen Phasen systematisch bei den Lernenden aktiviert und unterstützt werden, damit sie in der letzten Stufe ein hohes Maß an Selbsttätigkeit und Interaktivität erreichen.

Kritisch betrachtet wird in dem Modell ein sehr komplexes didaktisches Zusammenspiel aufgezeigt. Das Modell scheint der Vorstellung einer ‚idealen' tutoriellen Betreuung zu erliegen, welche technische, soziale, fachliche, didaktisch-methodische und moderierende Aufgaben übernimmt.

5.4   Zusammenfassung

Die Ausführungen zeigen, dass sich die Ausgestaltungsmöglichkeiten durch E-Learning nicht auf eine räumliche und zeitliche Entgrenzung der Lehr- und Lernorganisation erschöpfen. Zum einen können zentrale Merkmale des didaktischen Elements *Lernaufgabe* ausschöpfend ausgestaltet werden und unterschiedlichen Zugängen und Voraussetzungen der Lernenden Rechnung getragen werden (*Verbesserung*). Darüber hinaus wurde exemplarisch aufgezeigt, welche zusätzlichen Gestaltungsmöglichkeiten durch den Einsatz von E-Learning für die Ausgestaltung des didaktischen Elements Lernaufgabe zur Verfügung stehen (*Erweiterung*).

Die Überlegungen hinsichtlich der didaktischen Ausgestaltung eines E-Portfolios zeigen nicht nur, das ein E-Portfolio mehr ist als eine bloße digitale Sammelmappe. Mehr noch ermöglicht erst ein E-Portfolio, die didaktischen Überlegungen in Bezug auf die drei Kernaktivitäten umzusetzen (*Erweiterung*).

Diese Überlegungen führen zur Formulierung von zwei Thesen (T):

T1: E-Learning hält zusätzliche Möglichkeiten für die Ausgestaltung der didaktischen Elemente Lernaufgabe und Portfolio bereit.

T2: Die drei zentralen Kernaktivitäten Dokumentation, Reflexion und Peer-Feedback können erst durch ein E-Portfolio vollständig ausgestaltet werden.

Ferner weisen die Ausführungen implizit oder explizit auf didaktische Anforderungen hin, welche durch den begrenzten Gestaltungsspielraum in konventionellen Unterrichtsformen in den Hintergrund und durch eine Prüfung der Gestaltungsmöglichkeiten durch E-Learning wieder in den Vordergrund treten.

E-Learning stellt somit kein isoliertes Werkzeug dar, das bisherige Ausgestaltungsmöglichkeiten didaktischer Elemente ablöst – E-Learning kann vielmehr dazu beitragen, bestehende Vorgehensweisen zu reflektieren und zusätzliche Gestaltungsmöglichkeiten aufzeigen, um didaktische Überlegungen zu realisieren. Der Punkt, in dem gegenwärtig die Gestaltungsmöglichkeiten durch E-Learning zurückfallen, ist möglicherweise die weiterhin vielfach praktizierte Inputorientierung in mediengestützten Lehr- und Lernarrangements, die dann unter Berufung auf den pädagogischen Mehrwert beklagt wird. So fassen Euler & Seufert (2005a, 12) pointiert zusammen: „So gibt es beispielsweise auch gute und schlechte Lehrbücher. Während Pauschalurteile bei Lehrbüchern oder Vorlesungen kaum anzutreffen sind, wird ‹eLearning› häufig nicht differenziert betrachtet und grundsätzlich abgelehnt."

Die Ausführungen zu den unterschiedlichen tutoriellen Betreuungsmodellen zeigen, wie eine *Differenzierung in den Aufgaben und Rollen* ausgestaltet werden kann.

Das zweistufige Betreuungsmodell im Emder-Konzept zeigt Gestaltungsmöglichkeiten für die Betreuungsorganisation auf, das Split-Tutor-Concept veranschaulicht die Vorteile eines arbeitsteiligen Betreuungskonzepts und das 5-Stufen-Modell rückt die Notwendigkeit einer Differenzierung in den Aufgaben und Rollen anhand idealtypischer Stufen in den Mittelpunkt.

Das Split-Tutor-Concept ermöglicht, *flexibel* auf unterschiedliche Fähigkeiten und Bedürfnisse der Studierenden zu reagieren und nimmt *zugleich* auch die Betreuenden in den Blick. Durch das arbeitsteilige Betreuungskonzept werden diese entlastet. Die Ausgestaltung der tutoriellen Betreuung im hybriden Lehr- und Lernarrangement soll deshalb in Anlehnung an das Split-Tutor-Concept erfolgen.

6. Zusammenfassende Diskussion

Die Ausführungen in den vorangegangenen Kapiteln zeigen, dass eine Didaktik, die der Diversität der Studierenden und der Forderung nach Kompetenzorientierung Rechnung tragen will, grundsätzlich mit einem „deep cultural change" (Mehlinger 1995, 154) einhergeht, denn: „We can dismiss neither the need to make classrooms a good fit for the full range of learners in them nor the immensity of the challenge in doing so" (Tomlinson et al. 2003, 134).

Grundvoraussetzung für den erfolgreichen *didaktischen* Umgang mit der Diversität der Studierenden und den damit intendierten *Kulturwandel* von Potenzialorientierung statt Defizitorientierung ist ein *Perspektivenwechsel*. Es ist zum einen nicht die Diversität der Studierenden, sondern die Gestaltung einer didaktischen Vielfalt als Herausforderung zu begreifen und anzunehmen. Zum anderen ist nicht von Defiziten auszugehen, sondern pädagogisch bei den Ressourcen und Potenzialen der Lernenden anzusetzen. Damit wird wiederum eine *didaktische Perspektive* fokussiert, welche die Frage in den Blick nimmt, *wie* der Diversität der Studierenden und der Forderung nach Kompetenzorientierung didaktisch Rechnung getragen werden kann, denn so Tomlinson et al. (2003, 121; *kursiv* original): „It may be that educators no longer have a legitimate choice about *whether* to respond to the academically diverse populations in most classrooms; rather, they can only decide *how* to respond."

Vor diesem Hintergrund ist die Diversität der Studierenden *didaktischer Ausgangspunkt* und *Leitmotiv* des erarbeiteten theoretischen Bezugsrahmens. Das Ziel war aufzuzeigen, wie der Diversität der Studierenden *fern einer Zuschreibung* und zugleich der Forderung nach Kompetenzorientierung didaktisch Rechnung getragen werden kann.

Dazu war es erforderlich, zunächst die Begriffe *Diversity* und *Diversity Management* zu klären und zu unterscheiden. Anhand der einschlägigen Diversity-Literatur wurde dann ein Verständnis von Diversität als *Unterschiede und Gemeinsamkeiten* hergeleitet, das eine pädagogische Perspektive ermöglicht, die auf Differenzen aufmerksam macht und die darin liegenden Ressourcen und Potenziale zu fördern sucht, *ohne* dadurch die Studierenden auf bestimmte Merkmale oder Verhaltensweisen festzuschreiben. Damit kann nicht nur der Gefahr der Defizitorientierung und der Stereotypisierung entgegengewirkt werden; es ist ferner von Bedeutung, keine *Gleichmachung* zu erzeugen, welche die Diversität nivellieren würde. So soll auch Karl Jaspers einmal gesagt haben: „Eine über die Gleichheit der Chance hinausgehende Gleichmachung der Menschen ist die höchste Ungerechtigkeit" (Weidenfeld 2002, 330).

Ferner wurden anhand der Begriffsbestimmung (An-)Forderungen für einen *erfolgreichen* didaktischen Umgang mit der Diversität der Studierenden formuliert: Zum einen gilt es begrifflich zu präzisieren, welches Diversitätsverständnis (hochschulspezifischen) didaktischen Überlegungen zugrunde liegt. Zum anderen ist es notwendig, sich von der Postulierung von Normvorstellungen zu verabschieden. Die Ausweisung dieser (An-)Forderungen hat zugleich die Frage befördert, wer sich an die so genannten ‚Normalstudierenden' orientiert. Die Beantwortung der Frage hat die These offengelegt (vgl. Güttner 2011, 34), dass die Professor_innen ihr hochschuldidaktisches Handeln an den so genannten ‚Normalstudierenden‘ orientieren bzw. die ‚Abweichungen von Normalstudierenden‘ als *defizitär* verstehen würden. Diese Behauptung soll nicht ungeprüft übernommen werden; sie formuliert einen *kritischen Erfolgsfaktor* für eine *diversitäts-* und *kompetenzorientierte* (Hochschul-)Didaktik. Für den erfolgreichen didaktischen Umgang mit der Diversität der Studierenden (und für einen gelingenden Kulturwandel) ist eine *wertschätzende* und *differenzierte Haltung* der Professor_innen gegenüber der studentischen Vielfalt unabdinglich.

Um der Forderung nach *Kompetenzorientierung* didaktisch gerecht zu werden, bedurfte es aus unterschiedlichen Gründen zunächst einer näheren Betrachtung des *Kompetenzbegriffs*, um das dieser Arbeit zugrunde liegende *Kompetenzverständnis* zu klären. Zielsetzung war es, ein Kompetenzverständnis herzuleiten, das zum einen die *Handlungsorientierung* und zum anderen den *Subjektbezug* integriert. Diese Bezugspunkte machten es erforderlich, dass die begriffliche Annäherung vornehmlich aus der *pädagogischen* Perspektive erfolgte. Der Versuch einer Begriffsbestimmung anhand der Entwicklungslinien der berufs- und erwachsenenpädagogischen Diskurse ermöglichte die Herleitung einer Arbeitsdefinition von Kompetenz, welche sowohl einen Handlungs- als auch einen Subjektbezug integriert und damit dezidiert ganzheitlich ausgerichtet ist. Auf der Grundlage dieser Arbeitsdefinition wurden erste Einflussfaktoren auf das *Lernen* reflektiert und zugleich *Anforderungen* offengelegt, die bei einer didaktischen Konzeption zu berücksichtigen sind. Diese Anforderungen charakterisieren wiederum zentrale Merkmale des „Shift from Teaching to Learning" (vgl. Wildt 2002), der mit einem *Wandel in der Lehrendenrolle* einhergeht. Die Ergebnisse empirischer Untersuchungen formulieren die These, dass der Rollenwandel auf Seiten der Lehrenden nicht grundsätzlich akzeptiert würde (vgl. Brauchle 2008). Auch diese Behauptung soll nicht ungeprüft übernommen werden; sie formuliert einen weiteren *kritischen Erfolgsfaktor* für eine *diversitäts-* und *kompetenzorientierte* (Hochschul-)Didaktik. Für einen erfolgreichen *didaktischen* Umgang mit der Diversität der Studierenden (und für einen gelingenden Kulturwandel) ist ein *pädagogisches Selbstverständnis als Lernbegleiter_in* von zentraler Bedeutung.

Nach einer Klärung der dieser Arbeit zugrunde liegenden Begrifflichkeiten, dem Offenlegen von Einflussfaktoren, Anforderungen und Voraussetzungen sowie der Identifizierung von kritischen Erfolgsfaktoren, führte die nähere Betrachtung zentraler Merkmale der drei didaktischen Elemente *Lernziel*, *Lernaufgabe* und *Portfolio* in Bezug auf ihre Gestaltungsanforderungen zu der Ableitung von elf Gestaltungsprinzipien. Diese sollen eine *Orientierungsgrundlage* für didaktische Entscheidungen geben, um in einer didaktischen Konzeption der Diversität der Studierenden und der Forderung nach Kompetenzorientierung Rechnung zu tragen.

Das nachfolgende Kreisdiagramm zeigt die drei didaktischen Elemente, die zentralen Merkmale und verweist zudem auf die dazugehörigen Gestaltungsprinzipien (GP):

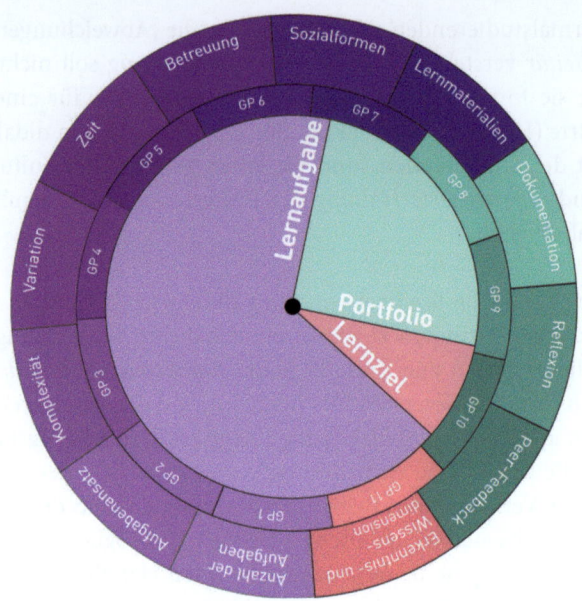

Abbildung 14: Kreisdiagramm 2: Lernziel, Lernaufgabe & Portfolio (eigene Darstellung)

Zugleich wurden auch kritische Überlegungen offengelegt, die aufzeigen, dass in konventionellen Unterrichtsformen Gestaltungsanforderungen in Bezug auf das didaktische Element Lernaufgabe nicht oder nur unzureichend zu bewerkstelligen sind und ein papierbasiertes Portfolio keine ausschöpfende Ausgestaltung der Kernaktivitäten des didaktischen Elements Portfolio erlaubt. Anschließend wurde aufgezeigt, welche Ausgestaltungsmöglichkeiten E-Learning für die didaktischen Elemente Lernaufgabe und Portfolio bereithält und abschließend wurden zwei Thesen (T) formuliert:

T1: E-Learning hält zusätzliche Möglichkeiten für die Ausgestaltung der didaktischen Elemente Lernaufgabe und Portfolio bereit.

T2: Die drei zentralen Kernaktivitäten Dokumentation, Reflexion und Peer-Feedback können erst durch ein E-Portfolio vollständig ausgestaltet werden.

Die theoretischen Erkenntnisse im ersten Teil dieser Arbeit (Teil A) geben damit nunmehr erste Aufschlüsse darüber, *wie* zentrale Merkmale didaktischer Elemente ausgestaltet werden können, um der Diversität der Studierenden und der Forderung nach Kompetenzorientierung gerecht zu werden (F1), und *inwiefern* E-Learning (zusätzliche) Möglichkeiten für die Ausgestaltung didaktischer Elemente bereithält (F2).

Zur Beantwortung der Forschungsfragen sind jedoch weiterführende Erkenntnisse erforderlich. Zum einen gilt es, Informationen zu den aufgezeigten kritischen Erfolgsfaktoren für eine *diversitäts-* und *kompetenzorientierte* (Hochschul-)Didaktik zu erhalten, die formulierten Thesen explorativ zu prüfen und kritische Erfolgsfaktoren zu identifizieren (F3), die für die Konzeption und Umsetzung eines hybriden Lehr- und Lernarrangements relevant sein können. Zum anderen ist es notwendig, die Praxistauglichkeit der entwickelten Gestaltungsprinzipien zu überprüfen, indem diese auf eine konkrete Situation angelegt werden.

Dazu werden zwei empirische Untersuchungen im hochschulischen Kontext durchgeführt.

In der ersten Untersuchung sollen anhand von Expert_innen-Interviews zum einen Erkenntnisse darüber gewonnen werden, *wie* pädagogische Professionals die Diversität der Studierenden wahrnehmen, welches Diversitätsverständnis ihrem hochschuldidaktischen Handeln zugrunde liegt, wie sie der Forderung nach Kompetenzorientierung in der Hochschulpraxis Rechnung tragen und welcher Mehrwert durch den Einsatz von E-Learning erzielt werden soll. Unter Rückgriff auf den theoretischen Bezugsrahmen, die aufgezeigten kritischen Erfolgsfaktoren und formulierten Thesen ergeben sich folgende forschungsleitende Fragen (FF):

FF1: Wie wird die Diversität der Studierenden in der Hochschulpraxis von pädagogischen Professionals wahrgenommen?

FF2: Welches Verständnis von Diversität liegt dem hochschuldidaktischen Handeln pädagogischer Professionals zugrunde?

FF3: Wie werden pädagogische Professionals der Forderung nach Kompetenzorientierung gerecht?

FF4: Mit welcher pädagogischen Zielsetzung wird E-Learning von pädagogischen Professionals eingesetzt?

FF5: Welche (zusätzlichen) Gestaltungsmöglichkeiten hält E-Learning aus der Sicht der pädagogischen Professionals bereit?

Zudem sollen kritische Erfolgsfaktoren identifiziert werden (F3), die für die Konzeption und Umsetzung eines hybriden Lehr- und Lernarrangements relevant sein können.

Auf der Basis der gewonnenen Schlussfolgerungen erfolgt dann die didaktische Konzeption und Umsetzung eines hybriden Lehr- und Lernarrangements im Kontext einer Kunst- und Musikhochschule. Zur Beantwortung der Forschungsfragen ist es notwendig,

* die Gestaltungsprinzipien auf eine konkrete Situation *anzulegen*,
* aufzuzeigen, *wie* die Studierenden mit dem Angebot umgehen und
* zu überprüfen, *ob* sie es akzeptieren.

Dazu rückt die zweite Untersuchung einen bestimmten Handlungsausschnitt der Studierenden im Lehr- und Lernarrangement in den Mittelpunkt: die Auswahl der Lernaufgaben und die Bestimmung der Artefakte für das E-Portfolio.

7. Methodologie und Methoden

Unter Rückgriff auf die theoretischen Erkenntnisse steht in der ersten qualitativen Untersuchung das (Erfahrungs-)Wissen von elf pädagogischen Professionals aus verschiedenen Hochschultypen im deutschsprachigen Raum im Forschungsfokus.[77]

In der zweiten Untersuchung sollen Erkenntnisse über das Lernhandeln von Studierenden in einem hybriden Lehr- und Lernarrangement dadurch gewonnen werden, indem ein bestimmter Handlungsausschnitt näher betrachtet wird: die Auswahl der Lernaufgaben und die Bestimmung der Artefakte für das E-Portfolio.

Vor dem Hintergrund dieser Zielsetzungen wird in dieser Arbeit *methodologisch* ein *explorativ-qualitativer Ansatz* verfolgt.

Bedeutsam ist für beide Untersuchungen nicht die Repräsentativität der Ergebnisse, sondern ihr Explorationscharakter. Insgesamt orientiert sich das explorative Forschungsdesign an Tomczak (1992, 84):

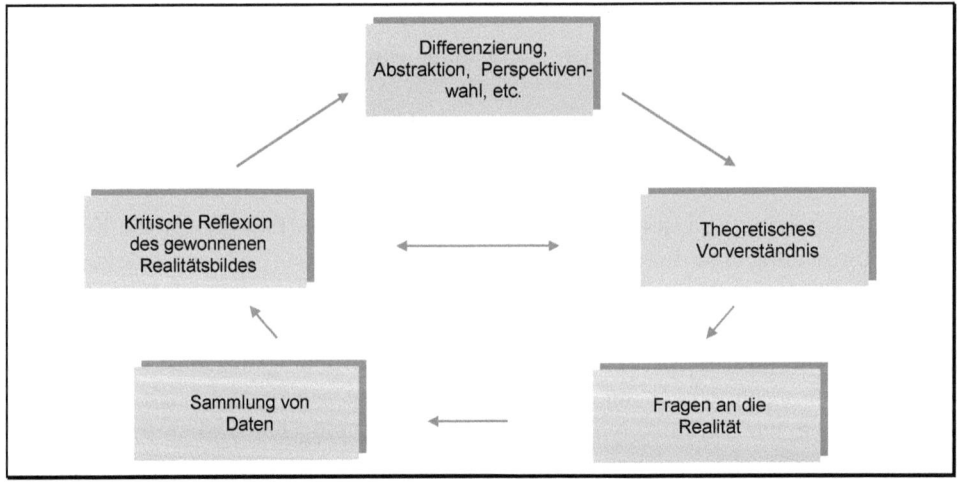

Abbildung 15: Forschungsdesign (Tomczak 1992)

Bevor die empirischen Untersuchungen durchgeführt werden können, müssen einige Überlegungen darüber angestellt werden, welche *Methoden* sich für die Exploration eignen.

Ziel beider Untersuchungen ist es, einen gewissen Ausschnitt der sozialen Wirklichkeit empirisch und systematisch zu untersuchen. Die empirische Sozialforschung, die systematisch „soziale Tatbestände" erfasst und deutet (Atteslander 2003, 3), stellt – je nach Forschungsziel – unterschiedliche Methoden für den Forschungsprozess zur Verfügung.

---

[77] Aus Praktikabilitätsgründen wurde die Auswahl der Expert_innen auf den deutschsprachigen Raum eingegrenzt. Besondere Berücksichtigung erhielt neben der Hochschullandschaft in Deutschland die Hochschullandschaft in Österreich und in der Schweiz.

Die *quantitative Sozialforschung* ermöglicht anhand von quantitativen Verfahren, wie beispielsweise standardisierter Befragungs- und Beobachtungsformen, die Untersuchung großer Stichproben und die Anwendung statistischer Prüfverfahren, um einen Forschungsgegenstand theorie- und hypothesengeleitet zu quantifizieren und zu falsifizieren.

Die quantitative Forschungslogik ist dabei von dem Leitgedanken der *Repräsentativität* geprägt. Die Repräsentativität zeichnet sich dabei vor allem durch die Reduktion der Wirklichkeit auf Zahlen aus, die auf einer breiten Basis gewonnen wurden (vgl. Brosius & Koschel 2001; Gläser & Laudel 2006; Raithel 2006). So definiert Raithel (2006, 8) quantitative Verfahren als „eine Abbildung des empirischen Relativs (…) auf ein numerisches Relativ".

Zur Gewährleistung der Qualität und Wissenschaftlichkeit des quantitativen Forschungsprozesses gilt es weiter, die Gütekriterien *Reliabilität*, *Validität* und *Objektivität* (vgl. Brosius & Koschel 2001; Lamnek 2005; Bortz & Döring 2009) „als Zielvorgaben und Prüfsteine" zu beachten (Lamnek 2005, 142).

In der *qualitativen Sozialforschung* hingegen, die sich aus der Kritik an der quantitativen Sozialforschung entwickelt hat (vgl. Steger 2003, 1), geht es – trotz aller Uneinigkeit in der qualitativen Forschungslandschaft (vgl. Flick 1991, 11; Kromrey 1998, 512; Lamnek 2005, 20) – um eine *gegenstandsnahe* und *umfassende* Erfassung eines Untersuchungsgegenstandes.

Zur Erfassung des Untersuchungsgegenstandes orientiert sich die qualitative Sozialforschung an das *interpretative Paradigma*. Das interpretative Paradigma versteht soziale Wirklichkeit als durch Interpretationen konstruiert, so dass jede menschliche Interaktion selbst ein interpretativer Prozess ist (vgl. Lamnek 2005, 35). Zentrale Merkmale und Prinzipien der qualitativen Forschungsweise sind die ganzheitliche *Subjektorientierung*, d.h. die Forderung, Phänomene im natürlichen Umfeld in einem kommunikativen und interaktiven Prozess zu untersuchen (vgl. Mayring 1996, 9ff.; Lamnek 2005, 22). In diesem kommunikativen und interaktiven Prozess muss der Untersuchungsgegenstand, der nach Mayring (1996, 11) nie ganz offen liegt, interpretativ erschlossen werden. Das *Prinzip der Offenheit* soll ermöglichen, dass der zu untersuchende Gegenstand in seiner Ganzheit sowie in seinem natürlichen Umfeld erfasst werden kann (vgl. Flick 1995, 13f). Von zentraler Bedeutung ist dabei, auch die Methoden so offen zu gestalten, dass im Forschungsprozess in die Tiefe gegangen werden kann.

Ziel ist es nicht, sich an Zahlen oder Messwerten zu orientieren, sondern detaillierte Erkenntnisse über Einstellungen und Handlungen zu erlangen. Bedeutsam ist nicht die Repräsentativität von Ergebnissen (vgl. Lamnek 2005, 183), sondern ihr *Explorationscharakter*.

Zur Gewährleistung der Qualität und Wissenschaftlichkeit folgt auch der qualitative Forschungsprozess Gütekriterien, die modifiziert in Anlehnung an quantitative Kriterien entwickelt wurden (vgl. Flick 1991, 4; Mayring 1996, 100f.; Kromrey 1998, 514).

Um dem *Prinzip der Offenheit* wie auch einer *regelgeleiteten* Vorgehensweise im qualitativen Forschungsprozess gerecht zu werden, soll nach Mayring (1996) den Gütekriterien *Verallgemeinerbarkeit* und *Gültigkeit* durch eine *interne* und *externe Validität* Rechnung getragen werden. Die interne und externe Validität haben nicht nur zum Ziel, die

Nachteile hinsichtlich der Reliabilität im qualitativen Forschungsprozess zu kompensieren, sie werden vielmehr der hohen Stellung der *Subjektivität* in der qualitativen Forschung gerecht und erfüllen damit Kriterien, die der eigenen Forschungslogik geschuldet sind (vgl. Steinke 1999, 162). Auch Tashakorri & Teddlie (1998, 65) betonen, dass auf statistische Reliabilität und Verallgemeinerung in der qualitativen Forschung kein Wert gelegt wird: „For most QUALs, generalizations to other individuals, settings, and times are not desired." Damit wird deutlich, dass auch *Gütekriterien* sich an den Untersuchungsgegenstand orientieren sollten und nicht umgekehrt.

Vor dem Hintergrund dieser idealtypischen Gegenüberstellung quantitativer und qualitativer Forschungsmethoden zeigt sich nicht nur, dass es von zentraler Bedeutung ist, *gegenstandsbezogen* ein Forschungsparadigma auswählen. Schon Adorno (1972, 130) betont, dass „Methoden (...) nicht vom methodologischen Ideal" abhängen, „sondern von der Sache". Tashakkori & Teddlie (1998, 20) nennen diesen Sachverhalt treffend „dictatorship of the research question". So kann es *„das* richtige Paradigma nicht geben" (Wolf 1995, 317; *kursiv* original). Nach Jahrzehnten „unfruchtbarer Polemiken" zwischen „Methoden-Fraktionen" (Treumann 1986, 196) und einem „nicht selten ideologisch überhöhten" Methodenstreit (Ferchhoff 1986, 215) herrscht heute weitgehend Konsens darüber, dass das Forschungsziel und die Forschungslogik über ein Paradigma entscheiden (vgl. Wolf 1995, 317; Atteslander 2003, 14; Steger 2003, 5; Bortz & Döring 2005, 302).

Das Bewusstsein, dass sich die Angemessenheit der Methoden an der Fragestellung orientiert, führt weiter dazu, dass auf der *Verfahrensebene* zur Gewinnung und Deutung von Daten qualitative und quantitative Methoden *kombiniert* werden können (Flick 2004, 67; Lamnek 2005, 5). Methoden sind mit Dreier (1997, 62) zunächst „a-theoretisch und a-methodologisch", ihre methodologische Zuweisung zum quantitativen bzw. qualitativen Ansatz wiederum ist *gegenstandsbezogen*. Von der Notwendigkeit, die Dichotomie auch in den Methoden aufzulösen, sind auch Tashakkori & Teddlie (1998, x) überzeugt: „Now that these wars are behind us, researchers are free to use the methods most appropriate to their research question."

Vor dem Hintergrund dieser grundsätzlichen Überlegungen erfolgt die Auswahl der *Methoden* auf der *Verfahrensebene* zur Gewinnung und Deutung von Daten in den jeweiligen Untersuchungen *gegenstandsbezogen*, die nachfolgend erläutert werden.

7.1 Methode Studie 1

Die erste Untersuchung orientiert sich forschungsmethodisch im weitesten Sinne an der Fallstudienforschung (vgl. Yin 2003, 23). Die Fallstudie ermöglicht zum einen, die Realität detailliert zu untersuchen, wie es kaum ein anderes Instrument ermöglicht, so Yin (2003, 23): „A case study is an empirical inquiry that investigates a contemporary phenomenon within ist real-life context". Andererseits hat das Forschungsvorhaben nicht zum Ziel, die subjektive Bedeutsamkeit von Sachverhalten zu rekonstruieren. Diese Rekonstruktion ist von Interesse, wenn spezifische Erkenntnisse über eine Einzelperson oder ein soziales Aggregat angestrebt werden, laut Yin (2003, 23) wenn „the boundaries between phenomenon and context are not cleary evident".

Zur Beantwortung der forschungsleitenden Fragen stehen in dieser Arbeit jedoch weitgehend *thematische Einheiten* im Forschungsfokus; eine fallübergreifende Analyse von *inhaltlichen* Aspekten zu den Themen *Diversität, Kompetenzorientierung* und *E-Learning*. Damit rücken eine Einzelperson oder ein soziales Aggregat als Untersuchungseinheit in den Hintergrund. Auch ist es nicht das Ziel dieser Untersuchung, die Ergebnisse durch eine Typenbildung zu verallgemeinern (vgl. Lamnek 2005, 186f.), sondern inhaltliche Aspekte zu den thematischen Einheiten zu gewinnen. Nicht zuletzt sind die Fragen und Ergebnisse qualitativer Forschung an den Erhebungszeitpunkt und Erhebungskontext gebunden, so dass eine über Typenbildung angestrebte *Verallgemeinerbarkeit* von explorativ-qualitativen Ergebnissen (im Sinne einer quantitativen Reliabilität) stark begrenzt ist (vgl. Mayring 1996, 107; Tashakkori & Teddlie 1998, 65; Steinke 1999, 251).

Vor dem Hintergrund dieser Überlegungen erfolgt aufgrund eines sehr weit gefassten Fallverständnisses in dieser Arbeit keine Fallbeschreibung (vgl. Flick 2004, 253). Richtungsweisend für das *methodische* Vorgehen ist vielmehr die *qualitative Inhaltsanalyse* nach Mayring (2000). Die qualitative Inhaltsanalyse nach Mayring (2000) eignet sich zum einen durch das Prinzip der Offenheit in besonderem Maße zur Exploration von Sachverhalten. Zum anderen tragen die Systematik und die regelgeleitete Vorgehensweise der qualitativen Inhaltsanalyse dazu bei, den aufgezeigten *Gütekriterien* Rechnung zu tragen. Diese Vorteile der qualitativen Inhaltsanalyse nach Mayring (2000) wurden in zahlreichen qualitativen Forschungsarbeiten empirisch erprobt.

Folgende Fragen, die sich aus dem theoretischen Teil dieser Arbeit ergeben (vgl. Kapitel 6), sind in der ersten Untersuchung forschungsleitend:

FF1: Wie wird die Diversität der Studierenden in der Hochschulpraxis von pädagogischen Professionals wahrgenommen?

FF2: Welches Verständnis von Diversität liegt dem hochschuldidaktischen Handeln pädagogischer Professionals zugrunde?

FF3: Wie werden pädagogische Professionals der Forderung nach Kompetenzorientierung gerecht?

FF4: Mit welcher pädagogischen Zielsetzung wird E-Learning von pädagogischen Professionals eingesetzt?

FF5: Welche (zusätzlichen) Gestaltungsmöglichkeiten hält E-Learning aus der Sicht der pädagogischen Professionals bereit?

7.1.1 Das Erhebungsinstrument

Zur Beantwortung der forschungsleitenden Fragen wird das Expert_innen-Interview als Erhebungsinstrument gewählt.[78] Die Expert_innen-Befragung ist eine Methode aus der empirischen Sozialforschung, die qualitative Daten liefert. Sie dient der „Teilhabe an exklusivem Expertenwissen" (Bogner & Menz 2002, 37), das sonst für die Forscherin bzw.

---

78 Für eine Übersicht zu weiteren Formen des qualitativen Interviews vgl. Schnell et al. (1999) und Lamnek (2005).

den Forscher nur schwer zugänglich wäre. Das Expert_innen-Interview nimmt als Erhebungsinstrument in dieser Untersuchung eine zentrale Stellung ein und erfordert eine besondere Betrachtung der Erhebungs- und Auswertungsstrategien, so fassen Meuser & Nagel (1991, 442; *kursiv* original) zusammen:

> Im Unterschied zu anderen Formen des offenen Interviews bildet bei ExpertInneninterviews *nicht* die Gesamtperson den Gegenstand der Analyse, d.h. die Person mit ihren Orientierungen und Einstellungen im Kontext des individuellen oder kollektiven Lebenszusammenhangs. Der Kontext, um den es hier geht, ist ein organisatorischer oder institutioneller Zusammenhang, der mit dem Lebenszusammenhang der darin agierenden gerade nicht identisch ist und in dem sie nur einen ‚Faktor' darstellen.

Expert_innen werden demzufolge in erster Linie nicht als Personen, sondern als Professionelle befragt. Die Auswahl von Expert_innen muss demnach stets unter „Kenntnis der Organisationsstrukturen, Kompetenzverteilungen, Entscheidungswege des jeweiligen Handlungsfeldes" geschehen (Meuser & Nagel 1997, 486).

Dieses besondere Erkenntnisinteresse und die vermehrte Anwendung des Erhebungsinstruments führen dazu, dass die methodische Reflexion zum Expert_innen-Interview als *wissenschaftliches* Erhebungsinstrument in den letzten Jahren zugenommen hat (vgl. Meuser & Nagel 1997; Bogner & Menz 2002; Gläser & Laudel 2006). Die Frage, ob das Expert_innen-Interview als eine eigenständige Methode zu behandeln sei oder nicht, ist gegenwärtig nicht geklärt. Meuser & Nagel (1997) haben eine eigene Methode erarbeitet, um es auf diese Weise auch von anderen qualitativen Interviewarten abzugrenzen. Auch Bogner & Menz (2002, 46) plädieren für eine methodische Sonderstellung des Expert_innen-Interviews. Deeke (1997) hingegen zweifelt an der methodischen Eigenständigkeit des Expert_innen-Interviews. Nach Deeke (1997) sind Expert_innen-Interviews qualitative Interviews mit einer bestimmten Zielgruppe, die sich aber in der Methode nicht von anderen Interviewformen grundlegend unterscheiden: „Erstens ist im Begriff ‚Experteninterviews' bereits angezeigt, daß seine Besonderheit nicht in einer bestimmten Form des Interviews besteht, sondern darin, daß ‚Experten' befragt werden" (Deeke 1997, 7). Zum gleichen Schluss kommen auch Kassner & Wassermann (2002). Expert_innen-Interviews seien keine eigenständige Methode, sondern stellten eine spezielle Form des Forschungsdesigns dar. Bei aller Uneinigkeit über die methodische Einordnung von Expert_innen-Interviews resultieren aus dem besonderen Erkenntnisinteresse an dem wissenschaftlichen Erhebungsinstrument einige Besonderheiten, in denen weitgehend Einigkeit unter den verschiedenen Autor_innen herrscht und die im Rahmen der ersten Studie berücksichtigt werden:

- die Typologie von Expert_innen-Interviews
- die Auswahl der Interviewpartner_innen
- der Interview-Leitfaden
- die Datenerhebung und -auswertung

7.1.1.1 Typologie

Die Unterscheidung verschiedener Typen von Expert_innen-Interviews ist, wie auch der soeben gegebene Überblick zur geführten Debatte, sehr unterschiedlich. So unterscheiden Meuser & Nagel (1991) drei verschiedene Typen zur Differenzierung zwischen der Randstellung und der zentralen Position von Expert_innen-Interviews in einer Untersuchung. Bogner & Menz (2002) stellen eine Typologisierung der Interviewsituation auf, bei der sie den Schwerpunkt auf die Wahrnehmung des Interviews durch die Expertin bzw. den Experten setzen. Andere Autoren hingegen beschäftigen sich mit einer speziellen Gattung wie beispielsweise das rein explorative (vgl. Honer 1994) oder ethnografische (vgl. Pfadenhauer 2002) Expert_innen-Interview.

Da zur Beantwortung der forschungsleitenden Fragen *thematische Einheiten* im Forschungsfokus stehen, ist es sinnvoll, auf die von Meuser & Nagel (1991) vorgeschlagene Typologie zurückzugreifen. In ihrer typologischen Dreiteilung unterscheiden sie das *explorative* Expert_innen-Interview von der Art des Interviews, das auf *Betriebswissen* abzielt oder *Kontextwissen* zu erheben sucht (vgl. Meuser & Nagel 1991, 445).

Das explorative Expert_innen-Interview nimmt im Forschungsdesign eine Randstellung ein (vgl. Meuser & Nagel 1991, 445). Es wird „explorativ-felderschließend eingesetzt", um „zusätzliche Informationen wie Hintergrundwissen und Augenzeugenberichte (…) und zur Illustrierung und Kommentierung der Aussagen der Forscherin zum Untersuchungsgegenstand" zu liefern (Meuser & Nagel 1991, 445).

Die beiden anderen Interview-Typen nehmen eine zentrale Position in Untersuchungen ein. Der Interview-Typ, in dem „die ExpertInnen die Zielgruppe der Untersuchung" bilden (Meuser & Nagel 1991, 445), dient nach Meuser & Nagel (1991) der Erhebung von Betriebswissen. Wenn Expert_innen hingegen nach ihrem Kontextwissen befragt werden, „repräsentieren die Experten eine zur Zielgruppe *komplementäre* Handlungseinheit, und die Interviews haben die Aufgabe, Informationen über die Kontextbedingungen des Handelns der Zielgruppe zu liefern" (Meuser & Nagel 1991; 445 *kursiv* original).

Im Zentrum des Interesses steht in dieser ersten Studie das (Erfahrungs-)Wissen der Expert_innen. Das Erhebungsinstrument lässt sich damit dem Interviewtyp nach Meuser & Nagel (1991) zuordnen, durch das Betriebswissen erhoben werden soll. Zugleich dient das Erhebungsinstrument auch zur explorativen Erforschung von Handlungszusammenhängen, so dass in der Interviewführung und -auswertung auch Züge des explorativen Interviews vorhanden sind.

7.1.1.2 Auswahl der Expert_innen

Nachdem auf das Erhebungsinstrument und den Expert_innen-Interviewtyp näher eingegangen wurde, stellt sich nunmehr die Frage, *wer* als Expert_in in Frage kommt.

Den Status der Expert_in erhält eine Person nach Meuser & Nagel (1991, 443f.) durch zweierlei *Zuschreibung*. Der Status der Expertin bzw. des Experten ist also kein Status per se, sondern wird der Person durch die Wissenschaftlerin (hier durch die Autorin) zugetragen, so Meuser & Nagel (1991, 443): „Ob jemand als Expertin angesprochen wird, ist in erster Linie abhängig vom jeweiligen Forschungsinteressse. Expertin ist ein relationaler Status."

Da die Auswahl der Interview-Partner_innen eine entscheidende Größe für die Qualität der Informationen ist, sollten mit Blick auf die in dieser Arbeit gestellten forschungsleitenden Fragen Expert_innen aus Disziplinen berücksichtigt werden, welche den Umgang mit Diversität in hochschulischen Lehr- und Lernprozessen in unterschiedlichen Dimensionen in den Blick nehmen und mit ihren Ergebnissen die aktuelle Diskussion maßgeblich beeinflussen. Die Ergebnisse der Literaturstudie gaben Aufschluss darüber, welche theoretischen Grundpositionen im empirischen Feld Berücksichtigung finden sollten.

Um Erkenntnisse für die Hochschulpraxis zu erlangen, sollte auch ein Minimum an Vielfalt an Hochschultypen berücksichtigt werden. Ziel ist dabei nicht, eine Typologie zu erarbeiten, sondern zur Beantwortung der forschungsleitenden Fragen ein Mindestmaß an *Mehrperspektivität in den thematischen Einheiten* zu generieren. Diese Vorgehensweise deckt sich weiter mit dem Prinzip des „maximal kontrastierenden Vergleiches" bzw. des „theoretical sampling" (Strauss 1987, 38), welches von Meuser & Nagel (1997, 487) als geeignete Vorgehensweise für Expert_innen-Interviews charakterisiert wird.

So wurde bei der Auswahl der Gesprächspartner_innen für die Expert_innen-Interviews in drei Schritten vorgegangen: Zunächst waren vor dem Hintergrund der Ergebnisse der Literaturstudie geeignete Expert_innen auszuwählen. Für die Auswahl der Hochschule wurde eine Bestandsaufnahme durchgeführt. Diversity (Management) und E-Learning sollten an den Hochschulen im Hinblick auf die Rahmenbedingungen pädagogischen Handelns weitgehend etabliert sein. In einem dritten Schritt wurden die Ergebnisse aus der Literaturstudie mit den Ergebnissen aus der Bestandsaufnahme zusammengeführt. Als Gesprächspartner_innen wurden dann Expert_innen aus verschiedenen Hochschultypen im deutschsprachigen Raum in die Überlegungen einbezogen. Alle Expert_innen sind bzw. waren Lehrstuhlinhaber_innen.

7.1.1.3 Der Interviewleitfaden

Das Expert_innen-Interview nimmt in dieser Studie einen zentralen Stellenwert ein. Dies erfordert einerseits eine „systematisierende Materialgewinnung" (Vogel 1995, 76), andererseits bedarf es auch einer explorierenden, offenen Form der Interviewführung. Die Literatur rät vor dem Hintergrund dieser Problematik dazu, leitfadengestützte Interviewtechniken einzusetzen. So bezeichnen Meuser & Nagel (1991, 486) Leitfäden als „technisch saubere Lösung" für die Erhebung, da sie sowohl dem „thematisch begrenzten Interesse des Interviewers" als auch „dem Expertenstatus des Gegenübers" Rechnung tragen. Leitfäden erlauben somit einerseits, den angestrebten Informationsgrundstock zu repräsentieren, andererseits können in einen Leitfragebogen offene Fragen integriert werden, um das Prinzip der Offenheit zu wahren (vgl. Meuser & Nagel 1997, 487). Die praktische Operationalisierung während des Interviews ist letztlich durch das Geschick der Interviewerin bzw. des Interviewers bestimmt. Gleichwohl ist es wichtig, diese Überlegungen im Vorhinein zu beachten. Dazu erfolgte die Erstellung eines so genannten offenen Leitfadens im Rahmen dieser Arbeit in mehreren Schritten (vgl. Meuser & Nagel 1991, 448).

Die angeführten forschungsleitenden Fragen fanden Eingang in die *Haupt-* und *Unterkategorien* des Leitfadens. Dazu wurden die forschungsleitenden Fragen in einem weiteren Schritt in möglichst neutrale und offene Fragen umgewandelt, um einmal eine offene und flexible Form der Interviewführung zu ermöglichen, die unerwartete thematische Schwerpunktsetzungen seitens der Expert_innen nicht unterbindet (vgl. Meuser & Nagel 1997, 487). Zum anderen sollten keine (sozial erwünschten) Antworten durch die Frage suggeriert werden. Anschließend wurden die Fragen den drei Themenkomplexen *Diversity (Management), Kompetenzorientierung* und *E-Learning* zugeordnet und im Interviewleitfaden zwischen übergeordneten und untergeordneten Fragen unterschieden. So konnten von vornherein bestimmte Haupt- und Unterkategorien *deduktiv* gebildet werden, die im Auswertungsprozess von wesentlicher Bedeutung waren. Die übergeordneten Fragen dienten darüber hinaus einer offenen Einführung in die jeweiligen Themenausschnitte. Die Überleitung in den jeweiligen folgenden Themenkomplex erfolgte über einen weitgehenden narrativen Erzählanstoß in Form eines Cartoons und eines Zitats, um die Gesprächspartner_innen zu einer offenen Stehgreiferzählung einzuladen und so neue thematische Schwerpunktsetzungen zu ermöglichen (vgl. Bortz & Döring 2009).

Der Leitfaden beinhaltete folgende Themen respektive Kategorien:
0. Einstieg in das Gespräch:
Als Einstieg in das Gespräch dienten eine kurze persönliche Vorstellung der Autorin und ihres Promotionsvorhabens.

Diversity (Management)
Nach einer Begriffsklärung durch die Expert_innen wurde darum gebeten darzustellen, inwieweit Diversity (Management) für ihr bzw. sein hochschuldidaktisches Handeln von Bedeutung ist.

Im ersten Themenfeld standen zwei **Hauptk**ategorien (HK) im Forschungsfokus (vgl. Kapitel 2):
HK1:   Wahrnehmung der Diversität
          Unterkategorien:
          • Potenzialorientierung
          • Defizitorientierung
HK2:   Verständnis von Diversität
          Unterkategorien:
          • Diversität als Unterschiede
          • Diversität als Unterschiede und Gemeinsamkeiten

Kompetenzorientierung

Die Überleitung in den folgenden Themenkomplex Kompetenzorientierung erfolgte über einen weitgehend narrativen Erzählanstoß in Form des nachfolgenden Cartoons. Das Cartoon karikiert die Kompetenzorientierung in Lehr-, Lern- und Prüfungsformaten und soll dazu einladen, konkrete didaktische Ausgestaltungsmöglichkeiten von Lernsituationen zu erläutern.

Abbildung 16: Cartoon im Interviewleitfaden. Quelle: Traxler (1983)

Überdies sollte durch einen weiteren narrativen Erzählanstoß in Form des nachfolgenden Zitats Raum gegeben werden, näher zu erläutern, wie und welche Kompetenzen der Studierenden im hochschuldidaktischen Handeln unterstützt werden.

> Kann man Lernenden das überlassen, was eigentlich Aufgabe der Lehrer wäre? Können sie wirklich selbst ihre eigenen Lehrer sein? Sollen sie nicht erst für das qualifiziert werden, was bei der Selbststeuerung bereits vorausgesetzt wird? Müssen sie nicht instruiert werden, um lernen zu können? (Gudjons, 2006, 30).

Im zweiten Themenfeld standen folgende zwei Hauptkategorien (HK) im Forschungsfokus (vgl. Kapitel 3):

HK3: Orientierung an einer integrativen Perspektive
Unterkategorien:
- Selbststeuerung der Studierenden ermöglichen
- Anleitung und Unterstützung anbieten
- Rolle einer Beraterin bzw. eines Beraters einnehmen

HK4:   Orientierung an einer umfassenden Perspektive
        Unterkategorien:
        • Berücksichtigung von Kompetenzbereichen
        • Berücksichtigung von Handlungsdimensionen

Die Ausführungen zeigen, dass in den ersten vier Kategorien durch offene Fragen (Begriffsklärung durch Expert_innen) und mit Hilfe der narrativen Erzählanstöße Erkenntnisse darüber gewonnen werden sollten, *wie* die Expert_innen die Diversität der Studierenden wahrnehmen und *wie* sie der Forderung nach Kompetenzorientierung in der Hochschulpraxis Rechnung tragen. In Bezug auf die in Kapitel 2 und 3 formulierten Voraussetzungen und identifizierten kritischen Erfolgsfaktoren für eine *diversitäts-* und *kompetenzorientierte* (Hochschul-)Didaktik sowie die in Kapitel 4 entwickelten Gestaltungsprinzipien wurden keine expliziten Fragen gestellt. Vielmehr sollten einerseits durch die offenen Fragen und anhand der narrativen Erzählanstöße (unerwartete) thematische Schwerpunktsetzungen seitens der Expert_innen ermöglicht und andererseits keine (sozial erwünschten) Antworten durch die Fragen suggeriert werden.

E-Learning
Im letzten Themenbereich E-Learning lag der Schwerpunkt der Fragen auf der Nutzung von E-Learning zur Erreichung pädagogischer Ziele. Nach einer Begriffsklärung durch die Expert_innen wurde darum gebeten, die Methoden und Ziele, die den didaktischen Einsatz von E-Learning bestimmen, zu erläutern. In Bezug auf die in Kapitel 5 formulierten Thesen wurden auch hier aus den oben genannten Gründen keine expliziten Fragen gestellt.

Im dritten Themenfeld standen zwei Hauptkategorien (HK) im Forschungsfokus (vgl. Kapitel 5):
HK5:   Pädagogische Zielsetzung
HK6:   (Zusätzliche) Gestaltungsmöglichkeiten durch E-Learning

In einer Abschlussfrage sollten die Interviewpartner_innen darum gebeten werden, die aus ihrer Sicht notwendigen Entwicklungen zur Steigerung der Qualität der Lehre darzulegen und einzuschätzen, ob und, wenn ja, welche Rolle E-Learning dabei spielen kann. Diese abschließende Frage wurde jedoch weitgehend im Gesprächsverlauf implizit beantwortet.

    Nach Beendigung des Interviews wurde den Expert_innen gedankt und Gelegenheit zu Rückfragen gegeben.

Bevor der Interviewleitfaden zum Einsatz kam, wurde ein Pretest mit zwei Personen durchgeführt, die mit dem hochschulischen Umfeld und den Themen *Diversity (Management)*, *Kompetenzorientierung* und *E-Learning* vertraut sind. Im Rahmen der Pretests fiel auf, dass einige der Fragen zu eng gefasst waren und dadurch die Gefahr bestand, bestimmte Antworten durch die Frage zu suggerieren. Diesem Umstand wurde in einer Überarbeitung durch möglichst neutrale und offene Fragestellungen im Leitfaden Rechnung getragen. Auch konnte durch die Pretests die Interviewdauer besser eingeschätzt werden (vgl. Gläser & Laudel 2006, 140).

7.1.1.4 Die Datenerhebung

Um nicht irgendwelche Ergebnisse zu erzielen, besteht „[d]ie Kunst und Schwierigkeit (…) darin, beurteilen zu können, ob die Ergebnisse eines Interviews *für eine Fragestellung aussagekräftig* sind" (Mieg & Näf 2005, 6; *kursiv* original). Dazu ist ein systematisches und genaues Vorgehen erforderlich. Die Genauigkeit des methodischen Vorgehens erlaubt eine intersubjektive Überprüfbarkeit der Erhebung (vgl. Volmerg 1983, 125). Das Kriterium der *Genauigkeit* spiegelt weiter das Güterkriterium der *internen Gültigkeit* bzw. *internen Validität* wieder (vgl. Kapitel 7). Der Forderung nach *interner Validität* wird in der qualitativen Forschung nicht durch herkömmliche Standards der Reliabilität aus der quantitativen Forschung Rechnung getragen (vgl. Lamnek 2005, 169), sondern gegenstandsbezogen durch das Kriterium der *Genauigkeit*, d.h. einer genauen und nachvollziehbaren Dokumentation der Datenerhebung und -auswertung (vgl. Gläser & Laudel 2006, 27). Die Dokumentation erlaubt weiter auch eine intersubjektive Überprüfbarkeit durch jene, die interviewt wurden. Dies erhöht wiederum die Glaubwürdigkeit der Erhebung (vgl. Tashakkori & Teddlie 1998, 70). Ziel ist es, dass die Datenerhebung und die Forschungsanalysen nachvollzogen, kontrolliert und überprüft werden können. Nicht zuletzt ermöglicht eine genaue Dokumentation des Forschungsprozesses, die „Realitätshaltigkeit der Daten, die unter Anwendung bestimmter Erhebungsmethoden gewonnen werden" (Volmerg 1983, 124) nachzuvollziehen. Die *externe Gültigkeit* bzw. *externe Validität* der Ergebnisse erfolgt damit in der qualitativen Forschung durch eine detaillierte Darstellung des Forschungsprozesses, um das „Maß für die Brauchbarkeit von Forschungsmethoden" (Mayer 2004, 88) auszuweisen.

Im Herbst 2010 wurden die potenziellen sechs Interviewpartnerinnen und neun Interviewpartner per E-Mail angeschrieben und um einen einstündigen Interviewtermin ersucht.

Im Anschreiben wurde kurz das Anliegen der Untersuchung mitgeteilt. Aufgrund der positiven Rückmeldung konnte mit allen Personen ein Interviewtermin im Frühjahr 2011 vereinbart werden. In der weiteren Durchführung konnten drei Gesprächspartnerinnen und ein Gesprächspartner aus Zeitgründen nicht befragt werden. Insgesamt wurden so elf Expert_innen persönlich (face to face) auf der Grundlage des Leitfadens interviewt. Der Leitfaden war allen Gesprächspartner_innen zudem vor dem Interviewtermin bekannt, damit sie sich bereits im Vorfeld ein konkretes Bild der Fragen machen und so wichtiges (Erfahrungs-)Wissen für die Auswertung beisteuern konnten.

Je nach den Ausführungen der Gesprächsteilnehmer_innen wurde die Art der Fragestellung dem Gesprächsverlauf angepasst. Der Vermerk der Leitfragen auf Karteikarten erwies sich dabei als sehr hilfreich. Eine Anpassung oder Änderung der Reihenfolge der Themen war nicht erforderlich. Vor Beginn eines Interviews bat ein Gesprächspartner jedoch darum, das Themenfeld E-Learning auszulassen. Diesem Wunsch wurde selbstverständlich nachgekommen. Bis auf eine Befragung – die auf Wunsch eines Interviewpartners an der Arbeitsstätte der Autorin stattfand – fanden die Interviews an der jeweiligen Hochschule statt, d.h. in der für die Interviewte bzw. den Interviewten bekannten Umgebung. Diese Anpassung des Datenerhebungsprozesses an den natürlichen Lebensraum bezeichnet Lamnek (2005, 155) als ökologische Validität, d.h. „die Gültigkeit im natürlichen Lebensraum der Untersuchten bzw. der Gruppe". Dies ermöglichte zum einen eine authentische und möglichst realistische Gesprächssituation und stellte zum anderen für die Befragte bzw. den Befragten den geringsten Aufwand dar.

Die Interviews wurden, nach der Einverständniserklärung durch die Interviewpartner_innen und der Zusicherung der Anonymität durch die Autorin, mit einem digitalen Diktiergerät aufgenommen.

Im Anschluss wurde den jeweiligen Interviewpartner_innen zugesagt, dass sie eine vollständige anonymisierte Transkription des Interviews erhalten werden.

Die nachfolgende Übersicht zeigt die Zuordnung der elf Interviewpartner_innen (IP) zu den verschiedenen Hochschultypen. Aus Vertraulichkeitsgründen wird nicht nur auf eine namentliche Erwähnung der Expert_innen verzichtet. Um eine Anonymisierung herzustellen ist es auch notwendig, die Namen der Hochschulen nicht zu nennen, da die Angabe des Handlungskontextes eindeutige Rückschlüsse auf die Expert_innen zulässt.

HOCHSCHULTYP	KÜRZEL EXPERT_INNEN	ANZAHL
Universität	IP 1, IP 2, IP 3, IP 4, IP 6, IP 7	6
Fern-Universität	IP 10	1
Technische Universität	IP 5	1
Kunst- und Musikhochschule	IP 8, IP 9, IP 11	3

Abbildung 17: Schaubild Hochschultyp/Expert_in/Anzahl (eigene Darstellung)

In diesem Zusammenhang soll auch auf darauf hingewiesen werden, dass es von zentraler Bedeutung war, zur Erreichung der Zielsetzung das Expert_innen-Interview als Erhebungsinstrument gewählt zu haben.

Erst im Gesprächsverlauf konnte konkretes (Erfahrungs-)Wissen „durch klärende Fragen und Gegenfragen, durch diskursive Rekonstruktion" erarbeitet werden (Deeke 1995, 18). So hatten die Gesprächspartner_innen im Interviewablauf durch die Anwendung bestimmter *Fragetypen* (vgl. Mieg & Näf 2005, 15f.) die Gelegenheit, ihre Aussagen durch *spezifizierende Anschlussfragen* wie beispielsweise ‚Wie versuchen Sie, diese Potenziale [didaktisch] wirksam werden zu lassen?' zu konkretisieren und anhand von *Exemplifizierungsfragen* wie ‚Haben Sie ein Best-Practice-Beispiel, wo Sie sagen, das sind die didaktischen Ziele und zur Erreichung dieser Ziele habe ich E-Learning eingesetzt?' zu erläutern. Die spezifizierenden Anschlussfragen haben geholfen, das Gespräch möglichst konkret zu führen. Durch *direkte Fragen* wie ‚Wodurch zeichnet sich für Sie eine diversitätsorientierte Lernumgebung aus?' oder ‚Wie versuchen Sie, diese Potenziale wirksam werden zu lassen?' konnten zentrale didaktische Themen aufgegriffen werden und durch *Vergewisserungsfragen* wie ,Sie haben gesagt, dass Diversity Management im weitesten Sinne die Rahmenbedingungen schaffen muss, heißt das auch für die Lehrorganisation?' sicher gestellt werden, ob eine Antwort richtig verstanden wurde. Wenn sich die Expert_innen im Gesprächsverlauf eines direkten Urteils enthielten, wurden *indirekte Fragen* gestellt, beispielsweise ,Würden Sie sagen, dass mit Blick auf die genannten unterschiedlichen Bezugspunkte des Lernens auch Diversitätsdimensionen eine Rolle spielen?'. So hat sich im mündlichen, relativ offenen Gespräch nicht nur herausgestellt, dass die Zuschreibung der Expert_innen-Rolle auf die befragte Person auch berechtigt war; auch ist eine Vielfalt an inhaltlichen Aspekten zu den Themen *Diversität*, *Kompetenzorientierung* und *E-Learning* deutlich geworden, die bei einer teilstandardisierten schriftlichen Befragung nicht erfasst worden wären (vgl. Deeke 1995, 18).

Doch gilt es auch bei Expert_innen-Interviews zu beachten, dass die Kommunikationssituation hochgradig von den Gesprächspartner_innen, ihrem Gesprächsverhalten und ihren Intentionen beeinflusst wird (vgl. Meuser & Nagel 1991, 450ff.; Bogner & Menz 2002, 50ff.). Diese Tatsache stellt die Sozialforschung vor ein Dilemma, so Hofmann-Riem (1980, 348):

> wenn die Kommunikationsbeziehung zwischen Interviewer und Interviewtem den Rahmen der Hervorbringung von Antworten bildet, ist die Neutralität des Instruments in Frage gestellt: das Meßobjekt ist nicht unberührt durch den Meßvorgang.

Je nach Interviewform gilt das Infragestellen der Neutralität des Instruments in unterschiedlichem Maße. Meuser & Nagel (1994) haben dazu eine Typologie erarbeitet, welche dazu dient, die *Interaktivität* eines Expert_innen-Interviews zum Gegenstand der Überlegungen zu machen.[79]

In Anlehnung an die Typisierungen und unter Rückgriff auf die angewendeten Fragetypen (vgl. Mieg & Näf 2005, 15f.) hatten die elf durchgeführten Interviews tendenziell eher *Interviewcharakter* (Typ d) oder tendenziell eher *Dialogcharakter* (Typ e) und sind damit als gelungen einzustufen. Insgesamt führte die Befragung zu qualitativen Ergebnissen (vgl. Kapitel 8).

7.1.1.5 Die Datenauswertung

Die nachfolgend dargestellten einzelnen Arbeitsschritte bei der Aufbereitung und Auswertung der Expert_innen-Interviews folgten einem systematischen Vorgehen, das zur besseren Nachvollziehbarkeit ausführlich dokumentiert wird (vgl. Ferchhoff 1986, 240ff.; Gläser & Laudel 2006, 193ff.)

Zunächst wurde im Anschluss an die Interviews das Material für die Auswertung aufbereitet. Dazu wurden die Interviews transkribiert. Je nach Zielsetzung der Untersuchung

---

79 Meuser und Nagel (1994) stellen insgesamt fünf Formen des Misslingens und des Gelingens vor.

kann dabei eine mehr oder weniger umfassende Transkription vorgenommen werden (vgl. Kuckartz 2007). So existieren keine einheitlichen Standards, sondern vielmehr unterschiedliche Regeln, wie bei der Transkription vorgegangen werden kann (vgl. Dittmars 2002). Damit wird schon bei der Transkription mit der Interpretation und Auswertung des Materials begonnen (vgl. Kuckartz 2007, 80ff.). Für die Transkription können verschiedene Systeme verwendet werden, beispielsweise um nonverbale Informationen zu kennzeichnen. Auch können äußere Merkmale einer Interviewsituation eine Rolle spielen. Zentral ist auch hier, dass die Wahl des Transkriptionssystems *gegenstandsbezogen* erfolgt; sich nach dem Forschungsziel richtet.

Da para- und nonverbale Ereignisse für die vorliegende Untersuchung nicht relevant waren, sind diese nicht transkribiert worden. Weiter wurden im Zuge der Transkription der Interviews Sprechweise und umgangssprachliche Ausdrücke der Schriftsprache angepasst sowie wörtliche Rede und Zitate zur Abgrenzung der hervorgebrachten Redeanteile in Hochkommata eingeschlossen. Zur besseren Untergliederung wurden Zeilenumbrüche im Text vorgenommen. Nicht zuletzt ist die Anonymisierung von Forschungsdaten zu beachten. Diese erfolgte erst nach der vollständigen Transkription im Rahmen der Korrektur der Texte. Damit keine Rückschlüsse mehr möglich sind, wurden die Namen der Interviewpartner_innen durch ein Kürzel ersetzt sowie alle im Interview vorkommenden Namen und Orte abgekürzt.

Die vollständige Transkription von insgesamt elf Interviews ergab 143 Seiten Rohtext. Das kürzeste Interview dauerte 14 Minuten, das längste Interview annähernd einundeinhalb Stunden. Im Durchschnitt dauerten die Interviews 45 Minuten. Die vollständig transkribierten und anonymisierten Interviews wurden der jeweiligen Gesprächspartnerin bzw. dem jeweiligen Gesprächspartner per E-Mail mit einer Einverständniserklärung zugeschickt. Es wurde darum gebeten, die Einverständniserklärung unterschrieben als Fax oder als eingescanntes Dokument zurückzuschicken. Alle Einverständniserklärungen wurden unterschrieben per Fax, als eingesanntes PDF-Dokument bzw. postalisch zurückgeschickt.

Im Anschluss wurden die Transkriptionen in dem Textverarbeitungsprogramm Rich-Text-Format (RTF) formatiert und für die anschließende Auswertung in das Programm MAXQDA[10] zur systematischen Datenanalyse importiert.

Für die computergestützte Datenauswertung können verschiedene EDV-Programme gewählt werden, wie zum Beispiel ATLAS.TI, MAXQDA oder NVivo. Für diese Arbeit wurde das Programm MAXQDA[10] gewählt, da es einen systematischen Umgang mit Texten ermöglicht, d.h. eine weitgehend kodifizierte Vorgehensweise und dazu verschiedene Werkzeuge zur Verfügung stellt.

Für die qualitative Auswertung der Daten können ebenfalls verschiedene Formen der inhaltsanalytischen Datenanalyse herangezogen werden (vgl. Meuser & Nagel 1991; Mayring 2000; Lamnek 2005; Gläser & Laudel 2006). Da die *Methode* sich dem *Gegenstand* anpassen sollte, wurde für die Auswertung des Materials die *qualitative Inhaltsanalyse* nach Mayring (2000) gewählt.

Nach einer Gegenüberstellung ausgewählter Definitionen inhaltsanalytischer Verfahren, führt Mayring (2000, 42f.) die wesentlichen *Grundprinzipien* einer qualitativen Inhaltsanalyse aus, die nachfolgend stichwortartig zusammengefasst werden:

- Einbettung des Materials in den Kommunikationszusammenhang
- Systematisches regelgeleitetes Vorgehen
- Kategoriensystem
- Überprüfung der Verfahrensweise und des Kategoriensystems durch Rücklaufschleifen
- Theoriegeleitete Analyse
- Beachtung wissenschaftlicher Gütekriterien

Die qualitative Inhaltsanalyse ermöglicht weiter durch eine Einteilung in *drei Grundtypen* eine Differenzierung im Hinblick auf das Forschungsziel, d.h. die gegenstandsbezogene Prüfung der Auswertungsart, wie das nachfolgende Schaubild zeigt:

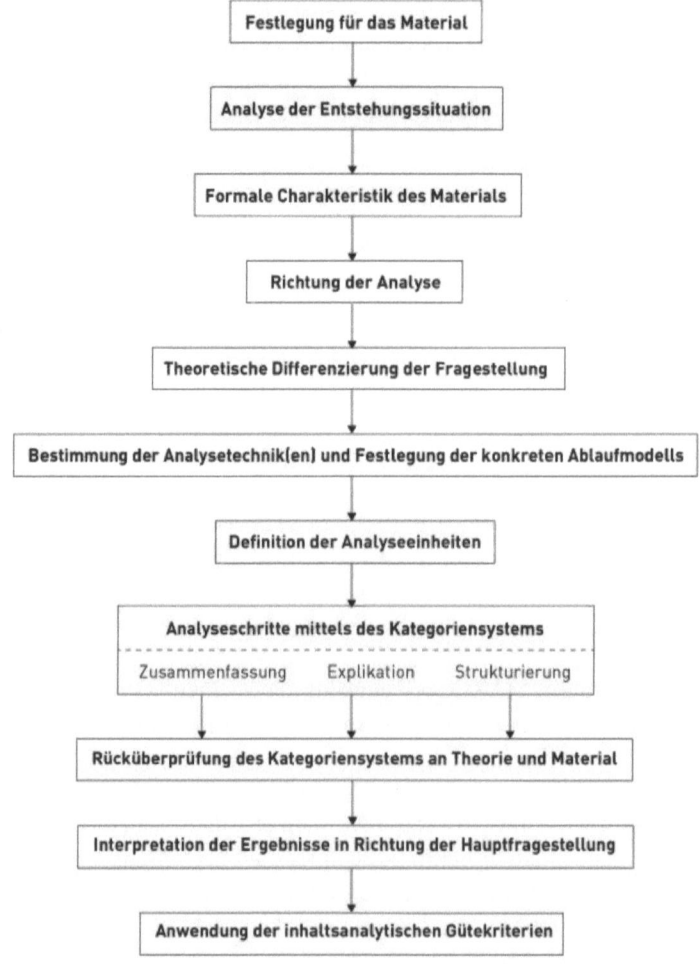

Abbildung 18: Schaubild des inhaltsanalytischen Ablaufmodells (Mayring 2000)

Das Ziel der *zusammenfassenden* Inhaltsanalyse (Zusammenfassung; Mayring 2000, 59ff.) besteht nach Mayring darin, das Material so zu reduzieren, dass die wesentlichen Inhalte erhalten bleiben und durch Abstraktion ein überschaubarer Korpus geschaffen wird, der das Grundmaterial abbildet. Die zusammenfassende Inhaltsanalyse eignet sich weiter unter systematischer Beachtung der so genannten Z-Regeln für eine induktive Kategorienbildung. Die Zusammenfassung des Materials erfolgt anhand von Analyseeinheiten, die durch Rücklaufschleifen zu einer Zusammenstellung der Aussagen als Kategoriensystem führen. Dieses Kategoriensystem wird dann am Ausgangsmaterial überprüft. Ziel ist es, dass die als Kategoriensystem zusammengestellten neuen Aussagen das Ausgangsmaterial repräsentieren.

Die *explizierende* Inhaltsanalyse (Explikation) dient nach Mayring (2000, 77) vor allem der Kontextanalyse. Das systematische Vorgehen zeichnet sich hierbei dadurch aus, dass zur Aufhellung unverständlicher oder diskrepanter Passagen im Material (enger Textkontext) die Explikation einer Stelle erfolgt, oder zusätzliches Material (weiter Textkontext) herangezogen wird, um die Textstelle zu erläutern und auszudeuten. Hierzu kann auch auf nonverbales Material oder auf die Entstehungssituation eingegangen werden. Bei großen Materialmengen kann zudem mit Hilfe der zusammenfassenden Inhaltsanalyse der Textkorpus reduziert werden.

In der *strukturierenden* Inhaltsanalyse (Strukturierung) werden nach Mayring (2000, 85ff.) bestimmte Aspekte aus dem Material gefiltert. Dazu kann entweder unter vorher festgelegten Kriterien ein Querschnitt durch das Material erfolgen oder das Material anhand bestimmter Kriterien eingeschätzt werden.

Wie die Ausführungen in den vorigen Kapiteln zeigen, führte die Berücksichtigung der forschungsleitenden Fragen bei der Gestaltung des Interviewleitfadens von vornherein zur Bildung von *Haupt-* und *Unterkategorien*. Ziel war es, mit Hilfe des *theoriegeleiteten deduktiven Kategoriensystems* hochschuldidaktisches (Erfahrungs-)Wissen zu generieren. Damit eignet sich die zusammenfassende Inhaltsanalyse nicht für den Untersuchungsgegenstand dieser Arbeit. Weiter standen zur Beantwortung der Forschungsfragen vor allem inhaltliche Aspekte zu thematischen Einheiten im Forschungsfokus. Vor diesem Hintergrund wurden auch bei der Transkription keine para- oder nonverbalen Ereignisse berücksichtigt. Darüber hinaus konnte im Interviewablauf durch die Anwendung von Vergewisserungsfragen sichergestellt werden, ob eine Antwort richtig verstanden wurde. Die Kontextanalyse war somit für die Fragestellungen in dieser Arbeit weitgehend nicht von Bedeutung. Ziel war es jedoch, zu bestimmten *thematischen Einheiten* inhaltliche Aspekte aus dem Material zu filtern. Dazu sollte mit Hilfe des theoriegeleiteten deduktiven Kategoriensystems ein *inhaltlicher Querschnitt* durch das Material erfolgen. Im Hinblick auf das Forschungsziel war somit für die Auswertung des Materials die *strukturelle* Inhaltsanalyse (Strukturierung) richtungsweisend, die in Anlehnung an das nachfolgende Schaubild erfolgte:

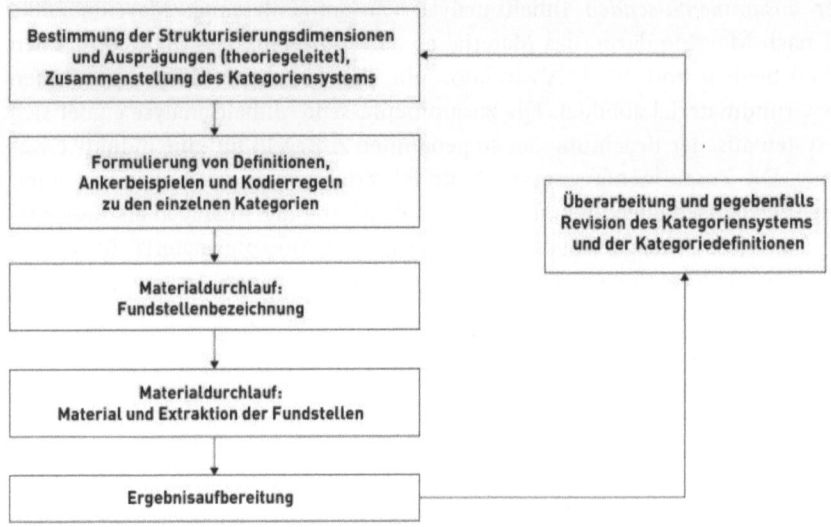

Abbildung 19: Schaubild des Ablaufmodells der strukturierten Inhaltsanalyse (Mayring 2000)

Forschungspraktisch wurde in Anlehnung an das allgemeine Ablaufmodell bei der Datenauswertung in mehreren Schritten vorgegangen, die mehrmals durchlaufen wurden, da zur Einhaltung wissenschaftlicher *Gütekriterien* Rückkopplungsprozesse notwendig waren (vgl. Steinke 1999, 40f.). Das regelgeleitete qualitative Vorgehen folgte somit nicht einem linearen Ablauf, sondern vielmehr einer *zirkulären* Vorgehensweise.

Nach Einlesen der Transkripte in das Analyseprogramm MAXQDA[10] wurden bestimmte Themen, Inhalte und Aspekte mit Hilfe des theoriegeleiteten deduktiven Kategoriensystems aus dem Material gefiltert (vgl. Mayring 2000, 74). Die deduktive Kategorienanwendung kann weiter über vier verschiedene Formen der strukturierenden Inhaltsanalyse erfolgen (vgl. Mayring 2000, 85):

- Formale Strukturierung
- Typisierende Strukturierung[80]
- Skalierende Strukturierung
- Inhaltliche Strukturierung

Entsprechend der Schwerpunksetzung dieser Untersuchung konnten möglicherweise die Formen der *inhaltlichen* und der *skalierenden* Strukturierung von Relevanz sein, einerseits weil bestimmte Inhalte im Forschungsfokus standen, andererseits wäre unter Umständen auch eine Einschätzung nach Dimensionen in Skalenform hilfreich, um noch präzisere Aussagen zu den forschungsleitenden Fragen zu machen.

Nach einer ersten Durchsicht des Materials zeigte sich jedoch, dass sich keine Ausprägungsskala an die Kategorien anlegen ließ. Daher erfolgte die deduktive Kategorienanwendung über eine *inhaltliche Strukturierung* des Materials, die sich vor allem wegen der theoriegeleitet entwickelten Kategorien anbot.

---

80 Die Typisierungsdimension (*typisierende Strukturierung*) war gegenstandsbezogen nicht von Interesse (vgl. Kapitel 7.1).

Dazu bildeten die Haupt- und Unterkategorien, die bereits bei der Entwicklung des Interviewleitfadens berücksichtigt wurden, ein Suchraster, um das Material mit Hilfe des Analyseprogramms MAXQDA[10] durch eine gezielte Kodierung inhaltlich zu strukturieren und zu analysieren.

Bei der Auswertung wurden die nachfolgenden sechs Hauptkategorien (HK) und neun Unterkategorien (UK) sowie das dazugehörige theoriegeleitete Kodiersystem berücksichtigt:

DIVERSITÄT
HK1: Wahrnehmung der Diversität
UK1: Potenzialorientierung
UK2: Defizitorientierung
HK2: Verständnis von Diversität
UK3: Diversität als Unterschiede
UK4: Diversität als Unterschiede und Gemeinsamkeiten
KOMPETENZORIENTIERUNG
HK3: Orientierung an einer integrativen Perspektive
UK5: Selbststeuerung der Studierenden ermöglichen
UK6: Anleitung und Unterstützung anbieten
UK7: Rolle einer Beraterin bzw. eines Beraters einnehmen
HK4: Orientierung an einer umfassenden Perspektive
UK8: Berücksichtigung von Kompetenzbereichen
UK9: Berücksichtigung von Handlungsdimensionen
E-LEARNING
HK5: Pädagogische Zielsetzung
HK6: (Zusätzliche) Gestaltungsmöglichkeiten durch E-Learning

Abbildung 20: Theoriegeleitetes Kodiersystem (eigene Darstellung)

Zur Datenauswertung waren mehrere Materialdurchläufe notwendig. Ziel war es dabei nicht, Satz für Satz zu analysieren und zu kodieren, sondern zentrale *inhaltliche* Aspekte *systematisch* zu erfassen. Damit stellen die kodierten Segmente keine kodierten Worte oder Zeichenketten dar, sondern Sinneinheiten, d.h. sie sind semantischer Art.

In einem ersten Durchlauf wurde die transkribierten Interviews zunächst in Form einer Einzelanalyse hinsichtlich der Haupt- und Unterkategorien thematisch segmentiert. Diese erste deduktive Explorationsmöglichkeit orientierte sich an der Leitfadenstruktur, die in der Transkription erkennbar war, d.h. Basis aller Exploration war eine *Themenmatrix*. Anhand einer strukturierten Themenmatrix konnte die chronologische Sequenzialität des Textes strukturiert aufgebrochen werden, bestimmte inhaltliche Aspekte herausgefiltert und diese mit Blick auf die forschungsleitenden Fragen systematisiert und zusammengefasst werden. Zur besseren Unterscheidung der Themen- und Fragenkomplexe wurden die dazugehörigen Haupt- und Unterkategorien in MAXQDA[10] zudem farblich markiert. Eine thematisch orientierte Farbkodierung ermöglichte, die Größe der thematischen kodierten Segmente anhand der Funktion Dokumenten-Porträt in MAXQDA[10] in einem Interview zu betrachten bzw. mit Hilfe der Funktion Dokumenten-Vergleichsdiagramm die Größe der thematisch kodierten Segmente in allen Interviews zu visualisieren.

Nachdem in jedem Interview mit Hilfe der Themenmatrix eine *deduktive Kodierung* erfolgt war, wurde zur Analyse und Kontrolle in MAXQDA[10] ein Text-Retrieval mittels des Prinzips der Aktivierung vorgenommen. Das Text-Retrieval diente zur Synopse aller zu einer bestimmten Haupt- und Unterkategorie zugeordneten Textstellen im gesamten Material. Das Text-Retrieval wurde zu allen sechs Haupt- und neun Unterkategorien durchgeführt. Dieser Arbeitsschritt ermöglichte, die einer bestimmten Haupt- und Unterkategorie zugeordneten Textstellen aus allen Interviews als Liste mit Herkunftsangabe (Kürzel der Interviewpartnerin bzw. des Interviewpartners und Absatzangabe) über die Funktion Liste der Codings zu exportieren, zu speichern und anschließend die zusammengestellten Passagen zu einem Thema mit Blick auf Antwortähnlichkeiten und verschiedene Dimensionen zu analysieren.

In einem weiteren Analyseschritt wurde mit Hilfe eines computergestützen verknüpfenden Retrievals überprüft, ob sich Kategorien überschneiden. Anhand einer UND-Verknüpfung wurde nach dem direkten Überschneidungsbereich von Kategorien gesucht. Die Analyse zeigte, dass keine Textstellen mehrfach kodiert wurden. Problematisch war jedoch, wenn eine Person im gleichen Abschnitt beispielsweise auf kritische Erfolgsfaktoren verwies, die sich nicht bestimmten Haupt- und Unterkategorien zuordnen ließen. Zur Unterscheidung der Dimensionen wurde die Kategorie dann um neue Unterkategorien *induktiv* ergänzt. Diesen Vorgang bezeichnet Mayring als „offenes" Kodieren (Mayring 2000, 76).

Der *induktiven Kategorienbildung* kommt innerhalb qualitativer Ansätze eine große Bedeutung zu, da sie direkt aus dem Material abgeleitet wird und damit eine gegenstandsnahe Abbildung des Materials ermöglicht. Über die Rückkopplungsschleife konnten die am Text kodierten Segmente ausdifferenziert werden und zu neuen Unterkategorien zusammengefasst werden. Das nachfolgende Schaubild zeigt den Ablauf der Auswertung mit einer deduktiven und induktiven Kategorienbildung in Anlehnung an Mayring (2000):

```
┌─────────────────────────────────────────────┐
│        1. Deduktive Kategorienbildung         │
│        (Suchraster aus Leitfaden, Theorie)    │
└─────────────────────────────────────────────┘

┌─────────────────────────────────────────────┐
│          2. Extraktion aus dem Text           │
│           - Fundstellen vorbereiten           │
│     - Auswertungseinheiten vorbereiten → Matrix │
└─────────────────────────────────────────────┘

┌─────────────────────────────────────────────┐
│        3. Induktive Kategorienbildung         │
│     - Anpassung der Kategorien an das Material │
│          (differenzieren, zusammenfassen)     │
│     - Einarbeiten von nicht erfassten Textstellen │
└─────────────────────────────────────────────┘

┌─────────────────────────────────────────────┐
│        4. Material vollständig erfassen        │
│              (Auswertungsmatrix)              │
└─────────────────────────────────────────────┘
```

Abbildung 21: Ablauf einer deduktiven und induktiven Kategorienbildung (Mayring 2000)

Die *induktiv* entwickelten Unterkategorien fokussierten in dieser Arbeit thematisch eingeordnet weitgehend Desiderate bzw. *kritische Erfolgsfaktoren*. Hierbei erwies sich das Schreiben von Memos als besonders hilfreich. Memos wurden genutzt, um die Definitionen der induktiv gewonnen Kategorien zu fixieren. In den dazugehörigen Textmemos wurden Ankerbeispiele aus dem Material festgehalten.

Nachdem alle zentralen Textsegmente kodiert waren, wurde zur Überprüfung von möglichen Überschneidungen der **Code Relations-Browser** in MAXQDA[10] aktiviert. Dazu wurden auf der X-Achse alle Haupt- und Unterkategorien aktiviert und als Nähe zwischen den Kodierungen der maximale Abstand von zwei Absätzen festgelegt.

    Durch das kombinierte *deduktive-induktive Verfahren* ist in Anlehnung an Mayring (2000) ein Kodierleitfaden entstanden, der eine vertiefende Analyse des Materials erlaubte. Im Verlauf der Extraktion und inhaltlichen Strukturierung wurden die vorgegebenen sechs Kategorien und die darin enthaltenen neun Unterkategorien durch „offenes" Kodieren (Mayring 2000, 76) um induktiv gewonnene Unterkategorien ergänzt. Mit Hilfe des Kodierleitfadens wurden diese anhand einer Definition der Kategorie, einem Ankerbeispiel und Kodierregeln zu übergeordneten Unterkategorien zusammengefasst, so dass sich allmählich die zentralen Unterkategorien herausschälten.

    Kodieren geht somit über eine Zusammenfassung des Materials hinaus. Vielmehr umfasst es ein analytisches Betrachten und Erschließen der Daten (vgl. Strauss 1988). Ergebnis dieses analytischen Vorganges war schließlich, dass ähnliche Beispiele im Material zu 16 weiteren zentralen Unterkategorien gruppiert werden konnten (vgl. Kapitel 8.2).

Eine quantitative Exploration der Kodehäufigkeiten, eine Häufigkeitsanalyse der Merkmalsausprägungen nach Hochschultyp mit Hilfe der Funktion **Kreuztabellen** oder eine lexikalische Suche mit MAXDictio wurde nicht durchgeführt. Für die Beantwortung der forschungsleitenden Fragen in dieser Arbeit war es nicht von Relevanz, bestimmte Merkmalsausprägungen oder Wortbestände auszuzählen. Vielmehr galt es, nach dem Vorkommen von Sinneinheiten zu suchen.

7.2 Methode Studie 2

Um die Praxistauglichkeit der in Kapitel 4 erarbeiteten Gestaltungsprinzipien zu prüfen, ist es erforderlich aufzuzeigen, wie diese dazu beitragen können, begründete Entscheidungen für die Ausgestaltung didaktischer Elemente zu treffen, um der Diversität der Studierenden und der Forderung nach Kompetenzorientierung gerecht zu werden.

Dazu soll unter Rückgriff auf die gewonnenen Schlussfolgerungen ein hybrides Lehr- und Lernarrangement für Studierende an der Folkwang Universität der Künste[81] didaktisch konzipiert und umgesetzt werden (vgl. Kapitel 9).

Zugleich ist es zur Beantwortung der Forschungsfragen erforderlich, das individuelle Lernhandeln der Studierenden *sichtbar* zu machen, um zu erfahren, *wie* sie mit dem Angebot umgehen; mit anderen Worten gilt es aufzuzeigen, was sie *tun*. Um Einblick in das Lernhandeln zu erhalten, soll ein bestimmter Handlungsausschnitt im Lehr- und Lernarrangement fokussiert werden: die Auswahl der Lernaufgaben und die Bestimmung der Artefakte für das E-Portfolio.

Der Einblick in diesen Handlungsausschnitt soll in Anlehnung an die Methode der *nicht teilnehmenden Beobachtung* gewonnen werden (vgl. Lemnke 2005). Die persönliche Teilnahme (teilnehmende Beobachtung) ist gegenstandsbezogen nicht erforderlich. Eine *verdeckte Beobachtung* kommt sowohl gegenstandsbezogen als auch aus forschungsethischen Gründen nicht in Frage.

Ferner ermöglicht das E-Portfolio den Lernprozess zu reflektieren und zu *dokumentieren*. Damit bietet das E-Portfolio nicht nur das pädagogische Potenzial, Studierenden ihr Lernhandeln erfahrbar zu machen, sondern auch die „Gegebenheiten einer didaktischen Situation" (Häcker 2005, 6), mit denen das Lernhandeln der Studierenden verbunden ist, in den Fokus zu rücken und zu überprüfen.

Vor dem Hintergrund dieser Überlegungen steht somit der didaktische Einsatz eines E-Portfolios in dem zu konzipierenden hybriden Lehr- und Lernarrangement im Mittelpunkt. Damit ist dann auch die Frage verbunden, *ob* die Studierenden den didaktischen Einsatz eines E-Portfolios akzeptieren.

Möglicherweise sind die Studierenden es nicht gewohnt, sich individuelle Schwerpunkte zu setzen, ihr Lernhandeln zu reflektieren sowie systematisch und differenziert Artefakte auszuwählen. Die Möglichkeit, den Handlungsspielraum selbstbestimmt zu nutzen, kann demzufolge die Studierenden eventuell überfordern.

---

81 www.folkwang-uni.de

Diese Überlegungen zeigen, dass es von großer Bedeutung ist, die Studierenden in ihrer E-Portfolioarbeit didaktisch zu unterstützen. Dies erfordert Maßnahmen, welche dazu beitragen, dass die Studierenden selbsttätiges Lernen einüben und ihnen zugleich *bewusst* wird, dass ihr „(Lern-)Handeln immer mit den Gegebenheiten einer didaktischen Situation verbunden ist" (Häcker 2005, 6). Die Studierenden müssen einen *Bezug* zu ihren Lernzielen und dem Angebot sehen; der pädagogische Mehrwert muss für sie erkennbar und erfahrbar sein.

Vor dem Hintergrund dieser Überlegungen lauten die zwei forschungsleitenden Fragen (FF) in der zweiten Untersuchung:

FF1: Inwiefern können anhand der Gestaltungsprinzipien didaktische Entscheidungen für die Ausgestaltung von Merkmalen didaktischer Elemente getroffen werden, um der Diversität der Studierenden (fern einer Zuschreibung) und der Forderung nach Kompetenzorientierung Rechnung zu tragen?

FF2: Inwiefern akzeptieren die Studierenden den didaktischen Einsatz eines E-Portfolios?

7.2.1 Die Erhebungsinstrumente

Zur Unterstützung der E-Portfolioarbeit werden den Studierenden *drei Formblätter* digital zur Verfügung gestellt, welche im Rahmen der E-Portfolioarbeit anhand von Leitfragen die drei Kernaktivitäten *Dokumentation* (Formblatt A), *Reflexion* (Formblatt B) und *Peer-Feedback* (Formblatt C) unterstützen sollen. Für eine erste Orientierung konnte auf zahlreiche Vorlagen zurückgegriffen werden. Für den konkreten Einsatz wurden die Vorlagen jedoch nicht genutzt. Damit für die Studierenden die Sinnhaftigkeit der systematischen Nutzung der Formblätter erkennbar wird, gilt es, die formulierten Leitfragen präzise auf die zentralen Schwerpunkte in der Konzeption des Lehr- und Lernarrangements abzustimmen.

Die Art und Weise der Beantwortung der Leitfragen in den Formblättern soll von den Studierenden individuell ausgestaltet werden. Möglich ist eine direkte Beantwortung der Fragen in den Formblättern oder die Nutzung eines Blogs oder eines papierbasierten Tagebuchs. Damit wird die Ausgestaltung des Reflexionsprozesses in die Hände der Studierenden gelegt.

Die systematische und eigenständige Nutzung der Formblätter A, B und C ist während der gesamten E-Portfolioarbeit fakultativ. Lediglich zur Unterstützung des Forschungsvorhabens in dieser Arbeit sollen die Studierenden gebeten werden, das *Formblatt A* kodiert und per E-Mail an die Autorin zu verschicken. Inwiefern sie dieser Bitte jedoch nachkommen, ist für die erfolgreiche Teilnahme an dem hybriden Lehr- und Lernarrangement nicht von Relevanz. Mit den zur Verfügung gestellten Leitfragen im Formblatt B und C wird ausschließlich das Ziel verfolgt, die Studierenden systematisch in der Reflexion ihres Lernprozesses zu unterstützen, sowie eine Peer-Feedback-Kultur anzuregen.

Durch die somit eher unverbindliche Auslotung des eigenen Lernhandelns soll das Unterstützungsangebot durch die Formblätter niedrigschwellig sein. Eine höhere Verbindlichkeit soll dadurch erreicht werden, dass für die Studierenden die Sinnhaftigkeit der systematischen Nutzung der Formblätter erkennbar wird. Dazu ist es erforderlich, dass die bereitgestellten Leitfragen zentrale Schwerpunkte des didaktischen Elements *Lernaufgabe* widerspiegeln, die in der Konstruktion der Lernaufgaben berücksichtigt werden (vgl. Häcker 2005, 6; vgl. Kapitel 9).

Nicht zuletzt sind es jedoch die Studierenden, die für sich die Frage beantworten müssen, inwiefern sie die formulierten Leitfragen für ihre E-Portfolioarbeit (systematisch) nutzen wollen, und ob die Reflexion auf das eigene Lernhandeln ihrem Bedürfnis entspricht.

Vor diesem Hintergrund sollen zur Beantwortung der forschungsleitenden Fragen zwei weitere Erhebungsinstrumente entwickelt und den Studierenden in den Präsenzveranstaltungen des Lehr- und Lernarrangements ausgehändigt werden (vgl. Kapitel 9.3). Zum einen bedarf es genauerer Kenntnisse über die Zielgruppe (Fragebogen 1), zum anderen soll die subjektive Akzeptanz des E-Portfolios als *Methode* (vgl. Stratmann et al. 2009a, 96) erfasst werden (Fragebogen 2).

Zur Überprüfung der Formblätter und Fragebögen wurden Pretests durchgeführt. Pretests gelten in allen Projekten der empirischen Sozialforschung als unabdingbare Voraussetzung zur Vorbereitung einer Studie (vgl. Porst 1985, 50; Presser & Blair 1994). Ziel des Pretesting in dieser Arbeit war es vornehmlich, die Fragen in Anlehnung an Converse & Pressner (1986) auf potenzielle Fehlerquellen hinsichtlich der Verständlichkeit und Reihenfolge der Fragen sowie der Zeitdauer zu überprüfen. Diese Kriterien sind nicht nur für ein empirisches Vorhaben von Relevanz, sondern können möglicherweise auch dazu beitragen, das Gelingen eines *didaktischen Anliegens* zu unterstützen. Daher wurden *alle Formblätter* durch Pretests überprüft. Für das Pretesting konnten vier Studierende aus unterschiedlichen Fachbereichen (Fachbereich 1 bis 4) gewonnen werden. Zwei der vier Studierenden waren Bildungsausländer_innen. Auch wurde bei der Gruppenzusammenstellung auf die Geschlechterparität geachtet (2 weiblich, 2 männlich).

Die Durchführung der Pretests erfolgte in Anlehnung an die *Think-aloud-Technik* mit der Variante der *Concurrent Think Aloud* (vgl. Nielsen 1994). Hierzu wurden die Studierenden in Einzelgesprächen gebeten, während ihrer Antwortformulierung laut zu denken. Für eine möglichst authentische kontextualisierte Einbindung der Fragen in den Formblättern wurde im Rahmen des Pretesting ein Beispiel-E-Portfolio genutzt.

7.2.1.1 Formblatt A: Dokumentation

Durch die Bereitstellung des Formblatts A sollen die Studierenden darin unterstützt werden, die Auswahl ihrer Artefakte für ihr E-Portfolio zu reflektieren. Dazu werden ihnen Fragen zur Verfügung gestellt, die ihnen zum einen dabei helfen sollen, ihre Vorgehensweise, d.h. die Entstehung ihres Artefakts, zu dokumentieren und sie zum anderen darin unterstützen sollen, den Grad des erreichten Lernziels anhand des Artefakts eigenständig zu überprüfen und einzuschätzen. Die im Rahmen einer E-Portfolioarbeit ausgewählten Artefakte dokumentieren die Performanz im Sinne einer Wissensumsetzung der Studierenden in einer konkreten Lehr- und Lernsituation. Sie sind mit den Worten von Connell et al. (2003, 142) „realized abilities".

Zugleich sollen anhand der ersten und dritten Frage im Formblatt A auf der *Verfahrensebene* Daten darüber gewonnen werden, inwiefern die Studierenden die Wahlmöglichkeiten im Aufgabenpool genutzt und ausgestaltet haben. Bei der Konstruktion der Lernaufgaben sollen unterschiedliche *Komplexitätsgrade* sowie unterschiedliche *Sozial-* und *Materialformen* berücksichtigt werden. Durch die Bereitstellung der Lernaufgaben in einem Aufgabenpool und die Block-Taktung können die Studierenden ihre Lern- und Bearbeitungszeit selbst bestimmen. Zudem wird das Lehr- und Lernarrangement tutoriell unterstützt (*Split-Tutor-Concept*) und die soziale Interaktion durch eine dialogorientierte Feedback-Gestaltung gefördert. Nachfolgende Abbildung dokumentiert das Formblatt A:

FORMBLATT A:

1. Entstehung: Wie bin ich vorgegangen?
Ich habe im ersten Themenblock folgende 3 Aufgaben ausgewählt (bitte zutreffendes ankreuzen):
Aufgabe 1: ☐
Aufgabe 2: ☐
Aufgabe 3: ☐
Aufgabe 4: ☐
Aufgabe 5: ☐

2. Auswahl reflektieren: Was zeigen die Arbeitsergebnisse? Reflektieren Sie Ihre Ergebnisse mit Hilfe der Aussagen.

Stärken:	trifft voll zu	trifft eher zu	teils/ teils	trifft eher nicht zu	trifft nicht zu	kann ich nicht beurteilen
1.Meine Datei zeigt besonders gut, dass ich das Gelernte wiedergeben kann.						
2.Meine Datei zeigt besonders gut, dass ich das Gelernte erklären kann.						
3. Meine Datei zeigt besonders gut, wie ich die Aufgabe gelöst habe.						
4. Meine Datei zeigt besonders gut, dass ich das Gelernte anwenden kann.						

3. Auswahl E-Portfolio:
Bitte tragen Sie die Nummer der Aufgabe ein, deren Ergebnis (Datei) Sie für Ihr E-Portfolio ausgewählt haben.

Themenblock: **Code:**

Abbildung 22: Formblatt A (eigene Darstellung)

Die erste Frage soll die Studierenden anregen, die Entstehung ihrer Artefakte zu dokumentieren. Die weiteren Leitfragen (Auswahl reflektieren) sollen die Studierenden dann unterstützen, über den Grad der individuell erreichten Lernziele (Feinziele) nachzudenken, die in ihren Artefakten als „realized abilities" zum Ausdruck kommen, und anhand dieser Reflexion ihre Artefakte für ihr E-Portfolio zu bestimmen (Auswahl E-Portfolio).

Da die Beantwortung von offenen Leitfragen zeitintensiv ist und zudem der Gefahr entgegengewirkt werden soll, dass die Studierenden sich durch die Beantwortung von offenen Fragen überfordert fühlen, werden im Formblatt A geschlossene Fragen verwendet. Diese geben Antwortalternativen vor, die von den Studierenden entweder ausgewählt oder auf einer 6-stufigen Skala bewertet werden sollen.

Zur systematischen Reflexion der eigenen Vorgehensweise wird im Formblatt A eine Entscheidungsfrage (Zutreffendes ankreuzen) vorgegeben. Zur Beantwortung der Reflexionsfragen wird eine 6-stufige Skala vorgegeben. Die Antwortmöglichkeit ‚kann ich nicht beurteilen' wird bewusst eingefügt, um die Studierenden nicht zu einer Selbsteinschätzung zu zwingen. Die Fragen sollen auf die kognitiven Prozessdimensionen rekurrieren, die bei der Konstruktion der Lernaufgaben berücksichtigt werden (vgl. Kapitel 9). Zur Bestimmung der Artefakte für das E-Portfolio werden keine Antwortalternativen vorgegeben.

Für die Überprüfung des Formblatts A waren zwei Pretests notwendig. Beim ersten Pretest wurden im Anschluss an die erste Frage (Entstehung) zwei offene Fragen bereitgestellt, um die Studierenden anzuregen, die Auswahl ihres Artefakts (Datei) zu reflektieren. Die Fragen lauteten: ‚Warum sollte ich diese Datei in mein E-Portfolio aufnehmen?' und ‚Was sagt die Datei über meine Fähigkeiten und Kenntnisse aus?'.

Im ersten Pretest zeigte sich, dass die Studierenden vornehmlich darin überfordert waren, ihre Auswahl tiefergehend zu begründen. Daher wurde auf die offenen Fragen verzichtet und diese durch die vier Fragen im zweiten Block (Auswahl reflektieren) ersetzt. Im zweiten Pretest wurden die vier Fragen überprüft. Es bedurfte keiner weiteren Modifikation.

7.2.1.2 Formblatt B: Reflexion

Durch die Bereitstellung der Leitfragen im Formblatt B sollen die Studierenden darin unterstützt werden, ihren Lernprozess zu reflektieren. Dazu werden ihnen Fragen zur Verfügung gestellt, die ihnen dabei helfen sollen, ihr Lernhandeln eigenständig zu überprüfen und einzuschätzen. Inwiefern die Auseinandersetzung mit dem eigenen Lernprozess für die Studierenden Sinn macht, sollen diese selbst entscheiden. Reflexion kann angeregt, aber nicht angeordnet werden. Die Herausforderung ist somit, Reflexionsfragen zu formulieren, welche die Studierenden motivieren, sich mit dem eigenen Lernprozess auseinanderzusetzen. Nachfolgende Abbildung dokumentiert das Formblatt B:

FORMBLATT B:

**Reflexionsfragen begleitend zum Lernprozess im jeweiligen Themenblock
(bitte zutreffendes ankreuzen):**

Im Lernprozess habe ich:	trifft voll zu	trifft eher zu	teils/ teils	trifft eher nicht zu	trifft nicht zu	kann ich nicht beurteilen
1. Informationen zugeordnet.						
2. Informationen verglichen.						
3. Informationen gegenübergestellt.						
4. Gelerntes ausprobiert.						
5. Gelerntes überprüft.						
6. Lernergebnisse (Dateien) ausgewählt.						
7. Lernergebnisse überarbeitet.						
8. alternative Lösungen entwickelt.						
9. bestimmt, welchen Lernabschnitt ich bearbeite.						
10. bestimmt, wie viel Zeit ich mit den Lerninhalten verbringe.						

Themenblock:

Abbildung 23: Formblatt B (eigene Darstellung)

Die Leitfragen sollen die Studierenden vornehmlich darin unterstützen, ihren Weg der Wissensumsetzung phasenweise zu reflektieren. Ziel ist es hier, dass die Studierenden dokumentieren, was sie getan haben, und dass sie über die Dokumentation zugleich die *Zusammenhänge* in ihrem Lernhandeln reflektieren.

Um auch hier der Gefahr entgegenzuwirken, dass die Studierenden sich durch die Beantwortung von offenen Fragen überfordert fühlen bzw. die Beantwortung als zu zeitintensiv empfinden (und deshalb vielleicht ausbleibt), werden auch im Formblatt B vornehmlich geschlossene Fragen zur Verfügung gestellt und es wird zu deren Beantwortung erneut die 6-stufige Skala vorgegeben.

Zur systematischen Reflexion des individuellen Lernweges werden im Formblatt B Leitfragen bereitgestellt, welche die Studierenden darin unterstützen sollen, ihr Lernhandeln anhand einer nunmehr detaillierten Ausweisung von kognitiven Prozessdimensionen mit Hilfe der 6-stufigen Skala einzuschätzen. Die geschlossenen Fragen eins bis acht sowie die Selbsteinschätzung auf der 6-stufigen Skala sollen die Studierenden darin unterstützen, ihren Lernprozess im Kontext von kognitiven Prozessdimensionen zu bewerten. Die Antwortmöglichkeit ‚kann ich nicht beurteilen‘ wird auch hier eingefügt, um die Studierenden nicht zu einer Selbsteinschätzung zu zwingen. Die weiteren zwei Fragen sollen die Studierenden darin unterstützen, ihr Zeitmanagement zu reflektieren.

Für die Überprüfung des Formblatts B waren ebenfalls zwei Pretests notwendig. Beim ersten Pretest wurden zwei offene Fragen zur Verfügung gestellt, welche die Studierenden anregen sollten, mit eigenen Worten zu beschreiben, wie sie ihren Lernprozess ausgestaltet haben. Die Fragen lauteten: ‚Wie bin ich beim Lernen vorgegangen?‘ und ‚Was habe ich konkret gemacht, als ich die verschiedenen Aufgaben gelöst habe?‘. Hier hat sich herausgestellt, dass einige Studierende die Frage nicht beantworten konnten, weil ihnen ihre Intention nicht klar war. Daher wurden die offenen Fragen durch die ersten drei Fragen ersetzt. Zur Unterstützung der reflexiven Auseinandersetzung auf den höheren Komplexitätsstufen *Anwenden*, *Bewerten* und *Gestalten* wurden geschlossene Fragen bereitgestellt. Hier hatten einige Studierende mit der Beschreibung ‚neue Elemente zusammengesetzt‘ (Item 8) Verständnisschwierigkeiten, weshalb die Frage durch die Beschreibung ‚alternative Lösungen entwickelt‘ ersetzt wurde. Im zweiten Pretest wurden alle zehn geschlossenen Fragen überprüft. Es bedurfte keiner weiteren Modifikation.

7.2.1.3 Formblatt C: Peer-Feedback

Mit den zur Verfügung gestellten Leitfragen im Formblatt C wird ausschließlich das Ziel verfolgt, eine Peer-Feedback-Kultur zwischen den Studierenden anzuregen und zu unterstützen. Auch hier muss der persönliche Erfolg und Nutzen im Vordergrund stehen. Im Gegensatz zur Nutzung der Formblätter A und B bedarf es für die Ausgestaltung von Peer-Feedback jedoch auch der Bereitschaft, das eigene Lernhandeln *öffentlich* zu machen. Dieses Öffentlichmachen kann didaktisch zwar angeregt, soll hier aber nicht eingefordert werden. So sollen die Studierenden entscheiden, ob und, wenn ja, von wem sie Feedback wünschen. Die Feedback-Geber_innen sollen wiederum darin unterstützt werden, bei einer potenziellen Anfrage differenziertes Feedback geben zu können. Nachfolgende Abbildung dokumentiert das Formblatt C:

FORMBLATT C:

Feedback geben (bitte zutreffendes ankreuzen):

Feedback:	trifft voll zu	trifft eher zu	teils/ teils	trifft eher nicht zu	trifft nicht zu	kann ich nicht beurteilen
1. Deine Datei zeigt besonders gut, wie du die Aufgabe gelöst hast.						
2. Deine Datei zeigt besonders gut, dass du das Gelernte anwenden kannst.						

Bitte beantworten Sie die nächsten zwei Fragen in ganzen Sätzen:
3. Das überzeugt mich an deinem Nachweis (deiner Datei)/das ist besonders gut gelungen:

4. Das könntest du noch verbessern (mit Begründung):

Datei:

Abbildung 24: Formblatt C (eigene Darstellung)

Die ersten zwei Leitfragen sollen die Studierenden vornehmlich darin unterstützen, nunmehr auch Peer-Feedback unter Berücksichtigung von kognitiven Prozessdimensionen zu geben. Nachdem die Formblätter A und B weitgehend die Reflexion der eigenen Wissensumsetzung im Kontext von kognitiven Prozessdimensionen unterstützen sollen, soll auch das Peer-Feedback auf die ausgewählten und im E-Portfolio gezeigten Artefakte den Kontext der Lernhandlungen berücksichtigen.

Die letzten zwei Leitfragen sollen die Studierenden anregen, Feedback-Regeln einzuüben (vgl. Kapitel 4.2.6), d.h. die Stärken des Artefakts zu benennen, sowie durch ein konstruktives Feedback Verbesserungsmöglichkeiten aufzuzeigen.

Um auch hier der Gefahr entgegenzuwirken, dass die Feedback-Gebenden sich durch die Bereitstellung von offenen Fragen überfordert fühlen oder das Feedback-Geben als zu zeitintensiv empfunden wird (und deswegen möglicherweise ausbleibt), werden auch im Formblatt C geschlossene Fragen formuliert und zu deren Beantwortung erneut die 6-stufige Skala vorgegeben.

Darüber hinaus werden jedoch auch Aufgaben vorgegeben, anhand derer die Studierenden eine konstruktiv gestaltete Feedback-Geben-Kultur einüben können, so dass ein individuelles und damit persönlicheres Feedback ermöglicht werden soll.

Für die Überprüfung des Formblatts C war ein Pretest notwendig. Im Pretest wurden neben den ersten zwei Fragen drei Aufgaben formuliert, welche die Studierenden motivieren sollen, sowohl konstruktives Feedback-Geben einzuüben als auch zu erfahren, dass auch sie als Feedback-Gebende von einer differenzierten Feedback-Kultur profitieren, und nicht ausschließlich die Feedback-Nehmenden.

Die Aufgaben lauteten: ‚Das überzeugt mich sehr/das ist besonders gut gelungen‘, ‚Das könntest du noch verbessern (mit Begründung)‘ und ‚Ich konnte daraus lernen, …‘. Hier hat sich gezeigt, dass die Studierenden mit der dritten Aufgabe überfordert waren, die Stärken eines Artefakts (Datei) tiefergehend auf ihren Arbeitsprozess zu übertragen. Diese Überforderung ging möglicherweise auch damit einher, dass trotz der Bemühungen, anhand eines Beispiel-E-Portfolios eine weitgehend praxisnahe Situation zu schaffen, das Herstellen von Zusammenhängen zu abstrakt blieb. Darüber hinaus wurde jedoch auch (kritisch) darauf hingewiesen, dass die Auseinandersetzung mit den Aufgaben viel Zeit in Anspruch nimmt. Um der Gefahr entgegenzuwirken, dass die Studierenden sich durch die Bereitstellung der Aufgabe ‚Ich konnte daraus lernen, …‘ überfordert fühlen, wurde schließlich auf diese verzichtet.

7.2.1.4 Fragebogen 1: Zielgruppe

In der Auftaktveranstaltung des hybriden Lehr- und Lernarrangements an der Folkwang Universität der Künste sollen die Studierenden gebeten werden, einen Fragebogen (1) auszufüllen, der neben Fragen zu soziodemografischen Merkmalen (innere Dimension) auch den höchsten schulischen Abschluss (äußere Dimension) sowie die Studienrichtung und das Semester (organisationale Dimension) berücksichtigt. Abbildung 25 dokumentiert den Fragebogen 1.

Um eine anonyme Zuweisung der Daten zu gewährleisten, soll darum gebeten werden, den Fragebogen zu kodieren und diesen Code auch fortan bei der Zusendung des Formblatts A zu nutzen. Tabelle 12 zeigt, was für die Kodierung verwendet wird.

Tabelle 12: Kodierung (eigene Darstellung)

Was wird für den Code verwendet:	erster Buchstabe des Vornamens Ihrer Mutter	vorletzter Buchstabe des Vornamens Ihrer Mutter	Summe aus Ihrem Geburtstag + Ihrem Geburtsmonat	erster Buchstabe des Vornamens Ihres Vaters
Beispiel:	Beatriz	Beatriz	06. November → 06.11. → 6 + 11	Alfonso
Code des Beispiels	B	I	17	A
Ihr Code:				

Im Pretesting des Kodierungsverfahrens und des ersten Fragebogens zeigten sich bei den Studierenden keinerlei Verständnisschwierigkeiten. Somit wurden keine Modifizierungen vorgenommen.

FRAGEBOGEN 1 (AUFTAKT-SITZUNG PRÄSENZ):

Angaben zu Ihrer Person:

Bitte kreuzen Sie die Antwort an, die für Sie persönlich zutrifft und füllen Sie den Fragebogen leserlich (BLOCKBUCHSTABEN) aus. Vielen Dank!

Geschlecht: Weiblich ☐   Männlich ☐

In welchem Jahr sind Sie geboren?
Geburtsjahr: _____

Wo sind Sie geboren?
Geburtsort: _____

Welche Staatsangehörigkeit(en) haben Sie? Mehrfachnennungen sind möglich.
Staatsangehörigkeit(en): _____

Welchen Schulabschluss haben Sie?
    Hauptschulabschluss   ☐
    Realschulabschluss   ☐
    Fachabitur   ☐
    Abitur   ☐

Anderen Schulabschluss (bitte angeben)
Welchen? _____

Haben Sie weitere Abschlüsse (Ausbildung, Akademie, Konservatorien etc.)?
Wenn ja, welche? _____

In welchem Fachbereich studieren Sie und welchen Studienabschluss streben Sie an?
Fachbereich 1
Studiengang: _____   Abschluss: _____

Fachbereich 2:
Studiengang: _____   Abschluss: _____

Fachbereich 3:
Studiengang: _____   Abschluss: _____

Fachbereich 4:
Studiengang: _____   Abschluss: _____

Im wievielten Semester sind Sie?
Semester: _____

Code:

Abbildung 25: Fragebogen 1 (eigene Darstellung)

7.2.1.5   Fragebogen 2: Akzeptanz

Bei der Entwicklung des zweiten Fragebogens ist von Interesse zu erfahren, inwiefern die Studierenden den Einsatz eines E-Portfolios als Methode akzeptieren und wie sie die eingesetzte Software hinsichtlich zentraler Funktionen bewerten, die für die Ausgestaltung der E-Portfolioarbeit genutzt werden soll.[82]

---

82 An der Folkwang Universität der Künste stehen für die Durchführung von mediengestützten Lehrveranstaltungen allen Hochschulangehörigen kostenlos die Lernplattform Moodle und die E-Portfoliosoftware Mahara zur Verfügung (vgl. Kapitel 9.2.4.2).

Während mit den bereitgestellten Formblättern A, B und C das Ziel verfolgt wird, das Lernhandeln formativ zu unterstützen, soll in der Abschlussveranstaltung summativ die subjektive Akzeptanz des E-Portfolios als *Methode* sowie die Bedienbarkeit zentraler Funktionen in der Open-Source-Software Mahara aus der Sicht der Studierenden erfasst werden.

Dazu wurde der nachfolgende Fragebogen (2) erstellt, der den Studierenden in der Abschlussveranstaltung des hybriden Lehr- und Lernarrangements ausgehändigt werden soll.

Hierbei sollen die Studierenden gebeten werden, pro Frage nur eine Antwort anzukreuzen. Sollten sie Fragen nicht beantworten können, weil sie beispielsweise die Formblätter nicht genutzt haben (Items 4-6), sollen sie das Feld ‚kann ich nicht beurteilen‘ ankreuzen.

Die ersten drei Fragen (Items 1-3) rekurrieren auf die grundsätzliche pädagogische Zielsetzung der E-Portfolioarbeit als Methode, weitere drei Fragen (Items 4-6) dienen zudem der summativen Bewertung der zur Verfügung gestellten Formblätter, welche die E-Portfolioarbeit unterstützen sollen. Die letzte Frage (Item 7) soll darüber hinaus erfassen, inwiefern es den Studierenden Freude/Spaß bereitet hat, ein E-Portfolio zu führen.[83] Die weiteren fünf Fragen (Items 8-12) fokussieren ausgewählte sowie zentrale Funktionen in der Open-Source-Software Mahara, die für die Ausgestaltung des E-Portfolios unabdingbar sind und im Rahmen eines praxisorientierten Workshops in der Auftaktveranstaltung des hybriden Lehr- und Lernarrangements eingeübt werden sollen (vgl. Kapitel 9.3.1).

Auch hier zeigten sich im Pretesting des zweiten Fragebogens keinerlei Verständnisschwierigkeiten bei den Studierenden, so dass keine Modifizierungen vorgenommen wurden.

Zusammenfassend werden mit der Entwicklung und Bereitstellung der Erhebungsinstrumente folgende Ziele verfolgt:

1. Zum einen sollen die *Formblätter* für die Studierenden ein quantitatives Werkzeug darstellen, das sie in ihrer E-Portfolioarbeit unterstützt (vgl. Stratmann et al. 2009, 14). Zum anderen dient das *Formblatt A* als quantitative Methode *gegenstandsbezogen* zur Exploration der ersten forschungsleitenden Frage (FF1) und ist damit *methodologisch* dem explorativ-qualitativen Ansatz dieser Arbeit zuzuweisen (vgl. Dreier 1997, 62). Mit Hilfe des Formblatts A soll der konstitutive Beitrag des Lernhandelns der Studierenden anhand eines bestimmten Handlungsausschnitts zur Überprüfung der Praxistauglichkeit der im vierten Kapitel formulierten Gestaltungsprinzipien in den Blick genommen werden: die Auswahl der Lernaufgaben und die Bestimmung der Artefakte für das E-Portfolio.

2. Anhand der *Fragebögen* sollen zum einen genauere Kenntnisse über die Zielgruppe (Fragebogen 1) gewonnen werden und zum anderen erfasst werden, wie die Studierenden den didaktischen Einsatz eines E-Portfolios erlebt haben (Fragebogen 2; FF2).

Im nachfolgenden Kapitel werden die Ergebnisse aus der ersten Studie vorgestellt und abschließend zusammenfassend diskutiert. Anschließend erfolgt eine nähere Erläu-

---

83 Zur Bedeutung der Emotionen beim E-Learning vgl. Reinmann-Rothmeier (2003b).

FRAGEBOGEN 2 (ABSCHLUSS-SITZUNG PRÄSENZ):

Akzeptanz E-Portfolio	trifft voll zu	trifft eher zu	teils/ teils	trifft eher nicht zu	trifft nicht zu	kann ich nicht beurteilen
1. Ich halte das E-Portfolio für eine gute Methode, um meine Lernergebnisse zu dokumentieren.						
2. Ich halte das E-Portfolio für eine gute Methode, um über meinen Lernprozess nachzudenken.						
3. Ich halte das E-Portfolio für eine gute Methode, um meine Stärken zu zeigen.						
4. Die reflexionsanregenden Fragen haben mir geholfen, Dateien für mein E-Portfolio auszuwählen.						
5. Die reflexionsanregenden Fragen haben mir geholfen, meinen Lernprozess zu reflektieren.						
6. Die reflexionsanregenden Fragen haben mir geholfen, Feedback zu geben.						
7. Die E-Portfolioarbeit hat mir Spaß gemacht.						
Akzeptanz Software Mahara	trifft voll zu	trifft eher zu	teils/ teils	trifft eher nicht zu	trifft nicht zu	kann ich nicht beurteilen
8. Ich konnte mich auf der Benutzeroberfläche von Mahara gut orientieren.						
9. Ich bin mit dem "Baukastenprinzip" in Mahara gut zurechtgekommen.						
10. Die Bedienung der "Drag&Drop"-Funktion in Mahara ist mir leicht gefallen.						
11. Die Anpassungsmöglichkeiten des Designs in Mahara haben mir gut gefallen.						
12. Ich hatte keine Schwierigkeiten, Dateien direkt aus Moodle 2.0 (Kurs) heraus in mein E-Portfolio zu übergeben.						

Abbildung 26: Fragebogen 2 (eigene Darstellung)

terung der didaktischen Konzeption und Umsetzung des hybriden Lehr- und Lernarrangements. In Kapitel 10 werden die Ergebnisse der zweiten Studie erläutert.

8. Ergebnisse Studie 1: Potenzialschöpfung statt Defizitorientierung

Die Ergebnisse der Expert_innen-Interviews werden nachfolgend zu den drei Themenschwerpunkten *Diversität*, *Kompetenzorientierung* und *E-Learning* nacheinander anhand einzelner Kernaussagen innerhalb der Kategorien vorgestellt. Die Aussagen führen dabei immer das Kürzel der Interviewpartnerin bzw. des Interviewpartners und die Absatzangabe als Quellenangabe mit (vgl. Gläser & Laudel 2006, 211).

Damit ist das Ergebnis der qualitativen Auswertung *ein System an Kategorien* zum Forschungsfokus, das durch konkrete Textpassagen belegt wird (vgl. Mayring 2000, 75), was für die intersubjektive Nachvollziehbarkeit der Interpretation von höchster Bedeutung ist. Anschließend werden die Ergebnisse aus den Expert_innen-Interviews zusammenfassend diskutiert.

8.1 Diversität

Die Ausführungen im zweiten Kapitel haben zur Formulierung von zwei Voraussetzungen geführt, die der Konzeption und Umsetzung des hybriden Lehr- und Lernarrangements in dieser Arbeit zugrunde liegen:

1. Die Diversität der Studierenden ist anzuerkennen und wertzuschätzen (Potenzialorientierung vs. Defizitorientierung).
2. Der Diversität der Studierenden ist fern einer Zuschreibung Rechnung zu tragen.

Ferner wurde eine Behauptung offengelegt: Es wird davon ausgegangen, dass Professor_innen ihr hochschuldidaktisches Handeln an den so genannten ‚Normalstudierenden‘ orientieren bzw. die ‚Abweichungen von Normalstudierenden‘ als *defizitär* verstehen würden. Diese These sollte nicht ungeprüft übernommen werden; sie formuliert einen *kritischen Erfolgsfaktor* für eine *diversitäts-* und *kompetenzorientierte* (Hochschul-)Didaktik.

Im Forschungsfokus standen zwei Hauptkategorien (HK) und vier Unterkategorien (UK):

HK1:   Wahrnehmung der Diversität
          UK1: Potenzialorientierung
          UK2: Defizitorientierung

HK2:   Verständnis von Diversität
          UK3: Diversität als Unterschiede
          UK4: Diversität als Unterschiede und Gemeinsamkeiten

Die forschungsleitenden Fragen (FF) lauteten:

FF1: Wie wird die Diversität der Studierenden in der Hochschulpraxis von den pädagogischen Professionals wahrgenommen?

FF2: Welches Verständnis von Diversität liegt dem hochschuldidaktischen Handeln der pädagogischen Professionals zugrunde?

8.1.1 Aussagen zur Wahrnehmung

Die nachfolgenden Kernaussagen zeigen, dass die befragten pädagogischen Professionals ihr hochschuldidaktisches Handeln nicht an den so genannten ,Normalstudierenden' ausrichten. Vielmehr versuchen sie ihr hochschuldidaktisches Handeln an einer *studentischen Vielfalt* zu orientieren, und suchen die damit verbundenen unterschiedlichen Interessen, Lernvoraussetzungen und Bedürfnisse der Studierenden zu berücksichtigen. Im Mittelpunkt der Betrachtungen stehen neben den so genannten Kerndimensionen von Diversität – Alter, Geschlecht, nationale und soziale Herkunft – weitere Diversitätsmerkmale wie Interessen und Vorwissen sowie berufliche und familiäre Verpflichtungen der Studierenden.

Und wenn man Diversität nicht als Verschiedenheit, sondern eben als Vielfalt betrachtet, dann ist es eine Bereicherung, wenn die Älteren den Jüngeren von ihren Erfahrungen oder auch von ihren beruflichen Erfahrungen unterrichten, und da sind ja wirklich ganz tolle Berufskarrieren auch dabei, wo man wirklich nur sagen kann, ,wow, was haben die alles schon geleistet', und dass davon auch die Jüngeren profitieren. (IP 10, 11)

Also auch geschlechtsspezifische Dinge, Prägungen, dem allen gerecht zu werden – ansatzweise und zu versuchen diese Vielfalt fruchtbar zu machen für unsere Arbeit, für unser Lernen, für unser Lehren, letztlich für unsere Gesellschaft. (IP 8, 9)

Der Umgang mit Information, der Umgang mit Differenzerfahrungen selbst ist ja durchaus kulturspezifisch und natürlich auch milieuspezifisch. Also als Soziologe wird man sich überhaupt nicht da wundern, dass Personen aus unterschiedlichen Herkünften mit all dem, was sie erleben, unterschiedlich umgehen und zwar nicht als Individuen unterschiedlich umgehen, sondern gemäß der ihnen ansozialisierten Deutungsmuster, Problemlösungsformvorlagen und dergleichen mehr. Und so wie man in einem bildungsbürgerlichen Milieu eine andere Vorstellung hat von zum Beispiel Intimbeziehungen und dem Umgang mit Problemen dort, als irgendwie in einem sehr bildungsfernen Milieu, das andere Romantikkonzepte hat, so gilt das natürlich für den Umgang mit Bildung genauso. (IP 4, 12)

Das Interessante ist ja, wir begleiten ein Projekt in der Sporttrainer-Ausbildung. Das sind alles Leute, die ehrenamtlich sich da Wissen und Können aneignen, um Kinder, Jugendliche oder Erwachsene im Sportverein zu unterrichten. Und die bringen häufig so viel Motivation mit. Die lernen viel, ohne dass sie direkt instruiert werden. Das ist oft, bei Dingen, die auch ein Hobby sind und die man dann auch weiterverfolgen will und auch da werden hohe Kompetenzen aufgebaut. (IP 3, 36)

Dann sind es für mich natürlich auch ähnliche Fragestellungen, aber es sind natürlich stärker die Lernvoraussetzungen, die ich dann adressiere und anschaue. Und eben, mit welchen unterschiedlichen Erfahrungen kommen Studierende in den Unterricht? (IP 2, 10)

Das heißt man muss bis zum gewissen Grad Individualität berücksichtigen. Die Individualität, die kann natürlich eher wirklich psychologisch sein, im Sinne von kognitiven Voraussetzungen, Motivation vor allem, das Interesse. (IP 3, 9)

Und die Diskussion um Diversität ist vielleicht so eine Facette dabei, weil sich Lebenskonzepte von Studierenden ändern, wo ich immer wieder feststelle, dass es anders als zu meinen Zeiten ist, als ich studiert habe. Es ist nicht so leicht, dass auch nachvollziehen zu können, denn es ist ja nicht nur der kulturelle Hintergrund. Viele arbeiten schon nebenbei oder gründen eine Familie. (IP 2, 21)

Weiter zeigen die Aussagen der befragten Expert_innen, dass mit der Diversität der Studierenden in der Hochschulpraxis *produktiv* umzugehen ist – beispielsweise in Bezug auf die Lehr- und Lernorganisation, Aufgabenstellung, Lernzeit oder Betreuung –, um den Ressourcen und individuellen Potenzialen der Studierenden gerecht zu werden bzw. um diese in den Lernprozess einzubeziehen (Diversität als Methode). Diese Aussagen wurden der Hauptkategorie *Wahrnehmung der Diversität* (HK1) und der damit einhergehenden Unterkategorie *Potenzialorientierung* (UK1) zugeordnet.

Dass nicht nur Chancengleichheit entsteht oder Chancenadäquanz entsteht, sondern dass auch die Vielfalt fruchtbar gemacht wird mit ihren Charismen, mit ihren Begabungen, mit ihren Fähigkeiten und dem räume ich eine sehr sehr hohe Stellung ein. (IP 8, 9)

Und ich meine eben, der Vielfalt der Menschen gerecht werden, bedeutet eben halt auch zu schauen, ‚Wie können wir uns sozial einstellen auf diese Möglichkeiten der Menschen im Hinblick auf zeitliche und örtliche Flexibilität, im Hinblick auf auch methodische Formen?'. Wie wir zum Beispiel auch die Erfahrungen der Menschen möglichst mit einbeziehen und nicht so tun, als ob unsere Studierenden alles achtzehnjährige Greenhorns sind sozusagen, sondern die bringen ja auf jeden Fall auch sehr umfangreiche Lebenserfahrungen ein, die wir auch klugerweise in die Lernprozesse mit aufnehmen können. (IP 7, 35)

Wenn Sie eine Aufgabe in dem jeweiligen Möglichkeitsbereich und in dem Kontext stellen, gibt es natürlich auch dementsprechend prüfbare Momente, kann ich sagen. Also wenn Sie sagen, ‚jemand soll in seinem Kontext das und das tun', ist es auch prüfbar. Wenn man aber da eine Prüfungsleistung analog zur Aufgabenstellung macht, die ja das Gleiche ist, nehmen wir meinetwegen jeder soll rennen, der Fisch kann letztendlich leider nicht rennen, er kann nur in seinem Glas rundrum schwimmen, dann ist die Aufgabe falsch und dementsprechend auch nicht bewertbar. Das heißt natürlich, man muss Instrumentarien haben für eine Bewertung, aber die obliegt einer vernünftigen Aufgabenstellung. Mit der Aufgabenstellung ist automatisch gesagt, ob man das erfüllt hat oder nicht erfüllt hat. Und da gibt es automatisch dann auch messbare Leistungen und darum glaube ich, dass die Aufgabenstellung das Entscheidende dabei ist. (IP 9, 22)

Ich finde, es ist ein sehr hübsches Bild erst einmal, eine sehr schöne Metapher, weil natürlich augenfällig wird, dass es offensichtlich nur einen gibt, der diese Aufgabe, von dem was die Natur ihm mitgegeben hat, erfüllen kann – nämlich der Affe. Das liegt nicht an dem Affen, sondern das liegt an der Aufgabenstellung. Das heißt also, ich könnte ja genauso gut das Ganze ans Meer versetzen und könnte dann allen sagen, ‚die Aufgabe ist solange wie möglich unter Wasser zu bleiben'. Dann würde der Fisch gewinnen, weil der nur unter Wasser existieren kann und Platz zwei würde dann die Robbe haben. Also, will sagen, wir kommen aus verschiedenen Kontexten, sind mit verschiedenen Fähigkeiten, verschiedenen Begabungen ausgestattet, das bringen wir mit. Wir können jetzt sagen, wir versuchen für alle den Zugang zu schaffen, welcher der Natur, der Person und den Fähigkeiten und Begabungen gerecht wird. Und dann haben wir die Aufgabe, das Tertium comparationis, also den vergleichsweise dritten Punkt, zu suchen, der so etwas wie ein Curriculum aller Wissensvermittlung, also auch einen gemeinsamen Lernhorizont, dann wieder ermöglicht. Das ist die Herausforderung. (IP 8, 16)

> Also erstmal zeigt ja dieses Cartoon ein Problem auf, muss ich erstmal sagen, auf eine eigentlich ganz gute Art und Weise, weil es eine Aufgabenstellung gibt und die Voraussetzungen, wie die das machen sollen, sind völlig unterschiedlich. Das ist ja eigentlich der Hintergrund und derjenige, der diese Aufgabe gibt, der macht ja eigentlich den Fehler. Also das heißt, es geht hier um eine Wahrnehmung von Möglichkeiten, das ist der Hintergrund dieses Cartoons und durch die Nichtwahrnehmung, dass halt eine Robbe nicht auf einen Baum klettern kann, also dadurch, dass er etwas falsch wahrnimmt oder nicht wahrnehmen will, oder wie auch immer, entsteht eine Ungerechtigkeit, sogar eine völlige Unmöglichkeit der eigentlichen Aufgabe. Und das zeigt, was da ja hinter steckt ist, dass man als derjenige, der Aufgaben stellt, eine differenzierte Wahrnehmung a) derjenigen haben muss, die die Aufgabe zu lösen haben und b), was der eigentliche Inhalt dieser Aufgabe überhaupt ist. (IP 11, 31)

> Also, das, was wir hier begrifflich durchbuchstabieren, ist, was ein guter Pädagoge intuitiv können müsste, nämlich zu sagen: ‚Also die Matheaufgabe bleibt dieselbe, aber da ist jemand, der kann es auch, aber der braucht vielleicht ein paar Minuten mehr und deswegen wäre es fair, ihm die zu lassen.‘ Weil die Aufgabe eigentlich nicht ist, ‚mach es jetzt unbedingt auf die Sekunde‘ genau in der Zeit, sondern ‚mach es überhaupt und mach es gut‘. (IP 4, 20)

> Nun, der Bildungsprozess zeichnet sich dadurch aus, dass man die Studierenden, glaube ich, behandeln muss als Selbstständige, also das war schon die Erkenntnis der Hochschulpädagogen, als Erwachsene, die für ihren Lernprozess verantwortlich sind. Man muss ihnen aber trotzdem Unterstützung geben, dass sie den Weg zu Lernen auch finden. Und die Erwartung der Studierenden an die Lehrenden ist auch – man kennt das ja auch aus anderen professionellen Berufen, bei denen das Lernen ein Weg ins Ungewisse ist –, dass man da professionelle Hilfe braucht. (IP 5, 43)

Zugleich ist den Aussagen nicht *explizit* zu entnehmen, welches Diversitätsverständnis dem hochschuldidaktischen Handeln der Expert_innen zugrunde liegt (HK2; FF2).

Hingegen konnten im Rahmen der *induktiven* Kategorienbildung jedoch *kritische Erfolgsfaktoren* für eine *diversitäts-* und *kompetenzorientierte* (Hochschul-)Didaktik gewonnen werden, die das *Bedingungsfeld* (Rahmenbedingungen) und die *Voraussetzungen* (Lehrkompetenz) in den Vordergrund rücken. Diese kritischen Erfolgsfaktoren zeigen, dass die Didaktik nicht losgelöst von ihrer institutionellen Eingebundenheit zu denken ist und stellen aus der Sicht der Expert_innen weitgehend Desiderate dar, die nachfolgend benannt sowie durch einzelne Kernaussagen vorgestellt werden und sich vornehmlich *an die Hochschulen* richten.

8.1.1.1 Kritische Erfolgsfaktoren

- Rahmenbedingungen an die Anforderungen und Bedarfe der Studierenden anpassen

Als Pädagoge hat Diversity natürlich eine sehr hohe Bedeutung, weil die ganze pädagogische Paradigmatik oder die ganze pädagogische Denkweise stärker darauf ausgerichtet ist, zu differenzieren, zu individualisieren, den Persönlichkeitsentwicklungsprozess am Individuum anzusetzen und das bedeutet, dass man nicht nur von sozialen Populationen, von standardisierten Einheiten ausgehen kann, sondern dass man genau diese Differenzierung eben einbeziehen muss und es bedeutet jetzt mal sehr konkret für Bildungsorganisationen wie einer Universität, dass man, um es vereinfacht zu sagen, einen Paradigmawechsel einleiten muss, der so zu beschreiben ist: Während man früher im Grunde eine heterogene Population von Jugendlichen, von Schulabgängern auf die Standards der Organisation anpassen wollte, muss es heute eigentlich darum gehen, die Organisation auf die Heterogenität der Population, also der Studierenden anzupassen. (IP 1, 11)

- Kompetenzentwicklung bei Lehrenden

Das hat einerseits wahrscheinlich damit zu tun, dass eine traditionelle Pädagogik und Didaktik noch sehr stark darauf ausgerichtet ist, einen bestimmten Standard, der von außen gesetzt wird und der überindividuell ist, zu erreichen, also letztendlich die Individuen anzupassen auf genau diesen Standard, auf die Erreichung dieses Standards und das hat zum zweiten auch sicher damit zu tun, dass es einer gewissen Lehrkompetenz bedarf, um diese Heterogenität und diese Mehrperspektivität tatsächlich auch nutzbar zu machen und wirksam werden zu lassen. Und da würde ich mal behaupten, dass schon in Schulen und aber insbesondere auch in Hochschulen die Fähigkeit der Lehrenden, diese Heterogenität in gewinnbringenden Gruppenprozessen auszuheben und zu gestalten, relativ begrenzt ist, dass es also nicht gelingt. Antwort: Potenziale sind da, aber es ist durchaus anspruchsvoll, diese Potenziale tatsächlich auch wirksam werden zu lassen. (IP 1, 14)

So würde ich das sehen, aber das ist wie gesagt, das ist ein Bildungsparadox und auch in der Bildungstheorie ist die Mündigkeit ein Ergebnis eines Lernprozesses und nicht die Voraussetzung, sondern es ist die Voraussetzung des Gelingen des Lernprozesses, aber dass man diese Mündigkeit als Potenzial anerkennt als Lehrender. Und das ist die Schwierigkeit für die Lehrenden gerade auch in Hochschulen, weil die im Grunde von der Lehre des Wissens herkommen, also der Vertretung ihres Faches und nicht reflektieren, wie dieser Lernprozess verläuft. Das ist eigentlich die Spannung, die erst sichtbar wird, wenn man die Differenz zwischen Lehren und Lernen betrachtet. Und das ist genau die hochschuldidaktische Frage. (IP 5, 45)

> Also, das sind so Dinge, wo man sagt, da wird sozusagen Diversity Management hochschuldidaktisch. Also, es sorgt auch wieder für Rahmenbedingungen letzten Endes, denn wenn ich sozusagen die Lehrorganisation ändere, ist das eine neue Rahmenbedingung fürs Lernen. Darin muss dann was stattfinden, aber es muss auch mehr Ausbildung für die Hochschullehrer kommen, denn sonst können sie diesen Rahmen ja gar nicht nutzen. Also die Professoren in I. habe ich zwei Jahre ausgebildet dafür, dass das funktioniert. Anders geht das nicht. Die mussten erstmal lernen, die richtigen Aufgaben zu stellen, Rückmeldungen zu geben, all so was. Ohne das funktioniert das ja nicht, also die können ja nicht ihre normalen Vorlesungen halten, aber haben jetzt angeblich ein Basissemester. Wie soll das funktionieren? (IP 6, 26)

8.2 Kompetenzorientierung

Die Ausführungen im dritten Kapitel haben zur Formulierung zwei weiterer Voraussetzungen geführt, die der Konzeption und Umsetzung eines hybriden Lehr- und Lernarrangements zugrunde liegen. Um der Diversität der Studierenden und der Forderung nach Kompetenzorientierung gerecht zu werden, ist:

3. die Orientierung an einer *integrativen Perspektive* und
4. die Orientierung an einer *umfassenden Perspektive* zu berücksichtigen.

Ferner wurde abschließend argumentiert, dass die (Neu-)Ausrichtung auf Handlungs- und Subjektorientierung im hochschuldidaktischen Handeln der Lehrenden von grundsätzlicher Bedeutung ist, um dem (didaktischen) Paradigmenwechsel und der damit einhergehenden Forderung nach Handlungskompetenz als Ziel der (Hochschul-)Bildung gerecht zu werden, und dass eine Orientierung an Kompetenzen als Learning Outcomes auch mit einem Wandel in der Lehrendenrolle einhergeht (vgl. Wildt 2002; Schneider et al. 2009). Zugleich wurde auch hier eine Behauptung offengelegt: Es wird davon ausgegangen, dass der Rollenwandel auf Seiten der Lehrenden nicht grundsätzlich akzeptiert würde. Auch diese These sollte nicht ungeprüft übernommen werden; sie formuliert einen weiteren *kritischen Erfolgsfaktor* für eine *diversitäts-* und *kompetenzorientierte* (Hochschul-)Didaktik.

Im Forschungsfokus standen zwei weitere Hauptkategorien (HK) und fünf Unterkategorien (UK):

HK3:   Orientierung an einer integrativen Perspektive
    UK5: Selbststeuerung der Studierenden ermöglichen
    UK6: Anleitung und Unterstützung anbieten
    UK7: Rolle einer Beraterin bzw. eines Beraters einnehmen

HK4:   Orientierung an einer umfassenden Perspektive
    UK8: Berücksichtigung von Kompetenzbereichen
    UK9: Berücksichtigung von Handlungsdimensionen

Die forschungsleitende Frage (FF) lautete:

FF3: Wie werden pädagogische Professionals der Forderung nach Kompetenzorientierung gerecht?

8.2.1 Aussagen zu einer umfassenden Kompetenzorientierung

Das erweiterte Kompetenzverständnis, welches sowohl einen *Handlungs-* als auch einen *Subjektbezug* integriert (vgl. Kapitel 3), ist auch in der Hochschulpraxis der Expert_innen von Relevanz, wie nachfolgende ausgewählte Kernaussagen zeigen. Vornehmlichstes Ziel der Expert_innen ist die Förderung einer umfassenden Handlungskompetenz respektive einer ganzheitlichen Persönlichkeitsentwicklung.

> Ein Viertel des Gesamtcurriculums, das sich mit überfachlichen Aspekten beschäftigt, das sind sprachliche, kulturelle Themen, sind Reflexionsthemen, es ist das, was wir, etwas vereinfacht, Handlungskompetenz nennen, also Konfliktlösungskompetenzen, Teambildungskompetenzen, diese Dinge, und das sind im Grunde Versuche, einerseits wirklich die Perspektive der Studierenden auszuweiten und nicht Einfach- oder Mehrfachidioten zu produzieren, sondern tatsächlich auch flexibel denkende Studierende und Absolventen zu erreichen, Persönlichkeitsentwicklung zu ermöglichen. (IP 1, 17)

Wie essentiell eine ganzheitliche Persönlichkeitsentwicklung ist, zeigen weiter herausgegriffene Aussagen, die zwischen Kompetenzbereichen und Handlungsdimensionen differenzieren und zugleich deren Wechselwirkung aufzeigen. Diese Aussagen wurden der Hauptkategorie *Orientierung an einer umfassenden Perspektive* (HK4) und den damit einhergenden Unterkategorien (UK8 & UK9) zugeordnet.

Selbstlernkompetenzen sind für mich ein Zusammenschluss von mindestens zwei – wahrscheinlich drei – Teilkomponenten. Es ist zum einen das, was man als Lernstrategie bezeichnet, das sind technische Fertigkeiten, Lernprozesse zu gestalten, also beispielsweise effektiv Inhalte zu memorieren, zu strukturieren, zu elaborieren, also all das, was man aus lernpsychologischer Sicht als lernwirksam bezeichnet. Dies technisch auch umzusetzen, ganz bestimmte Lernstrategien auch einzusetzen, da gibt es ja Riesenkompendien, die das alles genau beschreiben und relativ differenziert erforscht haben. Man weiß, in welchem Kontext das wirksam ist und wo es weniger wirksam ist. Die zweite Komponente ist für mich die wahrscheinlich schwierigere aber auch interessantere, das ist die Dimension der Einstellung, also die Bereitschaft, selbstverantwortlich zu lernen, lernen zu wollen, also die Einstellung, in eine Bildungsinstitution wie die Hochschule zu gehen mit eigentlich der grundlegenden Orientierung, selbstgesteuert zu lernen, selbst die eigene Lernagenda aufzustellen, eigene Interessen zu entwickeln, sie systematisch zu verfolgen, selbst Verantwortung zu übernehmen für den Lernprozess. Das sind affektive Dimensionen, sind Einstellungsdimensionen, die einen wesentlichen Teil der Selbstlernkompetenz für mich ausmachen. Und dann gibt es wahrscheinlich eine dritte Dimension, die Wissensdimension, nämlich dass man weiß, was und wo ich im eigenen Lernen stehe, dass ich weiß, was ist eigentlich für ein effektives Lernen bedeutsam, also dass ich ein rationales Verständnis darüber entwickle, was beim Lernen eigentlich geschieht, und worauf beim Lernen letztlich auch zu achten ist. Also die Dimension der Fertigkeiten, die Dimension der Einstellung, die Dimension des Wissens. (IP 1, 27)

Die Fähigkeit, um sich selber zu wissen und zu wissen, was für ein Lerntyp ich bin. ‚Bin ich eher einer, der über die Augen, über die Ohren, über das Manuelle lernt? Wie gehe ich damit um? Wie mache ich das fruchtbar? Wo gleiche ich etwas aus? Was muss ich schulen? Was kann ich wo, wie benutzen, einsetzen?‘. Das ist das höchste Ziel, was man einem Studierenden vermitteln kann, nämlich die Fähigkeit, sich selber in seinem Lernen so zu organisieren, dass ich meine Fähigkeiten einsetze, dass ich weiß, was für ein Lerntyp ich bin, dass ich mir selber Wege erarbeiten kann und zurechtlegen kann und dass ich mir Strategien zurechtlegen kann, wenn es darum geht, etwas zu lernen auf Wegen, die mir schwer fallen. Das halte ich für Selbstlernkompetenz. (IP 8, 22)

> Kompetenz heißt ja immer dieses Wissen, Können und Fertigkeiten, also dieses Lernen mit Kopf, Herz, Hand. Für mich ist es auch sehr zentral, strategisch zu lernen, dass man Bescheid weiß über Lernstrategien und dass man die auch gezielt einsetzen kann. Das erfordert auch metakognitive Fähigkeiten, Wissenslücken entdecken zu können oder zu schauen, wie kann ich mit den Wissenslücken umgehen, mir selbst Lernziele stecken, mich auch selbst motivieren? Auch wenn ich jetzt weiß, das ist jetzt nicht meine präferierte Lernsituation, aber ich habe Strategien entwickelt, um damit gut umzugehen. Lernziele selbst kontrollieren zu können, Strategien auch in Stresssituationen, Prüfungssituationen zu entwickeln, zu wissen, wie ich damit gut umgehen kann, Wesentliches in Informationen zu erkennen und Mut zur Lücke zu haben: das sind alles für mich zentrale Lernstrategien. (IP 2, 38)

Weiter konnten im Laufe der Analyse im Material Aussagen darüber gewonnen werden, welche das *Selbstverständnis* der interviewten pädagogischen Professionals aufzeigen und die Anforderungen offenlegen, die im dritten Kapitel näher erläutert wurden. Um der Forderung nach Kompetenzorientierung gerecht zu werden, muss aus der Sicht der Expert_innen:

- die eigenverantwortliche Steuerung der Studierenden ermöglicht werden,
- eine Lehrperson Anleitung und Unterstützung anbieten und
- die Rolle einer Beraterin bzw. eines Beraters einnehmen.

Aussagen, welche diese Aspekte fokussierten, wurden der Hauptkategorie *Orientierung an einer integrativen Perspektive* (HK3) und den damit einhergehenden Unterkategorien (UK5, UK6 & UK7) zugeordnet. Folgende ausgewählte Aussagen zeigen, dass sich das hochschuldidaktische Handeln pädagogischer Professionals nicht am Paradigma der Wissensvermittlung, sondern am Paradigma der Wissensaneignung orientiert, um selbsttätiges und aktives Lernen der Studierenden zu ermöglichen.

> Und auch ‚Fahren ohne Führerschein' lernt man ja auch erst mal, indem der Fahrlehrer daneben sitzt und einen begleitet und Hilfestellung gibt. Aber ich würde es ja nie lernen, wenn ich nicht mal selbst am Steuer sitze. Insofern kommt es eher drauf an, welche neue Rolle ich als Lehrperson habe, wie setze ich sie ein, scaffolding und so weiter und das ist natürlich auch ein längerer Prozess. Bei Assessment-Studierenden, die jetzt in das erste Studienjahr kommen, da ist klar: ‚Was sind jetzt die Voraussetzungen, die sie mitbringen?'. Es wird ja schon einiges getan in Richtung Studierfähigkeit, aber trotzdem: sie können jetzt noch nicht alle Dinge gleich bewältigen. Also dass man da entsprechend mehr Unterstützung gibt und dann nach und nach – je älter sie werden – steigen aber auch die Ansprüche in Richtung der Selbstlernkompetenzen, was man von ihnen erwarten kann. Und dann fährt man es ja nach und nach zurück. Insofern ist die Frage: ‚Was ist eigentlich die Rolle der Dozierenden?' und die ist sehr anspruchsvoll. Das ist eben nicht keine, sondern eine anspruchsvolle Rolle, die ich dann einnehme. (IP 2, 53)

Wichtig ist, dass man ein Vertrauensverhältnis zu den Lernenden hat. Dass man sagt ‚Vertraut mir jetzt, ich führe euch da mal irgendwo hin, macht da mal mit, auch wenn euch manches noch nicht so klar ist!'. Man muss es halt einfach transparent machen. Man muss es transparent machen, warum man diese Vorgaben macht und warum man diese auch jetzt bitte zu befolgen hat. Wenn man das nicht tut, dann hat man nur dieses alte Lehrer-Schüler-Verhältnis. (IP 3, 40)

Deswegen ist eben die moderne Variante eher die Betrachtung des Lehrenden als Coach. Natürlich wissen die Lehrenden mehr über den Bereich des Studiums und die Lernwege und Möglichkeiten als die Studierenden. Daraus folgt aber nicht, sie sozusagen durch dieses Feld der Ungewissheit zu dirigieren, sondern mit ihnen diesen Weg zu gehen und sie zu begleiten und sozusagen die Seite der Selbstständigkeit zu maximieren. (IP 5, 45)

Das heißt, natürlich braucht man immer wieder Hinweise, die der Lehrende auch vermitteln kann, wie man das machen kann, wie man meinetwegen Steuerungselemente oder Lernelemente, wie man das bezeichnen mag, einsetzen kann, um da noch erfolgreicher zu sein oder etwas, dass man ihn dahin führt. Man kann ihm Instrumentarien an die Hand geben. Ich habe Methodenunterricht genießen können und habe Methodenunterricht auch selbst lehren dürfen. Trotz alledem musste ich meine eigene Methode entwickeln. Ich kann den Studierenden nur sagen, ‚es gibt verschiedene Methoden, die man anwenden kann, such' dir das aus, probier' es erstmal aus, aber versuche deinen eigenen Weg zu finden, um das zu machen'. Das ist ein Angebot, was ich formuliere, dass man also sagt, ‚das sind die Möglichkeiten, die da sind, vielleicht findest du aber auch eigene Möglichkeiten, die ich noch nicht gesehen habe und such' dir deine Möglichkeiten aus, die immer unterschiedlich sein können'. (IP 9, 28)

Also, überall wo es sozusagen Fachwissen gibt, was man sich aneignen muss, muss man erstmal etwas haben, um arbeiten zu können. Wenn es zum Beispiel um eine künstlerische Entwicklung geht, da sagt man so, ‚das ist das, was ich dir jetzt sozusagen an meinen Erfahrungswerten' oder an meinen so genannten, ich mag den Begriff nicht, aber sagen wir mal ‚Handwerk' weitergeben kann und dann begleite ich den ja sowieso nur noch. Und dann muss der selber dann weiter lernen, und eigentlich heißt aber auch lernen, mit sich selbst umzugehen. Ich finde, das ist eine differenzierte Geschichte, also das provoziert natürlich, aber was ich gut finde, weil das wirklich ein sehr differenziertes Ding ist. (IP 11, 39)

Die Aussagen der befragten Expert_innen zeigen jedoch nicht nur auf, dass der erweiterte Kompetenzbegriff die persönliche Entwicklung insgesamt in den Blick nimmt und in der Hochschulpraxis die selbsttätige Wissensaneignung durch Lernbegleitung unterstützt wird. Darüber hinaus konnten im Rahmen der *induktiven* Kategorienbildung auch hier wieder *kritische Erfolgsfaktoren* für eine *diversitäts-* und *kompetenzorientierte* (Hochschul-)Didaktik gewonnen werden, die das Bedingungsfeld (Rahmenbedingungen) und die Voraussetzungen (Lehrkompetenz) in den Blick nehmen und sich damit erneut *an die Hochschulen* richten.

8.2.1.1 Kritische Erfolgsfaktoren

- Lehr-, Lern- und Prüfungsorganisation an den Bedürfnissen der Studierenden ausrichten

> Also, ich stelle fest, dass die Studenten nicht lernen, dass unter den Studenten jetzt in den Bachelor-Geschichten nur ganz wenige ohne Druck lernen. Die anderen nehmen den Druck an und lernen viel oder sie lehnen den Druck ab und lernen wenig. Aber alle lernen auf Druck. Die Kurve Bulimie-Lernen: oben, ab Januar. Alle Prüfungen, zack, Bulimie-Lernen. Vorher nichts. Wenn Anwesenheitspflicht ist, nehmen sie wenigstens die Präsenzzeiten wahr, aber sonst auch weniger. Und zwar durch die Bank, kaum Ausnahmen. (IP 6, 33)

> Und ich denke, diese überfachlichen Kompetenzen sind da ja auch schon immer etwas schwerer zu kommunizieren. Das wird ja auch hier viel gemacht und man versucht es ja auch wirklich. ‚Was heißt das jetzt wirklich genau für mich als Studierenden – meine Lernstrategien fördern?'. Es ist einfach kulturell noch nicht so stark verankert. Ich glaube, es kommt jetzt langsam, dass es jetzt eben auch in den Primar- und Sekundarstufen an Bedeutung gewinnt und man versucht, das zu fördern. Aber die Generationen, die jetzt noch kommen, für die ist es relativ. ‚Ist das jetzt wirklich relevant oder ist das jetzt …?'. Das wird noch nicht so immer mitgetragen – die Bedeutung. Und wahrscheinlich haben wir auch noch zu viele Widersprüche im System, dass Prüfungen doch noch anders ablaufen und dass das wirklich auch nicht gesehen wird. Ich glaube, sie hören sehr viel Programmatik – lifelong learning und wie wichtig es ist – und erleben dann ihren Unterrichtsalltag doch anders. (IP 2, 76)

- Kompetenzentwicklung bei Lehrenden

> Und ob jemand Selbstlernkompetenz hat, das sieht man, das kann man, glaube ich, mit einem Test nicht erfassen. Aber was man schulen könnte bei Lehrenden, ist so eine gewisse diagnostische Kompetenz, für Dinge, die man im Prozess beobachten kann, Folgerungen zu ziehen für eine Selbstlernkompetenz. Diese ganze Testerei. Da konstruieren wir uns oft so viel rein und vernachlässigen, dass Lehrende ja auch eine Beobachtungsmöglichkeit haben. (IP 3, 31)

Ja, ich meine, das ist natürlich die klassische Frage in der Didaktik überhaupt und eigentlich eines der Hauptprobleme, mit der wir eben auch in der Weiterbildung von Lehrern und Dozenten immer konfrontiert sind. Dass nämlich die Hypothese besteht, also so nach dem Motto: ‚Im Bachelor müssen wir sowieso überhaupt erstmal unterrichten und da gibt es keine Möglichkeit für so etwas!' und so weiter. ‚Und im Master in den ersten Semestern müssen wir denen das auch erstmal vermitteln!' und so weiter. Und das verhindert natürlich einen, ja, konstruktiven Umgang mit Lerninhalten, ich will jetzt nicht konstruktivistische Didaktik sagen, aber eben, es macht natürlich dann das Problem. Also das ist natürlich genau das Problem, das im Grunde genommen bestimmte implizite Theorien vieler Lehrkräfte verhindern, dass sich eben solche Selbstlernkompetenz entwickelt. (IP 7, 23)

Ja ja, die Rückmeldekultur fehlt. Aber die Rückmeldekultur hat ja auch keinen Zweck, wenn die Didaktik verkehrt ist, also das hängt ja wieder zusammen. Also, wenn ich in einer Vorlesung nur sage, ‚das ist das Kapitel soundso' und keine Aufgabe gebe, dann kann ich auch keine Rückmeldung geben. Wenn ich aber in der Vorlesung am Ende sagen würde, ‚So, und jetzt möchte ich mal, dass Sie folgende Aufgabe bis nächste Woche lösen' und in der nächsten Woche komme ich zurück und sage, ‚Na, wie war denn das mit der Aufgabe? Wer hat denn da eine Lösung? Wie kann man das verstehen? Ich würde das so und so machen', dann haben die eine Rückmeldung. Dann würden sie es vielleicht auch anfangen zu tun. Vielleicht. Einige immer noch nicht. Aber es bedarf sozusagen der Möglichkeit, Aufgaben zum Selbstlernen zu geben und dazu aber auch eine vernünftige Rückmeldung zu erteilen. Also diese Art bezeichne ich immer als Rückmeldekultur, die muss gewährleistet sein. (IP 6, 68)

Die Aussagen zeigen weiter, dass der erweiterte Kompetenzbegriff möglicherweise die Chance bietet, den Humboldt'schen Begriff der (Selbst-)Bildung zu aktualisieren. Nach Ansicht der befragten Expert_innen ist es nicht der Kompetenzbegriff, der hinter das Bildungsideal im Humboldt'schen Sinne zurückfällt, sondern ein falsch verstandener Bildungsbegriff:

(…) was verheerend ist, ist dass Menschen die Vermittlung von Wissen nahe gelegt wird zum Zwecke. Ja, so. Und natürlich ist immer alles auch zum Zwecke, aber ein ganz ganz wesentlicher Teil des Lernens ist die Steigerung von Lebensqualität, die sich nicht nur in dem Geldverdienen zum anschließenden Konsum erschöpft, sondern, dass ein Eros da sein muss: ‚Was macht es für eine Freude, das mal verstanden zu haben, verdammt noch mal. Jetzt weiß ich wenigstens, was diese verfluchte Relativitätstheorie eigentlich soll.' Da kann man nicht sagen: ‚Ja, das brauchst du nicht zu wissen, ist zum Geldverdienen nicht gut! Nutze die Zeit lieber für was anderes. Lerne lieber eine Exceltabelle machen.' So was ist ein völlig verkorkster Bildungsbegriff, ja. (IP 4, 30)

8.3 E-Learning

Im letzten Abschnitt sollen die Ergebnisse zu den Fragstellungen im Themenkomplex *E-Learning* vorgestellt werden. Die Ausführungen im fünften Kapitel haben gezeigt, welche (zusätzlichen) Möglichkeiten E-Learning für die Umsetzung didaktischer Überlegungen bereithält, um zentrale Merkmale der didaktischen Elemente *Lernaufgabe* und *Portfolio* derart auszugestalten, dass sie unterschiedlichen Zugängen, Voraussetzungen und Fähigkeiten der Lernenden Rechnung tragen. Ferner gingen mit den theoretischen Überlegungen zwei Thesen (T) einher:

T1: E-Learning hält zusätzliche Möglichkeiten für die Ausgestaltung der didaktischen Elemente Lernaufgabe und Portfolio bereit.

T2: Die drei zentralen Kernaktivitäten Dokumentation, Reflexion und Peer-Feedback können erst durch ein E-Portfolio vollständig ausgestaltet werden.

Im Forschungsfokus standen zwei Hauptkategorien (HK):

HK5: Pädagogische Zielsetzung

HK6: (Zusätzliche) Gestaltungsmöglichkeiten durch E-Learning

Folgende forschungsleitende Fragestellungen (FF) wurden adressiert:

FF4: Mit welcher pädagogischen Zielsetzung wird E-Learning von pädagogischen Professionals eingesetzt?

FF5: Welche (zusätzlichen) Gestaltungsmöglichkeiten hält E-Learning aus der Sicht der pädagogischen Professionals bereit?

Bis auf einen Gesprächspartner, der vor Beginn des Interviews darum bat, das Themenfeld E-Learning auszulassen, wurden die Fragen größtenteils von den befragten Expert_innen im Gesprächsverlauf selbst aufgegriffen und ausführlich erläutert.

8.3.1 Aussagen zu den pädagogischen Zielsetzungen

Im Rahmen des *induktiven* Kodierverfahrens konnten in der fünften Hauptkategorie *Pädagogische Zielsetzungen* fünf Unterkategorien gewonnen werden, welche zum einen die pädagogischen Zielsetzungen seitens der Expert_innen ausdifferenzieren und zum anderen *kritische Erfolgsfaktoren* für eine erfolgreiche und nachhaltige Verankerung von E-Learning ausweisen (vgl. Kerres et al. 2010). Die nachfolgenden Kernaussagen zeigen, dass pädagogische Professionals E-Learning

a) zur Erreichung von pädagogischen Zielen einsetzen, die *anders nicht oder nur aufwändig* zu erreichen sind:

> Bestimmte Formen des E-Learnings schaffen auch neue Potenziale der Individualisierung des Lernprozesses, damit auch neue Potenziale heterogenen Studierendenpopulationen gerecht zu werden, und insofern würde man Ihre Frage dann bejahen. (IP 1, 46)

> Also wenn ich über E-Learning nur Dinge machen kann, die ich anderweitig auch erreichen kann, dann ist meistens der technische Aufwand ein Zusatzaufwand, wo ich den Sinn nicht einsehe. (IP 1, 40)

> Sondern E-Learning muss etwas bringen, was nur über das elektronische Medium möglich ist und deswegen, ja, an einer bestimmten Stelle da angewendet wird. (IP 4, 48)

b) zur Erreichung *bestimmter* pädagogischer Ziele einsetzen, zum Beispiel in Bezug auf Medienkompetenz:

> Auf der anderen Seite muss ich aber auch sagen, dass dadurch, dass wir uns schwerpunktmäßig mit Bildungsinnovationen beschäftigen, es natürlich auch schon fast wie ein Ziel ist. Weil das ja jetzt junge Leute sind, die später mal unterrichten. Auch wenn man noch nicht ganz genau weiß: ‚Ist das jetzt ein Blog?', ‚Ist das jetzt ein Wiki?' und ‚Wie wird sich das durchsetzen?'. Wir haben hier ein Erprobungsfeld. Da ist überhaupt erst mal zu überlegen, ‚was heißt das eigentlich?'. Auch wenn ich jetzt noch nicht die Antwort weiß, einfach mal die Bereitschaft zu haben, da mitzugehen und das zu erleben und das auch kritisch zu hinterfragen. Nicht weil es neu und toll ist, das wollen wir damit überhaupt nicht anstreben, aber doch eine gewisse Medienkompetenz. (IP 2, 62)

c) zur *Flexibilisierung der Lehr- und Lernorganisation* einsetzen:

> Und vor allen Dingen, denken wir das ja eigentlich meistens in Relation zu anderen Angeboten, also sprich, diese Vielfalt von Möglichkeiten, das ist das Besondere und Spannende, was das E-Learning ausmacht und wo wir eben auch heute der Vielfalt von Voraussetzungen bei den Lernenden, glaube ich auch, eben viel besser entsprechen können als diese Vorstellung: ‚Ich setze hundert Studierende Montag um 10 Uhr in einen Hörsaal'. Das erscheint mir per Definition ein Widerspruch zu einem diversitätsorientierten Lehransatz zu sein. Und E-Learning ist eine Antwort auf eine Chance, eine Vielfalt von Angeboten realisieren zu können. Schon mal a priori. (IP 7, 29)

> Und ich meine eben, der Vielfalt der Menschen gerecht werden, bedeutet eben halt auch zu schauen, ‚Wie können wir uns sozial einstellen auf diese Möglichkeiten der Menschen im Hinblick auf zeitliche und örtliche Flexibilität, im Hinblick auf auch methodische Formen?‘. (IP 7, 35)

> Also hier sehe ich absolut den Mehrwert, weil die Studierenden nicht vor Ort sind, sondern wirklich über Distanzen in diese virtuelle Lernumgebung, also sich da treffen können und darüber auch lernen können, über virtuelle Lerngruppen. Das ist ein großer Mehrwert, der sonst gar nicht möglich wäre. Also eben auch für Berufstätige, die studieren, also es ist ein zeit- und ortsunabhängiges Lernen und ermöglicht auch eine flexible Lernorganisation. (IP 10, 35)

Die Aussagen zeigen darüber hinaus, dass E-Learning aus der Sicht von Expert_innen *zusätzliche* Gestaltungsmöglichkeiten aufweist, um der Diversität der Studierenden gerecht zu werden. So kann E-Learning „neue Potenziale der Individualisierung des Lernprozesses [schaffen], damit auch neue Potenziale, heterogenen Studierendenpopulationen gerecht [zu] werden" (IP I, 49) und „ist eine Antwort auf eine Chance, eine Vielfalt von Angeboten realisieren zu können. Schon mal a priori" (IP 7, 29). Zugleich wurden auch *kritische Erfolgsfaktoren* für eine erfolgreiche und nachhaltige Verankerung von E-Learning benannt, die sich erneut *an die Hochschulen* richten.

8.3.1.1 Kritische Erfolgsfaktoren

• Strategische Ausrichtung von E-Learning

> Aber bei dem E-Learning ist, glaube ich, ganz wesentlich, wie die individuelle Kompetenz mit der organisationalen Kompetenz zusammenspielt, also ob eine Universität über eine E-Learning-Strategie verfügt oder nicht. Und viel Frustration im Bereich des E-Learnings entsteht dadurch, dass im Grunde viel bottom-up gemacht wird, aber die Möglichkeiten, das System wirklich effizient zu nutzen, die individuelle Reichweite überschreitet. Also man muss dann eben entsprechende organisationale Vorbereitungen treffen, damit auch einfach sicher und effizient damit gearbeitet werden kann. (IP 5, 52)

- Kompetenzentwicklung bei Lehrenden

Und alle drei Formen haben natürlich didaktische Potenziale und haben auch didaktische Potenziale für die Hochschullehre, aber wir wissen eigentlich aus der Geschichte von – nicht nur E-Learning oder WBT und CBT und so weiter – also aus der Geschichte von technologisch unterstütztem Lernen –, dass die High-End-Potenziale in aller Regel nicht genutzt werden, aus unterschiedlichsten Gründen. Es sind zum Teil einfach organisatorische Gründe, es sind dabei aber auch Kompetenzgründe, insbesondere bei den Lehrenden, sie können es einfach nur sehr begrenzt nutzen, weil sie Lehrgewohnheiten haben, weil viele andere Gründe es letztlich verhindern. Also das ist sozusagen – wie man in der Schweiz so schön sagt – die Auslegeordnung des Themas und insofern kann man natürlich jetzt auf Ihre Frage schon antworten, ja, E-Learning hat Potenziale, aber man muss gleichzeitig auch sagen, die Nutzung dieser Potenziale ist an durchaus anspruchsvolle Voraussetzungen geknüpft. (IP 1, 25)

Ja, das Potenzial ist schon gegeben. Also, wenn ich den elektronischen Nasenring baue, dann habe ich natürlich komplett traditionelle Lernkonzepte, wo ich alles konterkariere und dann ist es natürlich auch eine Illusion, jetzt weil wir E-Learning gemacht haben und das war so ein simples WBT mit vier Wissensfragen, die auch auf einer niedrigsten Anspruchsebene eigentlich sind, dann spiegelt sich ein sehr traditionelles sehr behavioristisches Lernkonzept wieder, was alles in sehr kleinen Lernschritten wiederspiegelt. Dann ist es aus meiner Sicht eher ein Rückschritt. (IP 2, 66)

Also, es ist erst mal das didaktische Geschick eines Lehrenden, ob er das hinbekommt, dass er wirklich förderlich darauf wirken kann, dass Menschen eine Selbstlernkompetenz aufbauen. Und wenn er dann in seinem Geschick auch noch schlau ist und die digitalen Medien sinnvoll einsetzt, umso besser. Dann kann sich sozusagen der Möglichkeitsraum erweitern und ein guter Lehrender kommt dann sogar auch auf mehr Ideen. Also dann sind digitale Medien nicht nur ein Werkzeug, sondern auch ein Ermöglichungsraum, vorausgesetzt, dass der Lehrende das auf dem Schirm hat. Wenn sie nur sagen, ‚Ihr habt noch gar keine Ahnung von E-Learning‘, und um Selbstlernkompetenz zu fördern, setzt man digitale Medien ein, ich glaube, das funktioniert nicht. Da bin ich gerade so reserviert, obwohl ich ja in dem Bereich viel arbeite. Und das ist oft der Irrglaube und dann hinterlässt man ganz viel verbrannte Erde, weil dir hinterher die Leute sagen, die man dazu bewegt hat, E-Learning einzusetzen oder digitale Medien einzusetzen, und dann E-Learning-Szenarien zu machen: ‚Das taugt nix, kam nix bei raus!‘. (IP 3, 56)

Und, also ich finde manche Grundsatzkontroversen eigentlich passé in dieser Frage. Also es erweitert einfach die Möglichkeiten, erfordert aber dann eben auch bestimmte Kompetenzen und wenn man das kann, also erfordert eine Erweiterung der didaktischen Kompetenz von Lehrenden. (IP 5, 52)

8.3.2 Aussagen zu den zusätzlichen Gestaltungsmöglichkeiten

Die vorangegangenen Aussagen haben bereits aufgezeigt, dass E-Learning Gestaltungsmöglichkeiten bereithält, um der Diversität der Studierenden gerecht zu werden, und zugleich darauf verwiesen, welche Anforderungen damit verbunden sind, wenn ein didaktischer Mehrwert erzielt werden soll.

Die Analyse des Materials hat im Zuge des *induktiven* Kodierverfahrens die Bildung von sieben Unterkategorien in der sechsten Hauptkategorie *Gestaltungsmöglichkeiten durch E-Learning* ermöglicht, welche zum einen weiterführende Hinweise zu den zusätzlichen Gestaltungsmöglichkeiten von E-Learning geben und zum anderen auch *kritische Erfolgsfaktoren* benennen, die in einer mediendidaktischen Konzeption berücksichtigt werden sollten. Diese zeigen auf, welche komplexen Anforderungen mit dem Einsatz von E-Learning bei der Gestaltung eines Lehr- und Lernarrangements einhergehen.

Die Aussagen, in denen die Expert_innen implizit oder explizit auf die Gestaltungsmöglichkeiten von E-Learning verweisen, nehmen einerseits zentrale Merkmale der didaktischen Elemente Lernaufgabe und Portfolio in den Blick und wurden den induktiv gewonnenen Unterkategorien *Lernaufgabe* und *E-Portfolio* zugeordnet (vgl. Kapitel 5.1; Kapitel 5.2).

Nachfolgende Kernaussagen zeigen, dass E-Learning ermöglicht, bei der Konstruktion von Lernaufgaben unterschiedlichen Zugängen und Bedürfnissen im Hinblick auf die Lernzeit und Sinnesmodalitäten gerecht zu werden. Aus der Perspektive der Lehrperson kann anhand von E-Learning die Rückmeldung im Betreuungskontext unterstützt werden.

> Wir haben zum Beispiel keine Lernzeiten vorgegeben in einem unserer Module, also das ist den Studierenden selbst überlassen, wann sie welche Kapitel lesen, wann sie welche Aufgaben bearbeiten. Also, da haben wir überhaupt gar keine Lernzeiten vorgegeben. In einem anderen Modul, wo Aufgaben erarbeitet werden müssen, auch gemeinsam, da denke ich mal, muss man auch lernen, Zeiten, also Fristen setzen. Die müssen dann aber auch schon so großzügig sein, dass sie immer noch flexibles Studieren und Erarbeiten ermöglichen. Es dürfen keine eng getakteten Zeiten sein, sondern sie müssen relativ großzügig sein und deswegen würde ich auch in einem Semester jetzt gar nicht so viele Taktungen vornehmen. Also wir haben dann zwei Taktungen, sage ich jetzt mal, für jede Lernaufgabe und dann letztendlich für die Prüfungsform noch mal, aber ansonsten bin ich eher gegen zu viele festgelegte Lernzeiten. (IP 10, 45)

Und jetzt kann ich natürlich genau wieder die Unterschiedlichkeit der Kontexte, der Lernsituationen, der Rezeptionen der Einzelnen, der Herkunft der Einzelnen auffangen, individuell erleichternd begleiten, die Vielfalt von bereitgestelltem Material auch methodisch unterfüttern, wo ich dann eben sehe, ,ja gut, wenn der eine mehr ein auditiver Typ ist, dann gebe ich ihm MP3-Dateien, wenn einer mehr ein visueller Typ ist, kriegt er MP4-Dateien mit Filmen'. Und die Wege können unterschiedlich sein und es muss halt nur entsprechend aufbereitet sein. (IP 8, 30)

Das ist ein bisschen abstrakter, ich habe mir da schon viel einfallen lassen, aber im Diskussionsforum kommen mit den Fragen, die ich stelle, dann doch immer wieder so Aspekte auf, wo ich missverstanden werde. Und das ist gut, das würde ich so nie schaffen, mit den 180 Studierenden. Also ich versuche auch dort eine gewisse Interaktion, aber es melden sich immer die Gleichen. Dann mache ich Gruppenarbeiten, aber dann präsentieren aber auch immer wieder die Gleichen. Aber im Diskussionsforum habe ich ein anderes Bild. Da sehe ich häufiger – das müsste man mal wissenschaftlich untersuchen – viel mehr Frauen, in dem großen Hörsaal aber eher mehr Männer, die sich trauen. Also ich sehe da einfach Unterschiede in der Beteiligung. Ich will jetzt nicht sagen, das eine ist besser oder schlechter als das andere, ich glaube die methodische Vielfalt meinerseits macht es dann wieder, dass ich ein Gespür bekomme im Klassenzimmer, wo ich natürlich auch da bin, aber ich bekomme auch im Diskussionsforum eine gute Rückmeldung und ich sehe, was da passiert. Ich kann einfach hier eine zusätzliche Plattform bieten, den Personen, die – aus welchen Gründen auch immer – sich nicht so gerne am Unterricht selber beteiligen. Und dann hab ich einfach ein breiteres Spektrum und für mich ist es einfach eine gute Rückmeldung. (IP 2, 68-69)

Die Potenziale eines E-Portfolios zeigen sich vornehmlich in der Ausgestaltung der Orientierungspunkte Dokumentation und Reflexion des Lernprozesses, wie folgende Kernaussagen zeigen:

Das E-Portfolio hat in diesem Sinne eine gewisse Optimierungsqualität, man kann bestehende Dokumente dort integrieren, man kann Artefakte, die visueller Art sind, Aufzeichnungen und so weiter gut einbinden, das kann man in normalen Portfolios nur sehr viel schwieriger. So hat es sicherlich ein großes Potenzial, den eigenen Lernfortschritt, Lernprozess zu reflektieren und auch zu dokumentieren. Und über das Dokumentieren wird es dann ja auch wieder bewusst. (IP 1, 42)

Das E-Portfolio als Reflexionsinstrument, als Kollaborationsinstrument halte ich prinzipiell für sehr sinnvoll (…). (IP 1, 40)

> Ja, E-Portfolios sind eine geeignete Methode und auch Prüfungsmethode, weil sie wirklich individuell sind und ermöglichen, Potenziale darzustellen, auch Schwächen und Stärken darzustellen und auch Studierende dann für sich weitergucken können, so: ‚Welche Kurse müsste ich noch mehr belegen oder welche Zertifikate brauche ich noch', also das E-Portfolio wäre natürlich da für alle, aber von der Ausgestaltung ist es dann natürlich sehr individuell. Also, ich biete wirklich dann für jeden die Möglichkeit, seine Stärken und Schwächen und Potenziale darzustellen. (IP 10, 19)

Darüber hinaus wurde aufgezeigt, dass E-Learning neue Formen der Kommunikation und der Zusammenarbeit ermöglicht. Diese Aussagen wurden den induktiv gewonnenen Unterkategorien *Neue Kommunikationsformen* und *Kollaboration* zugewiesen (vgl. Kapitel 5.1). Die nachfolgenden Kernaussagen zeigen, dass E-Learning ein methodisches Instrument darstellt, um neue bzw. erweiterte Lernszenarien zu ermöglichen. So können das „*Lernen mit eCommunication*" (Euler & Seufert 2005a, 6; *kursiv* original) und kollaborative Lernprozesse unterstützt werden (vgl. Strijbos et al. 2003).

> Das sind beispielsweise Fragen, wie kann man möglicherweise auch Studienerfahrungen in einen Studiengang hinein bekommen, ohne die gesamte Studienpopulation dann präsent zu haben. Wir sind hier zum Beispiel eingebunden in ein Konsortium, das ist ein Zusammenschluss von Business-Schools in Management, und da sind ungefähr 18 Universitäten drin und da gibt es dann Veranstaltungen, die wir gemeinsam mit Partnern, Erasmus, Rotterdam, Göteborg, Schweden und so weiter machen. Und dann lösen beispielsweise Studierende Fallstudien über das Netz. Die sind in einer Lerngruppe zusammen, und über das Netz werden dann diese Fallstudien diskutiert, über synchrone und asynchrone Kommunikationsformen und dann bearbeitet und so weiter. Und das ist eine Möglichkeit, Perspektiven von außen in die Universität hineinzubekommen, ohne die Studierenden immer hier zu haben und das ist natürlich dann über die digitalen Medien sehr leicht realisierbar, sonst wäre dies nicht möglich. (IP 1, 22)

> Natürlich, das ist ja das ideale Medium, alleine schon einmal um Räume zu überbrücken, eben auch um schon vor dem Studium mit Studierenden Kontakt aufzunehmen. (IP 8, 30)

> Aber wenn sie sehr viele solcher Möglichkeiten haben und unterschiedliche Formen, Mechanismen der Beteiligung, der Partizipation, dass sie doch das Gefühl haben, ‚auch wenn das ein großer Kurs ist, ich gehe nicht unter. Ich kann mich kundtun und in dem Kanal, der mir eher liegt', dann gibt es einfach mehrere Wege, die Lernziele zu erreichen. Das sehe ich sehr positiv. (IP 2, 70)

> Dann gibt es kollaboratives E-Learning, wo es eigentlich darum geht, dass über digitale Medien die soziale Interaktion ermöglicht wird, über synchrone und asynchrone Formen der Kommunikation, Social Software, Wikis. (IP 1, 24)

> Und die zweite große Facette mit vielen Unterformen ist eher das Lernen mit Kommunikationsmedien, wo die Kommunikation und auch Kollaboration im Vordergrund stehen. (IP 2, 60)

> Der Mehrwert liegt natürlich in der Möglichkeit der Kollaboration und Kommunikation über weite Entfernungen hinweg, über Distanzen, dass man sich also über diese digitalen Informations- und Kommunikationstechnologien mit Lernenden austauschen kann, die man so in Präsenzform überhaupt nicht erreichen würde. (IP 10, 35)

Kritisch wird zudem darauf hingewiesen, dass die Kommunikation im E-Learning mit neuen Herausforderungen verbunden ist, da aufgrund fehlender kommunikativer Schlüsselreize wie Mimik und Gestik Kommunikationsprobleme auftauchen können (vgl. Kapitel 5.1). Vor dem Hintergrund wurde dieser *kritische Erfolgsfaktor* für die *didaktische Konzeption eines hybriden Lehr- und Lernarrangements* der induktiv gewonnenen Unterkategorie *E-Kommunikation* zugewiesen. Darüber hinaus wird kritisch angemerkt, dass das Ausschöpfen der didaktischen Potenziale eines E-Portfolios mit einer aufwändigen Bewertung für die Lehrenden und mit Akzeptanzproblemen seitens der Studierenden einhergehen kann. Zum einen nehmen der Umfang und der Grad der Komplexität zu (vgl. Kapitel 4.3); ein standardisiertes Beurteilungsraster läuft jedoch Gefahr, die Portfolio-Idee ad absurdum zu führen (vgl. Barrett & Carney 2005). Zum anderen ist es möglich, dass der didaktische Einsatz eines E-Portfolios von den Studierenden nicht akzeptiert wird. Nach Lowyck et al. (2004) hängt die Reaktion und damit auch die Akzeptanz auf ein bestimmtes Setting von den Vorstellungen, den individuellen „instructional conceptions", der Lernenden darüber ab, was für sie gute Lehre ausmacht. Vor diesem Hintergrund wurden diese *kritischen Erfolgsfaktoren* für den *didaktischen Einsatz eines (E-) Portfolios* den induktiv gewonnenen Unterkategorien *Bewertung* und *Akzeptanz* zugewiesen. Nachfolgend werden die kritischen Erfolgsfaktoren anhand von Kernaussagen aufgezeigt.

8.3.2.1 Kritische Erfolgsfaktoren

- E-Kommunikation

Also die Kommunikation muss mehrere Hürden nehmen, sie muss sozusagen nicht nur die Hürde nehmen einer kulturellen Differenz eventuell und möglicherweise darin bestehenden Missverständnissen, sondern zusätzlich noch eine Kompetenz, die den Umgang mit der Technologie wiederum und das Reflektieren darüber. Also so gesehen, kommunikationstheoretisch gesehen, würde man sagen, es ist eine starke Komplexitätszunahme, in der auch die Unwahrscheinlichkeit gelingender Kommunikation gegebenenfalls auch steigen kann. (IP 4, 55)

Ich komme nur gerade etwas ins Nachdenken. Das Medium E-Learning schafft auch eine Distanz, die wir auch nicht immer wollen. Man kann sich auch manchmal, so auch meine Erfahrung, auch bei den Studierenden, deren Präsenz in elektronischen Medien sehr sehr stark ist und sehr sehr virtuos, da sie vernetzt sind, mit allem drum und dran. Wenn man das aber dann sieht, dann ist für mich immer die Frage: ‚Komme ich überhaupt an den Punkt dran, wo ich über Diversität überhaupt reden kann oder ist das nicht auch – und darüber werden wir nachdenken müssen – eine Möglichkeit, sich selber zu anonymisieren?‘. Indem ich mich verstecke hinter bestimmten elektronischen Formen, Floskeln, Kommunikationsweisen, das elektronische – ich sehe das sehr deutlich – das elektronische bis hin zur Kommunikation per Handy also per SMS, hat ganz eigene Kommunikationsgesetze und die sind sehr standardisiert, anonymisiert und alles andere als individuell. Für mich ist dann die Frage immer des Ausgewogenseins. (IP 8, 34)

- Bewertung

> Ich glaube nicht, dass man Selbstlernkompetenz über einen Test erfassen kann, sondern nur im Prozess. Weil man muss ja auch die Ausgangssituation sehen, es gibt ja Leute, die kommen schon mit hohen Fähigkeiten rein, die das in der Schule schon gelernt haben, und andere, die fangen ziemlich weit unten an. Aber das kann ich dann wirklich nur im Prozess beurteilen. Und E-Portfolios wären natürlich auch eine Möglichkeit. Das Problem ist nur, wenn man die wirklich gut dann bewertet, ja, das geht vielleicht wenn man 20 Leute hat, aber es wird schon problematisch bei 40. Also das ist ein ungelöstes Problem. Und da würde ich sagen, sollten wir auch ein bisschen mehr, ähnlich wie das ja bei Lehrern auch gefordert wird in der Schule, auch ein bisschen mehr diese Prozesskomponente sehen, die diagnostische Komponente, die man so ausbauen muss, bei sich als Lehrender, dass man auch den Prozess beobachten kann. Und man kann ja auch für das Selbstlernen keine Note geben, das ist ja Blödsinn. Und deswegen finde ich das mit den Portfolios gut, aber man kann nicht erwarten, das schafft man nicht, da haben auch die K., glaube ich, ihre Probleme, dass das alles ordentlich bewertet wird. Das ist einfach ein ökonomisches Problem. (IP 3, 32)

> Eigentlich sollte man da hinkommen, auch Portfolio als Prüfungsmethode einzusetzen, aber das bedeutet natürlich auch eine individuelle Bewertung seitens des Lehrenden und das ist also nicht immer möglich. Ich kann nur aus meiner Erfahrung sprechen, weil wir ja so Einstiegsmodule haben, wo wir sehr viele Studierende haben, ist der Lehrende oder die Lehrende eigentlich überfordert, auch die individuelle Leistung wirklich in einem Portfolio zu bewerten. Bei einer kleinen Studierendenzahl ist das eigentlich die optimale Prüfungsmethode. Nur bei einer großen Anzahl ist die Methode nicht geeignet, aber bei einer kleinen auf jeden Fall. (IP 10, 21)

- Akzeptanz

> Das E-Portfolio als Reflexionsinstrument, als Kollaborationsinstrument halte ich prinzipiell für sehr sinnvoll, aber ich sehe, dass die Umsetzung enorm schwierig ist, wahrscheinlich auch weil diese Umsetzung und Realisierungsvarianten sehr im Konflikt stehen mit den Lerngewohnheiten der Studierenden. (IP 1, 40)

Abschließend sollen zusammenfassend die Erkenntnisse aus den Expert_innen-Interviews diskutiert werden.

8.4 Zusammenfassende Diskussion

Zusammenfassend zeigen die Aussagen der befragten Expert_innen aus unterschiedlichen Hochschultypen, dass es für ihr hochschuldidaktisches Handeln von zentraler Relevanz ist, die diversen Zugänge, Voraussetzungen und Fähigkeiten der Studierenden in ihrer Hochschulpraxis anzuerkennen, und prinzipiell alle Kompetenzbereiche und Handlungsdimensionen zu berücksichtigen.

Die Aussagen gehen mit einer dezidiert positiven Sichtweise auf die Diversität der Studierenden einher und verdeutlichen, dass es den pädagogischen Professionals ein ausgeprägtes *Anliegen* ist, der studentischen Vielfalt didaktisch zu begegnen.

Die Aussagen der Expert_innen zum Schwerpunkt *Wahrnehmung* (HK1) zeigen, dass die Diversität der Studierenden nicht als Abweichen von einer impliziten Norm oder gar als Defizit wahrgenommen wird. Vielmehr sollen die Potenziale erschlossen und unterschiedlichen Voraussetzungen und Bedürfnissen der Studierenden soll Rechnung getragen werden. Damit wird die Behauptung (vgl. Kapitel 2.2), dass pädagogische Professionals ihr hochschuldidaktisches Handeln an den so genannten ‚Normalstudierenden‘ orientieren bzw. die ‚Abweichungen von Normalstudierenden‘ als *defizitär* verstehen würden, explorativ widerlegt. Vielmehr wird das Prinzip der Potenzialorientierung auch aus der Sicht der Expert_innen bestätigt und die erste forschungsleitende Frage beantwortet. Auf eine Formel gebracht lautet ihr Credo: weg von der Defizitorientierung und hin zur Potenzialschöpfung! Weiter kann argumentiert werden, dass das hochschuldidaktische Handeln der Expert_innen nicht nur ein grundlegendes *wertschätzendes* Bewusstsein für Diversität einschließt, sondern auch eine *differenzierte Auseinandersetzung* mit Diversität erfolgt und eingefordert wird (HK2), wie die nachfolgende Kernaussage zeigt:

> Da wäre also die erste Aufgabe, das reflexiv zu machen, zu sagen, ‚Auch innerhalb der Kulturen X, Y, Z sind bestimmte Dinge ungleich verteilt, sind Menschen unterschiedlich offen, unterschiedlich kontaminiert mit Erfahrungen mit kultureller Fremdheit, und so weiter, reagieren anders.‘ Das heißt also, ich kann nicht sagen ‚die Chinesen, das sind ja die oder die‘. Und wenn so etwas schon in der interkulturellen Forschung auftaucht oder in wissenschaftlichen Untersuchungen, muss man immer sagen ‚Um Gottes Willen, wovon reden die denn eigentlich?‘. (IP 4, 16)

Die Auseinandersetzung mit Diversität bezieht sich demzufolge nicht nur auf die bloße Wahrnehmung (und Fokussierung) von unterschiedlichen Diversitäts-Dimensionen (Diversität als Unterschiede), sondern schließt auch ein Bewusstsein für eine *Multidimensionalität* mit ein (Diversität als Unterschiede und Gemeinsamkeiten). Dieses Bewusstsein für Diversität geht Hand in Hand mit dem Bemühen um eine ganzheitliche Persönlichkeitsbildung, die in der Hochschulpraxis durch Lernbegleitung der Studierenden unterstützt wird. Implizit kann somit angenommen werden, dass die pädagogischen Professionals ihr hochschuldidaktisches Handeln nicht an einem eindimensionalen Verständnis von Diversität orientieren. Explizit ist den Aussagen jedoch nicht zu entnehmen, welches Verständnis von Diversität dem hochschuldidaktischen Handeln der pädagogischen Professionals zugrunde liegt (FF2).

Hingegen kann aus den Aussagen abgeleitet werden, dass für ihr hochschuldidaktisches Handeln die zentrale Frage leitend ist, wie die *Hochschule* mit der Diversität der Studierenden zukünftig umgehen will. Hier wurden zwei zentrale kritische Erfolgsfaktoren für eine *diversitäts-* und *kompetenzorientierte* (Hochschul-)Didaktik aufgezeigt, die für einen erfolgreichen Umgang mit der Diversität der Studierenden in der Hochschulpraxis eine große Rolle spielen: Zum einen bedarf es Rahmenbedingungen, die sich an die Bedarfe der Studierenden anpassen, und zum anderen müssen Qualifizierungsangebote für Lehrende bereitgestellt werden, denn: „Potenziale sind da, aber es ist durchaus anspruchsvoll, diese Potenziale tatsächlich auch wirksam werden zu lassen" (IP 1, 14).

Im Themenfeld *Kompetenzorientierung* zeigen die Aussagen der befragten Expert_innen, dass ihrem hochschuldidaktischen Handeln ein umfassendes Kompetenzverständnis zugrunde liegt und zwischen Kompetenzbereichen und Handlungsdimensionen differenziert wird (HK4). Zugleich geht dieses Kompetenzverständnis sowohl einher mit einem differenzierten Blick auf die individuellen Fähigkeiten der Studierenden als auch mit dem Ziel, sie in der Weiterentwicklung derselben zu unterstützen, indem eine Selbststeuerung der Studierenden ermöglicht und eine Anleitung und Unterstützung angeboten wird (HK3). Anhand ausgewählter Aussagen wird deutlich, dass in der Hochschulpraxis keine Belehrungskultur, sondern eine *Lern-* bzw. *Lernbegleitungskultur* die Studierenden darin unterstützen soll, ihre Fähigkeiten (weiter-) zu entwickeln (FF3). Damit wird auch die Behauptung (vgl. Kapitel 3.2), dass pädagogische Professionals den Rollenwandel nicht akzeptieren würden, explorativ widerlegt. Vielmehr zeigen die Aussagen, dass die befragten pädagogischen Professionals ihre Rolle als Lernbegleiter_in inkorporiert haben.

Ferner kann aus den Aussagen implizit und explizit abgeleitet werden, dass für das hochschuldidaktische Handeln der pädagogischen Professionals die zentrale Frage leitend ist, wie die *Hochschule* der Forderung nach einer stärkeren Kompetenzorientierung gerecht werden will. Hier wurden zwei zentrale kritische Erfolgsfaktoren für eine *diversitäts-* und *kompetenzorientierte* (Hochschul-)Didaktik aufgezeigt: Zum einen bedarf es einer Lehr-, Lern- und Prüfungsorganisation, die sich an den Bedürfnissen der Studierenden ausrichtet. Zum anderen wird auch hier als entscheidend für die stärkere Kompetenzorientierung in der Lehre geeignete Qualifizierungsangebote zur Kompetenzentwicklung der Lehrenden angesehen.

Im Themenfeld *E-Learning* sollte der didaktische Mehrwert von E-Learning aus der Perspektive von Expert_innen näher beleuchtet werden, um neben theoretischen Erkenntnissen auch einen explorativen Einblick in die Hochschulpraxis pädagogischer Professionals aus unterschiedlichen Hochschultypen zu erhalten.

Grundsätzlich ist den Aussagen zu entnehmen, dass die befragten pädagogischen Professionals E-Learning einsetzen, um einen *didaktischen* oder *studienorganisatorischen*

Mehrwert zu erzielen (FF4). Aussagen über den *ökonomischen* Mehrwert wurden nicht getroffen; E-Learning wird aus Sicht der Expert_innen nicht als Ökonomisierungsinstrument gesehen (vgl. Krautz 2007). So hält E-Learning aus der Sicht von Expert_innen didaktische Ausgestaltungsmöglichkeiten bereit, um der Diversität der Studierenden gerecht zu werden. Unterschiedliche Zugänge und Bedürfnisse in Bezug auf Lernzeit und Formen der kommunikativen Beteiligung können berücksichtigt werden. Die Expert_innen unterstützen eine aktive, selbstbestimmte und kollaborative Wissensaneignung der Studierenden durch E-Learning. Auch spielen in der Hochschulpraxis Gestaltungsmöglichkeiten unter Einsatz von E-Learning eine große Rolle. Von zentraler Bedeutung ist dabei die mediengestützte Ausgestaltung ausgewählter Merkmale der didaktischen Elemente Lernaufgabe und Portfolio. Damit wird die These, dass E-Learning zusätzliche Möglichkeiten für die Ausgestaltung der didaktischen Elemente Lernaufgabe und Portfolio bereithält, von den Expert_innen explorativ bestätigt (T1). Zudem wird die zweite These, dass zentralen Anforderungen an die Portfolioarbeit erst durch ein E-Portfolio vollständig entsprochen werden kann, weitgehend auch aus der Sicht von Expert_innen validiert. Damit wurden auch die letzten zwei forschungsleitenden Fragen beantwortet (FF4 & FF5). Inwiefern auch die Kernaktivität (Peer-)Feedback für die Portfolioarbeit von Relevanz ist und wie sie ausgestaltet werden kann, war den Aussagen der Expert_innen nicht zu entnehmen.

Weiter zeigen die Aussagen wesentliche Bedingungen auf, um den didaktischen Mehrwert von E-Learning wirksam werden zu lassen. Auch aus der Sicht der pädagogischen Professionals wird argumentiert, E-Learning strategisch (top-down) statt bottom-up auszurichten (vgl. Euler & Seufert 2005). Nach Euler & Seufert (2005) sollte eine umfassende E-Learning-Strategie die Felder Didaktik, Technik, Organisation, Ökonomie und Kultur umfassen. Zudem sind neben strukturellen auch personelle Voraussetzungen notwendig (vgl. Kerres 2001), so dass auch hier geeignete Qualifizierungsangebote zur Kompetenzentwicklung der Lehrenden als entscheidend angesehen werden.

Darüber hinaus weisen die aufgezeigten Ergebnisse implizit oder explizit auf *kritische Erfolgsfaktoren* hin, die für die *mediendidaktische Konzeption und Umsetzung* des hybriden Lehr- und Lernarrangements relevant sind und nachfolgend angeführt werden:

- Rückmeldung
- Lernerfolgskontrolle
- Hilfestellung und Unterstützung
- Unterschiedliche Methoden und Medien
- Individuelle Schwerpunktsetzung
- Kommunikation
- Bewertung (Portfolio)
- Akzeptanz (Portfolio)

Zusammenfassend wurden weiterführende Informationen zu den kritischen Erfolgsfaktoren für eine *diversitäts-* und *kompetenzorientierte* (Hochschul-)Didaktik gewonnen, die formulierten Thesen explorativ validiert, die forschungsleitenden Fragen ausführlich beantwortet und kritische Erfolgsfaktoren identifiziert (F3), die in dem zu konzipierenden

Lehr- und Lernarrangement berücksichtigt werden. Da die in Kapitel zwei und drei formulierten Voraussetzungen im theoriegeleiteten Kodiersystem Berücksichtigung fanden, wurde zudem deren Relevanz explorativ auch aus der Sicht der befragten Expert_innen bestätigt.

Ferner konnten aus den Aussagen im Rahmen der *induktiven* Kategorienbildung zentrale *kritische Erfolgsfaktoren* für eine *diversitäts-* und *kompetenzorientierte* (Hochschul-)Didaktik abgeleitet werden. Die Aussagen der Expert_innen zeigen hier vornehmlich auf, welche *Rahmenbedingungen* im Zusammenhang mit Diversität und Kompetenzorientierung für das eigene Lehrhandeln und welche *Lehrkompetenzen* für das Gelingen eines intendierten (didaktischen) Paradigmenwechsels erforderlich sind. Um dem pädagogischen Selbstverständnis Rechnung tragen zu können, gilt es aus der Sicht der befragten Expert_innen, die (Studien-)Organisation an den Anforderungen und Bedarfen der Studierenden auszurichten:

> Während man früher im Grunde eine heterogene Population von Jugendlichen, von Schulabgängern auf die Standards der Organisation anpassen wollte, muss es heute eigentlich darum gehen, die Organisation auf die Heterogenität der Population, also der Studierenden anzupassen (IP 1,11).

Damit machen die Aussagen der Expert_innen deutlich, dass es notwendig ist, verstärkt einer *strukturellen Neuorganisation und -konzeption des Studienangebots* nachzukommen. Diese Anforderung an die Hochschulen (und Politik) formuliert auch der Stifterverband für die Deutsche Wissenschaft (vgl. 2011, 31). So fordert Meyer-Guckel auf, „die heterogene Lebenswirklichkeit der Studierenden ernst zu nehmen und endlich entsprechende Angebote zu formulieren" (Stifterverband 2011, 31). Als Lösungsansatz und Handlungsfeld zeigt Meyer-Guckel weiter die kreative Nutzung des Instrumentariums Modularisierung an und fordert die Entwicklung von Teilzeitstudiengängen ein (vgl. Meyer-Guckel 2011, 31).

Neben der Notwendigkeit einer Flexibilisierung der Studiengangsausgestaltung (vgl. Bülow-Schramm & Rebenstorf 2011) wird in den Expert_innen-Aussagen ferner offengelegt, dass auch im Bereich *Prüfungssystem* ein weiterer Handlungsbedarf besteht. So konstatieren die Expert_innen Widersprüche im Prüfungssystem und Studienalltag, die den Bologna-Zielsetzungen des *lebenslangen Lernens* widersprechen, so dass den Studierenden die (praktische) Relevanz dieses Bildungskonzepts nicht deutlich wird. Darüber hinaus wird angemerkt, dass Studierende weitgehend unter Druck lernen. Nach Metzger & Schulmeister (2010, 4) ist dieses so genannte ‚Bulimie-Lernen' nicht nur dem Prüfungssystem geschuldet, sondern auch der Vielfalt an Themen, die innerhalb einer Woche bearbeitet werden müssen. Hier empfehlen Metzger & Schulmeister (2010) u.a. eine Organisation der Lehre in Blockphasen. Um dem ‚Bulimie-Lernen' ein Ende zu bereiten, fordert Schulmeister zudem nicht nur eine Umstellung der Lehrpläne, d.h. eine *thematisch orientierte* Lehrorganisation, sondern auch eine Abschaffung des bisherigen Prüfungssystems (vgl. Schulmeister 2012).

Großer Handlungsbedarf besteht darüber hinaus aus der Sicht der befragten Expert_innen in Bezug auf die *Lehrkompetenz*. Um dem intendierten Paradigmenwechsel hin zu einer *kompetenzorientierten* Lehre nachzukommen, müssen Hochschulen durch geeignete Qualifizierungsangebote die Kompetenzentwicklung der Lehrenden unterstützen (vgl. dazu auch Brendel et al. 2006). Hier sollte nach Meinung der pädagogischen Professionals der Schwerpunkt auf die Kompetenzentwicklung in den nachfolgenden Themen liegen:

* Diversität als Zielbezug (fachübergreifende oder fachintegrierte Diversitäts-Aspekte in einem Lehr- und Lernarrangement)
* Diversität als Methode (Beförderung von Diversitäts-Aspekten in einer Lerngruppe für den Lernprozess)
* Wissensaneigung (Prozesse und Strategien)
* Feedback
* Lernaufgabenkonstruktion
* Diagnose
* Reflexion (Rollenverständnis und Lehransatz)

Diese Ergebnisse zeigen, dass der (didaktische) Paradigmenwechsel nur gelingen kann, wenn das Bedingungsfeld (Rahmenbedingungen) und die Voraussetzungen (Lehrkompetenz) pädagogischen Handelns Berücksichtigung finden. Beide Faktoren spielen nach Ansicht der Expert_innen eine zentrale Rolle, um pädagogisch professionell handeln zu können. Demnach sind Probleme *nicht nur* auf der pädagogischen Seite zu suchen (Orientierung der Professor_innen an den so genannten ‚Normalstudierenden'), sondern haben auch mit äußeren Faktoren (Rahmenbedingungen) zu tun, die von pädagogischen Professionals nicht beeinflusst werden können. Eine stärkere Betrachtung der Rahmenbedingungen kann weiter dazu beitragen, die bisher vorherrschende *Ausrichtung der Hochschulen* (und Hochschulpolitik) auf die so genannte Zielgruppe der ‚Normalstudierenden' *kritischer* in den Fokus zu rücken. Um den Anforderungen und Bedarfen der Zielgruppen (bisherige und neue) Rechnung zu tragen, ist die Öffnung der Hochschulen, die mit den Beschlüssen der KMK (2012) eingeleitet wurde, nicht ausreichend. Es bedarf Studienstrukturen sowie Beratungs- und Betreuungsangebote, die auf die Anforderungen und Bedarfe der (neuen) Zielgruppen zugeschnitten sind. Weitgehend erfolgt jedoch gegenwärtig keine strukturelle Neuorganisation und -konzeption des Studienangebots (vgl. Kerres et al. 2012, 289).

So wird abschließend argumentiert, dass das (Erfahrungs-)Wissen pädagogischer Professionals als *Ressource* für die *gesamte Hochschulentwicklung* angesehen und genutzt werden sollte (vgl. Vogel & Wippermann 2005, 29).

Die pädagogischen Professionals reflektieren nicht nur ihr hochschuldidaktisches Handeln, sondern beleuchten und analysieren zugleich dessen Bedingungsfeld, d.h. die hochschulischen Strukturen und Rahmenbedingungen. Diese Ressource sollte für die Entwicklung neuer Konzepte und neuer Gestaltungsansätze genutzt werden (vgl. Heinemann & Spelsberg 2013).

Diese Schlussfolgerungen zeigen damit nicht zuletzt auch auf, dass das Expert_innen-Interview sich forschungspraktisch gut geeignet hat, um komplexe Wissensbestände zu rekonstruieren, ohne auf vorab formulierte theoretische Überlegungen zu verzichten und zugleich methodisch offen genug war, um weitere Erkenntnisse zu erlangen. Zum einen konnte unter Rückgriff auf theoretische Überlegungen das (Erfahrungs-)Wissen der pädagogischen Professionals betrachtet werden, zum anderen haben die in der Interviewführung und -auswertung vorhandenen Züge des explorativen Interviews neue Handlungsfelder aufgezeigt sowie explorativ theoretische Annahmen illustriert bzw. bestätigt (vgl. Meuser & Nagel 1991, 445). Damit ist das Expert_innen-Interview eine forschungspraktisch bedeutsame Methode, da es geschlossen genug ist, um zur Betrachtung des Gegenstandes auf eine theoretische Vorstrukturierung zurückgreifen zu können und zugleich offen genug, um Sachverhalte zu explorieren und zu weiteren Erkenntnissen zu gelangen.

Zur Beantwortung der Forschungsfragen soll nun eine weitere empirische Studie im hochschulischen Kontext durchgeführt werden. Diese lenkt den Blick auf einen bestimmten Handlungsausschnitt der Studierenden im Rahmen eines hybriden Lehr- und Lernarrangements. Dazu wird im nachfolgenden Kapitel unter Rückgriff auf die gewonnenen Schlussfolgerungen die didaktische Konzeption und Umsetzung eines hybriden Lehr- und Lernarrangements an der Folkwang Universität der Künste erläutert. Zur besseren Nachvollziehbarkeit der Berücksichtigung der gewonnenen kritischen Erfolgsfaktoren (KEF) werden diese in der didakischen Konzeption wie folgt ausgewiesen:

Rückmeldung (KEF1), Lernerfolgskontrolle (KEF2), Hilfestellung und Unterstützung (KEF3), Unterschiedliche Methoden und Medien (KEF4), individuelle Schwerpunktsetzung (KEF5), Kommunikation (KEF6), Bewertung (KEF7) und Akzeptanz (KEF8).

9. Didaktische Konzeption und Umsetzung des *Interkulturellen Online-Mentoring*

In diesem Kapitel wird die didaktische Konzeption und Umsetzung des hybriden Lehr- und Lernarrangements an der Folkwang Universität der Künste näher erläutert.

Das hybride Lehr- und Lernarrangement wird nachfolgend auch als Interkulturelles Online-Mentoring bzw. als *Qualifizierungsangebot* bezeichnet.

Grundlage der nachfolgenden didaktischen Überlegungen sind die Zielsetzungen, den unterschiedlichen Zugängen, Voraussetzungen und Fähigkeiten der Studierenden und der Forderung nach Kompetenzorientierung gerecht zu werden.

Diese Zielsetzungen machen es notwendig, den Studierenden einen Handlungsspiel- raum respektive „Möglichkeitsraum" (IP 3, 56) anzubieten, damit sie sich entsprechend ihren individuellen Zugängen, Voraussetzungen und Fähigkeiten individuelle Schwer- punkte setzen können.

In der didaktischen Konzeption und Umsetzung des Interkulturelles Online-Mentoring werden die Gestaltungsprinzipien (vgl. Kapitel 4) und die kritischen Erfolgsfaktoren (vgl. KEF1 bis KEF8) berücksichtigt. Die Konzeption und Umsetzung des Interkulturellen Online-Mentoring orientiert sich an das Modell der gestaltungsorientierten Mediendi- daktik (vgl. Kerres 2001, 42ff.).

9.1 Grundsätzliche Überlegungen

Die Konzeption und Umsetzung des Interkulturelles Online-Mentoring verfolgt einer- seits das pädagogische Ziel, die Studierenden in ihrer praktischen Handlungsfähigkeit durch Einbezug eines E-Portfolios zur Dokumentation des Lernprozesses und seiner Re- flexion zu unterstützen. Zum anderen soll dadurch ein bestimmter Handlungsausschnitt der Studierenden erfasst und sichtbar werden, um die forschungsleitenden Fragen (vgl. Kapitel 7.2) zu beantworten und damit auch (kritische) Schlüsse auf die Praxistauglich- keit der Gestaltungsprinzipien zu ermöglichen.

Zur Erreichung der pädagogischen Zielsetzung orientiert sich die Konzeption und Umsetzung des hybriden Lehr- und Lernarrangements am Modell der gestaltungsorien- tierten Mediendidaktik. Der Vorteil dieses Modells liegt einerseits darin, dass es unab- hängig von bestimmten Lerntheorien ist und damit in vielen Anwendungsbereichen ein- gesetzt werden kann. Andererseits stellt das Modell handlungsleitende Kriterien bereit, die dazu dienen, die Sinnhaftigkeit des Medieneinsatzes in der didaktischen Konzeption zu berücksichtigen und in eine reale Lehr- und Lernsituation zu überführen. Vor diesem Hintergrund sollen im Folgenden ausgewählte präskriptive Ansätze der Mediendidaktik im Allgemeinen und das Modell der gestaltungsorientierten Mediendidaktik im Beson- deren vorgestellt werden. Präskriptive Ansätze dienen vornehmlich dazu, Erkenntnisse aus den verschiedenen Lerntheorien in konkrete didaktische Empfehlungen zu überführen, um ein mediendidaktisches Vorhaben zu konzipieren und zu realisieren.

9.1.1 Instruktionale Ansätze

Instruktionale Ansätze, wie beispielsweise das Modell von Gagné (1965), fokussieren vornehmlich einen systematischen Aufbau von Vermittlungsschritten (Instructional System). Nach einer Bedarfsanalyse werden Kursziele (target objectives) festgelegt, die wiederum in konkrete Lernziele (performance objectives) überführt werden. Zur Erreichung der Lernziele werden dann die Lerneinheiten gestaltet und zur Überprüfung der erreichten Lernziele Prüfungsformate entwickelt. Für die didaktische Konzeption und Umsetzung des Interkulturellen Online-Mentoring ist es wichtig, dass unter *Lernziele* Aussagen darüber verstanden werden, was Lernende am Ende eines Lernprozesses in der Lage zu tun sind (vgl. Kapitel 4.1). Nach Gagné (1965) ist zur Erreichung der Lernziele eine Folge von neun Ereignissen wichtig, die er in seinem Modell „Events of Instruction" anhand einer Unterscheidung zwischen den Aktivitäten der Lehrperson bzw. des technischen Mediums und den Aktivitäten der Lernenden bzw. des Lernenden aufzeigt:

Tabelle 13: Instruktionale Ereignisse (Gagné 1965)

AKTIVITÄT DES LEHRENDEN	AKTIVITÄT DES LERNENDEN
1. Aufmerksamkeit erzielen	Konzentration mobilisieren
2. Lehrziele mitteilen	Realistische Erwartung über Lernergebnis aufbauen
3. An Vorwissen anknüpfen	Langzeitgedächtnis aktivieren
4. Lernmaterial präsentieren	Lernmaterial wahrnehmen
5. Lernhilfen anbieten	Übernahme in Langzeitgedächtnis durch semantische Enkodierung fördern
6. Gelerntes anwenden	Rückschlüsse auf Lernergebnis ermöglichen
7. Rückmeldung geben	Diagnostische Information und Verstärkung geben
8. Leistung testen	Hinweise zur Verfügung haben, die bei der Erinnerung benötigt werden
9. Behaltensleistung und Lerntransfer fördern	Leistung in einer neuen Situation erproben

Nach Issing (1997) zeigt dieses Modell, wie auch andere Instruktions-Ansätze (vgl. Reigeluth 1983; Dick & Carey 1990; Merill 1991, 1992), eine Orientierung am „Systems Approach" bzw. dem „General Systems Design". Das „General Systems Design", ein generisches Verfahren zur Entwicklung von Systemen (vgl. Banathy 1968), basiert wiederum auf folgenden Arbeitsanweisungen:
1. Definiere das Problem.
2. Analysiere die Problemlage, mache einen Lösungsvorschlag, setze Ziele.
3. Entwickle die einzelnen Lösungsschritte und Hilfsmittel.
4. Erprobe die Lösungsschritte und korrigiere.
5. Realisiere und evaluiere den Erfolg.

In der Praxis wird ein Wiederholen und Überspringen dieser Schritte vorgesehen und damit ein heuristisches Problemlöseverfahren aufgezeigt. In seinem Modell ersetzt Issing (1998) die Arbeitsanweisungen durch entsprechende Phasenbezeichnungen und entwickelt so ein Modell, das die gemeinsamen Merkmale verschiedener Modelle des Instruktionsdesigns aufzeigt:

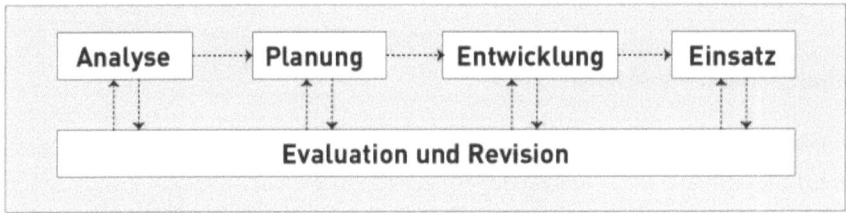

Abbildung 27: Merkmale des Instruktionsdesigns (Issing 1998)

Die Analysephase dient der Definition von Lehr- und Lernzielen und einer Identifizierung der Eigenschaften der Lerner_innen, d.h. einer Zielgruppenanalyse. Für die Planung bedarf es einer inhaltlichen Vorbereitung des Lernstoffs. Auch spielt hier die Konzeption der Medien eine zentrale Rolle. Weiter betonen nach Issing alle Modelle die Relevanz tutorieller Systeme sowie eine kontinuierliche Überprüfung, inwiefern die Software dazu beiträgt, den eingangs festgelegten Lernzielen Rechnung zu tragen. Diese Überprüfung erfolgt in Form einer formativen und summativen Evaluation.

Kritisch anzumerken ist hier, dass zum einen die Überprüfung vornehmlich das Medium evaluiert und zum anderen die Erreichung der Lernziele größtenteils in der Verantwortung der bzw. des „Instructional Designers" liegt und weniger bei den Lernenden. Mit Holzkamp (1993) wird hier argumentiert, dass das Lernen nicht allein schon dadurch angeregt werden kann, dass seitens der bzw. des „Instructional Designers" bestimmte Lernziele gestellt werden. Weiter folgt das Instruktionsparadigma damit implizit einer behavioristischen Auffassung des Lernens. Vor diesem Hintergrund wird der präskriptive Ansatz von Instruktions-Modellen von konstruktivistischer Seite (vgl. Duffy & Jonasson 1992; Clancey 1993) stark kritisiert und in Frage gestellt. Schulmeister (2007, 160) fasst diesen geführten Streit wie folgt zusammen:

> Es handelt sich um einen grundlegenden Paradigmenwechsel, dem wir im Streit der Instruktionalisten mit den Konstruktivisten begegnen. Selbst wenn man sich nicht programmatisch dem Konstruktivismus verschreiben wollte, kann man festhalten, daß das lange Jahrzehnt vorherrschende Paradigma der Instruktion allmählich abgelöst wird durch das Paradigma offener Lernsituationen, daß die lernzielorientierte Planung von Unterricht ersetzt wird durch das Arrangement von Lernumgebungen.

Auch Wildt (2005, 2) betont, dass das „herkömmlich vorwiegend präsentational bzw. instruktional ausgerichtete Paradigma der Hochschullehre (…) sich zu einer Lehrauffassung verschiebt, die sich als Lernförderung versteht und aktives Lernen in den Mittelpunkt stellt."

Vor dem Hintergrund dieser kritischen Überlegung soll nachfolgend zur Erreichung der pädagogischen Zielsetzung das präskriptive Modell der *gestaltungsorientierten Mediendidaktik* näher betrachtet werden. Ziel ist es, die pädagogische Zielsetzung in den Mittelpunkt zur rücken, nicht die Optimierung des Mediums.

9.1.2 Gestaltungsorientierte Mediendidaktik

Der präskriptive Ansatz der gestaltungsorientierten Mediendidaktik (vgl. Kerres 2001, 42ff.) versucht, die anhand von verschiedenen Lerntheorien entwickelten didaktischen Modelle zu integrieren. Damit verfolgt der Ansatz keine konkrete Lernauffassung, vielmehr werden die verschiedenen lerntheoretischen Ansätze als Fundus für die Gestaltung von Lernangeboten betrachtet, die im Hinblick auf ein Bildungsanliegen einzusetzen sind.

Der Erfolg einer mediendidaktischen Planung ist nach Kerres (2001, 49) vom Zusammenwirken von mindestens vier Aktivitäten abhängig, die zu koordinieren sind und je nach den Rahmenbedingungen eines didaktischen Feldes gewichtet werden:

Abbildung 28: Das magische Viereck mediendidaktischer Innovation (Kerres 2001)

Die vier Aktivitäten in dem magischen Viereck beschreibt Kerres wie folgt (2001, 48f.):
*   „Ausbau und Sicherung von Infrastruktur (Ausstattung in Hard- und Software ebenso wie die Verfügbarkeit von Dienstleistungen für deren Einrichtung, Wartung und Pflege)
*   Entwicklung der personellen und strukturellen Vorraussetzungen für die erfolgreiche Mediennutzung (Personal- und Organisationsentwicklung, u.a. durch Qualifizierungsmaßnahmen und Anpassung organisationaler Rahmenbedingungen)

- Produktion mediengestützter Lernangebote (einschl. Erstellung einer mediendidaktischen Konzeption, Entwicklung von Medien), Distribution der Medien und Sicherung deren Nutzung
- Reform der Lehrinhalte: Welche (neuen) Lehrinhalte wollen wir vermitteln?, Reform der Lernmethoden: Welche (neuen) Methoden des Lehren und Lernens streben wir an?"

Somit lässt sich die Qualität eines Lernangebots nicht allein an den Merkmalen eines Mediums festmachen. Vielmehr gilt es, die gesamten Rahmenbedingungen des didaktischen Feldes aufzuzeigen, um sicherzustellen, dass ein mediales Lernangebot dazu beiträgt, eine spezifische Bildungsherausforderung zu lösen bzw. ein spezifisches Bildungsanliegen zu adressieren (vgl. Kerres 2004, 10). Die nachfolgenden handlungsleitenden Kriterien sollen helfen herauszufinden, inwiefern digitale Medien in einem Lernangebot einen tatsächlichen Wirkungsgrad für die Bildungsarbeit entfalten können (vgl. Kerres 2004, 10):

1. „Ein Vorhaben muss immer ein Bildungsproblem oder, allgemeiner ausgedrückt, ein Bildungsanliegen ansprechen. (…) Der Erfolg eines Vorhabens hängt nicht davon ab, ob ein bestimmtes technisches Problem gelöst wird, sondern ob mit dieser Lösung ein bestimmtes Bildungsanliegen adressiert werden kann.
2. Es geht nicht darum, die eine, „beste" didaktische Methode zu finden und anzuwenden. Die Lösung eines Bildungsanliegens macht es vielmehr erforderlich, den Prozess der Konzeption und Entwicklung der Gestaltungsaufgabe zu erkennen. (…).
3. Ein Vorhaben ist an Parametern des didaktischen Feldes auszurichten. Es sind dazu die bekannten didaktischen Eckwerte zu spezifizieren, wie Zielgruppe, Bildungsbedarf und -bedürfnisse, Lehrinhalte und -ziele, Lernsituation und -organisation. Hieraus lässt sich ein didaktisches Konzept ableiten und begründen.
4. Die Medienkonzeption muss den Mehrwert gegenüber anderen (ggf. bereits etablierten) Lösungen aufzeigen. Darüber hinaus ist die Effizienz der gefundenen Lösung zu beachten, d.h. das Verhältnis von Kosten und Nutzen verschiedener Varianten abzuwägen."

Im Folgenden sollen anhand dieser genannten Kriterien die *Planungs-* und *Entwicklungsschritte* des Interkulturellen Online-Mentoring aufgezeigt werden. Der Ansatz der gestaltungsorientierten Mediendidaktik eignet sich besonders gut für die didaktische Konzeption, da zum einen deskriptive Lerntheorien nicht in einen präskriptiven Ansatz übersetzt wurden und zum anderen die Lösung eines Bildungsanliegens im Vordergrund steht (und nicht die technische Machbarkeit eines Lernangebots). Kritisch gesehen wird jedoch auch anhand eines Planungsmodells noch kein Lernprozess initialisiert, sondern nur ermöglicht.

9.2 Konzeption

Vor dem Hintergrund der vorangegangenen Überlegungen wird erneut deutlich, dass E-Learning keinesfalls automatisch zu Verbesserungen bzw. einem pädagogischen Mehrwert im Bildungsbereich führt. E-Learning ist vielmehr „eine Antwort auf eine Chance, eine Vielfalt von Angeboten" (IP 7, 29) zu realisieren.

Um den didaktischen Nutzen des Interkulturelles Online-Mentoring aufzuzeigen, wird die Konzeption des hybriden Lehr- und Lernarrangements von folgenden zentralen Fragen getragen, die zunächst das Bildungsanliegen erfassen:

1. An wen richtet sich das mediendidaktische Angebot?
2. Wie ist der bestehende Lehr- und Lernkontext beschaffen?
3. Welche Ziele sollen durch den Medieneinsatz erreicht werden?

Erst nach Klärung dieser Fragen stehen konzeptionelle Fragen im Fokus, die vor allem mit inhaltlichen, didaktischen, technischen und ökonomischen Fragen einhergehen:

4. Welche Inhalte sollen angeboten werden?
5. Welche didaktischen Medien eignen sich?
6. Wie werden die Inhalte technisch umgesetzt?
7. In welchem Verhältnis steht der Realisierungsaufwand zum Nutzen?

Diese zentralen Fragen, welche die gestaltungsorientierte Mediendidaktik als Prüfstein ansetzt, inwieweit ein mediales Lernangebot dazu beiträgt, ein spezifisches Bildungsanliegen zu adressieren, werden nachfolgend unter Rückgriff auf die in Kapitel 4 formulierten Gestaltungsprinzipien detailliert beantwortet.

9.2.1 Die Folkwang Universität der Künste

Das Interkulturelle Online-Mentoring wurde für Studierende an der Folkwang Universität der Künste im fachübergreifenden Modul *Optionale Studien* entwickelt. Gegenstand der Veranstaltungen im Modul *Optionale Studien* ist die Aneignung von *Schlüsselkompetenzen*.

Die Folkwang Universität der Künste ist mit rund 1400 Studierenden die größte Kunst- und Musikhochschule in Nordrhein-Westfalen. Zu den besonderen Profilmerkmalen der Folkwang Universität der Künste gehört die durch Karl Ernst Osthaus begründete Folkwang-Idee vom interdisziplinären Lehren, Lernen und Produzieren. Die Diversität in den Künsten, in der Studierendenschaft, bei den Hochschulangehörigen und an den fünf Standorten ist ein *konstituierendes Charakteristikum* der Folkwang Universität der Künste und ein wichtiges Kriterium für die zukünftige Entwicklung der Hochschule. Über 30 Prozent der mehr als 1400 Studierenden kommen aus nahezu allen Ländern der Welt und prägen die multikulturelle Atmosphäre an den fünf Standorten Bochum, Dortmund, Duisburg, Essen-Zollverein und Essen-Werden.

Zur Profilbildung setzt die Hochschule auf ein breites Fächerspektrum, das sich in einer Vielzahl disziplinärer und interdisziplinärer Bachelor- und Masterstudiengänge widerspiegelt. Inzwischen kann mit einer weitgehend flächendeckenden Einführung von Bachelor- und Masterstudiengängen die umfassende Reformphase an der Folkwang Universität der Künste als abgeschlossen gelten. Zudem ermöglicht die Polyvalenz der Bachelor- und Masterstudiengänge in den Disziplinen Musik, Theater, Tanz, Gestaltung und Wissenschaft die Erschließung einer größeren Vielfalt an Angeboten, als es die bisherige Struktur leisten konnte. Um sich verändernden gesellschaftlichen Anforderungen Rechnung zu tragen, ist in allen Bachelor-Studiengängen die *fachübergreifende* Aneignung von Schlüsselkompetenzen im Modul *Optionale Studien* obligatorisch verankert. Die nicht konsekutiven Masterstudiengänge und Weiterbildungsangebote bieten fachliche Spezifizierungen, die im Sinne der Bologna-Empfehlungen die Möglichkeit eröffnen, sich erforderliche Spezialisierungen anzueignen. In dieser Neu- und Umstrukturierung stellen sich nunmehr für das Wirken einer *qualitativen* Studienreform beispielsweise Fragen nach veränderten Organisations- und didaktischen Gestaltungsformen des Lehrangebots, nach einer Verknüpfung von inhaltlicher und methodischer Kompetenz in den Lehrplänen, nach pädagogischen, didaktischen und methodischen Chancen und Möglichkeiten neuer Lehr- und Lernformate sowie zur Konzeption von Studienprogrammen im Weiterbildungssektor (vgl. Jorzik et al. 2011).

9.2.2 Lehr- und Lernkontext

Das Interkulturelle Online-Mentoring wurde im Sommersemester 2011 im Modul *Optionale Studien* der Folkwang Universität der Künste angeboten und richtete sich *fachübergreifend* vornehmlich an Bachelor-Studierende.

Im Modul *Optionale Studien* werden Veranstaltungen wöchentlich und als Blockveranstaltungen in konventionellen Unterrichtsformen oder in Blended-Learning in der hochschuleigenen Lernplattform Moodle[84] angeboten.

Gegenstand der Veranstaltungen im Modul *Optionale Studien* ist die Aneignung von Schlüsselkompetenzen, um Studierende zu befähigen, sich in verändernden Berufs- und Identitätskonzepten zu behaupten und eigene Handlungsperspektiven zu entwickeln. Die Teilnahme an Veranstaltungen im Modul *Optionale Studien* ist für die Bachelor-Studierenden obligatorisch (Erwerb von ECTS[85]) und für Master-Studierende fakultativ. Die

---

84 Moodle steht in der Version 2.0 zur Verfügung.
85 Die Buchstaben ECTS stehen als Abkürzung für: European Credit Transfer System. Anhand der Ausweisung von ECTS sollen bei einem Hochschulwechsel die Leistungen, die Studierende an ihrer bisherigen Hochschule erbracht haben, von der neuen Hochschule anerkannt werden. Hierzu ist es erforderlich, dass die neue Hochschule nicht nur die Prüfungsnoten erfährt, sondern auch um den Arbeitsaufwand weiß, der für das jeweilige Fach zu absolvieren war. Damit legen ECTS fest, wie viel Arbeitszeit im Durchschnitt nötig ist, um eine Lehrveranstaltung oder ein Modul erfolgreich zu absolvieren. Die Arbeitszeit umfasst neben der Anwesenheitszeit bzw. Kontaktzeit der Studierenden mit der Lehrperson auch die Zeit, die für die Vor- und Nachbereitungen sowie die Prüfung der Lerninhalte notwendig ist. ECTS geben Studierenden damit Anhaltspunkte, wie viel Zeit sie für eine Lehrveranstaltung oder ein Modul einplanen sollten. Lehrende sollten diese Zeit bei der Planung ihrer Lehrveranstaltung oder bei der Curriculumentwicklung berücksichtigen.

Veranstaltungen im Modul *Optionale Studien* sind frei wählbar und je nach Studiengang (Bachelor) müssen insgesamt sechs bis zwölf ECTS erworben werden.

Für die Durchführung von mediengestützten Veranstaltungen stehen allen Hochschulangehörigen neben der Lernplattform Moodle die E-Portfolio-Software Mahara,[86] drei computergestützte Arbeitsräume und eine WLAN-Infrastruktur zur Verfügung. Zudem werden zehn WLAN-fähige Notebooks bereitgestellt. Darüber hinaus stehen den Studierenden und Lehrenden an der Folkwang Universität der Künste Ansprechpartner_innen sowohl für technische als auch für mediendidaktische Fragestellungen zur Seite. Die Ausgestaltung des Lehrangebots *Optionale Studien*, die Administration und Support-Dienstleistungen innerhalb der Lernumgebungen Moodle und Mahara sowie die Bereitstellung und Entwicklung mediendidaktischer Beratungs- und Workshopangebote für Studierende und Lehrende wird an der Folkwang Universität der Künste zentral vom *Institut für Lebenslanges Lernen* koordiniert und verantwortet.[87]

Darüber hinaus war das Interkulturelle Online-Mentoring mit unterschiedlichen Schwerpunkten Gegenstand von zwei erfolgreichen Antragsstellungen, die mit einer Projektförderung einhergingen und die Realisierung des Interkulturellen Online-Mentoring ermöglicht haben.

Erstens war das Interkulturelle Online-Mentoring konzeptionell in das Modellkonzept *Interkulturelles Mentoring* als *Qualifizierungsangebot* eingebunden. Das *Interkulturelle Mentoring* wurde für die Teilnahme an einer kompetitiven Ausschreibung des Deutschen Akademischen Austauschdiensts (DAAD) in der Programmlinie Profin[88] konzipiert. Nach einer erfolgreichen Antragstellung konnte mit einer Gesamtfördersumme in Höhe von 164.000 Euro im geförderten Zeitraum von Mai 2010 bis März 2012 das Modellkonzept *Interkulturelles Mentoring* realisiert werden.

Die nachfolgende Abbildung veranschaulicht die Verortung des Interkulturellen Online-Mentoring im Modellkonzept:

---

86 Mahara steht in der Version 1.3.5 zur Verfügung.
87 www.folkwang-uni.de/lebenslanges-lernen.de. Die Autorin dieser Arbeit ist an der Folkwang Universität der Künste u.a. als wissenschaftliche Geschäftsführerin des Instituts für Lebenslanges Lernen tätig.
88 Die Buchstaben PROFIN stehen als Abkürzung für: Programm zur Förderung der Integration ausländischer Studierender. Die Autorin dieser Arbeit war Antragstellerin und Projektleiterin.

MODELLKONZEPT INTERKULTURELLES MENTORING		
Phase 1	**Phase 2**	**Phase 3**
Qualifizierungsangebot für Studierende zur E-Juniormentorin bzw. zum E-Juniormentor: INTERKULTURELLES-ONLINE MENTORING:	Online-Mentoring für internationale Erstsemester_innen vor Studienbeginn durch qualifizierte Studierende (E-Juniormentor_innen)	Mentoring zu Studienbeginn durch qualifizierte Studierende (E-Juniormentor_innen), unterstützt durch ein dezentral organisiertes interkulturelles Veranstaltungsangebot und Sprachtandem

Abbildung 29: Modellkonzept Interkulturelles Mentoring (eigene Darstellung)

Das pädagogische Ziel des Modellkonzepts *Interkulturelles Mentoring* bestand darin, „den von Studierenden in Beratungsgesprächen und Seminaren geäußerten starken Wunsch nach mehr persönlicher Betreuung im Studium" unter Berücksichtigung hochschulspezifischer Studienstrukturen[89] Rechnung zu tragen (Folkwang Universität der Künste 2010, 14f.).

Dazu sollten alle internationalen Erstsemester_innen online bereits *vor* Studienbeginn, d.h. zwischen Studienplatzvergabe und Studienbeginn, von Studierenden höherer Semester betreut werden.

Das Interkulturelle Online-Mentoring richtete sich somit vornehmlich an Bachelor-Studierende *höherer Semester* aus allen Fachbereichen, die daran interessiert waren, sich für die Aufgaben einer E-Juniormentorin bzw. eines E-Juniormentors zu *qualifizieren*. Das übergeordnete Lehr- und Lernziel (Grobziel) des konzipierten *Qualifizierungsangebots* bestand darin, die Studierenden zu befähigen, E-Learning-Elemente wie beispielsweise synchrone und asynchrone Kommunikationsformen (Chat, Foren) oder kooperative Elemente wie Wikis bei der Beratung und Betreuung der zukünftigen Erstsemester_innen selbstständig und kultursensibel einzusetzen. Vor diesem Hintergrund sollte der qualifizierte Umgang mit E-Learning-Elementen praxisnah in einem hybriden Lehr- und Lernarrangement erlernt und ausprobiert werden. Zudem sollte das Interkulturelle Online-Mentoring für die zukünftigen E-Juniormentor_innen zeit- und ortsunabhängig angeboten werden, um Studierenden aus allen Fachbereichen (mit unterschiedlichen Studienverlaufsplänen) die Teilnahme zu ermöglichen.

---

89 Wie bereits angeführt, erfolgt an Kunst- und Musikhochschulen die Studienaufnahme nach bestandener Eignungsprüfung. An der Folkwang Universität der Künste finden, wie an den anderen Kunst- und Musikhochschulen auch, die Eignungsprüfungen weitgehend im Sommer statt; der größte Teil der Studiengänge beginnt zum Wintersemester. Erfolgreiche Studienbewerber_innen erhalten an der Folkwang Universität der Künste in der Regel im Juni bzw. Anfang Juli eine Studienplatzzusage, die sie im Rahmen von zwei Wochen bestätigen müssen. Die zweimonatige Zeit (August und September) zwischen Studienplatzvergabe und Studienbeginn galt es produktiv auszugestalten und zu nutzen.

Um engagierte Studierende höherer Semester aus allen Fachbereichen zu gewinnen, wurde mit einem Plakat[90] und auf den Internetseiten der Folkwang Universität der Künste detailliert über das Modellkonzept *Interkulturelles Mentoring* informiert.[91] Hier wurde u.a. mitgeteilt, dass das im Modellkonzept konzipierte *Qualifizierungsangebot* Interkulturelles Online-Mentoring im Modul *Optionale Studien* verortet ist, in Blended-Learning angeboten wird und bei erfolgreicher Teilnahme ein anschließender Praxistransfer des Erlernten als E-Juniormentor_in in einem Online-Kurs erfolgt. Für die erfolgreiche Teilnahme am *Qualifizierungsangebot* und der anschließenden selbstständigen Online-Betreuung konnten Bachelor-Studierende im Modul *Optionale Studien* 6 ECTS erwerben. Zudem wurde darauf hingewiesen, dass die qualifizierten E-Juniormentor_innen während der Online-Betreuung von wissenschaftlichen Hilfskräften unterstützt werden und die mentorielle Face-to-face-Betreuung im Wintersemester 2011/12 vergütet wird.[92] Das *Qualifizierungsangebot* startete am 30.04.2011.

Nicht zuletzt wurde auf den Internetseiten der Folkwang Universität der Künste darüber informiert, dass das *Qualifizierungsangebot* Interkulturelles Online-Mentoring in Form einer *nicht teilnehmenden Beobachtung* wissenschaftlich begleitet wird.[93]

Zweitens war das Interkulturelle Online-Mentoring Bestandteil des Antrags *Diversität als didaktisches Prinzip im hochschulischen Lehr-Lern-Kontext* im Rahmen des Programms „Ungleich besser! – Verschiedenheit als Chance" des Stifterverbands für die Deutsche Wissenschaft.[94]

In Anbetracht des hohen Anteils an internationalen Studierenden wurde in dem Antrag *Diversität als didaktisches Prinzip im hochschulischen Lehr-Lern-Kontext* die Internationalisierung der Folkwang Universität der Künste und die Herausforderung, multikulturellen Lerngruppen didaktisch Rechnung zu tragen, in den Mittelpunkt gerückt. Das *Qualifizierungsangebot* wurde im Rahmen von „Ungleich besser" somit vornehmlich didaktisch in den Blick genommen.

---

90 Vielen Dank an Frank Josten für die Illustration.

91 Eine Reprise findet sich unter: www.folkwang-uni.de/home/hochschule/organisation/institut-fuer-lebenslanges-lernen-ifll/aktuell/ (15.10.2012).

92 Damit fand keine so genannte *primäre Selektion* durch die Autorin statt; die Bereitschaft zur Teilnahme an dem *Qualifizierungsangebot* hing von den Studierenden ab. Durch das Plakat und die Informationen auf den Internetseiten der Folkwang Universität der Künste sollten viele Studierenden erreicht werden. Zudem war die erfolgreiche Teilnahme am *Qualifizierungsangebot* auch mit einem finanziellen Anreiz verbunden. Der Vorteil des *Sampling durch Selbstaktivierung* liegt in der gesicherten Freiwilligkeit der Teilnahme. Jedoch ergeben sich aus der Selbstaktivierung auch automatisch Selektionsprozesse (vgl. Reinders 2005).

93 Zur Beantwortung der forschungsleitenden Fragen sollte das Lernhandeln der Studierenden anhand eines bestimmten Handlungsausschnitts aufgezeigt werden, ohne selbst daran beteiligt zu sein. Der Einblick in einen bestimmten Handlungsschnitt wurde in Anlehnung an die Methode der nicht teilnehmenden Beobachtung gewonnen (vgl. Kapitel 7). Aus Forschungsgründen wurde das *Qualifizierungsangebot* daher von Stefanie Melters, Lehrkraft für besondere Aufgaben und Modulbeauftragte *Optionale Studien* im Institut für Lebenslanges Lernen, durchgeführt. An dieser Stelle herzlichen Dank an Stefanie Melters für die engagierte Durchführung.

94 www.stifterverband.org/wissenschaft_und_hochschule/hochschulen_im_wettbewerb/ungleich_besser/index.html (15.10.2012). Die Autorin dieser Arbeit war Antragsstellerin und Projektleiterin.

Insgesamt nahmen an diesem Programm vier Universitäten, drei Fachhochschulen und eine Kunst- und Musikhochschule, die Folkwang Universität der Künste, teil. Die acht Hochschulen erhielten für zwei Jahre eine Projektförderung von jeweils 25.000 Euro und wurden im Juli 2012 mit dem Zertifikat *Vielfalt gestalten* vom Stifterverband für die Deutsche Wissenschaft ausgezeichnet.

Nachdem nunmehr der Lehr- und Lernkontext sowie die Rahmenbedingungen des Interkulturelles Online-Mentoring erläutert wurden, soll die Zielgruppe – die potenziellen E-Juniormentor_innen – näher betrachtet werden.

9.2.3 Zielgruppe

Neben soziodemografischen Merkmalen wie *Alter* und *Geschlecht* (innere Dimensionen) von Diversität der Studierenden sind vor allem zwei weitere Diversitäts-Dimensionen der Studierenden an der Folkwang Universität der Künste augenfällig: die Dimension *Nationale Herkunft/Ethnie* und die Dimension *Vorwissen*. Diese Merkmale von Diversität der Studierenden resultieren aus der Internationalisierungsstrategie der Folkwang Universität der Künste im Wettbewerb um die ‚besten Talente‘ und dem begabungsorientierten Aufnahmeverfahren. Darüber hinaus ist die Diversität in den Künsten ein zentrales Charakteristikum der Folkwang Universität der Künste. Da das Interkulturelle Online-Mentoring im Modul *Optionale Studien* angeboten wurde, galt es auch ein Merkmal aus der Kategorie der organisationalen Dimensionen zu berücksichtigen: die *Studienrichtung*.

9.2.3.1 Diversitätsmerkmale

In der Regel sind die Studierenden an der Folkwang Universität der Künste in den grundständigen Studiengängen für ein Erststudium eingeschrieben und circa zwischen 18 bis 26 Jahre alt. Da sich das *Qualifizierungsangebot* vornehmlich an Bachelor-Studierende *höherer* Semester richtete, wurde angenommen, dass die Studierenden circa zwischen 19 bis 23 Jahre alt sind.

Eine Synopse zum Frauenanteil an den Studierenden nach Fachbereich vom Gleichstellungsbüro der Folkwang Universität der Künste zeigt,[95] dass sich in allen Fachbereichen eine quantitative Repräsentanz von Studentinnen von etwas über 50 Prozent findet. Somit konnte von einer einigermaßen ausgewogenen Zusammensetzung der zu qualifizierenden E-Juniormentor_innen nach Geschlecht ausgegangen werden, bzw. dass tendenziell mehr Studentinnen an dem *Qualifizierungsangebot* teilnehmen werden.

---

95 Vgl. den Rahmenplan für die Bereiche Gender und Diversity Management der Folkwang Universität der Künste unter: www.folkwang-uni.de/gleichstellungsbuero (15.10.2012).

Über 30 Prozent der Studierenden an der Folkwang Universität der Künste sind als Konsequenz der Internationalisierungsstrategie der Folkwang Universität der Künste so genannte Bildungsausländer_innen. Ein Großteil der internationalen Studierenden kommt aus dem asiatischen und südamerikanischen Kulturraum und im europäischen Kulturraum vorwiegend aus slawischen Kulturkreisen. Es wurde somit davon ausgegangen, dass die Gruppe der zukünftigen E-Juniormentor_innen multikulturell zusammengesetzt ist.

Als eine weitere wichtige Dimension der Zielgruppe der Studierenden ist das *Vorwissen* zu nennen. Die Studierenden an der Folkwang Universität der Künste erhalten in erster Linie ihren Studienplatz aufgrund ihrer künstlerischen Begabung, verbindliche universitäre Hochschulzugangsbedingungen wie das Abitur sind sekundär. Daher wurde angenommen, dass die Lernendengruppe auch hinsichtlich ihrer schulischen Vorbildung divers ist.

Nicht zuletzt war zu erwarten, dass die Gruppe der zukünftigen E-Juniormentor_innen transdisziplinär zusammengesetzt ist.

Zusammenfassend wurde davon ausgegangen, dass sich die Gruppe der zukünftigen E-Juniormentor_innen durch folgende Diversitäts-Dimensionen auszeichnet:
- Innere Dimensionen:
  - Alter
  - Geschlecht
  - Nationale Herkunft/Ethnie
- Äußere Dimension:
  - Vorwissen/schulischer Abschluss
- Organisationale Dimension:
  - Studienrichtung/Semester

9.2.4 Auswahl und Aufbereitung

Vor dem Hintergrund der Ausführungen zum Lehr- und Lernkontext und der Rahmenbedingungen des Interkulturellen Online-Mentoring, der Erläuterung der pädagogischen Zielsetzung sowie des Grobziels dieses *Qualifizierungsangebots* und einer näheren Betrachtung der Zielgruppe stehen nachfolgend nun die inhaltlichen und didaktischen Fragen unter Rückgriff auf die in Kapitel 4 formulierten Gestaltungsprinzipien im Fokus. Anschließend erfolgt eine nähere Betrachtung technischer und ökonomischer Fragen.

9.2.4.1 Inhalte und Didaktik

Mit Kerres (2001, 148) erfordert die inhaltliche Aufbereitung von Lehr- und Lerninhalten für eine didaktische Medienkonzeption eine Reihe von Schritten, um Wissen in Lernangebote zu überführen. So bedarf es einer Tätigkeitsanalyse, d.h. einer stärkeren Kompetenzorientierung vor dem Hintergrund der Frage: ,Was sollen die Studierenden aufgrund der Inhalte lernen und was sind sie in der Lage zu tun?'. Dieser Tätigkeitsanalyse wird im Interkulturellen Online-Mentoring durch eine möglichst genaue Ausweisung von Kompetenzbereichen und Handlungsdimensionen Rechnung getragen (Lehr- und Lernziele). Für eine systematische Aufbereitung von Lehr- und Lerninhalten wird anschließend die Konstruktion der Lernaufgaben erläutert (Lernaufgabe). Abschließend wird der didaktische Einsatz des E-Portfolios in den Mittelpunkt gerückt (E-Portfolio).

9.2.4.1.1 Lehr- und Lernziele

Das übergeordnete Lehr- und Lernziel (Grobziel) des konzipierten Interkulturellen Online-Mentoring besteht, wie bereits angeführt, darin, die Studierenden zu befähigen, E-Learning-Elemente bei der Beratung und Betreuung der zukünftigen Erstsemester_innen in einem Online-Kurs selbstständig und kultursensibel einzusetzen. Vor dem Hintergrund einer stärkeren Kompetenzorientierung fokussiert dieses Grobziel die Handlungskompetenz der Studierenden, die sich wiederum aus den drei Kompetenzbereichen Sach-, Sozial- und Selbstkompetenz zusammensetzt (vgl. Kapitel 3.2). Die damit einhergehenden Handlungsdimensionen sollen als Feinziele ausgewiesen werden, und zwar derart, dass Studierende verstehen, was sie in der Lage zu tun sind. Zugleich gilt es bei der Ausweisung der Feinziele unterschiedliche kognitive Prozessdimensionen zu berücksichtigen.

Offen bleibt nunmehr die Frage, auf welcher Grundlage die Feinziele systematisch abgeleitet und formuliert werden können. Im didaktischen Konzept dient das *erste* Gestaltungsprinzip zur Formulierung von Feinzielen sowie zur Ausweisung von kognitiven Prozessen:

GP 1: Unter Berücksichtigung der Ordnungskriterien Kompetenzbereiche und Handlungsdimensionen (nach Euler & Hahn) sowie Wissens- und Erkenntnisdimensionen (nach Anderson & Krathwohl) lassen sich Lernziele systematisch ableiten, differenziert operationalisieren und explizit ausweisen.

Unter Rückgriff auf das erste Gestaltungsprinzip kann zu Beginn der Unterrichtsplanung das übergeordnete Lernziel sowie die damit einhergehenden Handlungsdimensionen als Feinziele einer Lerneinheit durch die Ausweisung unterschiedlicher kognitiver Prozessdimensionen mit Hilfe von Verben präzisiert werden. Die Feinziele werden im Interkulturellen Online-Mentoring dem jeweiligen Themenblock der Lerneinheit vorangestellt. Die Einteilung der Lehr- und Lerninhalte in Themenblöcke dient einerseits der Orientierung und strukturierten Übersicht der Lehr- und Lerninhalte. Andererseits sollen die Studierenden auch durch eine zeitliche Ausweisung der Themenblöcke ihr Lernhandeln besser einplanen können. Exemplarisch wird veranschaulicht, wie die Feinziele im ersten Themenblock ausgewiesen werden:

Kursthemen

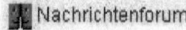 Nachrichtenforum

1 **02.05.2011 - 14.05.2011**
Einführung: Kultur und Interkulturalität

- Sie sind in der Lage, die Begriffe Kultur und Interkulturalität zu definieren und zu unterscheiden sowie Ursachen für Kommunikationsmissverständnisse in multikulturellen Gruppen zu identifizieren und zu erklären.

- Sie können gemeinsam mit anderen Lernenden ein Mind-Map erstellen und bearbeiten und sind in der Lage, ein Forum einzustellen und dort Kommunikationsbeiträge zu schreiben.

- Sie können ihre eigene kulturelle Verhaftung kritisch reflektieren und beurteilen.

Abbildung 30: Screenshot Lernziele erster Themenblock (eigene Darstellung)

Die kompetenzorientierte Unterscheidung weist auf die unterschiedlichen kognitiven Prozessdimensionen hin, die zur Erreichung der intendierten Feinziele (Wissen, Fertigkeiten, Einstellungen) erforderlich sind; die Studierenden wissen, was sie in der Lage zu tun sind. Weiter wird auch hier der Mehrwert deutlich, der durch den Einsatz von E-Learning-Elementen resultieren kann. Neben den Vorteilen wie zeit- und ortsunabhängiges Lernen, erlernen die Studierenden mit Blick auf das Grobziel den praktischen Umgang mit E-Learning-Elementen, um sie später selbstständig im Rahmen der Online-Betreuung einzusetzen. Auch soll der Umgang und die Nutzung dieser Medien kultursensibel reflektiert werden. So kann in dem ersten Themenblock in einem Forum beispielsweise darüber diskutiert werden, welche Kommunikationsprobleme (vgl. KEF6) durch die Nutzung asynchroner Kommunikationswerkzeuge auftreten können und inwiefern mögliche Missverständnisse in multikulturellen Gruppen auch kulturell bedingt sein können. Durch diesen doppelten Praxisbezug soll das Prinzip des ‚Entweder-Oder‘ abgelöst werden, da das theoretisch erworbene Wissen sowohl im Interkulturellen Online-Mentoring (Phase 1) als auch im Praxistransfer (Phase 2) angewendet wird. Die kompetenzorientierte Lernzielbestimmung gilt es nunmehr auch in der Konstruktion der Lernaufgaben zu berücksichtigen.

9.2.4.1.2 Lernaufgaben

Einen zentralen Schwerpunkt bei der Konzeption des Interkulturellen Online-Mentoring stellt die Konstruktion von Lernaufgaben dar. Die gewonnenen Erkenntnisse aus den vorangegangenen Kapiteln zeigen sowohl die Relevanz als auch die damit verbundenen didaktischen Herausforderungen auf. Um diesen zu begegnen, sollen die Gestaltungsprinzipien herangezogen werden.

- Anzahl

In Abgleich mit der Zielgruppe und unter besonderer Berücksichtigung der Dimension *Vorwissen* gilt es zu beachten, dass nicht alle Lerninhalte in gleicher Weise für jede Studentin bzw. jeden Studenten verbindlich sein müssen. Vielmehr gilt es, den Handlungsspielraum der Studierenden zu erweitern, indem individuelle Schwerpunkte gesetzt werden können.

Nunmehr stellt sich die Frage, auf welcher Grundlage dieser Handlungsspielraum ausgestaltet wird, der die unterschiedlichen Zugänge, Voraussetzungen und Fähigkeiten in einer Lerngruppe zu berücksichtigen sucht. Im didaktischen Konzept dieser Arbeit dient das hergeleitete *zweite* Gestaltungsprinzip als didaktische Entscheidungsgrundlage:

> GP 2: Die Differenzierung in ein verbindliches Fundamentum und in ein fakultatives Additamentum ermöglicht seitens der Lernenden eine individuelle Schwerpunktsetzung.

Unter Rückgriff auf das zweite Gestaltungsprinzip kann der Produktion einer intuitiv erzeugten Aufgabenmenge entgegengewirkt und den Studierenden eine individuelle Schwerpunktsetzung ermöglicht werden (vgl. KEF5). Der Mehrwert eines hybriden Lehr- und Lernarrangements besteht hier zudem darin, dass die Wahlmöglichkeiten den Studierenden in Form eines Aufgabenpools zeit- und ortsunabhängig bereitgestellt werden können und sie dadurch jederzeit Zugriff auf das Angebot haben.

- Komplexität

Damit die Studierenden auch die Möglichkeit haben, Lernaufgaben zu bearbeiten, die ihre individuelle Leistungsfähigkeit berücksichtigt, und sie somit weitgehend weder unter- noch überfordert werden, ist es notwendig, dass sie aus dem Aufgabenpool Lernaufgaben mit unterschiedlichen Schwierigkeitsgraden auswählen können. Zugleich gilt es auch die unterschiedlichen Wissensdimensionen bei der Aufbereitung der Inhalte zu berücksichtigen. Um der individuellen Leistungsfähigkeit gerecht zu werden, dient im didaktischen Konzept das *dritte* Gestaltungsprinzip zur Ausgestaltung des Merkmals *Komplexität*:

> GP 3: Unter Berücksichtigung der Ordnungskriterien Wissens- und Erkenntnisdimensionen (nach Anderson & Krathwohl) sind Lerninhalte systematisch einzuordnen und differenziert in unterschiedlichen Lernaufgaben zu operationalisieren.

Unter Rückgriff auf das dritte Gestaltungsprinzip und in Abgleich mit der Zielgruppe können zu jeder Lerneinheit (Themenblock) Lernaufgaben erzeugt werden, die inhaltliche Schwerpunkte einer Wissensdimension zuordnen und damit einhergehende kognitive Prozesse berücksichtigen. Nachfolgende Matrix dient als Folie, um bei der Konstruktion der Lernaufgaben das Merkmal *Komplexität* zu berücksichtigen. Die unterschiedlichen Aufgaben werden in der Tabelle durch unterschiedliche Buchstaben dargestellt. Die Pfeile verdeutlichen, dass die zur Bearbeitung komplexerer Aufgaben erforderlichen Erkenntnisdimensionen die vorangegangenen kognitiven Prozesse einschließen:

Tabelle 14: Eigene Darstellung in Anlehnung an die Taxonomie von Anderson & Krathwohl (2001)

INHALT	DIE KOGNITIVEN PROZESS-DIMENSIONEN					
	Erinnern	**Verstehen**	**Anwenden**	**Analysieren**	**Evaluieren**	**Kreieren**
Inhaltlicher Schwerpunkt **Fakten- und konzeptuelles Wissen**	⟶	A				
Inhaltlicher Schwerpunkt **Prozedurales Wissen**	⟶			B		
Inhaltlicher Schwerpunkt **Metakognitives Wissen**	⟶				C ⟶	C'

- Variation

Darüber hinaus soll den Studierenden in dem Aufgabenpool auch eine *Vielfalt an Bearbeitungsmöglichkeiten* bereitgestellt werden. Wie bereits im vierten Kapitel ausgeführt, aktivieren Lernaufgaben nach Petschenka et al. (2004) den Lernprozess und unterstützen je nach Aufgabenanforderungen (Merkmal Komplexität) bestimmte Wissenstypen. So bedarf es einfacher und komplexerer Aufgabentypen, welche die Studierenden dazu anregen sollen, ihr Wissen auszuprobieren und eigene Lösungen zu entwickeln.

Offen bleibt jedoch die Frage, wie eine Variation von Aufgabentypen in der konkreten Umsetzung erreicht werden kann. Dazu dient im didaktischen Konzept das *vierte* Gestaltungsprinzip:

> GP 4: Mit Hilfe von Typologien (offene, halboffene und geschlossene Aufgabentypen) lassen sich Lernaufgaben variieren.

Unter Rückgriff auf das vierte Gestaltungsprinzip können Lernaufgaben in Aufgabenklassen (geschlossene Aufgaben, halboffene Aufgaben und offene Aufgaben) übergeführt und so den Studierenden eine Vielfalt an Bearbeitungsmöglichkeiten angeboten werden, welche zugleich implizit unterschiedliche Erkenntnisdimensionen berücksichtigen. Nachfolgende Matrix dient als Folie, um bei der Konstruktion der Lernaufgaben das Merkmal *Variation* zu berücksichtigen. Die unterschiedlichen Aufgabenklassen werden wie folgt dargestellt: offene Aufgaben = Δ, halboffene Aufgaben = $\bigcirc$ und geschlossene Aufgaben = $\square$. Das hochgestellte ^{n} steht für die Menge an Ausgestaltungsmöglichkeiten innerhalb der Aufgabenklasse:

Tabelle 15: Eigene Darstellung in Anlehnung an die Taxonomie von Anderson & Krathwohl (2001) und Typologie nach Rütter (1973)

INHALT	DIE KOGNITIVEN PROZESS-DIMENSIONEN					
	Erinnern	Verstehen	Anwenden	Analysieren	Evaluieren	Kreieren
Inhaltlicher Schwerpunkt **Fakten- und konzeptuelles Wissen**	$\longrightarrow$	$\square^n$				
Inhaltlicher Schwerpunkt **Prozedurales Wissen**	$\longrightarrow$			$\bigcirc^n$		
Inhaltlicher Schwerpunkt **Metakognitives Wissen**	$\longrightarrow$					$\triangle^n$

In einem hybriden Lehr- und Lernarrangement kann die Vielfalt an Bearbeitungsmöglichkeiten den Studierenden zeit- und ortsunabhängig bereitgestellt werden. Zudem bietet E-Learning neue Möglichkeiten der Lernerfolgskontrolle (vgl. KEF2). So kann beispielsweise durch Multiple-Choice-Tests oder Lückentext- und Zuordnungsaufgaben (geschlossene Aufgaben) eine unmittelbare Rückmeldung über das Ergebnis an die Studierenden erfolgen (vgl. Mair 2004; Petschenka et al. 2004). Die Lösungen komplexerer Aufgaben können von der Lehrperson zeit- und ortsunabhängig korrigiert und den Studierenden so zeitnah und im Lernprozess eine Rückmeldung zu ihren Ergebnissen gegeben werden (vgl. KEF1; Hug 2004).

- Zeit

Da der Zeitaufwand bei der Be- und Erarbeitung komplexerer Aufgabenstellungen möglicherweise höher ist als bei einfachen Lernaufgaben und das Lerntempo in Abgleich mit der Zielgruppe schwanken kann, soll den Studierenden im Interkulturellen Online-Mentoring die Möglichkeit eingeräumt werden, selbst bestimmen zu können, *wann* sie welche Lernaufgabe im Aufgabenpool bearbeiten. Das *fünfte* Gestaltungsprinzip dient dazu, damit verbundene didaktische Implikationen (Taktung, Lernzeit) zu berücksichtigen:

> GP 5: Um das individuelle Lerntempo zu berücksichtigen, ist es erforderlich, die selbstbestimmte Einteilung der Lernzeit über die gesamte Zeitspanne eines Lernangebots oder einer Lerneinheit zu ermöglichen.

Durch eine zeitliche Ausweisung der Themenblöcke sollen die Studierenden einerseits ihre Lernzeit, die sich über einen Themenblock spannt, besser einplanen können. Zum anderen gilt es ihnen zu ermöglichen, die im Aufgabenpool bereitgestellten Lernaufgaben entsprechend ihrem Lerntempo (individuelle Bearbeitungszeit) zu bearbeiten. Um die Studierenden bei ihrer Zeitplanung zu unterstützen, soll ein *Zeit- und Contentfahrplan* zur Verfügung gestellt werden. Der Mehrwert eines hybriden Lernarrangements besteht hier darin, dass durch die zeit- und ortsunabhängige Bereitstellung von Wahlmöglichkeiten Studierende ihre individuelle Bearbeitungszeit selbst bestimmen können.

- Betreuung

Hier ist zu beachten, dass die Lehrperson sich als Lernbegleiterin versteht und die Studierenden eine direkte oder indirekte Hilfestellung dann in Anspruch nehmen können, wenn sie diese konkret benötigen. Außerdem sollen die Hilfestellungen zur Selbsttätigkeit anregen (vgl. KEF3). Weiter soll sich die Angemessenheit der Hilfestellungen an die Bedürfnisse der Studierenden orientieren (zeitnah, orts- und zeitunabhängig) und in Anlehnung an das *Split-Tutor-Concept* sollen auch die Betreuenden in den Blick genommen werden.

Offen bleibt hingegen die Frage, auf welcher Grundlage ein dialogorientiertes Feeback im Betreuungskontext inhaltlich ausgestaltet wird (vgl. KEF1). Dazu dient im didaktischen Konzept das *sechste* Gestaltungsprinzip:

> GP 6: Die Berücksichtigung und Unterscheidung von Feedbackmerkmalen (W-Fragen nach Wunder), Feedbackformen (summativ oder formativ) und Feedbackcharakteristika (einfach oder komplex) fördern ein dialogorientiertes Feedback im Betreuungskontext.

Um ein dialogorientiertes Feedback innerhalb der Lerngruppe zu gestalten, werden bei der Erstellung der Kurz-Netiketten für die Ausgestaltung der Kommunikation im Chat und in den Foren mit Wunder (2001, 40) die sieben W-Fragen berücksichtigt. Die Lehrperson sollte zeitnah und differenziert Rückmeldung zu der Aufgabenbearbeitung und zu den Ergebnissen geben (formatives und komplexes Feedback). Die tutorielle Betreuung orientiert sich am Split-Tutor-Concept von Kerres et al. (2004). Um die strikte Trennung zwischen fach- und personen-/gruppenbezogener Betreuung aufzulösen, stehen neben der Lehrperson zwei Tutor_innen für inhaltliche Fragen zur Verfügung wie auch für die Unterstützung der sozialen Interaktion. Um die Tutor_innen nicht zu überfordern, soll eine Arbeitsteilung in Bezug auf die fachbezogene Betreuung erfolgen. Eine Person steht für Fragen zur Verfügung, die sich auf die Ausrichtung und die Ausgestaltung der E-Portfolioarbeit beziehen; die andere Person für Fragen, die sich auf die Kursinhalte beziehen. Darüber hinaus soll eine Ansprechpartnerin für technische Fragen während des gesamten Lernprozesses zur Verfügung stehen. Für die Berücksichtigung der W-Fragen im Rahmen der tutoriellen Betreuung wird für die Tutor_innen ein Leitfaden entwickelt.

- Sozialformen

Zur Aktivierung eines interaktiven Wissenserwerbs ist es erforderlich, dass Lernaufgaben eine soziale Interaktion anregen (vgl. Petschenka et al. 2004, 2). Daher werden im Interkulturellen Online-Mentoring bei der Konstruktion von Lernaufgaben auch unterschiedliche Sozialformen berücksichtigt. Das *siebte* Gestaltungsprinzip dient dazu, die damit verbundenen Charakteristiken zu berücksichtigen:

> GP 7: Bei der Bestimmung von Sozialformen (Einzel-, Partner- und Gruppenarbeit) für die Bearbeitung von Lernaufgaben sind die damit verbundenen Charakteristika (Unterstützung von Übungsphasen oder Aktivierung kooperativer Lernprozesse) zu berücksichtigen.

Durch den Einsatz von E-Learning wird vor allem die Ausgestaltungen sozialer Formen wie Partner- und Gruppenarbeit dahingehend erweitert, dass Studierende Kommiliton_innen in den Lernprozess einbeziehen können, die örtlich und zeitlich entfernt sind. Damit wird weniger der organisatorische Rahmen, sondern es werden vielmehr die *Studierenden mit ihren Bedürfnissen* in den Mittelpunkt gerückt. Zugleich gilt es bei der Konstruktion der Lernaufgaben zu berücksichtigen, dass Partnerarbeit beispielsweise dann besonders sinnvoll ist, wenn die Aufgabenstellung für einzelne Studierende möglicherweise schwierig zu bearbeiten ist.

- Lernmaterialien

Im Interkulturellen Online-Mentoring sollen unterschiedliche Formen der Materialaufbereitung und -bearbeitung für die Lernaufgaben berücksichtigt werden, um unterschiedliche Sinnesmodalitäten der Zielgruppe zu berücksichtigen (vgl. KEF4). Zugleich stellt sich die Frage, auf welcher Grundlage unterschiedliche Materialformen miteinander kombiniert bzw. kodiert werden. Dazu dient im didaktischen Konzept das *achte* Gestaltungsprinzip:

> GP 8: Mit Hilfe der Kategorien Multimodalität und Multikodalität (nach Weidenmann) lassen sich Lernmaterialien differenziert ausgestalten.

Unter Rückgriff auf das achte Gestaltungsprinzip können Lernmaterialien systematisch kodiert und so kann der Gefahr entgegengewirkt werden, den semantischen Zusammenhang in der multikodalen Kombination nicht ausreichend zu berücksichtigen oder aufgrund einer monokodalen Ausgestaltung von Lernmaterialien unterschiedlichen Sinnesmodalitäten in einer Lerngruppe nicht gerecht zu werden. Der Mehrwert eines hybriden Lehr- und Lernarrangements besteht ferner darin, dass die Lernmaterialien laufend aktualisiert und Studierenden Hyperlinks bereitgestellt werden können. Dadurch können sie verschiedene Zugänge zu weiterführenden Informationsquellen ausprobieren und Informationen heranziehen, die sie dann beispielsweise für die Bearbeitung einer Lernaufgabe für relevant halten.

Motivationale Komponenten werden in der Konstruktion der Lernaufgaben im didaktischen Konzept nicht explizit berücksichtigt. Die gewonnenen Schlussfolgerungen haben jedoch gezeigt, dass eine Berücksichtigung unterschiedlicher Zugänge, Voraussetzungen und Bedürfnisse dem Bedürfnis nach Selbstwirksamkeit gerecht werden kann. Die Erfahrung mit Selbstwirksamkeit kann wiederum zu motivierenden Effekten bei den Studierenden führen.

9.2.4.1.3 E-Portfolio

Pädagogisches Ziel des didaktischen Einsatzes eines E-Portfolios im Interkulturellen Online-Mentoring ist es, die Studierenden in ihrer praktischen Handlungsfähigkeit durch Einbezug von Lernprozessdokumentation, Reflexion und Peer-Feedback zu unterstützen. Dazu wird das E-Portfolio vornehmlich als Arbeitsportfolio eingesetzt und folgt in seiner *formativen* Ausrichtung der Definition von Barrett (2012)

> [T]he working portfolio which documents the learning process, and which is really an ‚electronic documentation of learning', organized in reverse chronological order, which is what we start with, because that is what allows the learner to document their growth over time (…). This working portfolio also includes the collection of the learner's artefacts. This working portfolio focuses on the portfolio as a process and emphasizes reflection, which is what I call the "heart and soul" of the portfolio.

Das Arbeitsportfolio soll die Studierenden darin unterstützen, verschiedene Arbeiten und Gedankengänge im Lernprozess aufzubewahren, um sie dann in Einzelarbeit und/

oder im Austausch mit den Kommiliton_innen sowie der Lehrperson im Lernprozess fertig zu stellen bzw. zu überarbeiten.

Zugleich sollen am Ende des Interkulturellen Online-Mentoring auch die aus der Sicht der Studierenden besonders gelungenen Arbeiten, die kontinuierlich im Arbeitsportfolio aufbewahrt und reflektiert werden, der Lerngruppe präsentiert werden. Dabei ist anzunehmen, dass die Zielgruppe ein bestimmtes Muster von Exponiertheit prägt, welches beispielsweise auf der Bühne individuell entfaltet werden kann. Diesem Muster kann auch durch die (Selbst-)Präsentation des E-Portfolios entsprochen werden, um die Motivation der Studierenden an der E-Portfolioarbeit zu verstärken. Weiter soll durch die (Selbst-)Präsentation den Studierenden die Möglichkeit eingeräumt werden, ihre Arbeiten zu präsentieren und anhand der Rückmeldungen ihrer Kommiliton_innen und der Lehrperson ihre Wissensumsetzung im Lernprozess in den Gesamtzusammenhang dessen zu stellen, was in dem Lehr- und Lernarrangement mit Blick auf das Grobziel erarbeitet werden soll. An und mit den erarbeiteten Gegenständen (Artefakten) soll eine reflektierte Rückschau unterstützt werden, die den Studierenden neue, reflexionsförderliche Perspektiven eröffnet. So betont auch Behrens (1997, 179):

> Eine Portfolioarbeit ist eine meta-kognitive Auseinandersetzung mit Lernsituationen. Lernende setzen sich mit Inhalten auseinander, beobachten dabei ihren Lernprozess und versuchen ihm einen Sinn zu geben.

Um die Sinnhaftigkeit der E-Portfolioarbeit in den Gesamtzusammenhang zu stellen, soll das E-Portfolio im Interkulturellen Online-Mentoring im weitesten Sinne somit auch als Präsentationsportfolio eingesetzt werden. Dabei überwiegt in der Ausrichtung des Präsentationsportfolios eine formative Orientierung; von einer Bewertung der E-Portfolioarbeit wird abgesehen. Zur Beurteilung eines Präsentationsportfolios bedarf es neuer Beurteilungsraster (vgl. KEF7). Um dieser Anforderung zu entsprechen, sind weitere Forschungsanstrengungen erforderlich, die im Rahmen dieser Arbeit nicht geleistet werden können. Jedoch sollen im Rahmen der reflektierten Rückschau in Form eines „Assessment for Learning" (vgl. Knight & Yorke 2003, 178) seitens der Lehrperson ergänzende und vertiefende Fragen gestellt werden, um die Studierenden darin zu unterstützen, ihre Ergebnisse in einen Gesamtzusammenhang zu stellen.

Nach Klärung der pädagogischen Zielsetzung und Ausrichtung der Portfolioarbeit ist für den didaktischen Einsatz eines E-Portfolios in Abgleich mit der Zielgruppe zu berücksichtigen, dass die Kenntnisse hinsichtlich des Arbeitens mit einem Portfolio unter den Studierenden sehr unterschiedlich sein können. Zum einen ist die Arbeit mit Portfolios in Form einer Sammelmappe Studierenden aus dem Fachbereich Gestaltung bekannt, da sie zur Aufnahme an der Folkwang Universität der Künste ihre künstlerische ‚Mappe' einreichen und diese studienbegleitend mit Artefakten anreichern. Für Studierende aus den Fachbereichen Musik, Theater, Tanz oder Wissenschaft hingegen stellt die Sammelmappe kein fachspezifisches Element dar und ist ihnen möglicherweise als Dokumentations- und Reflexionsinstrument gänzlich unbekannt. Darüber hinaus kann nicht vorausgesetzt werden, dass die Studierenden – unabhängig vom Fachbereich – mit der digitalen Portfolioarbeit vertraut sind. Vor diesem Hintergrund sollen für die Ausgestaltung der E-Portfolioarbeit in diesem Lehr- und Lernarrangement die von der Salzburg Research Group (2007) beschriebenen Prozessphasen berücksichtigt werden.

So soll den Studierenden eingangs die grundsätzliche Zielsetzung der E-Portfolioarbeit erklärt sowie der technische Gebrauch des E-Portfolios praktisch eingeübt werden (Phase 1). Anschließend ist die Kernaktivität *Dokumentation* zu erläutern (Phase 2). Hier werden die Studierenden gebeten, während des gesamten Lernprozesses Artefakte in ihrem Arbeitsportfolio zu sammeln. Gemäß der E-Portfolio-Idee ist darauf hinzuweisen, dass nicht beliebige Artefakte gesammelt werden, sondern nach jedem Themenblock eine Auswahl der Artefakte im Arbeitsportfolio zu treffen ist. Hier stellt sich die Frage, wie die Studierenden in der Auswahl und Beurteilung ihrer Artefakte methodisch-didaktisch unterstützt werden können. Dazu dient im didaktischen Konzept das *neunte* Gestaltungsprinzip:

> GP 9: Die methodisch-didaktische Bereitstellung von Leitfragen trägt dazu bei, Artefakte differenziert zu reflektieren und auszuwählen.

Die Reflexionsfragen sollen einerseits den Studierenden helfen, ihre E-Portfolioarbeit strukturiert zu reflektieren und die Wissensumsetzung im Lernprozess zu dokumentieren. Andererseits soll die Bereitstellung von Leitfragen im Lernprozess die Studierenden darin unterstützen, das Präsentationsportfolio *formativ* zu entwickeln (vgl. Kapitel 7.2.1.1). Dessen Ausarbeitung stellt in diesem Lehr- und Lernarrangement keine isolierte Methode dar, sondern ist genau genommen Ausdruck von ausgewählten Lernergebnissen, die kontinuierlich im Arbeitsportfolio aufbewahrt und reflektiert werden.

Durch den Einsatz eines digitalen Portfolios soll den Studierenden die Möglichkeit eingeräumt werden, ihre Artefakte orts- und zeitunabhängig auszuwählen und dadurch jederzeit Zugriff auf ihre Arbeiten im Lernprozess zu haben. Auch soll die Auswahl der Artefakte sich im Interkulturellen Online-Mentoring nicht nur auf (fertige) Produkte beschränken, sondern auch Artefakte einschließen, die im Lernprozess entstehen. Weiter entstehen die Artefakte, wie bereits angeführt, durch die inhaltliche Auseinandersetzung mit den Lernaufgaben. Da das Lehr- und Lernarrangement in Blended Learning umgesetzt werden soll, würde ein papierbasiertes Portfolio die Portfolioarbeit als abgelöste Arbeitstechnik erscheinen lassen, das darüber hinaus aufgrund der eingeschränkten Multimedialität das Grobziel des *Qualifizierungsangebot* ad absurdum führen würde.

Auch sollen die Studierenden entscheiden können, ob und, wenn ja, wem sie im gesamten Lernprozess ihre Artefakte zeigen. Dazu ist es notwendig, dass die Studierenden ihren Kommiliton_innen und/oder der Lehrperson ihre Artefakte jederzeit zugänglich machen können. Voraussetzung für diesen pädagogischen Mehrwert ist wiederum, dass alle Zugriffsrechte bei den Studierenden liegen. Für die implizite Berücksichtung motivationaler Komponenten ist es weiter wichtig, dass Eigentümer_innen und Ersteller_innen von Artefakten identisch sind.

Weiter sollen die Studierenden darum gebeten werden, sich reflexiv mit den ausgewählten Artefakten und dem damit verbundenen Lernprozess auseinanderzusetzen (Phase 3).
Auch hier stellt sich die Frage, wie die Studierenden in ihrer Reflexion der Wissensumsetzung methodisch-didaktisch unterstützt werden können. Dazu dient im didaktischen
Konzept das *zehnte* Gestaltungsprinzip:

> GP 10: Die methodisch-didaktische Bereitstellung von Leitfragen trägt
> dazu bei, tiefergehend Zusammenhänge im eigenen Lernen zu erkennen.

Vor dem Hintergrund, dass Lernaufgaben bereitgestellt werden sollen, die annähernd die
Niveauunterteilung der Bloom'schen Taxonomie nach Anderson & Krathwohl (2001) berücksichtigen, sollen auch hier die Reflexionsfragen unterschiedliche Komplexitätsstufen
repräsentieren. Die Reflexionsfragen sollen den Studierenden helfen, *Zusammenhänge*
im eigenen Lernen zu erkennen (vgl. Seiler & Reinmann 2004, 16), und die Wissensumsetzung im Lernprozess aufzeigen. Zugleich können die Reflexionsfragen auch dazu beitragen, das Bewusstsein vom Einfluss der Implikation *Komplexität* bei der Konstruktion
der Lernaufgaben auf das eigene Lernen zu stärken (vgl. Kapitel 7.2.1.2). Indem die konkreten Lernbedingungen nicht ausgeblendet werden, kann so vermutlich die Akzeptanz
des didaktischen Lehr- und Lernarrangements erhöht werden (vgl. KEF8).

Das Potenzial eines E-Portfolios besteht für die didaktische Konzeption des Lehr- und
Lernarrangements in dieser Phase vornehmlich darin, dass den Studierenden alle Daten
und Informationen jederzeit zugänglich sind. Dies ist für eine Reflexion der Wissensumsetzung im gesamten Lernprozess unabdingbar.

Darüber hinaus entscheiden die Studierenden im Interkulturellen Online-Mentoring
ihrem Bedürfnis nach, ob und, wenn ja, mit wem sie ihre reflexiven Auseinandersetzungen teilen möchten. Dazu können in einem E-Portfolio unterschiedliche Reflexions- und
Kooperationsformen bereitgestellt werden. Diese Auswahlmöglichkeiten erhöhen wiederum den Selbstbestimmungsgrad der Studierenden.

Um die Aktivierung gemeinsamer Lernprozesse zu fördern, wird der dritte Orientierungspunkt *Peer-Feedback* schon in der dritten Phase systematisch eingebunden. Ziel
ist es, die Reflexion der *Wissensumsetzung im Lernprozess* „zum Zwecke der individuellen Lernförderung" zu unterstützen (Häcker 2005, 1). Durch den kontinuierlichen Austausch gewinnen Studierende „zusätzliche wertvolle Einsichten", die „die Motivation für
das künftige Lernen" steigern können (Himpsl-Gutermann 2011, 44).

Auch hier stellt sich erneut die Frage, wie die Studierenden in der Peer-Feedback-Ge-
staltung methodisch-didaktisch unterstützt werden können. Dazu dient das *elfte* Gestaltungsprinzip als didaktische Entscheidungsgrundlage:

> **GP 11:** Die methodisch-didaktische Bereitstellung von Leitfragen trägt dazu bei, eine differenzierte Peer-Feedback-Kultur einzuüben.

Die Leitfragen sollen die Studierenden befähigen, *differenziertes* Peer-Feedback zu geben, damit dieses für die Empfangenden einen Mehrwert darstellt. Zugleich kann anhand einer differenzierten Betrachtungsweise auch die Fremdbeurteilungskompetenz der Feedback-Gebenden gefördert werden. Auch sollen die bereitgestellten Leitfragen die konkreten Lernbedingungen zur Erhöhung der Akzeptanz des didaktischen Lehr- und Lernarrangements berücksichtigen (vgl. KEF8), indem annähernd in den Leitfragen für ein Peer-Feedback auf Ergebnisse (Artefakte) auch Komplexitätsgrade berücksichtigt werden, die bei der Konstruktion der Lernaufgaben Berücksichtigung fanden und aus deren inhaltlicher Auseinandersetzung die Artefakte resultieren (vgl. Kapitel 7.2.1.3). Damit soll nicht zuletzt der Gefahr entgegengewirkt werden, eine einseitige *„Perfektionierung individuellen Lernhandelns"* zu betreiben (Häcker 2005, 6; *kursiv* original). Ziel ist es vielmehr, den Studierenden aufzuzeigen, dass die Qualität ihrer Ergebnisse mit der Qualität des didaktischen Lehr- und Lernarrangements einhergeht (vgl. Häcker 2005, 6).

Die didaktischen Potenziale eines E-Portfolios für die Ausgestaltung von Feedback im gesamten Lernprozess sind augenfällig: Für einen feedbackorientierten Austausch im Lernprozess müssen die Studierenden ihre Artefakte jederzeit Dritten zugänglich machen können. Der pädagogische Mehrwert besteht auch hier vor allem darin, dass Studierende entscheiden, ob, und wenn ja, mit wem sie in Austausch treten, um unterstützende Anregungen zu erhalten oder um Feedback zu geben. Darüber hinaus haben sie die Möglichkeit, mehreren Personen ihre Artefakte zugänglich zu machen, um von einer Mehrperspektivität zu profitieren sowie ihre Feedback-Anfragen und Feedback-Antworten für alle einsehbar zu gestalten, so dass für die Kommiliton_innen die Möglichkeit besteht, am Modell zu lernen und Teil einer Praxisgemeinschaft zu werden (vgl. Kerres & de Witt 2004, 95f.).

Entsprechend der eingangs vorgestellten Ausrichtung des E-Portfolios werden die ausgewählten Artefakte am Ende der Lerngruppe und der Lehrperson vorgestellt. (Phase 4). Auf eine Bewertung der E-Portfolios (Phase 5) wird im Hinblick auf die erläuterte Ausrichtung und Zielsetzung der E-Portfolioarbeit verzichtet.

Nachdem die inhaltliche und didaktische Aufbereitung der Lehr- und Lerninhalte anhand der didaktischen Elemente Lernziele, Lernaufgabe und E-Portfolio erläutert wurde, erfolgt abschließend eine nähere Betrachtung der Software-Lösungen, die zur technischen Umsetzung des hybriden Lehr- und Lernarrangements an der Folkwang Universität der Künste bereitstehen. Im Vordergrund steht dabei die Frage, inwiefern die zur Verfügung gestellten Software-Lösungen sich für die Realisierung der didaktischen Ausgestaltung der Elemente Lernaufgabe und Portfolio eignen. Darüber hinaus ist in Abgleich mit der Zielgruppe die Bedienbarkeit (Usability) der Software-Lösungen von Interesse.

9.2.4.2 Technische Umsetzung

Zur technischen Realisierung des Interkulturellen Online-Mentoring stehen an der Folkwang Universität der Künste zwei Open-Source-Softwareprodukte zur Verfügung: Moodle und Mahara. Open-Source-Softwareprodukte nehmen im deutschsprachigen und internationalen Bildungsraum einen immer größer werdenden Stellenwert ein, was u.a. durch die Empfehlung der Europäischen Kommission (vgl. MERIT 2006) sowie durch bildungspolitisch unterstützte Aktionen wie „edumoodle"[96] deutlich wird. Das verbreitete Kursmanagementsystem Moodle bietet im Kern zahlreiche Lernaktivitäten, die nachfolgend daraufhin geprüft werden, inwiefern sie dazu beitragen, zentrale Merkmale des Elements Lernaufgabe technisch zu verwirklichen. Anschließend wird das Open-Source-Softwareprodukt Mahara, das speziell für den E-Portfolioeinsatz entwickelt wurde,[97] unter der Fragestellung näher untersucht, inwiefern die bereitgestellten Funktionen helfen, die Kernaktivitäten *Dokumentation*, *Reflexion* und *Peer-Feedback* technisch zu realisieren und inwieweit sich in Abgleich mit der Zielgruppe Mahara für E-Portfolioanfänger_innen eignet.

Damit soll jedoch keine technikzentrierte Denkweise in den Vordergrund gerückt werden (vgl. kritisch Schulmeister 2005, 151). Vielmehr sind didaktische *und* technische Kenntnisse notwendig, um ein hybrides Lehr- und Lernarrangement umzusetzen. So wie der Einsatz von Softwareprodukten nicht per se einen didaktischen Wert mit sich führt, kann auch technische Unkenntnis dazu führen, dass ein mediendidaktisches Konzept nicht angemessen realisiert wird.

9.2.4.2.1 Moodle

Grundsätzlich ist vorab zu klären, dass alle Studierenden auf das Lehr- und Lernarrangement zugreifen können. Dies wird dadurch sichergestellt, dass die Lernplattform Moodle im Internet jederzeit und von jedem Ort aus verfügbar ist[98] und alle Hochschulangehörigen sich mit ihrem LDAP[99]-Passwort dort registrieren können, um auf mediengestützte Lernangebote zuzugreifen. Neben der Verfügbarkeit ist zudem ein weiteres wichtiges Kriterium erfüllt: Die Nutzung des Interkulturellen Online-Mentoring ist kostenlos. An der Folkwang Universität der Künste werden in Moodle folgende Lernaktivitäten angeboten:

- Abstimmung
- Aufgabe
- Chat
- Datenbank
- Forum
- Glossar

---

96 http://www.edumoodle.at/moodle/ (15.10.2012).
97 Berret weist in einer Liste über 12 Open-Source-E-Portfolio-Softwareprodukte auf. Siehe http://electronicportfolios.com/portfolios/bookmarks.html#open (15.10.2012).
98 www.moodle.folkwang-uni.de
99 Die Buchstaben LDAP stehen als Abkürzung für: Lightweight Directory Access Protocol.

- Hot Potatoes
- LAMS
- Lektion
- Umfrage
- Wiki

Mit Blick auf den hohen Anteil an internationalen Studierenden sind zudem neben Deutsch zusätzliche Sprachen wie Englisch, Französisch und Spanisch installiert. Nachfolgend wird exemplarisch aufgezeigt, welche Lernaktivitäten in dem hybriden Lehr- und Lernarrangement genutzt werden können, um zentrale Merkmale des didaktischen Elements *Lernaufgabe* technisch zu realisieren.

Die Lernaktivitäten **Datenbank, Test** und **Hot Potatoes** können beispielsweise genutzt werden, um unterschiedliche Aufgabentypen zu realisieren, die den Erwerb von konzeptuellem Wissen unterstützen. Durch die Aktivitäten können Informationen gesammelt oder Inhalte in Form von Fragen aufbereitet werden.

Durch die Bereitstellung der Lernaktivitäten **Lektion** oder **Wiki** können komplexere Aufgaben zur Verfügung gestellt werden, die kontextuelles und prozedurales Wissen fördern. So können mit Hilfe der Lernaktivität **Lektion** unterschiedliche Lernpfade eingerichtet werden, aus denen die Studierenden auswählen, um Theoriewissen über Hyperlinks zu erhalten, welches sie dann wieder in Testaufgaben überprüfen. Dies ermöglicht, Informationen nicht nur zuzuordnen, sondern auch Querverbindungen herzustellen. Die Lernaktivität **Wiki** ermöglicht die Ausgestaltung von Anwendungs- und Gestaltungsaufgaben, die eine kollaborative und interaktive Wissensumsetzung anregen. Durch die Erstellung, Veränderung und Verknüpfung von Inhalten wird ein konstruktiver und kreativer Umgang mit Lerninhalten unterstützt.

Weiter können die unterschiedlichen Aufgabentypen in Form eines *Aufgabenpools* angeboten werden, aus dem die Studierenden Lernaufgaben auswählen. Darüber hinaus ermöglicht die zeit- und ortsunabhängige Bereitstellung von Lernaufgaben, dass die Studierenden den Zeitpunkt der Bearbeitung selbst bestimmen. In dem Aufgabenpool können zudem durch die Lernaktivität Wiki Anwendungs- und Gestaltungsaufgaben realisiert werden, die in Partner- und/oder in Gruppenarbeit zu erarbeiten sind, und durch die Lernaktivitäten **Test** oder **Lektion** können Lernaufgaben umgesetzt werden, die in Einzelarbeit zu lösen sind. Somit besteht die Möglichkeit, verschiedene Sozialformen zu kombinieren.

Die soziale Interaktion kann weiter durch Kommunikationswerkzeuge unterstützt werden. Zur Unterstützung der Kommunikation zwischen Studierenden bzw. zwischen Studierenden und der Lehrperson hält Moodle synchrone (Lernaktivität **Chat**) und asynchrone Kommunikationswerkzeuge (Lernaktivität **Forum**) bereit. Die Lernaktivität **Chat** kann beispielsweise genutzt werden, um in Echtzeit den Austausch über die Bearbeitungsweise einer Lernaufgabe zu ermöglichen. Wichtig ist dabei, im Vorfeld einen geeigneten Zeitpunkt festzulegen. Dazu kann die Lernaktivität Abstimmung genutzt werden. Darüber hinaus kann nach Beendigung einer Chat-Sitzung eine Textdatei (Log) erstellt werden, welche den gesamten Konversationsverlauf dokumentiert. Dieses Chat-Protokoll kann auch Personen zugänglich gemacht werden, die an der Unterhaltung nicht teilnehmen konnten.

Eine aktive, zeitversetzte Kommunikation kann in Moodle durch die Lernaktivität **Forum** realisiert werden. Wie bereits ausgeführt, kann ein Forum für unterschiedliche didaktische Ziele eingesetzt werden. Grundsätzlich ermöglicht die Lernaktivität Forum einen orts- und zeitungebundenen thematischen Austausch zwischen mehreren Personen.[100]

Der didaktische Einsatz dieser Kommunikationswerkzeuge im Interkulturellen Online-Mentoring dient vornehmlich dazu, Austauschformen anzubieten, die der unterschiedlichen zeitlichen und örtlichen Gebundenheit der Studierenden gerecht werden und auf unterschiedliche Weise den Lernprozess als solchen aktivieren. Auch werden die Kommunikationswerkzeuge in den tutoriellen Betreuungskontext eingebunden. Lernmaterialien, die extern erstellt werden, können in Moodle übertragen, durch die Aktivität **Arbeitsmaterial anlegen** verwendet und in nahezu allen Dateiformaten (Video, Audio, RSS-Feeds) abspeichert werden.

Darüber hinaus kann auch ein dynamischer Austausch mit Social Software aus dem Internet ermöglicht werden. Damit die Studierenden im Lehr- und Lernarrangement nicht nur von der Lehrperson bereitgestelltes Lernmaterial zur Bearbeitung von Lernaufgaben nutzen, sondern Material auch selbst erstellen können, ist es für die Umsetzung des Lehr- und Lernarrangements notwendig, dass Studierenden die Zugriffsrechte auf die Aktivität **Arbeitsmaterial anlegen** eingeräumt wird, die in Moodle üblicherweise ausschließlich der Lehrperson vorbehalten ist.

Die exemplarische Überprüfung der im Open-Source-Softwareprodukt Moodle zur Verfügung gestellten Lernaktivitäten zeigt, dass die didaktische Konzeption des Lehr- und Lernarrangements weitgehend in Moodle realisiert werden kann.

Kritisch anzumerken ist jedoch, dass die exemplarisch dargestellten Lernaktivitäten stark kursorientiert und damit auch stärker lehrendenzentriert sind. Die Konfiguration in der Standard-Version räumt vornehmlich der Rolle **teacher** Zugriffsrechte ein. Die Zugriffsrechte für die Rolle **students** hingegen müssen in Moodle manuell eingestellt werden. Die Kurs- bzw. Lehrendenzentrierung zeigt sich auch darin, dass Moodle keine Aktivitäten bereitstellt, die Studierende darin unterstützen, ihren gesamten Lernprozess selbstbestimmt zu dokumentieren. Moodle protokolliert, technisch gesehen, zwar alle Lernaktivitäten, (die üblicherweise von der Lehrperson eingesehen und genutzt werden), doch unterstützt diese automatische Protokollierungsfunktion keine aktive und bewusste Dokumentation und Reflexion des eigenen Lernprozesses. Neben der automatischen Protokollierungsfunktion dokumentiert auch die Lernaktivität **Wiki** nicht den gesamten Lernprozess, sondern genau genommen eine Lernaktivität im Lernprozess. Darüber hinaus kann nicht davon ausgegangen werden, dass die automatische Dokumentation einer

---

100 Darüber hinaus bietet Moodle eine E-Mailbenachrichtigung für Diskussionsforen an, die sich individuell aktivieren oder deaktivieren lässt.

kollaborativen Wissenskonstruktion mit einer bewussten Reflexion der Wissensumsetzung im Lernprozess einhergeht. Schließlich kann durch den Ausschluss von Inneneinsichten kein kontinuierliches Peer-Feedback in die Lernprozesse eingebunden werden.

9.2.4.2.2 Mahara

Die didaktische Überprüfung des Open-Source-Softwareprodukts Mahara orientiert sich mit Blick auf die pädagogische Zielsetzung des Lehr- und Lernarrangements an den drei Kernaktivitäten *Dokumentation, Reflexion* und *Peer-Feedback*.

Grundsätzlich ist auch hier vorab zu klären, dass alle Studierenden auf ihr E-Portfolio zugreifen können. Dies wird dadurch sichergestellt, dass die E-Portfolioplattform Mahara im Internet jederzeit und von jedem Ort verfügbar ist[101] und alle Hochschulangehörigen sich auch hier mit ihrem LDAP-Passwort registrieren können, um auf ihr E-Portfolio zuzugreifen. Zugleich ist es erforderlich, dass die Studierenden in dem Lehr- und Lernarrangement für ihre E-Portfolioarbeit einen direkten Zugriff auf die in Moodle bearbeiteten Lernmaterialien und Artefakte haben. Dazu stellt Moodle ein PlugIn zur Verfügung. Das PlugIn ermöglicht, dass Studierende aus Moodle heraus ihre Materialien und Artefakte in Form von Dateien in ihr E-Portfolio hochladen. Dies gewährleistet, dass die Zugriffsrechte auf die Dateien bei den Studierenden sind. Damit sind Eigentümer_innen und Ersteller_innen von Artefakten identisch.

Zur selbstbestimmten und aktiven *Dokumentation* von Artefakten im Arbeitsportfolio stellt Mahara verschiedene Funktionen bereit. Zunächst wird durch das in Moodle integrierte PlugIn ermöglicht, die Dateien aus Moodle direkt in das eigene E-Portfolio hochzuladen. Dieser Bereich wird in Mahara als **Mein Portfolio** ausgewiesen. Hier können nahezu alle Dateiformen abgespeichert werden. Für die Dokumentation von verschiedenen Arbeiten im Arbeitsportfolio ist hier der Hauptbereich Dateien von Interesse. Hier können die Studierenden per Drag & Drop hochgeladene **Meine Dateien** in einer freien Ordnerstruktur speichern. Um die Dateien den verschiedenen Themenbereichen im Lehr- und Lernarrangement besser zuordnen zu können, kann es hilfreich sein, die Ordner durch die Angabe von Namen zu kategorisieren. Weiter ermöglicht Mahara, den Dateien eine Beschreibung zuzuordnen, um beispielsweise direkt am Artefakt weiterführende Informationen oder Ideen zu notieren. Im Lernprozess können die Dateien verknüpft und verschoben sowie Links zu Webseiten oder RSS-Feeds eingebunden werden. Damit ermöglichen die im Hauptbereich **Meine Dateien** zur Verfügung gestellten Funktionen eine aktive und selbstbestimmte Ausgestaltung eines Arbeitsportfolios.

Zugleich soll in diesem Lehr- und Lernarrangement im Lernprozess kontinuierlich das Präsentationsportfolio entwickelt werden. Damit dies aus der Sicht der Studierenden nicht als isolierte, summativ orientierte Methode betrachtet wird, ist es wichtig, dass *integrativ* ein Präsentationsinterface zur Verfügung gestellt wird.

---

101 https://mahara.folkwang-uni.de

Für die Präsentation von ausgewählten Arbeiten ist der Hauptbereich Meine Ansichten im Bereich Mein Portfolio von Interesse. Hier können die Studierenden verschiedene Ansichten einrichten (Dashboard Ansicht und Profilansicht), um Artefakte am Ende des Lehr- und Lernarrangements zu präsentieren.

Diese Funktion kann auch genutzt werden, um Kommiliton_innen und/oder der Lehrperson im Lernprozess ausgewählte Artefakte durch eine interne Freigabe zugänglich zu machen. Dabei können alle oder ausgewählte Artfakte in eine Ansicht aufgenommen werden. Die eingerichteten Ansichten werden wiederum automatisch an der Datei ausgewiesen und im Hauptbereich Meine Dateien im Bereich Mein Portfolio angezeigt. Durch diese Funktion liegen alle Zugriffsrechte bei den Studierenden. Sie bestimmen als E-Portfolioinhaber_innen, welche Datei sie für wen und zu welchem Zweck (Arbeitsportfolio und/oder Präsentationsportfolio) zugänglich machen. Darüber hinaus können ausgewählte Artefakte im E-Portfolio auch für Personen zugänglich gemacht werden, die beispielsweise keinen Zugang zu der E-Portfolioplattform haben. Dazu kann im Bereich Meine Ansichten eine öffentlich sichtbare Beschreibung eingegeben sowie die ausgewählte Datei öffentlich freigegeben (externe Freigabe) werden, die anschließend über eine URL erreichbar ist. Die eingerichteten Ansichten können von der E-Portfolioinhaberin bzw. dem E-Portfolioinhaber jederzeit bearbeitet werden.

Damit die durch eine Freigabe im Hauptbereich Meine Ansichten im Bereich Mein Portfolio zugänglich gemachten Artefakte von Dritten eingesehen werden können, muss in Mahara die Ansicht freigegeben werden. Hier können die E-Portfolioinhaber_innen entscheiden, ob sie ihre Inhalte mit anderen Nutzer_innen und Gruppen teilen und/oder öffentlich im World Wide Web freigeben möchten. Der Mehrwert besteht hier vor allem darin, dass die Studierenden jederzeit auf ihre Artefakte zugreifen können und ihrem Bedürfnis nach entscheiden können, ob und, wenn ja, wem sie ihre Artefakte zugänglich machen.

Um die *Reflexion* der Wissensumsetzung im Lernprozess zu unterstützen, stellt Mahara die Funktion My Blog zur Verfügung. Hier können die im Blog dokumentierten reflexiven Auseinandersetzungen mit Dateien verknüpft werden. Diese Dateien können bereits angelegten Ordern, die Artefakte enthalten, entnommen werden oder es können neue Dateien mit dem Blog verknüpft werden. Damit ermöglicht Mahara eine *enge Verzahnung* von Dokumentation und Reflexion. Die Funktion Meine Ansichten ermöglicht weiter, dass Studierende ihre Reflexionen (und Dateien) anderen Personen zugänglich machen können. Der Mehrwert besteht hier vor allem darin, dass die Studierenden ihrem Bedürfnis nach entscheiden können, ob und, wenn ja, mit wem sie ihre reflexiven Auseinandersetzungen teilen möchten.

Voraussetzung für einen *feedbackorientierten Austausch* ist, dass die Studierenden ihre Artefakte aktiv und selbstbestimmt auswählen und Dritten zugänglich machen können. Die exemplarische Prüfung der Ausgestaltung der vorangegangenen Orientierungspunkte hat gezeigt, dass diese Voraussetzungen erfüllt werden. Durch den Bereich Meine Ansichten können Studierende den Zugriff auf ihre Arbeiten zulassen bzw. umgekehrt auf Arbeiten zugreifen und in (partnerzentrierten) Austausch treten. Darüber hinaus stellt Mahara weitere Funktionen zur Verfügung, die explizit eine Peer-Feedback-Kultur unterstützen. Für einen formativen Austausch bietet sich zum Beispiel die Funktion Place Feedback an. Hier kann das Feedback direkt auf ein Artefakt erfolgen und privat oder öffentlich abgegeben werden. Mahara ermöglicht somit auch hier eine *enge Verzahnung von Dokumentation und Feedback*. Die E-Portfolioinhaberin bzw. der E-Portfolioinhaber entscheiden wiederum, ob das Feedback (Zugriffsberechtigungen über Meine Ansichten) auch für weitere Nutzer_innen einsehbar ist. Die didaktische Nutzung dieser Binnendifferenzierung (privates und öffentliches Feedback) kann dazu beitragen, dass Studierende Teil einer Praxisgemeinschaft werden und selbstbestimmt von einer Mehrperspektivität profitieren. Der Mehrwert besteht hier vor allem darin, dass die Studierenden ihrem Bedürfnis nach entscheiden können, ob und, wenn ja, mit wem sie in einen feedbackorientierten Austausch treten.

Die exemplarische didaktische Überprüfung der im Open-Source-Softwareprodukt Mahara zur Verfügung gestellten Funktionen zeigt, dass sich die Softwarelösung für die Umsetzung der E-Portfolioarbeit im Interkulturellen Online-Mentoring eignet. Das Lehr- und Lernarrangement soll somit technisch durch die an der Folkwang Universität der Künste bereitgestellten Open-Source-Softwareprodukte umgesetzt werden. Kritisch anzumerken ist jedoch, dass möglicherweise die (technische) Realisierung der E-Portfolioarbeit die Studierenden überfordert. Dieser möglichen Überforderung soll durch eine tutorielle Betreuung entgegengewirkt werden, welche sich am Split-Tutor-Concept von Kerres et al. (2004) orientiert.

Nach Klärung didaktischer, inhaltlicher, technischer und ökonomischer Fragestellungen ist abschließend von Interesse, inwiefern sich Mahara für E-Portfolioanfänger_innen eignet. Dazu soll nachfolgend die *Bedienbarkeit funktionaler Eigenschaften* des Open-Source-Softwareprodukts Mahara geprüft werden.

9.2.4.2.3 Bedienbarkeit Mahara

Für die Realisierung der E-Portofolioarbeit ist es wichtig, dass die funktionalen Eigenschaften von Mahara die Handlungsfähigkeit der Studierenden auf unterschiedliche Weise unterstützen. Zur Überprüfung der Bedienbarkeit werden die Ergebnisse der Salzburg Research Group (2007) herangezogen, die bewusst auf aufwändige Usabilityverfahren verzichtet hat und vielmehr im Rahmen ihrer Analyse von kommerziellen und kostenlosen E-Portfolio-Softwareprodukten folgende Frage in den Mittelpunkt gestellt hat: „Ist die beschriebene funktionale Eigenschaft für Portfolio-Anfänger geeignet?" (Salzburg Research Group 2007, 94).

Zur Beantwortung dieser Frage wurden die Ausprägungen der funktionalen Eigenschaft mit Blick auf die Zielgruppe (Anfänger_innen) unter Berücksichtigung des Kriterienkatalogs von WCET[102] unterschieden und wie folgt beschrieben (Salzburg Research Group 2007, 95; *kursiv* original):

---

102 Die Buchstaben WCET stehen als Abkürzung für: Western Cooperative for Educational Telecommunications. Siehe: www.wcet.wiche.edu (15.10.2012).

- „Die funktionale Eigenschaft ist für *AnfängerInnen geeignet: dunkelblau*
  Durch die Ausprägungen der funktionalen Eigenschaft wird der Portfolioprozess als solches vorgegeben. Dementsprechend ist eine niedrige Portfoliokompetenz der einzelnen BenutzerInnen notwendig, um die funktionalen Eigenschaften im Portfolioprozess zu nutzen.
- Die funktionale Eigenschaft ist für *AnfängerInnen mäßig geeignet: mittelblau*
  BenutzerInnen benötigen ein Grundmaß an E-Portfolio-Kompetenzen für die Benutzung dieser funktionalen Eigenschaft bzw. eine externe Anleitung ist für den Einsatz notwendig.
- Die funktionale Eigenschaft ist für *AnfängerInnen eher ungeeignet: hellblau*.
  Ein hohes Maß an E-Portfolio-Kompetenz ist für die Benutzung dieser funktionalen Eigenschaft notwendig. Der/die BenutzerIn benötigt ein klares Bild seines/ihres eigenen Portfoliobegriffs und kann damit das System und deren funktionalen Eigenschaften individuell und flexibel einsetzen.
- Die funktionale Eigenschaft ist *nicht vorhanden oder eine Einschätzung der benötigen Portfoliokompetenz ist nicht möglich: weiß*.“

Die nachfolgende Tabelle fasst den Umfang der jeweiligen Ausprägung der E-Portfolio-Softwareprodukte übersichtlich zusammen (vgl. Salzburg Research Group 2007, 96):

Tabelle 16: Funktionale Eigenschaften von kostenlosen E-Portfolio-Softwareprodukten für E-Portfolio-Anfänger_innen (Salzburg Research Group 2007)

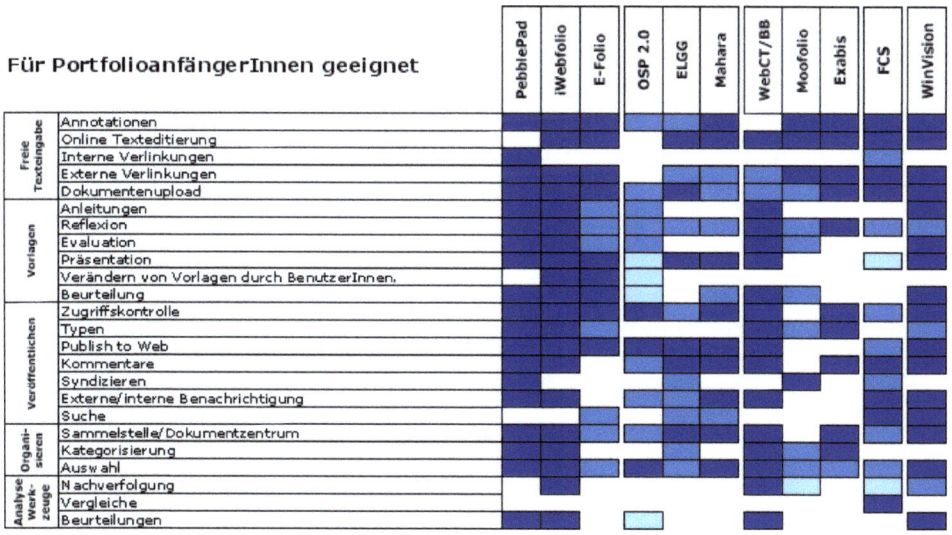

Die zusammenfassende Analyse zeigt zum einen an den vielen weißen Stellen, dass nicht alle Sofwareprodukte über die von WCET empfohlenen funktionalen Eigenschaften verfügen. Zum anderen wird deutlich, dass sich insbesondere kommerzielle Software-Produkte wie iWebfolio, PepplePad, Winvision und WebCT/Blackbord für den Einsatz mit E-Portfolioanfänger_innen eignen.

Mahara weist insbesondere Schwächen im letzten Kategoriebereich *Analyse Werkzeuge* auf (weiße Stellen), d.h. es stehen keine Werkzeuge zur Verfügung, welche beispielsweise das Nachverfolgen von Aktivitäten wie Verweildauer oder Seitenaufrufe ermöglichen oder das Beurteilen von Lernergebnissen durch Beurteilungsvorlagen unterstützen. Dieser Kategoriebereich steht im Interkulturellen Online-Mentoring aber auch nicht im Vordergrund.

Für die Ausgestaltung der drei Orientierungspunkte sind vielmehr die Kategorien *Freie Texteingabe, Vorlagen, Veröffentlichen* und *Organisieren* von Bedeutung. In diesen Kategorien werden Funktionen bereitgestellt, die es ermöglichen, Artefakte zu sammeln und auszuwählen, eigene Arbeiten zu reflektieren und Feedback von Dritten zu erhalten. Kritisch ist jedoch, dass es innerhalb des Systems keine Reflexionsvorlagen oder Anleitungen gibt. Neben der Bereitstellung von methodisch-didaktischen Leitfragen (Formblätter) soll zur bestmöglichen Unterstützung der E-Portfolioarbeit daher auch eine Kurz-Anleitung erstellt werden.

9.3 Umsetzung

Das hybride Lehr- und Lernarrangement Interkulturelles Online-Mentoring wurde im Rahmen des vom DAAD für zwei Jahre geförderten Modellkonzepts *Interkulturelles Mentoring* an der Folkwang Universität der Künste gestartet. Es wurde die Zielsetzung verfolgt, Bachelor-Studierende höherer Semester und aus allen Fachbereichen für die Aufgaben einer E-Juniormentorin bzw. eines E-Juniormentors zu qualifizieren.

Zur technischen Realisierung des hybriden Lehr- und Lernarrangements wurden die Open-Source-Softwareprodukte Moodle und Mahara verwendet, da diese zum einen an der Folkwang Universität der Künste bereitgestellt werden, somit kostenlos genutzt werden konnten, und im Hinblick auf spezifische Funktionen und bei technischen Fragen für die Studierenden zentrale Ansprechpartner_innen bereit stehen.[103] Zum anderen erfolgte die Entscheidung für die Nutzung der Open-Source-Softwareprodukte nach erfolgter positiver Prüfung der durch die Softwareprodukte zur Verfügung gestellten Aktivitäten und Funktionen.

Als wesentlicher Vorteil der technischen Realisierung des *Qualifizierungsangebots* durch die Open-Source-Softwareprodukte hat sich das in Moodle in der Version 2.0 zur Verfügung gestellte PlugIn herausgestellt. Die Studierenden konnten sich einmal durch das Single-Sign-On Authentifizierungsplugin direkt von Moodle in Mahara einloggen und

---

103 An dieser Stelle vielen Dank an Julia Bönte und Felix Yu für die engagierte Unterstützung.

somit direkt aus der Kursumgebung heraus ihre Artefakte in Form von Dateien in ihr E-Portfolio hochladen. Zum anderen hatten sie auch außerhalb der Kursumgebung im Internet jederzeit Zugriff auf ihr E-Portfolio und sind auch heute noch Eigentümer_innen ihrer erstellten Artefakte.

Das hybride Lehr- und Lernarrangement startete am 30.04.2011 und endete am 02.07.2011. Am Interkulturellen Online-Mentoring nahmen achtzehn Studierende aus allen Fachbereichen teil. Im Anschluss betreuten alle erfolgreich qualifizierten Studierenden als E-Juniormentor_in bis zu 80 internationale Studienanfänger_innen in den Monaten August und September 2011 online *vor* Studienbeginn. Anschließend wurden die Studienanfänger_innen in ihrer praktischen Studienorganisation von den qualifizierten Studierenden vor Ort unterstützt. Um den interkulturellen und sozialen Austausch zwischen allen Beteiligten zu fördern, wurden zudem semesterbegleitende interkulturelle Veranstaltungen angeboten. Ein dezentral organisiertes Sprachtandem unterstützte eine sprachliche Kompetenzentwicklung. Die Teilnahme am Sprachtandem stand allen Studierenden der Folkwang Universität der Künste offen.

Zur nachhaltigen Implementierung des geförderten Modellkonzepts *Interkulturelles Mentoring* und des darin enthaltenen *Qualifizierungsangebot* Interkulturelles Online-Mentoring haben mit der Unterstützung der Hochschulleitung folgende Maßnahmen beigetragen:
    1. Im Rahmen der jährlichen Willkommens-Veranstaltung zu Beginn des Wintersemesters an der Folkwang Universität der Künste wurde im Oktober 2011 den achtzehn E-Juniormentor_innen durch den Rektor feierlich ihr Zertifikat überreicht. Dieses Zertifikat weist die im Rahmen des gesamten Modellkonzepts erworbenen Schlüsselkompetenzen detailliert aus.
    2. Aufgrund der Rückmeldungen von deutschen Studienanfänger_innen und Ansprechpartner_innen in zentralen Beratungsstellen wurde seitens der Projektleiterin (Autorin) des geförderten Modellkonzepts in Rücksprache mit der Hochschulleitung entschieden, das *Interkulturelle Mentoring* zukünftig allen Studierenden im ersten Semester anzubieten.
    3. Von der Fortführung des Mentoringangebots konnte die Bürgerschaftliche Stiftung zur Förderung der Folkwang Universität der Künste überzeugt werden. Die durch die Bürgerschaftliche Stiftung bereitgestellte finanzielle Unterstützung erlaubt die Fortführung und Ausweitung von drei zentralen Bausteinen im Modellkonzept: Die Qualifizierung von Studierenden höherer Semester, die Online-Betreuung vor Studienbeginn für alle Erstsemester-Studierenden und die mentorielle Face-to-face-Betreuung zu Semesterbeginn.
    4. Um das Engagement der Studierenden öffentlich zu machen und zu würdigen, reichte die Autorin dieser Arbeit eine Bewerbung beim Stifterverband für die Deutsche Wissenschaft ein. Im Februar 2012 wurde das in der Bewerbung beschriebene hybride Lehr- und Lernarrangement Interkulturelles Online-Mentoring mit der Hochschulperle ausgezeichnet.[104]

---

104 www.hochschulperle.de

Abbildung 31: Logo Hochschulperle (Stifterverband)

9.3.1 Ablauf

Die Durchführung des Interkulturellen Online-Mentoring erfolgte in einer Kombination von Online- und Präsenzphasen. Die folgende Abbildung veranschaulicht die einzelnen Phasen und Schwerpunkte:

Präsenzphase ganztägig	Vier Wochen Online-Phase	Präsenzphase ganztägig	Vier Wochen Online-Phase	Präsenzphase ganztägig
Kennenlernen	Themenblock 1	Reflexion der E-Portfolioarbeit	Themenblock 3	Präsentation der E-Portfolios
Inhaltliche Schwerpunkte	Themenblock 2	Kennenlernen der Bewerber_innen und potenziellen Erstsemester_innen im Rahmen der künstlerischen Eignungsprüfungen an der Folkwang Universität der Künste	Themenblock 4	
Praktische Übungsbeispiele in Moodle				
Workshop Mahara				

Abbildung 32: Taktung (eigene Darstellung)

Im Rahmen der Auftaktveranstaltung wurden in einem ersten Block (vormittags) das Grobziel des Lehr- und Lernarrangements sowie die individuelle Ausgestaltung des Lernprozesses anhand eines *Zeit- und Contentfahrplans*, die Ausrichtung der E-Portfolioarbeit und das Forschungsanliegen vorgestellt. Die folgende zusammenfassende Umsetzung des Interkulturellen Online-Mentoring erfolgt unter Rückgriff auf die genannten Schwerpunkte.

Der Zeit- und Contentfahrplan sollte vornehmlich eine Organisations- und Strukturierungshilfe für den gesamten Lernprozess darstellen und den Studierenden die didaktische Ausgestaltung der Wahlmöglichkeiten und die gesamte Zeitspanne eines Themenblocks aufzeigen.

ZEIT- UND CONTENTFAHRPLAN:

AUFTAKTVERANSTALTUNG PRÄSENZ:
30.04.2011: 9:00 - 17:00

THEMENBLOCK 0 Einführung: Moodle & Mahara
30.04.: 13:00-17:00

THEMENBLOCK 1 Einführung: Kultur und Interkulturalität
Zeitraum: 02.05.2011 - 14.05.2011

Aufgaben:	Sozialformen:	Aufgabentyp / Schwierigkeitsgrad:	
		□=leicht,	O=mittelschwer
1	Einzelarbeit	□	
2	Einzelarbeit	□	
3	Partnerarbeit	□	
4	Partnerarbeit		O
5	Gruppenarbeit		O

THEMENBLOCK 2 Vorurteile und Stereotype
Zeitraum: 16.05.2011 - 28.05.2011

Aufgaben:	Sozialformen:	Aufgabentyp / Schwierigkeitsgrad:	
		□=leicht,	O=mittelschwer
1	Einzelarbeit	□	
2	Gruppenarbeit	□	
3	Partnerarbeit		O
4	Einzelarbeit		O
5	Partnerarbeit		O

PRÄSENZ: 30.05.2011: 9:00 - 17:00

THEMENBLOCK 3 Selbst- und Fremdwahrnehmung
Zeitraum: 31.05.2011 - 14.06.2011

Aufgaben:	Sozialformen:	Aufgabentyp / Schwierigkeitsgrad:		
		□=leicht,	O=mittelschwer	△=anspruchsvoller
1	Einzelarbeit	□		
2	Partnerarbeit	□		
3	Einzelarbeit		O	
4	Partnerarbeit			△
5	Gruppenarbeit		O	

THEMENBLOCK 4 Interkulturelle Kommunikation
Zeitraum: 15.06.2011 - 29.06.2011

Aufgaben:	Sozialformen:	Aufgabentyp / Schwierigkeitsgrad:		
		□=leicht,	O=mittelschwer	△=anspruchsvoller
1	Einzelarbeit	□		
2	Partnerarbeit	□		
3	Einzelarbeit			△
4	Partnerarbeit		O	
5	Gruppenarbeit			△

ABSCHLUSSVERANSTALTUNG PRÄSENZ:
02.07.2011: 9:00 - 17:00

Abbildung 33: Zeit- und Contentfahrplan (eigene Darstellung)

Die detaillierte Erläuterung des Zeit- und Contentfahrplans erfolgte im zweiten Block der Auftaktveranstaltung (nachmittags) anhand konkreter Beispiele in der Kursumgebung. Zur Unterstützung der E-Portfolioarbeit wurden die anhand von Formblättern bereitgestellten Leitfragen näher erläutert (vgl. Kapitel 7.2.1). Im Vordergrund stand dabei, den Studierenden aufzuzeigen, inwiefern die Leitfragen sie in ihrer E-Portfolioarbeit unterstützen sollen. An dieser ganztägigen Auftaktveranstaltung nahm auch die Autorin dieser Arbeit teil, um das bereits in der Ausschreibung angekündigte Forschungsvorhaben persönlich näher zu erklären. Es wurde darum gebeten, nach jedem Themenblock das ausgefüllte Formblatt A, kodiert mit Hilfe eines dafür bereitgestellten gemeinsamen E-Mail-Accounts, an die Autorin zu senden.

Nachdem inhaltliche und methodisch-didaktische Schwerpunkte geklärt waren, wurden die Tutor_innen vorgestellt und ihre Betreuungsaufgaben erläutert. Darüber hinaus stand den Studierenden für technische Fragen neben der Lehrperson eine weitere Ansprechpartnerin im gesamten Lernprozess zur Verfügung.

Abschließend wurde sichergestellt, dass auch die notwendigen technischen Ressourcen zur Verfügung stehen. So wurde darauf hingewiesen, dass drei computergestützte und WLAN-fähige Arbeitsräume an der Folkwang Universität der Künste genutzt sowie bei Bedarf WLAN-fähige Notebooks für die gesamte Seminar-Dauer bereitgestellt werden können. Nicht zuletzt wurde die in der Ausschreibung ausgewiesene Taktung des hybriden Lehr- und Lernarrangements besprochen.

Nach einer gemeinsamen Mittagspause wurde im zweiten Block der Auftaktveranstaltung (nachmittags) in einem computergestützten und WLAN-fähigen Arbeitsraum ein Workshop mit tutorieller Unterstützung durchgeführt. Hier wurde auch die Ausgestaltung des Kursangebots mit Hilfe des Zeit- und Contentfahrplans am Beispiel eines konkreten Themenblocks erläutert.

Zunächst wurde jedoch sichergestellt, dass alle Studierenden als Nutzer_innen von Moodle registriert sind, ein Profil erstellt haben und sich in dem Moodle-Kursraum Interkulturelles Online-Mentoring eingefunden haben. Dann erfolgte eine Erläuterung der jedem Themenblock vorangestellten Feinziele sowie eine Vorstellung der inhaltlichen Schwerpunkte der vier Themenblöcke und der dort jeweils angebotenen Wahlmöglichkeiten. Das so genannte Fundamentum, das grundsätzlich von allen Studierenden erarbeitet werden sollte, bestand im Interkulturellen Online-Mentoring darin, das zum einen eine verbindliche Anzahl (3) von insgesamt fünf Aufgaben je Themenblock zu bearbeiten war; zum anderen, dass die verbindliche Anzahl in Bezug auf die Auswahl komplexerer Aufgaben kontinuierlich erhöht wurde. Diese didaktische Entscheidung wurde getroffen, um den Studierenden ein Höchstmaß an individueller Schwerpunktsetzung zu ermöglichen.

Mit Hilfe des Zeit- und Contentfahrplans wurde den Studierenden exemplarisch in einem Themenblock gezeigt (Modeling, vgl. Reich 2008), dass sie aus unterschiedlichen Aufgabentypen auswählen können, die unterschiedliche Komplexitätsgrade berücksichtigen. Die Kodierung wurde im Zeit- und Contentfahrplan mit Symbolen aufgezeigt. Die symbolisch durch ein Viereck ausgewiesenen Lernaufgaben waren geschlossene Aufgaben, die vornehmlich Prozessdimensionen auf den Komplexitätsstufen *Erinnern* und *Verstehen* fördern sollten. Die mit einem Kreis gekennzeichneten Aufgabenstellungen waren halboffene Lernaufgaben, die weitgehend die Komplexitätsstufen *Anwenden* und *Analysieren* umfassen, und die mit einem Dreieck ausgewiesenen Aufgaben waren offene Lernaufgaben, die vornehmlich die Komplexitätsstufen *Evaulieren* und *Kreieren* unterstützten. Zudem wurden die Studierenden gebeten, ab dem zweiten Themenblock mindestens eine und im dritten und vierten Themenblock mindestens zwei komplexere Aufgaben auszuwählen, die symbolisch durch einen Kreis und ein Dreieck ausgewiesen wurden. Dadurch sollte sichergestellt werden, dass im Laufe des gesamten Lernprozesses mindestens eine offene Aufgabe ausgewählt wird.

Zur Bearbeitung der unterschiedlichen Aufgabentypen wurden diese mit unterschiedlichen Materialformen (mono- und multimodal) kodiert sowie mit unterschiedlichen Sozialformen kombiniert. Die zeitliche Ausweisung der jeweiligen Themenblöcke und der darin bereitgestellten Wahlmöglichkeiten sollte die Studierenden zudem darin unterstützen, ihre individuelle Bearbeitungszeit über die gesamte Zeitspanne eines Themenblocks besser einzuplanen. Auch wurden in der Kursumgebung sowie im Zeit- und Contentfahrplan die didaktisch eingebetteten Präsenzphasen ausgewiesen. Das individuell ausgestaltete Lernhandeln war jedoch auch an bestimmte Rahmenbedingungen geknüpft, die bereits im Zeit- und Contentfahrplan aufgezeigt und nun erläutert wurden.

So wurden die Studierenden gebeten, die Themenblöcke nacheinander zu bearbeiten, da die mit den Lerninhalten intendierten Feinziele im Hinblick auf das Grobziel des Lernangebots eng miteinander verzahnt waren. Auch war die methodische Struktur der Themenblöcke vor dem Hintergrund der Ordnung der Aufgabenstellungen nach dem Grad der Komplexität so angelegt, dass die Studierenden von einfachen zu komplexeren Aufgabenstellungen voranschreiten. Ein Überspringen der mit den Lernaufgaben intendierten Lernziele wäre somit nicht sinnvoll gewesen.

Insgesamt wurden 20 Aufgaben bereitgestellt, aus denen die Studierenden mindestens zwölf bearbeiten sollten. Von diesen zwölf gewählten Aufgaben sollten wiederum mindestens fünf komplexere Aufgaben bearbeitet werden. Mit welcher Sozialform und mit welchen Materialien die Aufgaben zu lösen waren, war der Aufgabenstellung zu entnehmen. Die Ausführungen im vierten Kapitel haben gezeigt, dass es nicht nur von Bedeutung ist, den Studierenden unterschiedliche Sozial- und Materialformen anzubieten, sondern auch, dass diese didaktisch auf die Aufgabenstellung abzustimmen sind.

Durch die Auswahl des Aufgabentyps wurde somit auch die damit einhergehende Sozial- und Materialform festgelegt. Darüber hinaus konnten alle Aufgaben für freiwillige Übungsphasen bzw. eine individuelle thematische Vertiefung genutzt und somit auch unterschiedliche Sozial- und Materialformen erprobt werden.

Zur besseren Nachvollziehbarkeit der Kodierung der einzelnen Lernaufgabe dient die nachfolgende Tabelle.

Die unterschiedlichen Aufgabentypen werden durch die Symbole angezeigt, für die Ausweisung der Sozialformen Einzel-, Partner- und Gruppenarbeit wird der jeweilige

Anfangsbuchstabe als Kürzel genutzt und die monomodalen (A) und multimodalen (B) Lernmaterialien, die ausschließlich multikodal (dual) kombiniert wurden (vgl. Paivio 1986), werden durch unterschiedliche Buchstaben dargestellt.

Tabelle 17: Kodierung der Lernaufgaben (eigene Darstellung)

Block 1:	1: □, E, B	2: □, E, A	3: □, P, A	4: ○, P, B	5: ○, G, A
Block 2:	1: □, E, A	2: □, G, B	3: ○, P, A	4: ○, E, A	5: ○, P, B
Block 3:	1: □, E, A	2: □, P, A	3: ○, E, A	4: △, P, B	5: ○, G, B
Block 4:	1: □, E, A	2: □, P, B	3: △, E, A	4: ○, P, A	5: △, G, B

Aus den bearbeiteten Aufgaben sollten dann für das Arbeitsportfolio respektive Präsentationsportfolio die Artefakte mit Hilfe des Formblatts A ausgewählt (vgl. Kapitel 7.2.1.1) und mit Hilfe des Formblatts B das eigene Lernhandeln reflektiert werden (vgl. Kapitel 7.2.1.2). In der Ausgestaltung von Peer-Feedback sollte die Studierenden das Formblatt C unterstützen (vgl. Kapitel 7.2.1.3).

Nachdem erste technische Voraussetzungen wie Registrierung und Kurs-Login sowie die Erstellung eines Profils sichergestellt waren und den Studierenden die Ausgestaltung des Lehr- und Lernarrangements mit Hilfe des Zeit- und Contentfahrplans am Beispiel eines Themenblocks konkret erläutert wurde, dienten anschließende praktische Übungsbeispiele im Themenblock 0, um zentrale Funktionen der konzipierten Kursumgebung wie die Aktivitäten **Arbeitsmaterial anlegen**, **Test** und **Wiki** sowie Kommunikationswerkzeuge wie **Forum**, **Chat** und **Abstimmung** zu erproben (Scaffolding, vgl. Reich 2008).

Dazu wurde im Vorfeld sichergestellt, dass die Rolle **students** in Moodle die dazu notwendigen Rechte berücksichtigt. Für die Ausgestaltung einer dialogorientierten Kommunikation im Chat und in den Foren wurden Kurz-Netiketten erarbeitet (vgl. Lemnitzer et al. 2001), ausgehändigt, diskutiert und im Themenblock 0 hinterlegt. Im Rahmen der praktischen Einübung, die tutoriell unterstützt wurde, zeigte sich, dass alle Studierenden weitgehend mit den Funktionen vertraut waren.

In einem nächsten Schritt wurde das in der Kursumgebung bereitgestellte PlugIn getestet und aufgezeigt, dass die Startseite von Mahara durch das Single-Sign-On Authentifizierungsplugin in Moodle direkt zu erreichen war. Anschließend wurde das in Moodle bereits angelegte Profil in Mahara individuell weiter ausgestaltet.

Neben vorgefertigten Feldern zur Profilerstellung wie Profil- und Kontaktinformationen in Moodle stellt Mahara eine weitere Registerkarte **Meine Biographie** zur Verfügung. Hier konnten Informationen zur Schulausbildung, zu künstlerischen Erfolgen, Zielen, Kompetenzen und Interessen in vorgefertigte Masken eingefügt werden. Die Platzierung dieser Masken per Drag & Drop als gestalterisches Element sowie die mögliche Einbettung von Bild- oder Videodateien erweitert die individuelle Profilgestaltung.

Nachdem das Profil individuell ausgestaltet war, standen weitere erste praktische Schritte im Fokus, die dazu beitragen sollten, das E-Portfolio zu personalisieren. Dazu wurde im Bereich Mein Portfolio die Dashboard-Ansicht angeklickt. Anhand der Funktion Ansicht anlegen gelangten die Studierenden zu der Maske Inhalt und Layout bearbeiten, die zahlreiche Registerkarten enthält, die mit der Drag & Drop-Funktion in die Ansicht gezogen werden können.

Für die Layout-Gestaltung war hier zunächst die Funktion Theme von Interesse. Die Funktion ermöglicht es, zur Ausgestaltung des E-Portfolio-Hintergrundes verschiedene Themen auszuwählen. Die ausgewählten Hintergründe können dann über die Funktion Ansicht anzeigen betrachtet werden. In dieser Ansicht ist es dann weiter möglich, in einer Menüleiste den Titel, den Inhalt oder den Zugriff zu bearbeiten. Die Studierenden wurden hier gebeten, ihrem E-Portfolio nunmehr auch einen Titel zu geben.

Diese ersten Schritte sollten bewirken, dass sich die Studierenden zum einen der Drag & Drop-Funktion spielerisch nähern, die für die weitere Ausgestaltung der E-Portfolioarbeit ein zentrales Bedienungselement darstellt. Zum anderen sollten sie sich der Benutzeroberfläche schrittweise nähern. Nicht zuletzt sollte den Studierenden von Beginn an gezeigt werden, dass Mahara auch Funktionen bereithält, um das Design des E-Portfolios individuell auszugestalten. In Abgleich mit der Zielgruppe sollte das gezielte Aufzeigen gestalterischer Elemente dazu beitragen, Freude an der E-Portfolioarbeit zu wecken.

Die nächsten Schritte fokussierten nun vornehmlich die Funktionen, die dazu beitragen, die selbstbestimmte und aktive Dokumentation von Artefakten, die Reflexion sowie eine Feedback-Kultur zu unterstützen.

Dazu war im Bereich Mein Portfolio nunmehr ein weiterer Hauptbereich von Interesse, der Bereich Meine Dateien. Anhand hinterlegter Text-, Bild-, Video- und Audiodateien im Themenblock 0 sowie unter Rückgriff auf die dort zur Verfügung gestellte Kurz-Anleitung in PDF-Format wurde mit tutorieller Unterstützung gezeigt, wie Dateien aus Moodle direkt in den Bereich Mein Portfolio hochgeladen und zunächst in einer freien Ordnerstruktur gespeichert werden können. Anschließend wurden die Ordner durch Angabe von Namen, die sich zu Übungszwecken nach dem Dateityp richteten – (Text, Bild, Video, Audio) – kategorisiert. Um die Beschreibungsfunktion direkt an der Datei einzuüben, sollte das in den Dateien aufgezeigte zentrale Thema als Stichwort notiert werden. Unter Rückgriff auf das bereitgestellte Formblatt A wurde nach einer ersten praktischen Einführung erneut darauf hingewiesen, dass im Lernprozess nicht alle Dateien (Artefakte) in das E-Portfolio eingestellt, sondern eine begründete Auswahl erfolgen sollte.

In einem weiteren Schritt wurden die Studierenden mit dem so genannten Baukastenprinzip von Mahara praktisch vertraut gemacht. Dieses Baukastenprinzip ermöglicht das Auswählen von Registerkarten, welche als Blöcke in verschiedene Ansichten eingebaut werden können, um dann beispielsweise Dateien (Text, Bild, Video, Audio), externe Feeds oder auch einen Blog in die eigene Ansicht (Dashboard-Ansicht) einzubinden oder auch für Dritte (Profilansicht) freizugeben. Das Baukastenprinzip, d.h. die Auswahl von Registerkarten, erfolgte wiederum über die Drag & Drop-Funktion. Neben diesem zentralen Bedienungselement stellt das Baukastenprinzip damit ein zentrales Gestaltungselement für die Ausgestaltung der Orientierungspunkte Dokumentation, Reflexion und Feedback in der E-Portfolioarbeit dar.

Nachdem die Studierenden unterschiedliche Dateitypen hochgeladen und gespeichert hatten, wurde anhand der Registerkarte **Dateien, Bilder** und **Video** dem Baukasten-Prinzip folgend gezeigt, wie sie diese in der bekannten Maske **Inhalt und Layout bearbeiten,** in die Ansicht einbauen oder verschieben können. Nunmehr waren die ersten Funktionen praktisch eingeübt, um die aktive und selbstbestimmte Dokumentation von Artefakten in der E-Portfolioarbeit zu ermöglichen.

Zur kontinuierlichen Ausgestaltung des Präsentationsportfolios war die Profilansicht im Bereich **Mein Portfolio** von Bedeutung. Während bisher in der Dashboard-Ansicht gearbeitet wurden, sollten die Studierenden nun im Bereich **Mein Portfolio** einen Perspektivenwechsel vornehmen, den auch Mahara in der Ausweisung von einer weiteren Ansicht berücksichtigt und ausweist: die Profilansicht. Die Profilansicht ermöglicht einen Zugriff auf alle oder ausgewählte Artefakte für bestimmte Personen. Die Zugriffsrechte liegen hier ausschließlich bei der E-Portfolio-Eigentümerin bzw. dem E-Portfolio-Eigentümer und können jederzeit bearbeitet werden.

Zur praktischen Erprobung der Funktion **Profilansicht** wurden die Studierenden gebeten, sowohl bestimmten Kommiliton_innen aus der Gruppe als auch allen Kommiliton_innen Zugriff auf ausgewählte Artefakte zu ermöglichen.

Nach einer kurzen Pause sollten Funktionen in Mahara aufgezeigt werden, welche die letzten zwei Orientierungspunkte *Reflexion* und *Peer-Feedback* in der E-Portfolioarbeit unterstützen.

Für die Ausgestaltung reflexiver Auseinandersetzungen wurden die Studierenden gebeten, in der Maske **Inhalt und Layout bearbeiten** die Registerkarte **Blogs** in ihre Ansicht einzubauen und zu erproben. Den meisten Studierenden war dieses Social-Media-Tool bekannt. Neu war jedoch, dass sie den Blog mit ihren hinterlegten Dateien verknüpfen können. Über die zur Gestaltung des Präsentationsportfolios nunmehr vertraute Profilansicht wurde den Studierenden zudem aufgezeigt, dass sie neben ausgewählten Dateien auch ihre Reflexionen Dritten zugänglich machen können. Die in den zur Verfügung stehenden Formblättern A und B formulierten Reflexionsfragen wurden hier am konkreten Beispiel erneut erläutert.

Für den feedbackorientierten Austausch im Lernprozess waren nunmehr erste zentrale Voraussetzungen geschaffen. Die Studierenden kannten die zentralen Funktionen in Mahara, die es ihnen erlaubten, ihre Artefakte aktiv auszuwählen und Dritten sowohl ihre Artefakte als auch ihre reflexiven Auseinandersetzungen zugänglich zu machen. Darüber hinaus sollte den Studierenden eine letzte Funktion in Mahara gezeigt werden, die explizit eine Peer-Feedback-Kultur unterstützt. Dazu wurden sie gebeten, über die Funktion Ansicht anzeigen in der ihnen bekannten Menüleiste **Titel bearbeiten, Inhalte bearbeiten** und **Zugriff bearbeiten** nunmehr die Funktion **Zugriff bearbeiten** auszuprobieren. Diese Funktion ermöglichte den Studierenden zu bestimmen, wer zugänglich gemachte Dateien kommentieren darf. Das Feedback auf eingestellte Dateien (und Reflexionen) ist zunächst nur für die E-Portfolioinhaberin bzw. den E-Portfolioinhaber einsehbar. Über die Differenzierung in den Ansichten können jedoch auch Feedback-Anfragen und Feedback-Antworten für Dritte einsehbar gemacht werden. Zur praktischen Einübung dieser Funktion wurden die Studierenden aufgefordert, unter Rückgriff auf das bereitgestellte Formblatt C bestimmten Kommiliton_innen aus der Gruppe eine Kommentierung zu ermöglichen und in einem weiteren Schritt Feedback-Anfragen und Feedback-Antworten einsehbar zu machen.

Abschließend wurde den Studierenden die Möglichkeit gegeben, Verständnisfragen zu den vorgestellten Funktionen zu stellen. Von Interesse war auch zu erfahren, ob die Studierenden nach einer ersten praktischen Einführung, die sich im Hinblick auf die Ausrichtung der E-Portfolioarbeit und im Abgleich mit der Zielgruppe auf ausgewählte Funktionen beschränkte, mit der Benutzeroberfläche ohne größere Probleme umgehen konnten.

9.4 Zusammenfassung

Das Kapitel zur didaktischen Konzeption und Umsetzung des hybriden Lehr- und Lernarrangements Interkulturelles Online-Mentoring konkretisiert das Bildungsanliegen dieser Arbeit: die Konzeption und Umsetzung eines hybriden Lehr- und Lernarrangements, das der Diversität der Studierenden und der Forderung nach Kompetenzorientierung gerecht wird. Damit bleibt die didaktische Konzeption und Umsetzung des Interkulturellen Online-Mentoring „problem driven" und ist nicht „technology driven" (Kerres 2001, 47).

Im Interkulturellen Online-Mentoring waren sowohl instruktionale Ansätze als auch ein konstruktiver Umgang mit Lerninhalten relevant. Zum einen wurden die Studierenden durch vorgegebene Aufgabenstellungen dazu aufgefordert, aktiv zu werden. Zum anderen konnten sie aus unterschiedlichen Aufgabentypen auswählen. Darüber hinaus konnten die Studierenden konstruktiv ihr E-Portfolio selbstbestimmt mit Hilfe der Formblätter ausgestalten.

Die Konzeption und Umsetzung des hybriden Lehr- und Lernarrangements orientierte sich am Modell der gestaltungsorientierten Mediendidaktik. Es wurden eine Zielgruppenanalyse durchgeführt, die Bedingungen des Lehr- und Lernkontextes aufgezeigt, unter Rückgriff auf die in Kapitel 4 formulierten Gestaltungsprinzipien die inhaltliche Aufbereitung von Lehr- und Lerninhalten beschrieben, die Ausgestaltungsmöglichkeiten durch E-Learning für die jeweiligen Merkmale der didaktischen Elemente Lernaufgabe und Portfolio aufgezeigt und die zentralen Funktionen der Open-Source-Software-Produkte im Hinblick auf die pädagogische Zielsetzung überprüft.

Anschließend erfolgte eine nähere Erläuterung der Umsetzung des Interkulturellen Online-Mentoring. Hier wurden die Maßnahmen angeführt, die dazu beigetragen haben, das Modellkonzept *Interkulturelles Mentoring* und das darin enthaltene *Qualifizierungs-angebot* Interkulturelles Online-Mentoring nachhaltig in die vorhandenen Hochschulstrukturen zu implementieren. Es wurde der Ablauf des Lehr- und Lernarrangements unter Rückgriff auf den Zeit- und Contentfahrplan erläutert, die Rahmenbedingungen genannt sowie aufgezeigt, wie die Gestaltungsprinzipien konkret angelegt und die Lernaufgaben kodiert wurden.

Abschließend wurden die zentralen Funktionen in Moodle und Mahara näher beschrieben, die mit Hilfe von Übungsbeispielen ausprobiert wurden. Zur Beantwortung der forschungsleitenden Fragen (vgl. Kapitel 7.2) gilt es nun aufzuzeigen, *wie* die Studierenden mit dem Angebot umgegangen sind und *ob* sie es akzeptiert haben.

10. Ergebnisse Studie 2: Unterschiede und Gemeinsamkeiten im Lernhandeln von Studierenden

Wie bereits angeführt, wird zur Beantwortung der Forschungsfragen in dieser Arbeit methodologisch ein explorativer Ansatz verfolgt. Im Mittelpunkt des empirischen Forschungsdesigns steht nicht die Prüfung von Hypothesen, sondern die explorative Generierung neuer didaktischer Erkenntnisse (und Hypothesen) für die hochschulische Praxis, um der Diversität der Studierenden und der Forderung nach Kompetenzorientierung Rechnung zu tragen.

Im Fokus der zweiten Studie standen folgende zwei forschungsleitende Fragen (FF) und die damit einhergehenden Annahmen (A):

FF1: Inwiefern können anhand der Gestaltungsprinzipien didaktische Entscheidungen für die Ausgestaltung von Merkmalen didaktischer Elemente getroffen werden, um der Diversität der Studierenden (fern einer Zuschreibung) und der Forderung nach Kompetenzorientierung Rechnung zu tragen?
Dieser Frage liegt folgende Annahme zugrunde:

A1: Um den unterschiedlichen Voraussetzungen, Zugängen und Fähigkeiten der Studierenden und der Forderung nach Kompetenzorientierung gerecht zu werden, müssen bei der Konstruktion von Lernaufgaben die Merkmale Komplexität, Variation sowie Sozial- und Materialformen *systematisch* berücksichtigt werden.

FF2: Inwiefern akzeptieren die Studierenden den didaktischen Einsatz eines E-Portfolios?
Dieser Frage liegen folgende Annahmen zugrunde:

A2: Damit Studierende den didaktischen Einsatz eines E-Portfolios akzeptieren, muss für sie die pädagogische Zielsetzung erkennbar sein.

A3: Die zur Verfügung gestellten Leitfragen müssen die Schwerpunktsetzungen in der didaktischen Konzeption berücksichtigen.

A4: Die zentralen Funktionen der eingesetzten Software müssen die Studierenden in der selbstbestimmten Ausgestaltung ihrer E-Portfolioarbeit unterstützen.

Nachfolgend werden nun die Ergebnisse der zweiten Studie vorgestellt und abschließend diskutiert.

10.1 Ergebnisse

Nach Beendigung des *Qualifizierungsangebots* Interkulturelles Online-Mentoring lagen 36 vollständig ausgefüllte Fragebögen (1 und 2) und insgesamt 72 Formblätter (A) vor, die anhand der Kodierungen zugeordnet werden konnten. Für die deskriptive Auswertung in SPSS Statistics 20 wurden die Antworten (Merkmalsausprägungen) durch einen numerischen Wert repräsentiert bzw. numerisch verkodet. Da alle Fragen beantwortet wurden, bedurfte es keiner Kodezahlen für fehlende Werte (missing values).

10.1.1 Zielgruppenanalyse

Am Interkulturelles Online-Mentoring haben 18 Studierende teilgenommen. Damit haben im Vergleich zu der Teilnehmer_innen-Anzahl von Veranstaltungen im Modul *Optionale Studien* an der Folkwang Universität der Künste (im Durchschnitt bis zu zwölf Studierenden pro Lehrveranstaltung) relativ viele Studierende teilgenommen. Die 18 Studierenden haben den ersten Fragebogen in der Auftaktveranstaltung und den zweiten Fragebogen in der Abschlussveranstaltung ausgefüllt, sowie das Formblatt A nach jedem Themenblock per E-Mail anonym an die Autorin geschickt.

Vier der Studierenden waren älter als 30 Jahre, sechzehn Studierende waren 20 Jahre oder älter. Zwölf der Studierenden waren weiblich und sechs waren männlich. Damit entsprach die Geschlechtsverteilung in etwa der ursprünglichen Annahme im Rahmen der Planung der didaktischen Konzeption des Interkulturellen Online-Mentoring (vgl. Kapitel 9.2.3). Es wurde von einer einigermaßen ausgewogenen Zusammensetzung der Lerngruppe nach Geschlechtern ausgegangen bzw. von einer tendenziellen Mehrheit von Studentinnen. Die Altersverteilung hingegen weicht von der Mutmaßung ab.

Um herauszufinden, wie divers die Zielgruppe im Hinblick auf die Diversitäts-Dimension *nationale Herkunft/Ethnie* ist, wurde nach dem Geburtsort wie auch nach der Staatsangehörigkeit gefragt.

Die Geburtsorte wurden in Anlehnung an die GLOBE-Studie (vgl. House & Javidan 2004) geclustert.[105] Im Hinblick auf die Staatsangehörigkeit war von Interesse, inwiefern diese mit dem Geburtsort korrespondiert.[106]

Die nachfolgende Abbildung zeigt die Diversität in der Lerngruppe in Bezug auf die innere Dimension bzw. Merkmalsausprägung *Nationale Herkunft/Ethnie* in Anlehnung an die GLOBE-Studie.

---

105 Die GLOBE-Studie fasst bestimmte Länder und nationale Kulturen, die *Gemeinsamkeiten* aufweisen, in so genannte *Cluster-Regionen* zusammen. Damit trägt die GLOBE-Studie dazu bei, transnationale und regionale kulturelle *Gemeinsamkeiten und Unterschiede* aufzuzeigen. Diese stellen jedoch keinesfalls generalisierende Maßstäbe für die Individuen dieser Kulturen und Gesellschaften dar.

106 Laut Mikrozensus 2006 besitzen 1,4% der Gesamtbevölkerung in Deutschland (in absoluten Zahlen rund 1,2 Millionen Menschen) die doppelte Staatsangehörigkeit (vgl. BAMF 2008). Doppelte Staatsangehörigkeit kann heißen, dass eine Person die deutsche und eine ausländische Staatsangehörigkeit oder zwei ausländische Staatsangehörigkeiten besitzt. Angesichts der Zahlen, die als Untergrenzeinschätzung gesehen werden, und der großen Rolle, die das Thema in der integrationspolitischen Diskussion spielt, wurde auch im Fragebogen diese Differenzierung berücksichtigt.

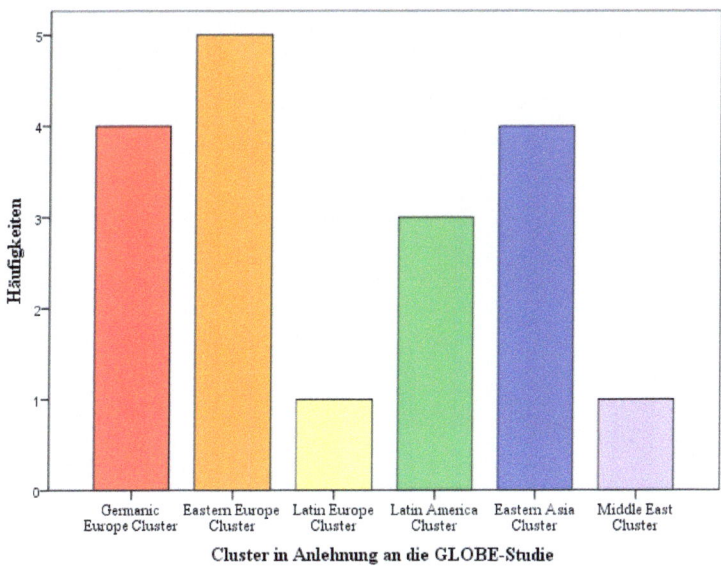

Abbildung 34: Kulturelle Diversität in der Lerngruppe (eigene Darstellung)

Die größte Gruppe (orange) stellt das „Eastern Europe Cluster" mit fünf Studierenden dar, gefolgt von dem „Germanic Europe Cluster" (rot) sowie dem „Eastern Asia Cluster" (blau) mit je 4 Studierenden und dem „Latin America Cluster" (grün) mit 3 Studierenden. Das „Latin Europe Cluster" (gelb) und das „Middle East Cluster" (violett) bilden mit je einer Person die kleinste Gruppe.

Von den achtzehn Studierenden geben fünfzehn an, dass ihre Staatsangehörigkeit mit dem Geburtsort übereinstimmt, zwei Studierende besitzen eine doppelte Staatsbürgerschaft und bei einer Studentin unterscheiden sich Geburtsort und Staatsbürgerschaft.

Die hier aufgezeigte hohe Internationalität der Zielgruppe bestätigt die angenommene Diversität der Zielgruppe hinsichtlich der Merkmalausprägung *Nationale Herkunft/Ethnie*. In der didaktischen Planung wurde davon ausgegangen, dass die Lerngruppe multikulturell zusammengesetzt ist.

Um zu erfahren, wie divers die Zielgruppe mit Blick auf ihr *Vorwissen* ist, wurde nach dem Schulabschluss gefragt. Die nachfolgende Abbildung zeigt die *Unterschiede und Gemeinsamkeiten* in der Lerngruppe in Bezug auf die Merkmalsausprägung *Vorwissen*.

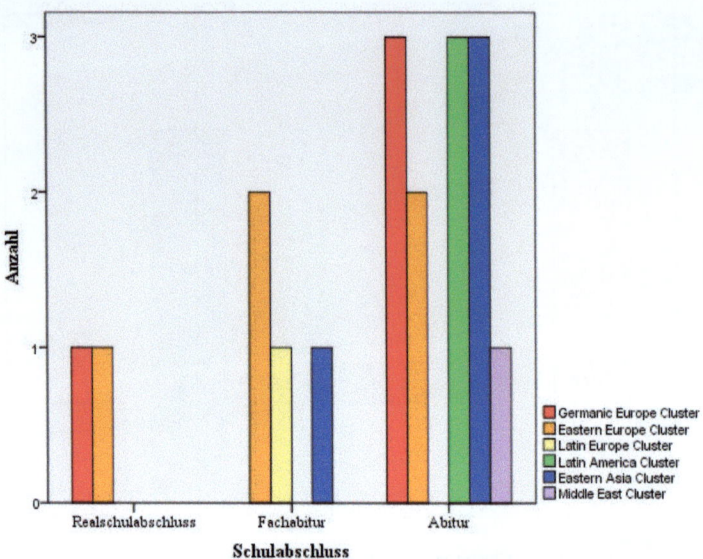

Abbildung 35: Diversität in der Lerngruppe in Bezug auf die Merkmalsausprägung Vorwissen (eigene Darstellung)

Im Bereich der Vorbildung haben 12 Studierende das Abitur als Schulabschluss angegeben, vier Studierende das Fachabitur und zwei Studierende den Realschulabschluss. Die vier Studierenden mit Fachabitur gehören dem „Eastern Europe Cluster", „Latin Europe Cluster" und dem „Eastern Asia Cluster" an. Die zwei Studierenden mit dem Realschulabschluss wurden dem „Germanic Europe Cluster" und dem „Eastern Europe Cluster" zugeordnet.

Die im Vorfeld angenommene Diversität der Zielgruppe hinsichtlich der Merkmalsausprägung *Vorwissen* wurde hiermit bestätigt.

Nicht zuletzt war von Interesse zu erfahren, wie divers die Zielgruppe in Bezug auf die Merkmalsausprägungen *Studienrichtung*, *Hochschulabschluss* und *Fachsemester* ist.

Am Interkulturelles Online-Mentoring haben sechs Studierende im Studiengang *Musik* (4) und *Gesang/Musiktheater* (2) aus dem Fachbereich 1, zwei Studierende im Studiengang *Lehramt* aus dem Fachbereich 2, vier Studierende im Studiengang *Theater* (1) und *Tanz* (3) aus dem Fachbereich 3 und sechs Studierende im Studiengang *Kommunikationsdesign* aus dem Fachbereich 4 teilgenommen.

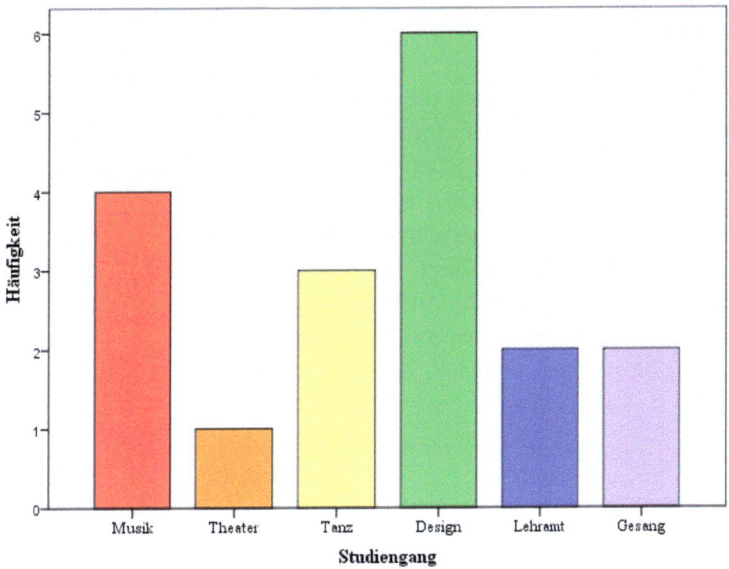

Abbildung 36: Diversität in der Lerngruppe in Bezug auf die Merkmalsausprägung Studienrichtung (eigene Darstellung)

Von den achtzehn Studierenden streben acht den Hochschulabschluss *Bachelor*, sechs den Hochschulabschluss *Master* und vier den Hochschulabschluss *Diplom* an. Von den acht Bachelor-Studentinnen geben drei an, im zweiten Semester, eine im vierten und vier im sechsten Semester zu studieren. Von den sechs Master-Studierenden (2 weiblich, 4 männlich) sind drei im ersten Semester, zwei im zweiten und eine Person im dritten Semester. Von den vier Diplomstudierenden (2 weiblich, 2 männlich) sind zwei im neunten und zwei im zehnten Semester.

Damit wird die angenommene Diversität der Zielgruppe hinsichtlich der Merkmalsausprägung *Studienrichtung* bestätigt. In der didaktischen Planung wurde davon ausgegangen, dass die Lerngruppe transdisziplinär zusammengesetzt ist. Da zudem vornehmlich Bachelor-Studierende höherer Semester adressiert wurden, wurde auch angenommen, dass die Angabe der Semesterzahlen variiert.

Die Diversität innerhalb der Lerngruppe in Bezug auf die Merkmalsausprägung *Hochschulabschluss* weicht hingegen stark von der Annahme ab, die im Rahmen der didaktischen Planung gemacht wurde (vgl. Kapitel 9.2.3). Da der Erwerb von ECTS im Modul *Optionale Studien* ausschließlich für Bachelor-Studierende obligatorisch ist, wurde nicht angenommen, dass Studierende aus Master- oder Diplomstudiengängen an dem *Qualifizierungsangebot* teilnehmen würden. Vor allem wurde nicht erwartet, dass der Anteil an Studierenden aus Master- oder Diplomstudiengängen so hoch ist. Dies erklärt letztlich auch, warum die Altersverteilung in der Lerngruppe so stark von der Mutmaßung abweicht.

10.1.2 Angebot

In den vier Themenblöcken konnten die Studierenden in einem Aufgabenpool aus einem Fundamentum und Additamentum Lernaufgaben auswählen (GP 2), die unter Berücksichtigung der Merkmale *Komplexität* (GP 3), *Variation* (GP 4) sowie *Sozial-* und *Materialformen* (GP 7 & GP 8) kodiert wurden.

Zur besseren Nachvollziehbarkeit der folgenden Ausführungen wird die Kodierung der einzelnen Lernaufgaben visualisiert. Die unterschiedlichen Aufgabentypen werden durch die Symbole angezeigt. Für die Ausweisung der Sozialformen und der ausschließlich multikodalen Kombination monomodaler und multimodaler Lernmaterialien (i.S.v. dual; vgl. Paivio 1986) dienen unterschiedliche Farbattribute.

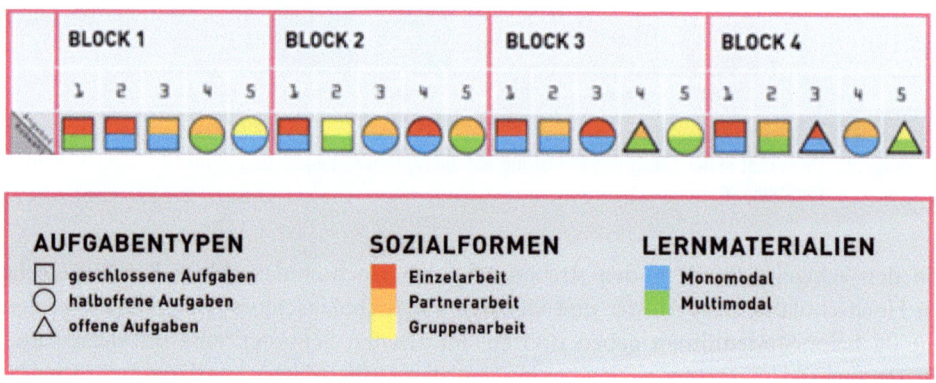

Abbildung 37: Kodierung der Lernaufgaben (eigene Darstellung)

Eine Differenzierung nach den Merkmalen zeigt, dass von 20 zur Verfügung gestellten Aufgaben neun geschlossene, acht halboffene und drei offene Aufgaben angeboten wurden. Die drei Aufgabentypen implizierten eine *Dreiteilung* in Bezug auf ihren Komplexitätsgrad (vgl. Kapitel 4.2.3).

Gemäß der Aufgabenstellung wurden je acht Aufgaben in *Einzel- und Partnerarbeit* und vier Aufgaben in *Gruppenarbeit* angeboten; die Sozialform *Gruppenarbeit* in jedem Themenblock einmal. Zudem wurde jeder Aufgabentyp mit jeder Sozialform kombiniert, um je nach Leistungsfähigkeit mögliche *Präferenzen* bezüglich der *Sozialformen* gerecht zu werden. Zugleich wurden mit Blick auf die gewonnenen Schlussfolgerungen die komplexeren Aufgabenstellungen vorwiegend mit Sozialformen kombiniert, die im Interkulturelles Online-Mentoring kooperatives Lernen unterstützten.

Die Sozialform *Einzelarbeit* wurde fünfmal mit geschlossenen und zweimal mit halboffenen Lernaufgaben sowie einmal mit einer offenen Lernaufgabe kombiniert. Die Sozialform *Partnerarbeit* wurde dreimal mit geschlossenen und viermal mit halboffenen Lernaufgaben sowie einmal mit einer offenen Lernaufgabe kombiniert. Die Sozialform *Gruppenarbeit* wurde einmal mit einer geschlossenen Lernaufgabe, zweimal mit halboffenen Lernaufgaben und einmal mit einer offenen Lernaufgabe kombiniert.

Um unterschiedliche Sinnesmodalitäten anzusprechen, wurden zwölf Aufgaben mit monomodalen und acht Aufgaben mit multimodalen Lernmaterialien bereitgestellt. Weiter wurde bei der Konstruktion der Lernaufgaben berücksichtigt, dass die duale Kombination inhaltlich von Bedeutung ist.

Ferner wurde jeder Aufgabentyp mit unterschiedlichen *Materialformen* kombiniert, um je nach Leistungsfähigkeit möglichen *Präferenzen* der Studierenden gerecht zu werden. *Monomodale Lernmaterialien* wurden fünfmal mit geschlossenen und fünfmal mit halboffenen Lernaufgaben sowie einmal mit einer offenen Lernaufgabe kombiniert. *Multimodale Lernmaterialien* wurden dreimal mit geschlossenen, dreimal mit halboffenen Lernaufgaben und zweimal mit offenen Lernaufgaben kombiniert. Die vornehmliche Ausgestaltung von komplexeren Lernaufgaben mit multimodalen Lernmaterialien ging mit den formulierten Aufgabenstellungen im Interkulturelles Online-Mentoring einher. Halboffene Aufgaben wie Assoziations- und Umbauaufgaben oder offene Aufgaben wie Gestaltungsaufgaben unterstützten die Einbindung multimodaler Lernmaterialien, wohingegen geschlossene Aufgaben wie Lückentext- oder Zuordnungsaufgaben eher der Bereitstellung monomodaler Lernmaterialien dienten.

10.1.3 Nutzung

Nachdem nun detailliert das Angebot im Interkulturellen Online-Mentoring beschrieben wurde, steht in diesem Abschnitt ein bestimmter Handlungsausschnitt im Lernhandeln der Studierenden im Mittelpunkt: die Auswahl der Lernaufgaben und die Bestimmung der Artefakte für das E-Portfolio. Auf der Verfahrensebene gaben die Studierenden kodiert in dem Formblatt A Auskunft darüber, was sie konkret getan haben (vgl. Kapitel 7.2.1.1). Von Interesse ist, ob der bereitgestellte Handlungsspielraum im Interkulturellen Online-Mentoring den unterschiedlichen Voraussetzungen, Zugängen, Fähigkeiten und Präferenzen der Studierenden gerecht wurde. Im Fokus stehen damit die erste forschungsleitende Frage (FF1) sowie die damit einhergehende Annahme (A1):

FF1: Inwiefern können anhand der Gestaltungsprinzipien didaktische Entscheidungen für die Ausgestaltung von Merkmalen didaktischer Elemente getroffen werden, um der Diversität der Studierenden (fern einer Zuschreibung) und der Forderung nach Kompetenzorientierung Rechnung zu tragen?

A1: Um den unterschiedlichen Voraussetzungen, Zugängen und Fähigkeiten der Studierenden und der Forderung nach Kompetenzorientierung gerecht zu werden, müssen bei der Konstruktion von Lernaufgaben die Merkmale Komplexität, Variation, Sozial- und Materialformen *systematisch* berücksichtigt werden.

Die Beantwortung der Frage erfordert auch eine Ergebnisdarstellung, welche die Diversität der Studierenden im Lernhandeln *sichtbar* werden lässt. Die nachfolgende Visualisierung zeigt einmal das Angebot der Lernaufgaben sowie die Auswahl der Studierenden (S), die anhand einer quantitativen Analyse der ersten Frage (Entstehung) im Formblatt A erfolgte:

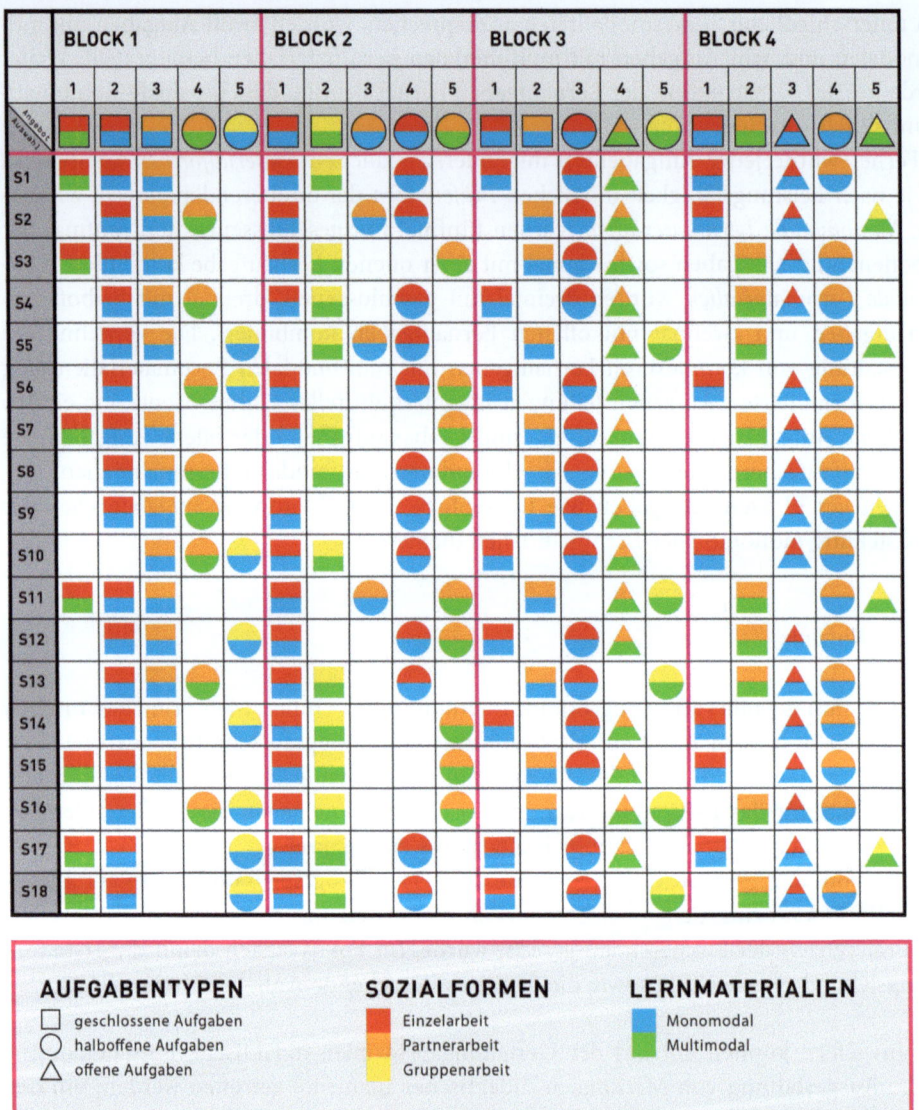

Abbildung 38: Angebot und Auswahl (eigene Darstellung)

Im *ersten Themenblock* konnten die Studierenden aus drei geschlossenen (einfach) und zwei halboffenen Aufgaben (mittelschwer) wählen. Wie bereits ausgeführt (vgl. Kapitel 9.3), wurden sie hier gebeten, mindestens drei Aufgaben zu bearbeiten. Weitere Vorgaben wurden nicht gemacht.

13 Studierende haben im ersten Themenblock eine halboffene Aufgabe ausgewählt; drei dieser Studierenden haben zwei halboffene und damit alle zur Verfügung gestellten komplexeren Aufgaben bearbeitet. Die zweite Aufgabe wurde von insgesamt 17 Studierenden und die dritte Aufgabe von insgesamt 14 Studierenden bearbeitet. Damit wurden

mehrheitlich Aufgaben des *geschlossenen Aufgabentyps* (Aufgabe 2 mit 31% und Aufgabe 3 mit 26%)[107] bearbeitet, wie die nachfolgende Abbildung zeigt:

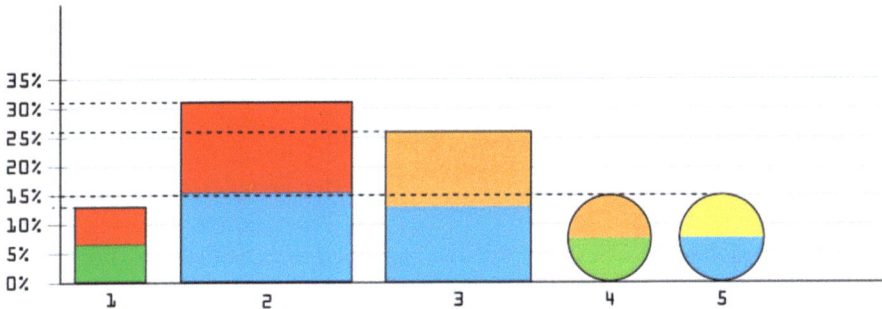

Abbildung 39: Aufgabenauswahl Themenblock 1 (eigene Darstellung)

Im *zweiten Themenblock* konnten die Studierenden aus zwei geschlossenen (einfach) und drei halboffenen Aufgaben (mittelschwer) wählen. Auch hier wurden sie gebeten, mindestens drei Aufgaben zu bearbeiten. Darüber hinaus sollte *mindestens eine der ausgewählten Aufgaben eine komplexere Aufgabe sein – hier eine der drei halboffenen Aufgaben.

Sieben Studierende gaben an, dass sie aus drei Aufgaben *zwei* halboffene Aufgaben ausgewählt haben. Damit haben annähernd 40% (38,8%) der Studierenden in der Lerngruppe *mehr als eine* komplexere Aufgabe ausgewählt. Die erste Aufgabe wurde von insgesamt 16 Studierenden und die zweite Aufgabe von insgesamt 13 Studierenden bearbeitet. Damit wurden mehrheitlich Aufgaben des *geschlossenen Aufgabentyps* (Aufgabe 1 mit 30% und Aufgabe 2 mit 24%) ausgewählt, wie die nachfolgende Abbildung zeigt:

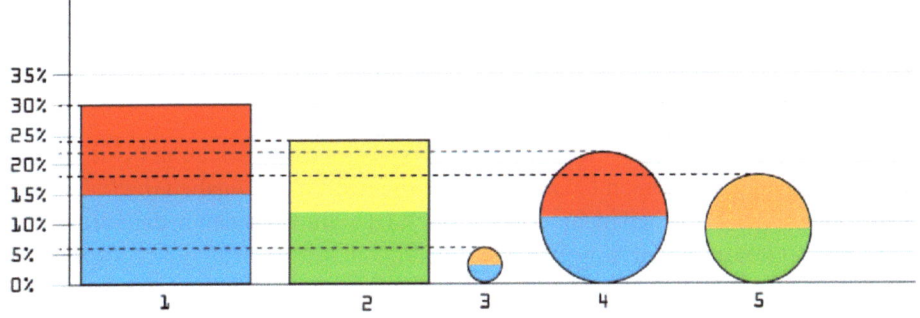

Abbildung 40: Aufgabenauswahl Themenblock 2 (eigene Darstellung)

---

107 Zur Quantifizierung eines Aufgabentyps wurde die Auswahlanzahl 54 (18 Studierende wählen drei Aufgaben im jeweiligen Themenblock aus) als Grundgesamtheit betrachtet. Die Anzahl der ausgewählten Aufgabe je Themenblock wurde dann durch die Auswahlanzahl (54) dividiert und mit der Zahl 100 mulipliziert.

Im *dritten Themenblock* wurden zwei geschlossene (einfach) sowie zwei halboffene Aufgaben (mittelschwer) und eine offene Aufgabe (anspruchsvoller) angeboten. Ab dem dritten Themenblock wurde darum gebeten, aus drei Aufgaben *mindestens zwei* komplexere (halboffen und/oder offen) Aufgaben zu bearbeiten. Weitere Vorgaben wurden nicht gemacht.

16 Studierende haben aus dem Pool der komplexeren Aufgabenstellung die offene Aufgabe ausgewählt. Somit haben annähernd 90% (88,8%) der Studierenden in der Lerngruppe aus dem Pool der komplexeren Aufgaben die *schwierigste* Aufgabe ausgewählt. Insgesamt 15 Studierende haben aus dem Pool der komplexeren Aufgaben die dritte Aufgabe bearbeitet.

Damit wurde aus dem Pool der komplexeren Aufgaben mehrheitlich die Aufgabe des *offenen Aufgabentyps* (Aufgabe 4 mit 30%) ausgewählt, wie die nachfolgende Abbildung zeigt:

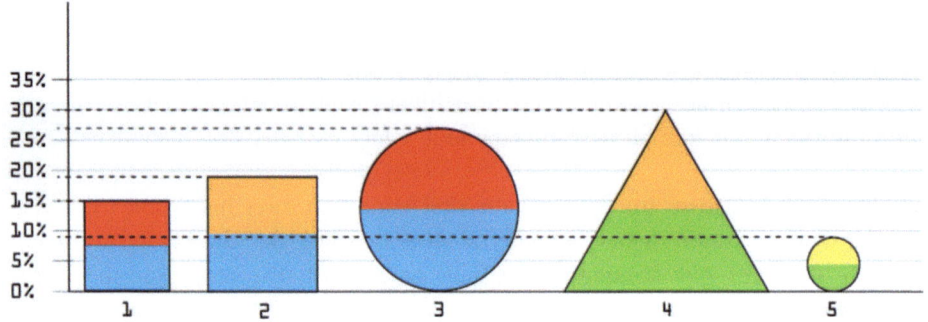

Abbildung 41: Aufgabenauswahl Themenblock 3 (eigene Darstellung)

Auch im *vierten Themenblock* wurde darum gebeten, *mindestens zwei* Aufgaben aus dem Pool der komplexeren Aufgabenstellungen (halboffen und/oder offen) zu bearbeiten. Hier wurden zwei geschlossene (einfach), eine halboffene (mittelschwer) und zwei offene Aufgaben (anspruchsvoller) zur Verfügung gestellt.

Drei Studierende haben aus dem Pool der komplexeren Aufgabenstellung beide offenen Aufgaben bearbeitet, eine Person hat ausschließlich komplexere Aufgaben (halboffen und offen) ausgewählt. Damit haben mehr als 20% (22,2%) der Studierenden in der Lerngruppe aus dem Pool der komplexeren Aufgaben die *schwierigsten* Aufgaben ausgewählt. Die dritte und die vierte Aufgabe wurden von jeweils 16 Studierenden bearbeitet.

Somit wurden überwiegend die dritte offene Aufgabe (mit 30%) und die vierte Aufgabe des halboffenen Aufgabentyps (mit 30%) von den Studierenden ausgewählt, wie die nachfolgende Abbildung zeigt:

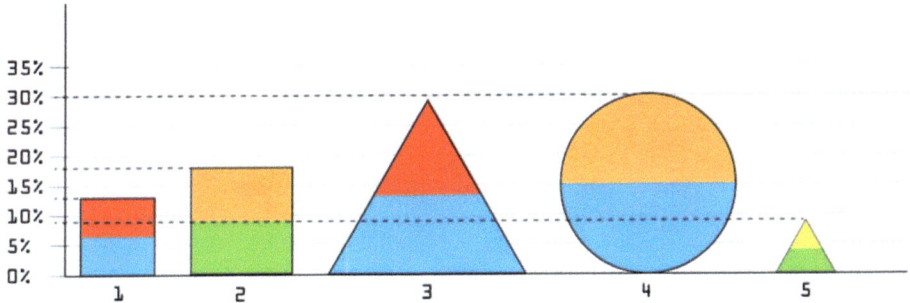

Abbildung 42: Aufgabenauswahl Themenblock 4 (eigene Darstellung)

Die Ausführungen zeigen die *Unterschiede und Gemeinsamkeiten* in der Lerngruppe in Bezug auf die Auswahl der Aufgaben nach Komplexitätsgrad, die wiederum mit unterschiedlichen Sozial- und Materialformen kodiert waren, um auch hier möglichen Präferenzen unter Berücksichtigung der individuellen Leistungsfähigkeit gerecht zu werden (A1).

Die *Unterschiede und Gemeinsamkeiten* in der Lerngruppe zeigen sich jedoch nicht nur in der individuellen Auswahl der zur Verfügung gestellten Aufgaben. Auch mit Blick auf die von den Studierenden bestimmten Artefakte werden *Unterschiede und Gemeinsamkeiten* im Lernhandeln sichtbar.

Die nachfolgende Abbildung zeigt auf der Grundlage einer quantitativen Analyse der dritten Frage (Auswahl E-Portfolio) im Formblatt A, welches Artefakt die Studierenden für ihr E-Portfolio nach jedem Themenblock ausgewählt haben:

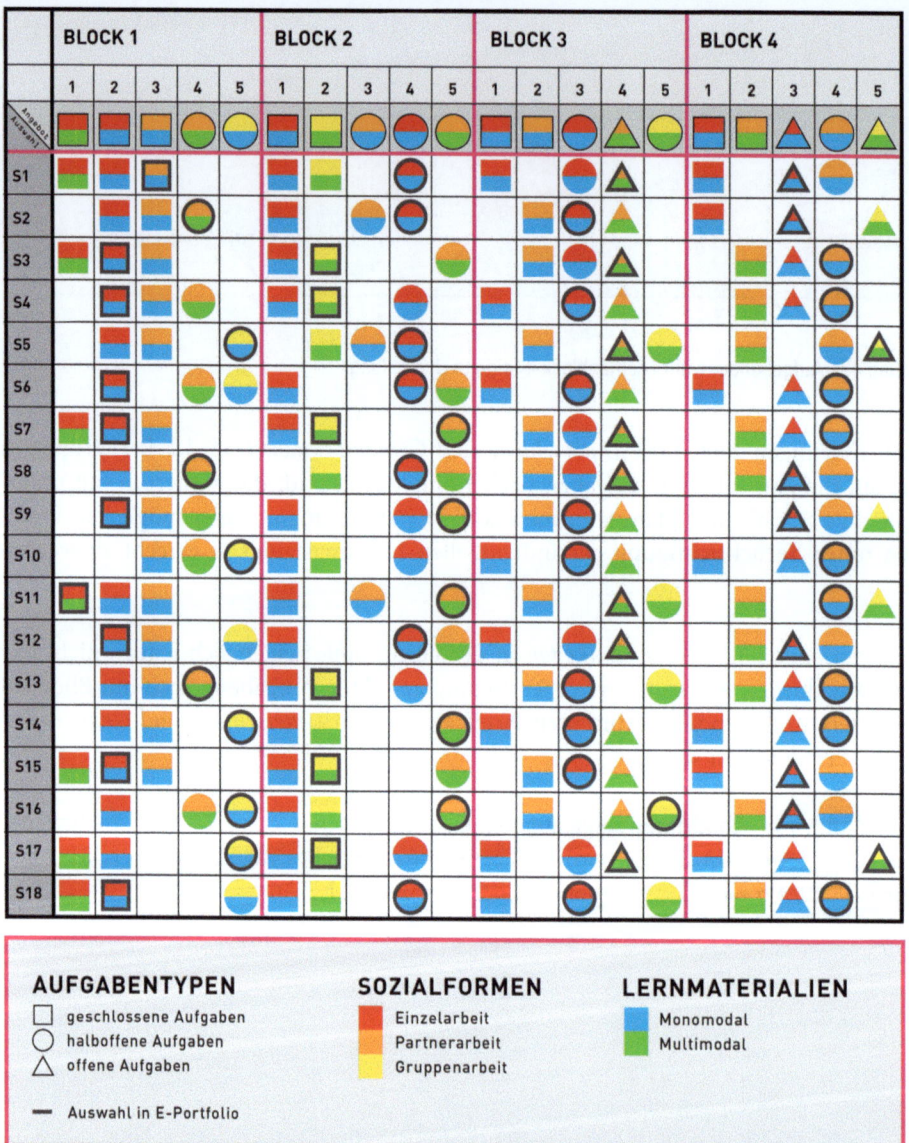

Abbildung 43: Bestimmung der Artefakte (eigene Darstellung)

Die *Unterschiede und Gemeinsamkeiten* in der Lerngruppe in Bezug auf die Bestimmung ihrer Artefakte wird exemplarisch anhand einer zusammenfassenden Beschreibung der *übereinstimmend* ausgewählten Lernaufgaben und der sowohl *gleichen* als auch *unterschiedlichen* Bestimmung der Artfakte im *ersten Themenblock* abermals verdeutlicht.

Fünf Studierende haben die gleiche Aufgabenauswahl getroffen (drei geschlossene Aufgaben). Drei der fünf Studierenden haben das Ergebnis der Auseinandersetzung mit der geschlossenen Aufgabe (2), die in Einzelarbeit mit monomodalen Lernmaterialien gelöst wurde, in ihr E-Portfolio eingestellt. Von den zwei anderen Studierenden hat eine Person das Ergebnis der Auseinandersetzung mit der geschlossenen Aufgabe (1), die in Einzelarbeit mit multimodalen Lernmaterialien bearbeitet wurde, für ihr E-Portfolio bestimmt; die andere Person hat das Ergebnis der Auseinandersetzung mit der geschlossenen Aufgabe (3), die in Partnerarbeit mit monomodalen Lernmaterialien bearbeitet wurde, in ihr E-Portfolio eingestellt (vgl. Auswahl A im ersten Block in der Abbildung 44).

Weitere fünf Studierende haben zwei geschlossene und eine halboffene Aufgabe gewählt (2, 3 & 4). Drei von den fünf Studierenden haben das Ergebnis der Auseinandersetzung mit der halboffenen Aufgabe (4), die in Partnerarbeit und mit monomodalen Lernmaterialien gelöst wurde, in ihr E-Portfolio eingestellt und zwei von den fünf Studierenden haben das Ergebnis der Auseinandersetzung mit der geschlossenen Aufgabe (2) für ihr E-Portfolio bestimmt (vgl. Auswahl B im ersten Block in der Abbildung 44).

Drei Studierende haben zwei geschlossene (2 & 3) und eine halboffene Aufgabe (5) bearbeitet. Zwei von den drei Studierenden haben das Ergebnis der Auseinandersetzung mit der halboffenen Aufgabe (5), die in Gruppenarbeit mit multimodalen Lernmaterialien gelöst wurde, in ihr E-Portfolio eingestellt. Eine Person hat das Ergebnis der Auseinandersetzung mit der geschlossenen Aufgabe (2) in ihr E-Portfolio eingestellt (vgl. Auswahl C im ersten Block in der Abbildung 44).

Weitere zwei Studierende haben eine geschlossene (2) und die zwei halboffenen Lernaufgaben bearbeitet. Eine Person hat das Ergebnis der Auseinandersetzung mit der geschlossenen Aufgabe in ihr E-Portfolio eingestellt. Die andere Person hat das Ergebnis der Auseinandersetzung mit der halboffenen Aufgabe (5) für ihr E-Portfolio ausgewählt (vgl. Auswahl D im ersten Block in der Abbildung 44).

Weitere zwei Studierende haben zwei geschlossene Lernaufgaben (1 & 2) und eine halboffene Aufgabe (5) gelöst. Eine Person hat das Ergebnis der Auseinandersetzung mit der halboffenen Aufgabe für ihr E-Portfolio ausgewählt, die andere Person das Ergebnis der geschlossenen Aufgabe (2) (vgl. Auswahl E im ersten Block in der Abbildung 44).

Eine Person hat eine geschlossene Aufgabe (3) und die zwei halboffenen Lernaufgaben bearbeitet und für ihr E-Portfolio das Ergebnis der halboffenen Aufgabe (5) bestimmt (vgl. Auswahl F im ersten Block in der Abbildung 44).

Nachfolgende Visualisierung veranschaulicht die exemplarisch beschriebenen *Unterschiede und Gemeinsamkeiten* in der Lerngruppe in Bezug auf die Bestimmung ihrer Artefakte im *ersten Themenblock*.

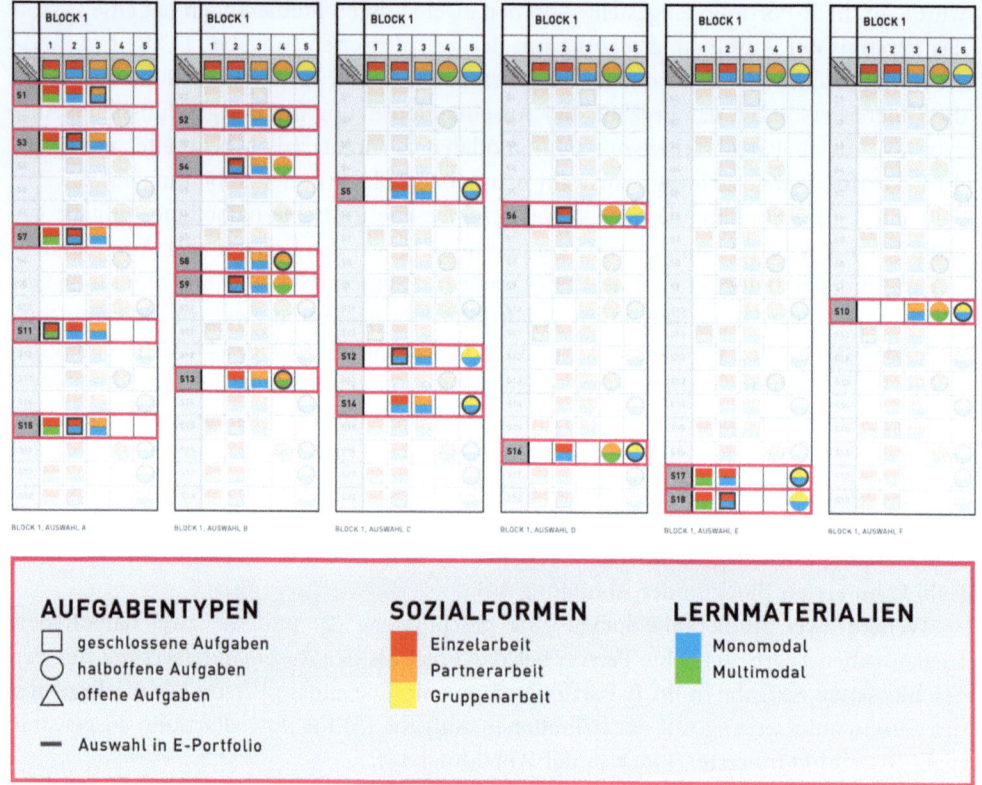

Abbildung 44: Gemeinsamkeiten und Unterschiede in der Lerngruppe (eigene Darstellung)

Die Abbildung Nummer 43 zeigt weiter, dass im *ersten Block* vorwiegend das Ergebnis der Auseinandersetzung mit einer *geschlossenen* (Aufgabe 2 mit 44%) und einer *halboffenen* Aufgabe (Aufgabe 5 mit 27%) und im *zweiten Themenblock* mehrheitlich das Ergebnis der Auseinandersetzung mit einer *geschlossenen* (Aufgabe 2 mit 33%) und einer *halboffenen* Aufgabe (Aufgabe 4 mit 39%) für das E-Portfolio ausgewählt wurden.[108]

In den *letzten zwei* Blöcken wurden *ausschließlich* Artefakte bestimmt, die aus der Auseinandersetzung mit *komplexeren* Aufgabenstellungen resultierten. Die nachfolgende Abbildung visualisiert die Ausführungen:

---

[108] Zur Quantifizierung eines Artefakts wurde die Auswahlanzahl 18 (18 Studierende wählen ein Artefakt im jeweiligen Themenblock aus) als Grundgesamtheit betrachtet. Die Anzahl der ausgewählten Artefakte je Themenblock wurde dann durch die Auswahlanzahl (18) dividiert und mit der Zahl 100 mulipliziert.

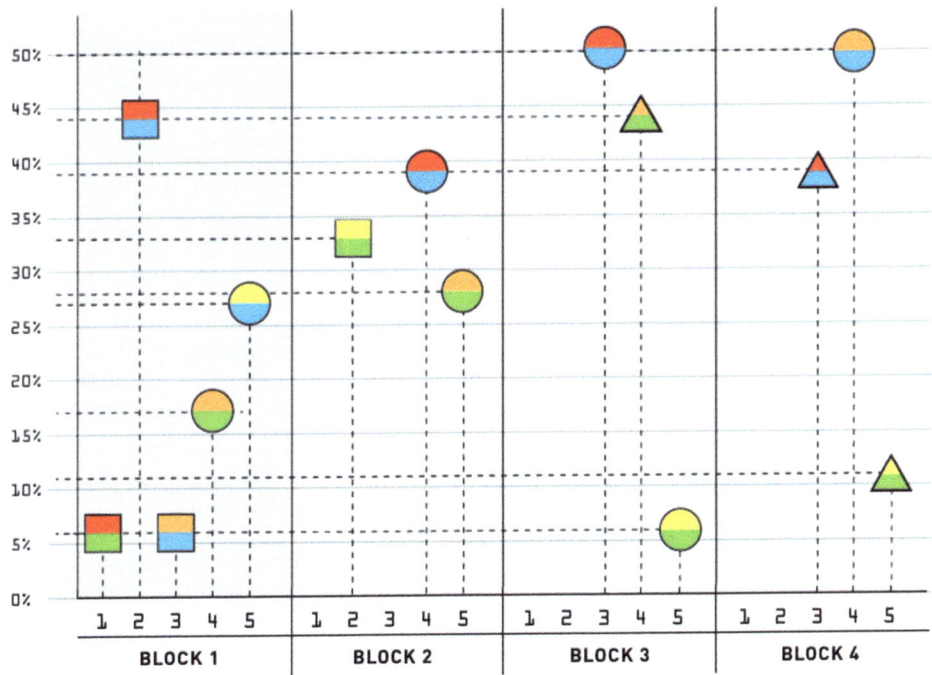

Abbildung 45: Auswahl der Artefakte in allen vier Themenblöcken (eigene Darstellung)

Nachdem die Auseinandersetzungen der Studierenden mit den Lernaufgaben und ihre Bestimmung der Artefakte für ihr E-Portfolio als Referenzpunkte für die Nutzung des Handlungsspielraums im hybriden Lehr- und Lernarrangements Interkulturelles Online-Mentoring herangezogen wurde, ist nachfolgend von Interesse, wie die Studierenden den didaktischen Einsatz eines E-Portfolios erlebt haben (vgl. Lowyck et al. 2004).

10.1.4   Akzeptanz

Wie im vorigen Kapitel näher erläutert, stand in der Konzeption und Umsetzung des hybriden Lehr- und Lernarrangements Interkulturelles Online-Mentoring der didaktische Einsatz eines E-Portfolios im Mittelpunkt. Ziel war es, die Studierenden in ihrer praktischen Handlungsfähigkeit durch Einbezug von Lernprozessdokumentation, Reflexion und Peer-Feedback zu unterstützen.

Da in Abgleich mit der Zielgruppe die Kenntnisse hinsichtlich des Arbeitens mit einem Portfolio unter den Studierenden sehr unterschiedlich sein konnten und darüber hinaus nicht davon ausgegangen werden durfte, dass die Studierenden mit der digitalen Portfolioarbeit vertraut sind, wurden ihnen Leitfragen zur Verfügung gestellt. Diese sollten zudem die „Gegebenheiten einer didaktischen Situation" berücksichtigen (Häcker 2005, 6), um die subjektive Akzeptanz (vgl. KEF8) seitens der Studierenden gegenüber des E-Portfolios als Methode zu erhöhen.

Nicht zuletzt galt es auch zu berücksichtigen, dass die Bedienbarkeit zentraler Funktionen in der eingesetzten Open-Source-Software Mahara die Akzeptanz gegenüber dem didaktischen Einsatz eines E-Portfolios beeinflussen kann.

Vor dem Hintergrund dieser Überlegungen wurden in der Abschluss-Sitzung *summativ* die subjektive Akzeptanz der Methode E-Portfolio und zentraler Bedienungselemente der Software Mahara aus der Sicht der Studierenden erfasst (Fragebogen 2; vgl. Kapitel 7.2.1.5). Im Fokus stehen hier die zweite forschungsleitende Frage (FF) sowie die damit einhergehenden Annahmen (A):

FF2: Inwiefern akzeptieren die Studierenden den didaktischen Einsatz eines E-Portfolios?

A2: Damit Studierende den didaktischen Einsatz eines E-Portfolios akzeptieren, muss für sie die pädagogische Zielsetzung erkennbar sein.

A3: Die zur Verfügung gestellten Leitfragen müssen die Schwerpunktsetzungen in der didaktischen Konzeption berücksichtigen.

A4: Die zentralen Funktionen der eingesetzten Software müssen die Studierenden in der selbstbestimmten Ausgestaltung ihrer E-Portfolioarbeit unterstützen.

Die ersten drei Fragen (Items 1-3) rekurrierten auf die *grundsätzliche pädagogische Zielsetzung* der E-Portfolioarbeit als Methode (A2).

---

1. Ich halte das E-Portfolio für eine gute Methode, um meine Lernergebnisse zu dokumentieren.
2. Ich halte das E-Portfolio für eine gute Methode, um über meinen Lernprozess nachzudenken.
3. Ich halte das E-Portfolio für eine gute Methode, um meine Stärken zu zeigen.

Diese Fragen wurden gestellt, um zu überprüfen, inwiefern das E-Portfolio aus der Sicht der Studierenden eine gute Methode ist, um ihr eigenes Lernhandeln erfahrbar zu machen und ihre Stärken (i.S.v. realized abilities) zu zeigen.

Ziel war es, eine positive *Bewusstmachung* über das eigene Lernen und die eigenen Stärken zu unterstützen. Das E-Portfolio als Methode erfuhr eine hohe Zustimmung seitens der Studierenden. Aus Sicht der Studierenden ist das E-Portfolio eine gute Methode, um

- Lernergebnisse zu dokumentieren (9 Studierende – trifft voll zu, 9 Studierende – trifft eher zu),
- über den Lernprozess nachzudenken (10 Studierende – trifft voll zu, 8 Studierende – trifft eher zu)
- und die eigenen Stärken zu zeigen (11 Studierende – trifft voll zu, 7 Studierende – trifft eher zu).

Dies ist ein sehr positives Ergebnis für den didaktischen Einsatz eines E-Portfolios und die damit verbundene didaktische Konzeption. Es kann davon ausgegangen werden, dass die pädagogische Zielsetzung für die Studierenden erkennbar war.

Die weiteren drei Fragen (Items 4-6) dienten der *summativen Bewertung* der zur Verfügung gestellten Formblätter, welche die E-Portfolioarbeit unterstützen sollten (A3).

> 4. Die reflexionsanregenden Fragen haben mir geholfen, Dateien für mein E-Portfolio auszuwählen.
> 5. Die reflexionsanregenden Fragen haben mir geholfen, meinen Lernprozess zu reflektieren.
> 6. Die reflexionsanregenden Fragen haben mir geholfen, Feedback zu geben.

Diese Fragen wurden gestellt, um herauszufinden, inwieweit die Bereitstellung formalisierter Reflexionsfragen die Studierenden darin unterstützt hat, gemäß der Portfolio-Idee eine Auswahl ihrer Artefakte zu treffen (Formblatt A), Zusammenhänge im eigenen Lernen tiefergehend zu erkennen (Formblatt B) und eine differenzierte Feedback-Praxis einzuüben (Formblatt C). Die Nutzung der Formblätter war fakultativ. Aus Sicht der Studierenden haben die reflexionsanregenden Fragen dazu beigetragen,
- Dateien auszuwählen (9 Studierende – trifft voll zu, 9 Studierende – trifft eher zu),
- den eigenen Lernprozess zu reflektieren (11 Studierende – trifft voll zu, 7 Studierende – trifft eher zu) und
- Feedback zu geben (9 Studierende – trifft voll zu, 9 Studierende – trifft eher zu).

Eine derart hohe Zustimmung seitens der Studierenden zu den bereitgestellten Reflexionsfragen war nicht erwartet; auch nicht, dass alle Formblätter genutzt werden (weil dies beispielsweise als zu zeitintensiv empfunden werden könnte). Da die Studierenden gebeten waren, bei Fragen, die sie nicht beantworten können (weil sie beispielsweise die Formblätter nicht genutzt haben), das Feld ‚kann ich nicht beurteilen' anzukreuzen, zeigen die Ergebnisse, dass alle Studierenden die fakultativ zur Verfügung gestellten Leitfragen genutzt haben.

Dies ist ein sehr positives Ergebnis für den methodisch-didaktischen Einsatz von Leitfragen zur Berücksichtigung und Unterstützung der drei Kernaktivitäten in der E-Portfolioarbeit.

Die letzte Frage (Item 7) sollte darüber hinaus aufzeigen, inwiefern es den Studierenden Freude/Spaß bereitet hat, ein E-Portfolio zu führen.

> 7. Die E-Portfolioarbeit hat mir Spaß gemacht.

Insgesamt haben 17 Studierende angegeben, dass ihnen die E-Portfolioarbeit Spaß gemacht hat (13 Studierende – trifft voll zu, 4 Studierende – trifft eher zu). Eine Person gab an, dass ihr die E-Portfolioarbeit nur teilweise Spaß gemacht hat (teils/teils). Dies ist ebenfalls ein sehr positives Ergebnis für den didaktischen Einsatz eines E-Portfolios und die damit verbundene didaktische Konzeption.

Die weiteren fünf Fragen (Items 8-12) fokussierten ausgewählte sowie zentrale Bedienungselemente in Mahara, die für die Ausgestaltung des E-Portfolios unabdingbar waren und im Rahmen des praxisorientierten Workshops eingeübt wurden (A4).

---

8. Ich konnte mich auf der Benutzeroberfläche von Mahara gut orientieren.
9. Ich bin mit dem „Baukastenprinzip" in Mahara gut zurechtgekommen.
10. Die Bedienung der Drag&Drop-Funktion ist mir leicht gefallen.
11. Die Anpassungsmöglichkeiten des Designs in Mahara haben mir gut gefallen.
12. Ich hatte keine Schwierigkeiten, Dateien direkt aus Moodle 2.0 (Kurs) heraus in mein E-Portfolio zu übergeben.

Diese abschließenden Fragen wurden gestellt, um zu prüfen, inwiefern die zentralen Funktionen der Software Mahara die Studierenden in der technischen Realisierung ihrer E-Portfolioarbeit unterstützt haben.

Die Ergebnisse zeigen, dass 14 Studierende sich gut auf der Benutzeroberfläche orientieren konnten (1 Person – trifft voll zu, 13 Studierende – trifft eher zu). Vier Studierende gaben an, dass sie sich nur teilweise gut auf der Benutzeroberfläche orientieren konnten (teils/teils).

14 Studierende haben angegeben, dass sie mit dem Baukastenprinzip gut zurechtgekommen sind (2 Studierende – trifft voll zu, 12 Studierende – trifft eher zu). Drei Studierende sind nur teilweise (teils/teils) und eine Person ist eher nicht mit dem Baukastenprinzip zurechtgekommen (trifft eher nicht zu).

Insgesamt 14 Studierenden ist die Bedienung der Drag & Drop-Funktion leicht gefallen (3 Studierende – trifft voll zu, 11 Studierende – trifft eher zu). Vier Studierenden ist die Nutzung der Drag & Drop-Funktion nur teilweise leicht gefallen (teils/teils).

Zehn Studierende haben angegeben, dass ihnen die Anpassungsmöglichkeiten des Designs weniger gefallen hat (6 Studierende – teils/teils, 4 Studierende – trifft eher nicht zu). Acht Studierenden haben die Anpassungsmöglichkeiten gefallen (trifft eher zu).

Insgesamt 17 Studierende hatten keine Schwierigkeiten, ihre Dateien direkt aus Moodle in das E-Portfolio zu übergeben (6 Studierende – trifft voll zu, 11 Studierende – trifft eher zu). Eine Person gab an, dass sie teilweise Schwierigkeiten hatte (teils/teils).

Die Ergebnisse zeigen insgesamt, dass die Studierenden mit den zentralen Funktionen in Mahara (Items 9 & 10) gut zurechtgekommen sind. Darüber hinaus haben sie sich weitgehend gut auf der Benutzeroberfläche orientieren können (Item 8). Ferner ist es den Studierenden mehrheitlich leicht gefallen (17 Studierende), mit Hilfe des von Moodle zur Verfügung gestellten PlugIn-Dateien aus dem Kursraum in ihr E-Portfolio hochzuladen (Item 12). Hingegen wurde Mahara im Bereich Design nicht gut beurteilt. Zehn Studierende haben angegeben, dass ihnen die Anpassungsmöglichkeiten des Designs weniger gut gefallen haben (Item 11).

Vergleicht man abschließend die Ergebnisse zur Akzeptanz der Software Mahara mit den vorangegangenen Aussagen zur Akzeptanz des E-Portfolios als Methode, wird das E-Portfolio als Methode geringfügig besser beurteilt. Insgesamt wurden jedoch der didaktische Einsatz des E-Portfolios wie auch die Software durch die Studierenden positiv bewertet.

10.2 Zusammenfassende Diskussion

Zusammenfassend zeigen die Ergebnisse, dass die Gestaltungsprinzipien eine Grundlage anbieten, um *systematisch* didaktische Entscheidungen für die Ausgestaltung von zentralen Merkmalen der didaktischen Elemente *Lernaufgabe* und *Portfolio* zu treffen, die der Diversität der Studierenden und der Forderung nach Kompetenzorientierung gerecht werden. Ferner wurde der didaktische Einsatz des E-Portfolios als Methode seitens der Studierenden überwiegend positiv bewertet.

Eine erste Betrachtung der Zielgruppe hat gezeigt, wie divers die Lerngruppe mit Blick auf ausgewählte Diversitäts-Merkmale ist. Diese Diversität der Studierenden ist an der Folkwang Universität der Künste nicht unüblich. Sie resultiert zum einen aus dem begabungsorientierten Aufnahmeverfahren, das unter den Studierenden zu einer beträchtlichen Bandbreite von schulischer Vorbildung führt. Zum anderen geht das begabungsorientierte Aufnahmeverfahren mit dem Ziel einher, im nationalen und internationalen Wettbewerb künstlerisch exzellente Studierende zu gewinnen. Darüber hinaus richten sich die Veranstaltungen im Modul *Optionale Studien* an Bachelor-Studierende aus allen Fachbereichen. Vor dem Hintergrund ist eine transdisziplinäre Zusammensetzung der Lerngruppen in Veranstaltungen im Modul *Optionale Studien* nicht ungewöhnlich. Augenfällig ist jedoch hier der hohe Anteil von Studierenden aus Master- und Diplomstudiengängen.

Um dieser Diversität der Studierenden und der Forderung nach Kompetenzorientierung Rechnung zu tragen, wurden bei der Konstruktion der Lernaufgaben unter Rückgriff auf die in Kapitel 4 formulierten Gestaltungsprinzipien die Merkmale *Komplexität*, *Variation*, *Sozial-* und *Materialformen* berücksichtigt.

Die Ergebnisse zeigen die *Unterschiede und Gemeinsamkeiten* in der Lerngruppe in Bezug auf die Auswahl der Aufgaben nach Komplexitätsgrad, die wiederum mit unterschiedlichen Sozial- und Materialformen kodiert waren, um auch hier mögliche Präferenzen unter Berücksichtigung der individuellen Leistungsfähigkeit gerecht zu werden. Ferner zeigt auch die Auswahl der Studierenden in den letzten zwei Themenblöcken, dass sich die *Dreiteilung* der Aufgaben in Bezug auf die Merkmale *Komplexität* und *Variation* bewährt hat, um den unterschiedlichen Leistungsfähigkeiten in der Lerngruppe gerecht zu werden. Diese Dreiteilung hat möglicherweise auch dazu beigetragen, die Ausgestaltung der Aufgabenschwierigkeit nahe an Vygotskys (1978) Zone der proximalen Entwicklung erfolgen zu lassen und damit eine *individuelle Kompetenzentwicklung* im Lernprozess zu unterstützen.

Insgesamt zeigen die Ergebnisse, dass es seitens der Studierenden einen *Bedarf* in Bezug auf eine didaktische Vielfalt in der Konstruktion der Lernaufgaben gab.

Eine individuelle Kompetenzentwicklung (i.S.v. Zone der proximalen Entwicklung) wurde unter Umständen auch dadurch gefördert, dass Rahmenbedingungen geschaffen wurden, welche die konkrete Ausgestaltung des Lernprozesses in die Hände der Studierenden legt.

So bestand das Fundamentum in dem hybriden Lehr- und Lernarrangement Interkulturelles Online-Mentoring darin, dass zum einen eine verbindliche Anzahl (3) von insgesamt fünf Aufgaben je Themenblock bearbeitet werden sollten und zum anderen, dass die Anzahl in Bezug auf die Auswahl komplexerer Aufgaben kontinuierlich erhöht wurde. Insgesamt wurden somit im Lehr- und Lernarrangement 20 Aufgaben bereitgestellt, aus denen die Studierenden mindestens zwölf bearbeiten sollten. Von diesen zwölf gewählten Aufgaben sollten wiederum mindestens fünf komplexere (halboffen oder offen) Aufgaben bearbeitet werden. Diese Rahmenbedingungen sollten zudem sicherstellen, dass im Laufe des gesamten Lernprozesses *mindestens eine offene Aufgabe* ausgewählt wird.

Die Ergebnisse zeigen jedoch nicht nur, dass die Studierenden die Wahlmöglichkeiten genutzt haben und es damit erforderlich ist, das Merkmal *Anzahl* didaktisch reflektiert auszugestalten, sondern auch, dass annähernd 80% der Studierenden (14) *zwei* Lernaufgaben und 11% der Studierenden (2) *alle Aufgaben des offenen Aufgabentyps* im Laufe ihres Lernprozesses ausgewählt haben.

Eine so hohe Anzahl in Bezug auf die Auswahl anspruchsvollerer Aufgaben wurde nicht erwartet und zeigt auf, dass es von zentraler Relevanz ist, Rahmenbedingungen zu schaffen, welche eine individuelle Schwerpunktsetzung im Lernprozess ermöglicht.

Dies erlaubt die Schlussfolgerung, dass bei der Konstruktion von Lernaufgaben nicht auf komplexere Fertigkeiten und Prozesse verzichtet werden sollte. Vielmehr sollten Aufgaben entwickelt und bereitgestellt werden, welche das *Lernen in Zusammenhängen* ermöglichen und fördern.

Möglicherweise hat auch die Berücksichtigung des Merkmals *Zeit* in der didaktischen Konzeption und Umsetzung des Interkulturellen Online-Mentoring dazu beigetragen, dass die Studierenden eine so hohe Anzahl an komplexeren Aufgaben ausgewählt und bearbeitet haben. Die Möglichkeit, selbst bestimmen zu können, *wann* (im Rahmen eines Themenblocks) und *wie lange* (individuelle Bearbeitungszeit) eine Lernaufgabe bearbeitet wird, minimiert nicht nur die Gefahr, dass Studierende sich über- oder unterfordert fühlen, sondern kann auch dazu beitragen, dem Bedürfnis nach Selbstwirksamkeit gerecht zu werden (vgl. Deci & Ryan 1993). Die Erfahrung mit Selbstwirksamkeit kann wiederum zu dem motivierenden Effekt geführt haben, komplexere Aufgabenstellungen bearbeiten zu wollen.

Diese Überlegungen zeigen damit ferner, dass die Zielsetzung, der Diversität der Studierenden und der Forderung nach Kompetenzorientierung didaktisch Rechnung zu tragen, auch auf *Mündigkeit* und *Eigenverantwortung* der Studierenden hinwirkt (vgl. IP 5, 45). Diese pädagogische Ausrichtung war auch für die Ausgestaltung des Betreuungskontexts von Bedeutung. Die Ausgestaltung der Betreuungsaufgaben orientierte sich im

Interkulturellen Online-Mentoring am *Split-Tutor-Concept* (Kerres et al. 2004); entsprechend ihren Bedürfnissen konnten die Studierenden entscheiden, ob sie bei inhaltlichen und/oder technischen Problemen eine Unterstützung in Anspruch nehmen wollten.

Ferner zeigen die *Unterschiede und Gemeinsamkeiten* in der Lerngruppe in Bezug auf die individuelle Auswahl der Lernaufgaben auf, dass didaktischen Überlegungen, die der Diversität der Studierenden und der Forderung nach Kompetenzorientierung zu begegnen suchen, ein erweitertes Diversitätsverständnis (Unterschiede und Gemeinsamkeiten) zugrunde liegen muss. Ein eingeschränktes Diversitätsverständnis (Diversität als Unterschiede) läuft hingegen Gefahr, Studierende auf bestimmte Verhaltensweisen oder Zugänge von vornherein festzuschreiben und ‚gemäß einem Merkmal' ein so genanntes passgenaues Angebot bereit zu stellen, das folglich auch eine Nivellierung der Vielfalt in der Wissensumsetzung, den so genannten „realized abilities" zur Folge hätte. Damit eine Vielfalt von „realized abilities" *sichtbar* werden kann, muss Studierenden die Möglichkeit eingeräumt werden, entsprechend ihren Voraussetzungen und Fähigkeiten *selbstbestimmt* zu handeln.

Dies führt zu der Schlussfolgerung, dass sich Bemühungen, kompetenzorientierte Leistungsbeurteilungsformen zu entwickeln, nicht (nur) auf die Entwicklung neuer Beurteilungsraster – beispielsweise zur Bewertung von dokumentierten „realized abilities" in einem E-Portfolio – beschränken dürfen.

Die aufgezeigten Ergebnisse, welche die *Unterschiede und Gemeinsamkeiten* in der Lerngruppe in Bezug auf die individuelle Bestimmung der Artefakte als „realized abilities" für das E-Portfolio veranschaulichen, resultieren aus der *inhaltlichen Auseinandersetzung mit Lernaufgaben*. Somit ist es von zentraler Bedeutung, zur Entwicklung neuer Leistungsbeurteilungsformen auch Überlegungen in den Mittelpunkt zu rücken, welche die *didaktische Qualität* des zur Verfügung gestellten Handlungsspielraums – die didaktische Konzeption und Umsetzung eines Lehr- und Lernarrangements – in den Vordergrund stellen. Als *Prüfstein* sollte angesetzt werden, inwieweit ein Lehr- und Lernarrangement dazu beiträgt, der Diversität der Studierenden und der Forderung nach Kompetenzorientierung gerecht zu werden. Anderenfalls besteht die Gefahr, dass das Kompetenzspektrum (i.S.v. Vielfalt in der Wissensumsetzung) von Studierenden nicht sichtbar wird und bei der Bewertung „die Defizite in die Person der Lernenden" (Häcker 2005, 2) hineinverlegt werden.

Vor dem Hintergrund dieses Standpunkts wurden auch die „Gegebenheiten [der] didaktischen Situation" (Häcker 2005, 6), mit denen das Lernhandeln der Studierenden verbunden war, überprüft. Da in der Konzeption und Umsetzung des hybriden Lehr- und Lernarrangements der didaktische Einsatz eines E-Portfolios im Mittelpunkt stand, wurde als weiterer Referenzpunkt die *Akzeptanz* des E-Portfolios als Methode und der Software Mahara herangezogen. Die Ergebnisse zeigen, dass das E-Portfolio als Methode wie auch die Software durch die Studierenden positiv bewertet wurden.

Die didaktischen Überlegungen zur Ausgestaltung der E-Portfolioarbeit fokussierten die drei Kernelemente *Dokumentation*, *Reflexion* und *Peer-Feedback*. Im Vordergrund stand die pädagogische Zielsetzung, die Studierenden in ihrer praktischen Handlungsfähigkeit durch Einbezug von Lernprozessdokumentation und Reflexion zu unterstützen. Zugleich sollte didaktisch eine differenzierte und dialogorientierte Peer-Feedback-Kultur *im gesamten Lernprozess* in Bezug auf die ausgewählten Artefakte für das E-Portfolio eingeübt werden. Dazu wurden den Studierenden drei Formblätter mit Leitfragen an die Hand gegeben. Die systematische und eigenständige Nutzung der Formblätter während der gesamten E-Portfolioarbeit war fakultativ; die pädagogische Ausrichtung wirkte auch hier auf Mündigkeit und Eigenverantwortung der Studierenden hin.

Hier haben die Ergebnisse gezeigt, dass alle Studierenden die fakultativ zur Verfügung gestellten Leitfragen genutzt haben. Dies führt zur Schlussfolgerung, dass es aus der Sicht der Studierenden *Sinn* gemacht hat, die eigenen Lernhandlungen zu dokumentieren, zu reflektieren und in einen differenzierten Austausch einzutreten. Inwiefern die Studierenden die Formblätter B und C jedoch im gesamten Lernprozess systematisch genutzt haben und ob die Berücksichtigung der Schwerpunktsetzungen bei der Formulierung der Leitfragen dazu beitragen hat, dass die Studierenden die Formblätter verwendet haben, kann an dieser Stelle nicht beurteilt werden. Das Formblatt A wurde von allen Studierenden kodiert nach jedem Themenblock an die Autorin geschickt und gibt damit auf der Verfahrensebene Auskunft darüber, dass die Studierenden die Entstehung und die Auswahl ihrer Artefakte systematisch reflektiert haben. In den E-Portfolios wurden zudem die ausgewählten Artefakte als „realized abilities" sichtbar.

Die Möglichkeit, auch hier wieder selbst bestimmen zu können, *was* in das E-Portfolio eingestellt wird, sowie darin unterstützt zu werden, zu reflektieren, *warum* ein Artefakt als besonders gelungen bewertet wird, hat vermutlich nicht nur dazu beitragen, dem Bedürfnis nach Selbstwirksamkeit gerecht zu werden, sondern auch eine *Bewusstmachung* über das eigene Lernen und die eigenen *Stärken* unterstützt. So auch Schmit & Appleman (2000, 190): „I will not encourage my students to impress me, but rather to impress themselves. That's what growth is all about."

Ein Bewusstsein davon, wie man lernt, ist ein zentraler Schlüssel für *lebenslanges Lernen* und damit von hoher Bedeutung.

Zusammenfassend wurden die forschungsleitenden Fragen umfassend beantwortet und die damit einhergehenden Annahmen weitgehend bestätigt.

11. Resümee

In diesem abschließenden Kapitel werden das methodische Forschungsdesign der vorliegenden Arbeit reflektiert und ihre Ergebnisse (Teil A & B) zusammenfassend diskutiert. Daraus werden Handlungsempfehlungen für die didaktische Hochschulpraxis abgeleitet sowie die Grenzen der Arbeit erläutert und ein Ausblick auf den weiteren Forschungsbedarf gegeben.

11.1 Forschungsmethodische Reflexion

Zur Beantwortung der Forschungsfragen wurde in dieser Arbeit *methodologisch* ein explorativ-qualitativer Ansatz verfolgt (vgl. Kapitel 7). Das *methodische* Design diente auf der *Verfahrensebene* dazu, *gegenstandsbezogen* das (Erfahrungs-)Wissen von pädagogischen Professionals zu heben sowie Einblicke in einen bestimmten Handlungsausschnitt von Studierenden zu erhalten.

In der ersten Studie diente das Expert_innen-Interview als Erhebungsinstrument. Untersuchungsgegenstand war das pädagogische (Erfahrungs-)Wissen der Befragten. In der Erhebung und Auswertung wurden zentrale Besonderheiten des Erhebungsinstruments berücksichtigt; im Sinne des *Offenheits-Postulats* qualitativer Sozialforschung konnten die pädagogischen Professionals ihre Sichtweisen auf Aspekte lenken, die ihnen wichtig waren und neue thematische Schwerpunkte setzen.

Im Rahmen der *induktiven* Kategorienbildung konnten *zentrale kritische Erfolgsfaktoren* für die *didaktische Konzeption* des hybriden Lehr- und Lernarrangements und für eine *diversitäts-* und *kompetenzorientierte (Hochschul-)Didaktik* hergeleitet und damit weiterführende Erkenntnisse gewonnen werden.

Zur Erfassung des Untersuchungsgegenstandes orientierte sich der Forschungsprozess am *interpretativen Paradigma*. Für die intersubjektive Nachvollziehbarkeit der Interpretation stand in der qualitativen Auswertung der ersten Studie ein *System an Kategorien* im Forschungsfokus, das durch konkrete Textpassagen belegt wurde (vgl. Mayring 2000, 76).

Um dem Gütekriterium *Genauigkeit* (bzw. *interne Validität*) Rechnung zu tragen, wurde die Datenerhebung und -auswertung umfassend und nachvollziehbar dokumentiert (vgl. Gläser & Laudel 2006, 27). Zugleich sollte eine möglichst genaue Dokumentation des Forschungsprozesses dazu beitragen, die „Realitätshaltigkeit der Daten, die unter Anwendung bestimmter Erhebungsmethoden gewonnen werden" (Volmerg 1983, 124), nachvollziehen zu können. Die *externe Validität* der Ergebnisse erfolgte damit durch eine detaillierte Darstellung des Forschungsprozesses, um das „Maß für die Brauchbarkeit von Forschungsmethoden" (Mayer 2004, 88) auszuweisen. Nicht zuletzt zeigen die Ergebnisse, dass das Expert_innen-Interview eine forschungspraktisch bedeutsame Methode ist, da es geschlossen genug ist, um zur Betrachtung des Gegenstandes auf eine theoretische Vorstrukturierung zurückzugreifen und zugleich offen genug, um Sachverhalte zu explorieren und zu weiteren Erkenntnissen zu gelangen.

In der zweiten Studie dienten zur Erfassung des Untersuchungsgegenstandes auf der Verfahrensebene quantitative Werkzeuge. So wurden den Studierenden drei Formblätter mit weitgehend geschlossenen Leitfragen bereitgestellt, die sie in ihrer E-Portfolioarbeit unterstützen sollten. Die systematische und eigenständige Nutzung der Formblätter A, B und C war während der gesamten E-Portfolioarbeit fakultativ; die Frage, inwiefern die Studierenden die zur Verfügung gestellten Leitfragen für ihre E-Portfolioarbeit (systematisch) nutzen wollten, mussten sie für sich selbst beantworten. Dieser pädagogischen Entscheidung liegt die Annahme zugrunde, dass der Zusammenhang von Sinn und Bedeutung durch eine didaktische Konzeption angeregt, aber nicht stellvertretend gestiftet und schon gar nicht eingefordert werden kann (vgl. Rihm 2004, 16). Dies hätte nicht zuletzt die pädagogische Zielsetzung, eine *positive* Bewusstmachung über das eigene Lernen und die eigenen Stärken zu unterstützen, ad absurdum geführt.

Zugleich sollte das Formblatt A *gegenstandsbezogen* auch einen Einblick in einen bestimmten Handlungsauschnitt ermöglichen, um Erkenntnisse darüber zu erlangen, wie die Studierenden den Handlungsspielraum im hybriden Lehr- und Lernarrangement genutzt haben. So wurde darum gebeten, nach jedem Themenblock das ausgefüllte Formblatt A kodiert mit Hilfe eines dafür bereitgestellten gemeinsamen E-Mail-Accounts an die Autorin zu senden.

Kritisch betrachtet hätte diese pädagogische Entscheidung auch zur Folge haben können, dass die Studierenden das Formblatt A nicht oder nicht kontinuierlich nutzen und/ oder der Autorin nicht kodiert zukommen lassen. Dieser kritische Erfolgsfaktor wurde berücksichtigt und mit Blick auf die pädagogische Zielsetzung bewusst in Kauf genommen. Im Vordergrund stand die Intention, die Studierenden in ihrer praktischen Handlungsfähigkeit in einem real (versus experimentell) angebotenen Lehr- und Lernarrangement zu unterstützen.

Vor diesem Hintergrund war es von zentraler Relevanz, Leitfragen zu entwickeln, welche für die Studierenden den pädagogischen Mehrwert erkennbar und erfahrbar machen. Dazu wurden einerseits die „Gegebenheiten [der] didaktischen Situation" berücksichtigt (Häcker 2005, 6) und zum anderen die Reflexionsfragen in Pretests durch Studierende hinsichtlich ihrer Verständlichkeit, Reihenfolge sowie Zeitdauer überprüft.

Nach Beendigung des Interkulturellen Online-Mentoring lagen 72 kodierte Formblätter (A) vor; das Formblatt A wurde folglich von allen Studierenden systematisch genutzt.

Der Einblick in einen bestimmten Handlungsausschnitt – die Auswahl der Lernaufgaben und Bestimmung der Artefakte für das E-Porfolio – wurde in Anlehnung an die Methode der nicht teilnehmenden Beobachtung *systematisch* (standardisiert durch das Formblatt A) gewonnen (vgl. Lemnke 2005). Weiter war den Studierenden bekannt, dass die Autorin in Form einer nicht teilnehmenden Beobachtung das Interkulturelle Online-Mentoring wissenschaftlich begleitet (offene Beobachtung). Da bei einer offenen Beobachtung die Gefahr besteht, dass Personen sich sozial erwünscht verhalten, wurden den Studierenden die Untersuchungsziele genau erläutert. Das Interkulturelle Online-Mentoring wurde nicht von der Autorin durchgeführt; so konnte ein Rollenkonflikt vermieden werden.

Die Ergebnisse zeigen weiter, dass eine systematische nicht teilnehmende Beobachtung nicht nur im so genannten klassischen Sinne angewendet werden kann, um zum Beispiel Interaktionsmuster von Akteur_innen aufzuzeigen und anhand von Kategorien zu interpretieren (vgl. Bales 1951). Eine systematische nicht teilnehmende Beobachtung kann methodisch auch herangezogen werden, um anhand eines bestimmten Handlungsausschnitts die *didaktische Qualität* eines Lehr- und Lernarrangements in den Blick zu nehmen.

Vor diesem Hintergrund wurde anhand eines Fragebogens summativ auch die Sinnhaftigkeit des E-Portfolios als Methode aus der Sicht der Studierenden erfasst. Von Interesse war dabei auch die Bedienbarkeit zentraler Funktionen in der Open-Source-Software Mahara.

11.2 Schlussfolgerungen

Im Rahmen dieser Arbeit wurde ein theoretischer Bezugsrahmen erarbeitet (vgl. Teil A), der angesichts der Anforderung, der Diversität der Studierenden und der Forderung nach Kompetenzorientierung in der Hochschulpraxis didaktisch Rechnung zu tragen, die Bedeutung von *Gestaltungsprinzipien als Orientierungsgrundlage für didaktische Entscheidungen* aufzeigt, um Merkmale didaktischer Elemente in der Konzeption und Umsetzung eines Lehr- und Lernarrangements systematisch *diversitäts-* und *kompetenzorientiert* auszugestalten. Zugleich wurde offengelegt, dass durch den Einsatz von E-Learning der Spielraum zur Ausgestaltung zentraler Merkmale der didaktischen Elemente *Lernaufgabe* und *Portfolio* besser ausgeschöpft werden kann.

Grundvoraussetzung für den erfolgreichen *didaktischen* Umgang mit der Diversität der Studierenden und den damit intendierten *Kulturwandel* von Potenzialorientierung statt Defizitorientierung ist ein *Perspektivenwechsel*. Es ist zum einen nicht die Diversität der Studierenden, sondern die Gestaltung einer didaktischen Vielfalt als Herausforderung zu begreifen und anzunehmen. Zum anderen ist nicht von Defiziten auszugehen, sondern pädagogisch bei den Ressourcen und Potenzialen der Studierenden anzusetzen.

Vor diesem Hintergrund ist die Diversität der Studierenden *didaktischer Ausgangspunkt* und *Leitmotiv* des erarbeiteten theoretischen Bezugsrahmens. Das Ziel war aufzuzeigen, wie der Diversität der Studierenden *fern einer Zuschreibung* und zugleich der Forderung nach Kompetenzorientierung didaktisch Rechnung getragen werden kann. Dazu war es erforderlich, die Begriffe *Diversity* und *Diversity Management* zu klären und zu unterscheiden. Anhand wesentlicher Aspekte der Diversityforschung wurde das Verständnis von Diversität als *Unterschiede und Gemeinsamkeiten* hergeleitet. Die Begriffsbestimmung und Abgrenzung zum Heterogenitätsbegriff hat gezeigt, dass dieses Diversitätsverständnis eine pädagogische Perspektive ermöglicht, die auf Differenzen aufmerksam macht und die darin liegenden Ressourcen und Potenziale zu fördern sucht, *ohne* dadurch die Studierenden auf bestimmte Merkmale und/oder Verhaltensweisen festzuschreiben oder eine Gleichmachung zu erzeugen. Ferner wurden anhand der Begriffsbestimmung (An-)Forderungen für den erfolgreichen didaktischen Umgang mit der Diversität der Studierenden (und für einen gelingenden Kulturwandel) formuliert: Zum einen gilt es begrifflich zu präzisieren, welches Diversitätsverständnis (hochschulspezifischen) didaktischen Überlegungen zugrunde liegt. Zum anderen ist eine ausdrückliche Abkehr von der Orientierung an den so genannten ‚Normalstudierenden‘ erforderlich. Dieses ist Ausdruck eines in einem scheinbar monokulturellen und eindimensionalen Umfeld entwickelten mentalen Konstrukts.

Um der Forderung nach *Kompetenzorientierung* didaktisch gerecht zu werden, bedurfte es aus unterschiedlichen Gründen zunächst einer näheren Betrachtung des *Kompetenzbegriffs*, um das dieser Arbeit zugrunde liegende *Kompetenzverständnis* zu klären. Zielsetzung war es, ein Kompetenzverständnis herzuleiten, das zum einen die *Handlungsorientierung* und zum anderen den *Subjektbezug* integriert. Diese Bezugspunkte machten es erforderlich, dass die begriffliche Annäherung vornehmlich aus der *pädagogischen* Perspektive erfolgte. Der Versuch einer Begriffsbestimmung anhand der Entwicklungslinien der berufs- und erwachsenenpädagogischen Diskurse ermöglichte die Herleitung einer Arbeitsdefinition von Kompetenz, welche sowohl einen Handlungs- als auch einen Subjektbezug integriert und damit dezidiert ganzheitlich ausgerichtet ist. Auf der Grundlage dieser Arbeitsdefinition wurden erste Einflussfaktoren auf das *Lernen* reflektiert und zugleich *Anforderungen* offengelegt, die bei einer didaktischen Konzeption zu berücksichtigen sind. Abschließend wurde argumentiert, dass die (Neu-)Ausrichtung auf Handlungs- und Subjektorientierung im hochschuldidaktischen Handeln der Lehrenden von *grundsätzlicher* Bedeutung ist, um dem intendierten (didaktischen) Paradigmenwechsel und der damit einhergehenden Forderung nach Handlungskompetenz als Ziel der (Hochschul-)Bildung Rechnung zu tragen. Die Ausführungen haben gezeigt, dass Handlungskompetenz mehr als Fachwissen umfasst und die Kompetenzbereiche in Wechselwirkung mit den Handlungsdimensionen stehen, die wiederum auf eine umfassende Subjektorientierung verweisen. Eine einseitige (Kompetenz-)Förderung würde hingegen nicht nur das Bekenntnis zu einer an *Learning Outcomes* orientierten Reform ad absurdum führen, sondern auch der Diversität der Studierenden nicht gerecht werden.

Für weitere *handlungsrelevante* Überlegungen wurde eine *gestaltungsorientierte* Perspektive eingenommen (vgl. Kapitel 4). Dazu wurden zentrale Merkmale der drei didaktischen Elemente *Lernziele*, *Lernaufgabe* und *Portfolio* in den Mittelpunkt gerückt, Gestaltungsprinzipien als *Orientierungsgrundlage* für didaktische Entscheidungen abgeleitet und aufgezeigt, inwieweit durch den Einsatz von E-Learning der Spielraum zur Ausgestaltung zentraler Merkmale der didaktischen Elemente Lernaufgabe und Portfolio besser ausgeschöpft werden kann. Zugleich liegen damit auch Ergebnisse vor, die aufzeigen, wie eine *differenzierte Aufgabenkultur* systematisch gestaltet werden kann, um der Diversität der Studierenden und der Forderung nach Kompetenzorientierung gerecht zu werden.

Das nachfolgende Kreisdiagramm zeigt die drei didaktischen Elemente, die zentralen Merkmale und die dazugehörigen Gestaltungsprinzipien auf einen Blick:

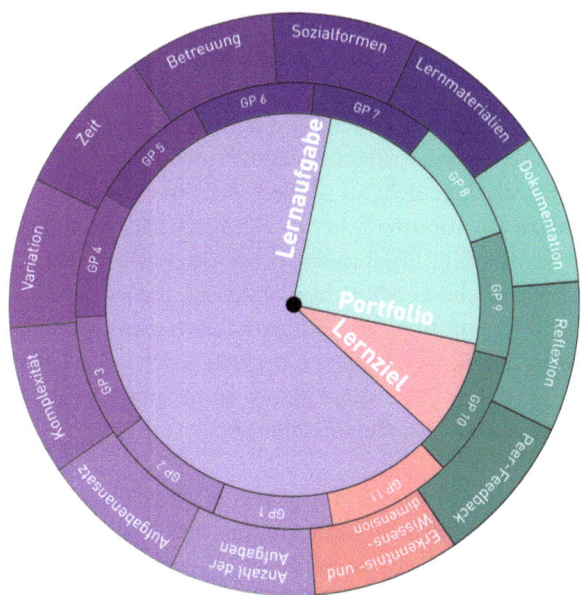

Abbildung 46: Kreisdiagramm 2: Lernziel, Lernaufgabe & Portfolio (eigene Darstellung)

Die theoretischen Erkenntnise gaben damit erste Aufschlüsse darüber, *wie* zentrale Merkmale didaktischer Elemente ausgestaltet werden können, um der Diversität der Studierenden und der Forderung nach Kompetenzorientierung gerecht zu werden (F1), und inwiefern E-Elearning (zusätzliche) Möglichkeiten für die Ausgestaltung didaktischer Elemente bereithält (F2).

Zur Beantwortung der Forschungsfragen war es jedoch erforderlich, die theoretisch gewonnenen Schlussfolgerungen und die damit einhergehenden identifizierten kritischen Erfolgsfaktoren für eine *diversitäts-* und *kompetenzorientierte* (Hochschul-)Didaktik wie auch die formulierten Thesen explorativ zu prüfen. Dazu wurden zwei empirische Untersuchungen im hochschulischen Kontext durchgeführt (Teil B).

Die Ergebnisse der ersten Studie zeigen (vgl. Kapitel 8), wie pädagogische Professionals respektive Expert_innen die Diversität der Studierenden wahrnehmen, wie essentiell eine umfassende Persönlichkeitsentwicklung ist und mit welchen Anforderungen an die Lehrperson die Forderung nach Kompetenzorientierung verbunden ist, sowie welcher Mehrwert durch den Einsatz von E-Learning erzielt werden soll und kann. Die forschungleitenden Fragen wurden eingehend beantwortet, weiterführende Informationen zu den kritischen Erfolgsfaktoren für eine *diversitäts-* und *kompetenzorientierte* (Hochschul-)Didaktik gewonnen, die formulierten Thesen explorativ validiert und kritische Erfolgsfaktoren identifiziert, die in der Konzeption und Umsetzung des hybriden Lehr- und Lernarrangements berücksichtigt wurden. Da die in Kapitel zwei und drei formulierten Voraussetzungen im theoriegeleiteten Kodiersystem Berücksichtigung fanden, wurde zudem deren Relevanz explorativ auch aus der Sicht der befragten Expert_innen bestätigt.

Für die insgesamt elf Expert_innen ist es von zentraler Bedeutung, die diversen Zugänge, Voraussetzungen und Fähigkeiten der Studierenden anzuerkennen und eine umfassende Kompetenzorientierung in der Hochschulpraxis zu berücksichtigen. Die Aussagen gehen mit einer dezidiert positiven Sichtweise auf die Diversität der Studierenden einher und verdeutlichen, dass es den pädagogischen Professionals ein ausgeprägtes *Anliegen* ist, dieser Vielfalt didaktisch gerecht zu werden. Auf eine Formel gebracht lautet ihr Credo: weg von der Defizitorientierung und hin zur Potenzialschöpfung!

Dieses positive Bewusstsein für studentische Vielfalt geht Hand in Hand mit dem Bemühen um eine ganzheitliche Persönlichkeitsbildung, die in der Hochschulpraxis weniger durch instruktive Vermittlung als vielmehr durch eine Lernbegleitung der Studierenden unterstützt wird. Die Expert_innen begreifen sich als „a guide on the side … at times a sage on the stage … -or, at other times, something in between in the role of an active moderator" (Garrison & Anderson 2003, 81).

Ferner spielt in der Hochschulpraxis der pädagogischen Professionals E-Learning eine große Rolle. So wird eine aktive, selbstbestimmte und kollaborative Wissensaneignung durch E-Learning unterstützt. Der Definitionsfokus von E-Learning liegt hier nicht auf der eingesetzten Technik, sondern vornehmlich auf dem didaktischen und studienorganisatorischen Mehrwert, der durch den Einsatz von E-Learning erzielt werden soll und kann. Von zentraler Bedeutung ist dabei die Ausgestaltung ausgewählter Merkmale der didaktischen Elemente *Lernaufgabe* und *Portfolio*.

Im Rahmen der qualitativen Inhaltsanalyse nach Mayring (2000) konnten anhand einer *induktiven* Kategorienbildung zudem *kritische Erfolgsfaktoren* für die *didaktische Konzeption des hybriden Lehr- und Lernarrangements* Interkulturelles Online-Mentoring (F3) und für eine *diversitäts-* und *kompetenzorientierte* (Hochschul-)Didaktik abgeleitet und so weiterführende Erkenntnisse gewonnen werden. Die Aussagen der Expert_innen zeigen hier vornehmlich auf, welche *Rahmenbedingungen* im Zusammenhang mit der Diversität der Studierenden und der Forderung nach Kompetenzorientierung für das eigene Lehrhandeln sowie welche *Lehrkompetenzen* für das Gelingen eines intendierten *(didaktischen) Paradigmenwechsels* erforderlich sind.

Aus Sicht der Expert_innen besteht zusammenfassend *Handlungsbedarf* in folgenden Bereichen:
- strukturelle Neuorganisation und -konzeption des Studienangebots
- Lehr-, Lern- und Prüfungsorganisation
- Kompetenzentwicklung der Lehrenden in den Themen
  - Diversität als Zielbezug (fachübergreifende oder fachintegrierte Diversitäts-Aspekte in einem Lehr- und Lernarrangement)
  - Diversität als Methode (Beförderung von Diversitäts-Aspekten in einer Lerngruppe für den Lernprozess)
  - Wissensaneignung (Prozesse und Strategien)
  - Feedback
  - Lernaufgabenkonstruktion
  - Diagnose
  - Reflexion (Rollenverständnis und Lehransatz)

Wenn ein Paradigmenwechsel gelingen soll, sind die Rahmenbedingungen *und* die Voraussetzungen (Lehrkompetenz) pädagogischen Lehrhandelns zu beachten. Beide Faktoren spielen nach Ansicht der Expert_innen eine zentrale Rolle, um pädagogisch professionell handeln zu können.

Demnach sind Probleme *nicht nur* auf der pädagogischen Seite zu suchen, sondern haben auch mit äußeren Faktoren zu tun, die von pädagogischen Professionals nicht beeinflusst werden können. Eine stärkere Betrachtung von Rahmenbedingungen kann dazu beitragen, die bisher vorherrschende Ausrichtung der Hochschulen (und Hochschulpolitik) auf die so genannte Zielgruppe der ‚Normalstudierenden' *kritischer* in den Fokus zu rücken.

Die aufgezeigten kritischen Erfolgsfaktoren zeigen ferner nicht nur auf, dass die Didaktik nicht losgelöst von ihrer institutionellen Eingebundenheit zu denken ist, sondern auch, dass das (Erfahrungs-)Wissen pädagogischer Professionals als *Ressource* für die *gesamte Hochschulentwicklung* angesehen und genutzt werden sollte. Die pädagogischen Professionals reflektieren nicht nur ihr hochschuldidaktisches Handeln, sondern beleuchten und analysieren zugleich dessen Bedingungsfeld, d.h. die hochschulischen Strukturen und Rahmenbedingungen. Diese Ressource sollte für die Entwicklung neuer Gestaltungskonzepte genutzt werden.

Die Ergebnisse der zweiten Untersuchung zeigen (vgl. Kapitel 10), wie die Studierenden der Folkwang Universität der Künste das hybride Lehr- und Lernarrangement Interkulturelles Online-Mentoring genutzt haben, das unter Rückgriff auf die entwickelten Gestaltungsprinzipien und unter Berücksichtigung der identifizierten kritischen Erfolgsfaktoren konzipiert und umgesetzt wurde. Zur Überprüfung der Praxistauglichkeit der formulierten Gestaltungsprinzipien wurde der konstitutive Beitrag des Lernhandelns der Studierenden mit Hilfe eines bestimmten Handlungsausschnitts in den Blick genommen: die Auswahl der Lernaufgaben und die Bestimmung der Artefakte für das E-Portfolio.

Die aufgezeigten *Unterschiede und Gemeinsamkeiten* in der Lerngruppe in Bezug auf die Auswahl der Lernaufgaben zeigen nicht nur, dass der Diversität der Studierenden und der Forderung nach Kompetenzorientierung Rechnung getragen wurde, sondern führen auch zu der Schlussfolgerung, dass didaktischen Überlegungen ein erweitertes Diversitätsverständnis zugrunde liegen muss. Ein eingeschränktes Diversitätsverständnis (Diversität als Unterschiede) läuft Gefahr, Studierende auf bestimmte Verhaltensweisen oder Zugänge von vornherein festzuschreiben. Diese Zuschreibung hat folglich auch eine Nivellierung der Vielfalt (Gleichmachung) in der Wissensumsetzung zur Folge. Die Vielfalt in der Wissensumsetzung wurde anhand der *Unterschiede und Gemeinsamkeiten* in der Lerngruppe in Bezug auf die Bestimmung ihrer Artefakte sichtbar. Die Ergebnisse zeigen ferner, dass sich die *Dreiteilung* der Aufgaben in Bezug auf die Merkmale *Komplexität* und *Variation* bewährt hat.

Gemäß den Ergebnissen der Befragung in der abschließenden Sitzung bewerteten die Studierenden das E-Portfolio als Methode wie auch die Bedienbarkeit zentraler Funktionen der Software Mahara positiv.

Zusammenfassend konnten wichtige Erkenntnisse gewonnen werden, die aufzeigen, wie ein hybrides Lehr- und Lernarrangement im Kontext einer Kunst- und Musikhochschule ausgestaltet werden kann, um der Diversität der Studierenden und der Forderung nach Kompetenzorientierung Rechnung zu tragen. Indem die Gestaltungsprinzipien auf eine konkrete Lehr- und Lernsituation angelegt wurden, wurde aufgezeigt, *wie* zentrale Merkmale didaktischer Elemente *handlungspraktisch* ausgestaltet werden können, um der Diversität der Studierenden und der Forderung nach Kompetenzorientierung gerecht zu werden (F1), und inwiefern E-Elearning (zusätzliche) Möglichkeiten für die Ausgestaltung didaktischer Elemente bereithält (F2).

Damit wurden die zentralen Forschungsfragen ausführlich beantwortet und die formulierten Zielsetzungen eingelöst.

Abschließend lassen sich zusammenfassend *Handlungsempfehlungen* für eine *diversitäts-* und *kompetenzorientierte* (Hochschul-)Didaktik formulieren:

- Bei der Bestimmung von Lernzielen sind verschiedene Kompetenzbereiche sowie damit verbundene Handlungs- und Wissensdimensionen zu berücksichtigen und auszuweisen.
- In der didaktischen Konzeption von Lehrveranstaltungen sollten Wahlmöglichkeiten berücksichtigt werden, damit Studierende auch individuelle Aufgaben-Schwerpunkte setzen können.
- Bei der Bestimmung des Schwierigkeitsgrads einer Lernaufgabe sollten unterschiedliche Erkenntnis- und Wissensdimensionen berücksichtigt werden.
- In der didaktischen Konzeption sollten unterschiedliche Aufgabentypen berücksichtigt werden, um Studierenden eine Vielfalt an Bearbeitungsmöglichkeiten anzubieten.
- Die Bearbeitungszeit einer Lernaufgabe sollten Studierende selbst bestimmen können.
- Für die Bearbeitung von Lernaufgaben sollten unterschiedliche Sozialformen sowie die damit verbundenen Charakteristiken berücksichtigt werden.
- Lernmaterialien sollten differenziert ausgestaltet werden.
- In der didaktischen Konzeption sollte Peer-Feedback zur Einübung einer differenzierten Feedback-Kultur unterstützt werden.
- Die didaktische Konzeption sollte eine Dokumentation der Lernergebnisse der Studierenden unterstützen.
- Die didaktische Konzeption sollte eine reflexive Auseinandersetzung der Studierenden mit dem eigenen Lernprozess unterstützen.

Diese *Handlungsempfehlungen*, die sich an die Lehrenden richten, entbinden nicht die zuständigen Stellen (Hochschulen und Politik) von der Schaffung der hierfür erforderlichen Rahmenbedingungen und Qualifizierungsangebote (*kritische Erfolgsfaktoren*), ohne die eine Umsetzung nur schwer möglich ist.

11.3 Grenzen der Arbeit und Ausblick

Insgesamt leistet die vorliegende Arbeit einen Beitrag dazu, die Diversität der Studierenden *fern einer Zuschreibung* als didaktischen Ausgangspunkt in den Blick zu nehmen und aufzuzeigen, wie die Diversität der Studierenden und die Forderung nach Kompetenzorientierung in einer didaktischen Konzeption berücksichtigt werden kann. Zugleich wurde aufgezeigt, welche Rahmenbedingungen und Voraussetzungen erforderlich sind, um der Diversität der Studierenden und der Forderung nach Kompetenzorientierung *umfassend* Rechnung zu tragen. In der ersten Studie wurden Erkenntnisse gewonnen, die auch die *makrostrukturellen Rahmenbedingungen* in den Blick nehmen; in der zweiten Studie wurden Erkenntnisse für das *Gestaltungshandeln auf der Mikroebene* erzielt.

Kritisch gesehen basieren die Ergebnisse beider Studien nur auf einem kleinen Sampling; in der zweiten Untersuchung auf einem so genannten *Sampling durch Aktivierung* und auf einer *bestimmten mediendidaktischen Konzeption* mit einer *bestimmten Zielgruppe.*

Vor diesem Hintergrund können aufgrund der vorliegenden Erkenntnisse keine generalisierbaren Schlussfolgerungen gezogen werden. Dies war auch nicht das Anliegen der Arbeit.

Die Ergebnisse können jedoch genutzt werden, um Hypothesen abzuleiten und diese in weiteren Untersuchungen zu überprüfen. Auch tragen die Ergebnisse dazu bei, organisatorische und didaktische Ausgestaltungsmöglichkeiten für Lehr- und Lernveranstaltungen im Angebot *Schlüsselkompetenzen* im Kontext von Kunst- und Musikhochschulen aufzuzeigen. Ferner können die Ergebnisse einen Beitrag für die Weiterentwicklung von Qualifizierungsmaßnahmen in den Themenfeldern Diversität, Kompetenzorientierung und E-Learning leisten und Möglichkeiten der Gestaltung zentraler didaktischer Elemente in den Blick nehmen.

Darüber hinaus gilt es Formen der Leistungsbeurteilung zu entwickeln und zu erproben, welche die *didaktische Qualität* des zur Verfügung gestellten Handlungsspielraums berücksichtigen. Mit Hilfe der Portfolio-Methode können Rückschlüsse auf die Kompetenzen der Studierenden geschlossen werden (i.S.v. realized abilities). Zur Beurteilung der Kompetenzen ist es jedoch von zentraler Relevanz, den Blick nicht nur auf den gesamten Lernprozess der Studierenden zu richten (i.S.v. assessment for learning), sondern auch auf das didaktische Konzept. Die Ergebnisse dieser Arbeit haben gezeigt, dass das Verhältnis zwischen Angebot (didaktische Konzeption) und Performanz (Artefakte) eine Teil-Ganzes-Beziehung ist. Hier besteht ein beachtlicher Forschungsbedarf.

Weiterer Forschungsbedarf besteht in den Themenfeldern *Diversität als Zielbezug* und *Diversität als Methode.* Angesichts dessen, dass (kulturelle) Diversität sowohl Folge als auch zentrales Gestaltungselement der Bildungsexpansion ist, wird eine Diversitätskompetenz zum unverzichtbaren Bestandteil der Handlungskompetenz werden (Zielbezug). Und wenn Lernen nicht auf eine inhaltsbezogene Wissensaneignung begrenzt werden soll, sondern sich im Vollzug von Lernhandlungen in Kontexten mit Anderen situiert, bedeutet dies, die Diversität der Lernenden konstruktiv für Lernprozesse wirksam werden zu lassen (Methode).

Das Plädoyer für eine *diversitäts-* und *kompetenzorientierte* (Hochschul-)Didaktik lenkt den Blick nicht zuletzt auch auf die Kernaufgabe der Hochschulen: die Lehre.

Die Lehre steht an deutschen Hochschulen jedoch im Schatten der Forschung. Um der Diversität der Studierenden und der Forderung nach Kompetenzorientierung in der Hochschullehre gerecht werden zu können, bedarf es somit nicht zuletzt der „bedingungs- und kompromisslosen Umsetzung der Empfehlungen des Wissenschaftsrats zur Qualitätsverbesserung von Lehre und Studium" (Jorzik 2011, 24).

Literatur

Adorno, T.W. (1972): Zur Logik der Sozialwissenschaften. In: T.W. Adorno, R. Dahrendorf, J. Habermas & K.R. Popper (Hrsg.), *Der Positivismusstreit in der deutschen Soziologie*, 125-143. Darmstadt: Luchterhand.

Aeppli, J. (2005): *Selbstgesteuertes Lernen von Studierenden in einem Blended-Learning-Arrangement: Lernstil-Typen, Lernerfolg und Nutzung von webbasierten Lerneinheiten.* Universität Zürich: Zentralstelle der Studentenschaft der Universität Zürich.

Alberternst, C. (2007): Feedback geben – Feedback holen. In: B. Hawelka, M. Hammerl & H. Gruber (Hrsg.), *Förderung von Kompetenzen in der Hochschullehre. Theoretische Konzepte und ihre Implementation in der Praxis*, 165-179. Kröning: Asanger.

Anderson, L.W. & Krathwohl, D.R. (2001): *A taxonomy for learning, teaching, and assessing: a revision of Bloom's taxonomy of educational objectives.* New York: Longman.

Aretz, H.-J. & Hansen, K. (2002): *Diversity und Diversity Management im Unternehmen.* Münster: LIT.

Arnold, R. (1985): *Deutungsmuster und pädagogisches Handeln in der Erwachsenenbildung.* Bad Heilbrunn: Klinkhardt.

Arnold, R. (2001): Qualifikation. In: R. Arnold, S. Nolda & E. Nuissl (Hrsg.), *Wörterbuch Erwachsenenpädagogik.* Bad Heilbrunn: Klinkhardt.

Arnold, R. (2002): Von der Bildung zur Kompetenzentwicklung. In: *Report* (49), 26-38.

Arnold, R., Nolda, S. & Nuissl, E. (2001): *Wörterbuch Erwachsenenpädagogik.* Bad Heilbrunn: Klinkhardt.

Arnold, R. & Schüssler, I. (1996): Deutungslernen – ein konstruktivistischer Ansatz lebendigen Lernens. In: R. Arnold (Hrsg.), *Lebendiges Lernen*, 184-206. Baltmannsweiler: Schneider.

Arnold, R. & Schüssler, I. (1998): *Wandel der Lernkulturen. Ideen und Bausteine für ein lebendiges Lernen.* Darmstadt: Wissenschaftliche Buchgesellschaft.

Arnold, R. & Schüssler, I. (2001): Entwicklung des Kompetenzbegriffs und seine Bedeutung für die Berufsbildung und für die Berufsbildungsforschung. In: G. Franke (Hrsg.), *Komplexität und Kompetenz: Ausgewählte Fragen der Kompetenzforschung*, 52-74. Bielefeld: Bertelsmann.

Aschner, M. (1961): Asking questions to trigger thinking. *NEA Journal* (50), 44-46.

Astleitner, H. (2006): *Aufgaben-Sets und Lernen.* Frankfurt a.M.: Lang.

Atteslander, P. (2003): *Methoden der empirischen Sozialforschung.* Berlin: De Gruyter.

Bales, R.F. (1951): *Interaction Process Analysis.* Chicago: Chicago University Press.

Ballstaedt, S.-P. (1997): *Wissensvermittlung – Die Gestaltung von Lernmaterial.* Weinheim: Beltz.

Ballstaedt, S.-P. & Mandl, H. (1981): *Texte verstehen, Texte gestalten.* München: Urban Schwarzenberg.

Banathy, B.H. (1968): *Instructional systems.* Palo Alto: Fearon Publishers.

Banks, J.A. (2004): *Diversity and citizenship education.* San Francisco: Jossey-Bass.

Bargel, T., Müßig-Trapp, P. & Willige, J. (2008): Studienqualitätsmonitor 2007. Studienqualität und Studiengebühren. In: HIS (Hrsg.), *Forum Hochschule* (1). Verfügbar unter: http://www.his.de/pdf/pub_fh/fh-200801.pdf (15.10.2012).

Barr, R.B. & Tagg, J. (1995): From teaching to learning – a new paradigm for undergraduate education. *Change Magazine*, 27 (6), 12-25.

Barret, H. & Carney, J. (2005): Conflicting Paradigms and Competing Purposes in Electronic Portfolio Development. In: *Educational Assessment.* Verfügbar unter: http://helenbarrett.com/portfolios/LEAJournal-BarrettCarney.pdf (15.10.2012).

Barret, H.C. (2012): *What is an Electronic Portfolio?* Verfügbar unter: http://electronicportfolios.org/faq.html#1 (15.10.2012).

Bateman, S. & Zeithaml, C. (1993): Managing the Diverse Work Force. In: *Management Function & Strategies.* Homewood/Boston, 374-405.

Bauer, H.G. & Munz, C. (2004): Erfahrungsgeleitetes Handeln lernen – Prinzipien erfahrungsgeleiteten Lernens. In: F. Böhle, S. Pfeiffer & N. Sevsay-Tegethoff (Hrsg.), *Die Bewältigung des Unplanbaren*, 55-76. Wiesbaden: VS Verlag für Sozialwissenschaften.

Baumert, J. (1993): Lernstrategien, motivationale Orientierung und Selbstwirksamkeitsüberzeugungen im Kontext schulischen Lernens. In: *Unterrichtswissenschaft* (21), 327-354.

Baumgartner, P. (2007): Didaktische Arrangements und Lerninhalte – Zum Verhältnis von Inhalt und Didaktik im E-Learning. In: P. Baumgartner & G. Reinmann (Hrsg.), *Überwindung von Schranken durch E-Learning*. Innsbruck/Wien/Bozen: StudienVerlag, 149-176. Verfügbar unter: www.peter.baumgartner.name%2Fschriften%2Farticle-de%2Fdidaktik-und-lerninhalte.pdf (15.10.2012).

Baumgartner, P. (2011): *Taxonomie von Unterrichtsmethoden. Ein Plädoyer für didaktische Vielfalt*. Münster/New York u.a.: Waxmann.

Baumgartner, P., Himpsel, K. & Zauchner, S. (2009): *Einsatz von E-Portfolios an (österreichischen) Hochschulen: Zusammenfasung Teil 1 des BMBF-Abschlussbereichts „E-Portfolio an Hochschulen"*. Verfügbar unter: http://www.peter.baumgartner.name/schriften/publications de/pdfs/e-portfolio-projekt-zusammenfassung.pdf (15.10.2012).

Beck, U., Bonß, W., Lau, C. (2004): Entgrenzung erzwingt Entscheidung: Was ist neu an der Theorie der reflexiven Modernisierung? In: U. Beck & C. Lau (Hrsg.), *Entgrenzung und Entscheidung: Was ist neu an der Theorie der reflexiven Modernisierung?*, 13-62. Frankfurt a.M.: Suhrkamp.

Becker, M. (2006): Wissenschaftstheoretische Grundlagen des Diversity Management. In: M. Becker & A. Seidel (Hrsg.), *Diversity Management. Unternehmen- und Personalpolitik der Vielfalt*, 3-48. Stuttgart: Schäffer-Poeschel.

Becker, M. & Seidel, A. (2006): *Diversity Management. Unternehmens- und Personalpolitik der Vielfalt*. Stuttgart: Schäffer-Poeschel.

Behrens, M. (1997): Das Portfolio zwischen formativer und summativer Bewertung. In: *Beiträge zur Lehrerbildung*, 15 (2), 176-184.

Behrens, L. (2007): *Konservierung von Stereotypen mit Hilfe der Statistik*. Köln: Universität zu Köln (Hausdruckerei).

Bendl, R., Hanappi-Egger, E. & Hofmann, R. (2006): *Agenda Diversität: Gender- und Diversitätsmanagement in Wissenschaft und Praxis*. München/Mering: Hampp.

Bernien, M. (1997): Anforderungen an eine qualitative und quantitative Darstellung der beruflichen Kompetenzentwicklung. In: Arbeitsgemeinschaft Qualifikations-Entwicklungs-Management (Hrsg.), *Kompetenzentwicklung '97. Berufliche Weiterbildung in der Transformation – Fakten und Visionen*, 17-84. Münster/New York u.a.: Waxmann.

Biggs, J.B. & Collis, R.E. (1982): *Evaluating the quality of learning: The SOLO taxonomy*. New York: Academic Press.

Biggs, J. (2001): Enhancing Learning: A Matter of Style or Approach. In: R.J. Sternberg & L. Fang-Zhang (Hrsg.), *Perspectives on Thinking, Learning, and Cognitive Styles*, 61-84. Mahwah: Erlbaum.

Biggs, J. (2002): *Conceptualizing the curriculum through the idea of constructive alignment. Aligning curriculum, teaching and assessment to construct desired learning outcomes*. Verfügbar unter: http://www.pu.uu.se/pu-wiki/mediawiki/images/1/18/Biggs.conceptualizingthecurriculum.pdf (15.10.2012).

Bloom, H. (2000): Der Dozent als Coach. Neuwied: Schumacher.

Bloom, B.S., Englehart, M.B., Furst, E.J., Hill, W.H. & Krathwohl, D.R. (1956): *Taxonomy of Educational Objectives, the classification of educational goals – Handbook I: Cognitive Domain*. New York: McKay.

Boekaerts, M. (1999): Self-regulated learning: Where we are today. In: *International Journal of Educational Research* (31), 445-457.

Boekaerts, M. & Corno, L. (2005): Self-regulation in the classroom: A perspective on assessment and intervention. In: *Applied Psychology: An International Review*, 54 (2), 199-231.

Bönsch, M. (1995): *Differenzierung in Schule und Unterricht. Ansprüche – Formen – Strategien.* München: Ehrenwirth.

Bogner, A. & Menz, W. (2002): Das theoriegenerierende Experteninterview. Erkenntnisinteresse, Wissensformen, Interaktionen. In: A. Bogner, B. Littig & W. Menz (Hrsg.), *Das Experteninterview. Theorie, Methode, Anwendung,* 33-70. Opladen: Budrich.

Borkowski, J.G., Chan, L.K.S. & Muthukrishna, M. (2000): A process-oriented model of metacognition: Links between motivation and executive functioning. In: G. Schraw & J. Impara (Hrsg.), *Issues in the measurement of metacognition.* Lincoln: The University of Nebraska Press.

Bortz, J. & Döring, N. (2009): *Forschungsmethoden und Evaluation für Human- und Sozialwissenschaftler.* Heidelberg: Springer.

Brahm, T. & Seufert, S. (2007): "Ne(x)t Generation Learning": E-Assessment und E-Portfolio: halten sie, was sie versprechen? In: D. Euler & S. Seufert (Hrsg.), *SCIL-Arbeitsbericht* (13). Verfügbar unter: http://www.scil.ch/fileadmin/Container/Leistungen/Veroeffentlichungen/2007-03-brahm-seufert-next-generation-learning.pdf (15.10.2012).

Brauchle, B. (2008): Der Rolle beraubt: Lehrende als Vermittler von Selbstlernkompetenz. In: *Berufs- und Wirtschaftspädagogik* (13). Verfügbar unter: http://www.bwpat.de/ausgabe13/brauchle_bwpat13.shtml (15.10.2012).

Bremer, C. (2003): Lessons learned: Moderation und Gestaltung netzbasierter Diskussionsprozesse in Foren – Erfahrungen aus virtuellen Konferenzen und Gestaltungsoptionen von Foren im eLearning. In: M. Kerres & B. Voss (Hrsg.), *Digitaler Campus. Vom Medienprojekt zum nachhaltigen Medieneinsatz in der Hochschule,* 191-201. Münster/New York u.a.: Waxmann.

Brendel, S., Eggensberger, P. & Glathe, A. (2006): Das Kompetenzprofil von HochschullehrerInnen: Eine Analyse des Bedarfs aus Sicht von Lehrenden und Veranstaltenden. In: *Zeitschrift für Hochschulentwicklung,* 1 (2), 55-84. Verfügbar unter: http://www.zfhe.at/index.php/zfhe/article/view/128 (15.10.2012).

Breuer, C.A. (2009): Das Portfolio im Unterricht. Theorie und Praxis im Spiegel des Konstruktivismus. Münster/New York u.a.: Waxmann.

Brödel, R. (2002): Relationierungen zur Kompetenzdebatte. In: *Report* (49), 39-47.

Brophy, J. & Good, T. (1986): Teacher behaviour and student. In: M. Wittrock (Hrsg.), *Handbook of research on teaching.* New York: Macmillan.

Brosis, H.-B. & Koschel, F. (2001): *Methoden der empirischen Kommunikationsforschung. Eine Einführung.* Wiesbaden: Westdeutscher Verlag.

Brüning, L. (2006): Aufmerksamkeit fördern: Effiziente Formen der Partnerarbeit. In: *Deutschunterricht* (59), 14-17. Verfügbar unter: http://fachdidaktik-einecke.de/7_Unterrichtsmethoden/partnerarbeit_neu.htm (15.10.2012).

Brunner, I., Häcker, T. & Winter, F. (2009): *Das Handbuch Portfolioarbeit.* Bad Schussenried: Klett.

Bülow-Schramm, M. & Rebenstorf, H. (2011): *Neue Wege in die Hochschule als Herausforderung für die Studiengestaltung.* Verfügbar unter: http://www.migration-boell.de/web/integration/47_2767.asp (15.10.2012).

Bürner-Kotzam, R. & Jensen, J. (1988): Der deutsche Faschismus: Ideologie, Literatur, bildende Kunst und Architektur. Projektunterricht und Team-Teaching in der VR China. In: *Info DaF,* 15 (1), 65-75.

Bundesamt für Migration und Flüchtlinge (2008): *Die Einbürgerung von Ausländern in Deutschland.* Verfügbar unter: http://www.bamf.de/SharedDocs/Anlagen/DE/Publikationen/WorkingPapers/wp17-einbuergerung.pdf?__blob=publicationFile (15.10.2012).

Bundesministerium für Bildung und Forschung (2007): *Bildungsforschung Band 1: Zur Entwicklung nationaler Bildungsstandards.* Verfügbar unter: http://www.bmbf.de/pub/zur_entwicklung_nationaler_bildungsstandards.pdf (15.10.2012).

Bundesministerium für Bildung und Forschung (2010): *Internationalisierung des Studiums. Ergebnisse der 19. Sozialerhebung des Deutschen Studentenwerks.* Verfügbar unter: http://www.studentenwerke.de/pdf/Internationalisierungbericht.pdf (15.10.2012).

Bundesministerium für Bildung und Forschung (2010a): *Die wirtschaftliche und soziale Lage der Studierenden in der Bundesrepublik Deutschland 2009. 19. Sozialerhebung des Deutschen Studentenwerks.* Verfügbar unter: http://www.studentenwerke.de/pdf/Hauptbericht19SE.pdf (15.10.2012).

Bundesministerium für Bildung und Forschung (2012): *Der Bologna-Prozess: eine europäische Erfolgsgeschichte.* Verfügbar unter: http://www.bmbf.de/de/3336.php (15.10.2012).

Busch, F. & Mayer, T. (2002): *Der Online-Coach. Wie Trainer virtuelles Lernen optimal fördern können.* Weinheim: Beltz.

Buskist, W. & Saville, B.K. (2001): Creating positive emotional contexts for enhancing teaching and learning. In: *American Psychological Society*, 14 (3), 12-19.

Carell, A. (2006): *Selbststeuerung und Partizipation beim computerunterstützten kollaborativen Lernen. Eine Analyse im Kontext hochschulischer Lernprozesse.* Münster/New York u.a.: Waxmann.

Challis, D. (2005): Towards the mature ePortfolio: Some implications for higher education. In: *Canadian Journal of Learning and Technology*, 31 (3). Verfügbar unter: http://www.cjlt.ca/index.php/cjlt/article/view/93/87 (15.10.2012).

Centrum für Hochschulentwicklung (2012): CHE-QUEST. Ein Analysetool für das Hochschulmanagement. Verfügbar unter: http://www.che.de/downloads/Consult_Briefing_1_2___QUEST_Studierendentypen.pdf (15.10.2012).

Chomsky, N. (1980): *Rules and representations.* New York: Columbia University Press.

Clancey, W. (1993): Situated action: A neuropsychological interpretation. Response to Vera and Simon. In: *Cognitive Science* (17), 87-116.

Coffield, F., Moseley, D., Hall, E. & Ecclestone, K. (2004): *Learning styles and pedagogy in post-16 Learning: A systematic and critical review.* Verfügbar unter: http://www.leerbeleving.nl/wp-content/uploads/2011/09/learning-styles.pdf (15.10.2012).

Comenius, J.A. (1637/1963): *Vorspiele. Prodromos Pansophiae*, hrsg. und übers. v. H. Hornstein. Düsseldorf: Schwann.

Connell, M.W., Sheridan, K., & Gardner, H. (2003): On abilities and domains. In: R.J. Sternberg & E.L. Grigorenko (Hrsg.), *The psychology of abilities, competencies and expertise*, 126-155. Cambridge: Cambridge University Press.

Converse, J.M. & Presser, S. (1986): *Survey Questions. Handcrafting the Standardized Questionnaire.* Beverly Hills: Sage

Cox, T. & Blake, S. (1991): Managing Cultural Diversity: Implications for Organizational Competitiveness. In: *The Academy of Management Executive*, 5 (3), 45-56.

Cox, T. (1993): *Cultural Diversity in Organizations: Theory, Research and Practice.* San Francisco: Berrett-Koehler Publishers.

Crooks, T. (1988): The Impact of Classroom Evaluation on Students. In: *Review of Educational Research*, 58 (4), 438-481.

Crystal, A. & Ellington, B. (2004): *Task analysis and human-computer interaction: approaches, techniques, and levels of analysis.* Verfügbar unter: http://www.ils.unc.edu/~acrystal/AMCIS04_crystal_ellington_final.pdf (15.10.2012).

Czerwionka, T. & de Witt, C. (2007): *Studienbuch Mediendidaktik. Studientexte der Erwachsenenbildung.* Bielefeld: Bertelsmann.

Czerwionka, T., Knutzen, S. & Bieler, D. (2010): Mit ePortfolios selbstgesteuert lernen. Ein Ansatz zur Reflexionsförderung im Rahmen eines hochschulweiten ePortfoliosystems. In: *MedienPädagogik. Zeitschrift für Theorie und Praxis der Medienbildung* (18), 1-21. Verfügbar unter: *www.medienpaed.com/18/czerwionka1003.pdf* (15.10.2012).

D'Andrea, V. & Gosling, D. (2005): *Improving Teaching and Learning in Higher Education: A whole institution approach.* Maidenhead: Open University Press.

Dass, P. & Parker, B. (1999): Strategies for Managing Human Resource Diversity: From Resistance to Learning. In: *Academy of Management executive*, 13 (2), 68-80.

Deci, E.L. & Ryan, R.M. (1993): Die Selbstbestimmungstheorie der Motivation und ihre Bedeutung für die Pädagogik. In: *Zeitschrift für Pädagogik*, 39 (2), 223-238.

Deeke, A. (1995): Experteninterviews – ein methodologisches und forschungspraktisches Problem. In: C. Brinkmann, A. Deeke & B. Völkel (Hrsg.), *Experteninterviews in der Arbeitsmarktforschung. Diskussionsbeiträge zu methodischen Fragen und praktischen Erfahrungen. Beiträge zur Arbeitsmarkt- und Berufsforschung*, 7-22. Nürnberg: IAB.

Dehnbostel, P. (2003): *Informelles Lernen: Arbeitserfahrungen und Kompetenzerwerb aus berufspädagogischer Sicht*. Verfügbar unter: http://www.swa-programm.de/tagungen/neukirchen/vortrag_dehnbostel.pdf (15.10.2012).

Dehnbostel, P. & Pätzold, G. (2004): Lernförderliche Arbeitsgestaltung und die Neuorientierung betrieblicher Bildungsarbeit. In: Diess. (Hrsg.), *Innovationen und Tendenzen der betrieblichen Berufsbildung, Zeitschrift für Wirtschaftspädagogik* (ZBW), Beihefte (18), 19-30. Stuttgart: Steiner.

De Ridder, D. (2011): Brauchen Hochschulen ein Diversity Management? Chancen und Herausforderungen für das Hochschulmanagement. In: *Diversitas. Zeitschrift für Managing Diversity & Diversity Studies* (2), 73-81.

Deutscher Akademischer Austauschdienst (2008): *Lernergebnisse (Learning Outcomes) in der Praxis – Ein Leitfaden*. Bonn.

Dewe, B. (2005): *Bildung in der Lerngesellschaft*. Verfügbar unter: http://www.ccc-ag.de/cms/Downloads/Publikationen/Fachartikel/FestredeLerngesellschaft.pdf (15.10.2012).

Dewey, J.: *The Middle Works* (MW), 1-15: 1899-1924, hrsg. v. J.A. Boyston. Carbondale/Edwardsville: Southern Illionois.

Dick, W. & Carey, L. (1990): *Systematic design of instruction*. Glenview: Scott Foresman.

Dietz, G. (2007): Keyword: Cultural Diversity: A Guide Through the Debate. In: *Zeitschrift für Erziehungswissenschaft*, 10 (1), 7-30.

Dittmar, N. (2002): *Transkription. Ein Leitfaden mit Aufgaben für Studenten, Forscher und Laien*. Opladen: Budrich.

Dohmen, G. (2002): Lebenslang lernen – und wo bleibt die „Bildung"? In: *Report* (49), 8-14.

Drecoll, F. (2001): Von Vielschreibern und unbemerktem Rückzug: Moderation von virtuellen Konferenzen. In: *Wissensmanagement* (1), 39-42. Reutlingen: doculine.

Dreier, V. (1997): *Empirische Politikforschung*. München/Wien: Oldenbourg.

Duffy, T.M. & Jonasson, D.H. (1992): *Constructivism and the technology of instruction. A conversation*. Hillsdale: Erlbaum.

Ebersbach, A., Glaser, M. & Heigl, R. (2008): *Social Web*. Berlin: Springer.

Ehlers, U. (2004): *Qualität im E-Learning aus Lernersicht. Grundlagen, Empirie und Modellkonzeption subjektiver Qualität*. Wiesbaden: VS Verlag für Sozialwissenschaften.

Elbow, P. & Belanoff, P. (1991): State University of New York at Stony Brook. Portfolio-based Evaluation Programm. In: P. Belanoff & M. Dickson (Hrsg.), *Portfolios. Process and Product*, 3-16. Portsmouth: Heineman.

Ely, R.J. & Thomas, D.A. (2001): Cultural Diversity at Work: The Effects of Diversity Perspectives on Work Group Processes and Outcomes. In: *Administrative Science Quarterly*, 46 (2), 229-273.

Erpenbeck, J. & von Rosenstiel, L. (2003): *Handbuch Kompetenzmessung. Erkennen, Verstehen und Bewerten von Kompetenzen in der betrieblichen, pädagogischen und psychologischen Praxis*. Stuttgart: Schäffer-Poeschel.

Ertmer, P.A, Richardson, J.C., Belland, B., Camin, D., Connolly, P., Coulthard, G. et al. (2007): *Using peer feedback to enhance the quality of student online postings: An exploratory study*. Verfügbar unter: http://jcmc.indiana.edu/vol12/issue2/ertmer.html (15.10.2012).

Euler, D. & Hahn, A. (2004): *Wirtschaftsdidaktik*. Berlin/Stuttgart u.a.: Haupt.

Euler, D. & Seufert, S. (2005): Nachhaltigkeit von eLearning-Innovationen: Fallstudien zu Implementierungsstrategien von eLearning als Innovationen an Hochschulen. In: Diess.

(Hrsg.), *SCIL-Arbeitsbericht* (4). Verfügbar unter: http://www.e-teaching.org/projekt/fallstudien/2005-01-seufert-euler-nachhaltigkeit-elearning.pdf (15.10.2012).

Euler, D. & Seufert, S. (2005a): Learning Design: Gestaltung eLearning-gestützter Lernumgebungen in Hochschulen und Unternehmen. In: Diess. (Hrsg.), *SCIL-Arbeitsbericht* (5). Verfügbar unter: http://www.scil.ch/fileadmin/Container/Leistungen/Veroeffentlichungen/2005-09-seufert-euler-learning-design.pdf (15.10.2012).

Fassnacht, M. (2001): Vom Lehrenden zum Lernbegleiter. Konsequenzen einer Rollenveränderung. In: S. Dietrich (Hrsg.), *Selbstgesteuertes Lernen in der Weiterbildungspraxis*, 136-146. Bielefeld: Bertelsmann.

Faulstich, P. (2002): Verteidigung von „Bildung" gegen die Gebildeten unter ihren Verächtern. In: *Report* (49), 15-25.

Faulstich, P. & Zeuner, C. (1999): *Erwachsenenbildung: eine handlungsorientierte Einführung.* Weinheim/München: Juventa.

Fehr, U. (2004): Kooperative, additive und integrative Ansätze zur Vermittlung von Schlüsselkompetenzen – Das Heidelberger Modell. In: Stifterverband für die Deutsche Wissenschaft (Hrsg.), *Schlüsselkompetenzen und Beschäftigungsfähigkeit. Konzepte für die Vermittlung überfachlicher Qualifikationen an Hochschulen*, 31-32. Verfügbar unter: http://stifterverband.info/publikationen_und_podcasts/positionen_dokumentationen/schluesselkompetenzen_und_beschaeftigungsfaehigkeit_2004.pdf (15.10.2012).

Ferchhoff, W. (1986): Zur Differenzierung qualitativer Sozialforschung. Mit einem Vergleich von qualitativer und quantitativer Jugendforschung. In: W. Heitmeyer (Hrsg.), *Interdisziplinäre Jugendforschung. Fragestellungen, Problemlagen, Neuorientierungen*, 215-244. Weinheim: Juventa.

Fine, M.G. (1996): Cultural Diversity in the Workplace: The State of Field. In: *The Journal of Business Communication*, 33 (4), 485-503.

Fischer-Bluhm, K. (2005): Learning Outcome – ein Paradigmenwechsel? In: U. Welbers & O. Gaus (Hrsg.): *The Shift from Teaching to Learning. Konstruktionsbedingungen eines Ideals.* Blickpunkt Hochschuldidaktik, Bd. 116. Bielefeld: Bertelsmann.

Flechsig, K.H. (1996): *Kleines Handbuch didaktischer Modelle.* Eichenzell: Neuland.

Fleras, A. & Elliot, J.L. (2002): *Engaging diversity. Multiculturalism in Canada.* Scarborough: Nelson Thomson Learning.

Fletcher, J. & Tobias, S. (2005): The multimedia principle. In: R.E. Mayer (Hrsg.), *The Cambridge Handbook of Multimedia Learning*, 117-133. Cambridge: Cambridge University Press.

Flick, U. (1991): *Handbuch qualitativer Sozialforschung: Grundlagen, Konzepte, Methoden und Anwendungen.* München: Psychologie-Verlags-Union.

Flick, U. (1995): *Qualitative Forschung. Theorie, Methoden, Anwendung in Psychologie und Sozialwissenschaft.* Hamburg: Rowohlt.

Flick, U. (2004): *Triangulation. Eine Einführung.* Wiesbaden: VS Verlag für Sozialwissenschaften.

Folkwang Universität der Künste (2010): *Hochschulentwicklungsplan 2010-2020.* Essen.

Friedrich, H.F. & Hron, A. (2002): Gestaltung und Evaluation virtueller Seminare. In: U. Rinn & J. Wedeking (Hrsg.), *Referenzmodelle netzbasierten Lehrens und Lernens.* Münster/New York u.a.: Waxmann.

Friedrich, H.F. & Mandl, H. (1997): Analyse und Förderung selbstgesteuerten Lernens. In: Diess. (Hrsg.), *Enzyklopädie der Psychologie: Psychologie der Erwachsenenbildung*, Bd. 4, 237-276. Göttingen: Hofgrefe.

Gagné, R.M. (1965): *The conditions of learning.* New York: Holt, Rinehart & Winston.

Gagné, R.M. (1968): Learning hierarchies. In: *Educational Psychologist* (6), 1-9.

Gardenswartz, L., Cherbosque, J. & Rowe, A. (2008): *Emotional Intelligence for Managing Results in a Diverse World.* Mountain View/CA: Davies Black.

Gardenswartz, L. & Rowe, A. (1994): *Diverse Teams At Work. Capitalizing on the Power of Diversity.* Chicago: Irwin Professional Publishing.

Gardenswartz, L. & Rowe, A. (2010): *Managing Diversity: A Complete Desk Reference and Planing Guide.* New York: Mc Graw-Hill.

Garrison, D.R. & Anderson, T. (2003): *E-Learning in the 21st Century. A Framework for Research and Practice.* London/New York: RoutledgeFalmer.

Geißler, K.A. & Orthey, F.M. (2002): Kompetenz: Ein Begriff für das verwertbare Ungefähre. In: *Report* (49), 69-79.

Geppert, K. & Preuß, E. (1978): *Differenzierter Unterricht – konkret.* Bad Heilbrunn: Klinkhardt.

Gerlach, V. & Sullivan, A. (1967): *Constructing statements of outcomes.* Inglewood CA, Southwest Regional Laboratory for Educational Research and Development.

Gibbs, G. & Simpson, C. (2004): Conditions Under Which Assessement Supports Students' Learning. In: *Learning and Teaching in Higher Education* (1), 1-31.

Gieseke, W., Robak, S. & Wu, M.-L. (2009): *Transkulturelle Perspektiven auf Kulturen des Lernens.* Bielefeld: transcript.

Gläser, J. & Laudel, G. (2006): *Experteninterviews und qualitative Inhaltsanalyse.* Wiesbaden: VS Verlag für Sozialwissenschaften.

Gräsel, C., Bruhn, J., Mandl, H., & Fischer, F. (1997): Lernen mit Computernetzwerken aus konstruktivistischer Perspektive. In: *Unterrichtswissenschaft,* 25 (1), 4-18.

Grassian, E.S., & Kaplowitz, J.R. (2001): *Information literacy instruction: Theory and practice.* New York: Neal-Schuman.

Graus, O. & Welbers, U. (2005): *The Shift from Teaching to Learning: Konstruktionsbedingungen eines Ideals.* Bielefeld: Bertelsmann.

Greif, S. & Kurtz, H. (1996): *Handbuch selbstorganisiertes Lernen.* Göttingen: Verlag für Angewandte Psychologie

Gudjons, H. (2006): *Neue Unterrichtskultur – veränderte Lehrerrolle.* Bad Heilbrunn: Klinkhardt.

Güttner, A. (2011): Change Management und Diversität: Wie kommt ein neues Bewusstsein in die Hochschule? In: *Zeitschrift für Hochschulentwicklung,* 6 (3), 28-37. Verfügbar unter: http://www.zfhe.at/index.php/zfhe/article/download/319/429 (15.10.2012).

Haak, C. & Schmid, G. (1999): *Arbeitsmärkte für Künstler und Publizisten. Modelle einer zukünftigen Arbeitswelt? Veröffentlichungsreihe der Querschnittsgruppe Arbeit und Ökologie beim Präsidenten des Wissenschaftszentrums Berlin für Sozialforschung.* Verfügbar unter: http://skylla.wz-berlin.de/pdf/1999/p99-506.pdf (15.10.2012).

Häcker, T. (2005): Portfolio als Instrument der Kompetenzdarstellung und reflexiven Lernprozesssteuerung. In: *Berufs- und Wirtschaftspädagogik* (8). Verfügbar unter: http://www.bwpat. de/ausgabe8/haecker_bwpat8.pdf (15.10.2012).

Häcker, T. (2012): *Portfolio als Entwicklungsinstrument.* Verfügbar unter: http://www.portfolioschule.de/index.cfm?D497FE97E5534CAF95AF1D3E58626A8F (15.10.2012).

Haertel, T. & Jahnke, I. (2011): Wie kommt die Kreativitätsförderung in die Hochschullehre? In: *Zeitschrift für Hochschulentwicklung,* 6 (3), 238-245. Verfügbar unter: http://www.zfhe.at/index.php/zfhe/article/view/278 (15.10.2012).

Halle, S. & Griese, H.M. (1994): Sozialisationstheorie und Erwachsenenbildung. In: R. Tippelt (Hrsg.), *Handbuch Erwachsenenbildung,* 83-97. Opladen: Leske & Budrich.

Hargreaves, A. & Shirley, D. (2009): *The Fourth Way: The Inspiring Future for Educational Change.* Thousand Oaks, California: Corwin.

Hawelka, B. (2007): Problemorientiertes Lehren und Lernen. In: B. Hawelka, M. Hammerl & H. Gruber (Hrsg.), *Förderung von Kompetenzen in der Hochschullehre. Theoretische Konzepte und ihre Implementation in der Praxis,* 45-58. Kröning: Asanger.

Heimann, P., Otto, G. & Schulz, W. (1965): *Unterricht – Analyse und Planung.* Hannover/Dortmund u.a.: Schrödel.

Heinemann, S. & Spelsberg, K. (2013): Moderne Management-Anforderungen und akademische Grundleistungen: Eine förderliche Allianz für ein umfassendes Diversity Management an Hochschulen. In: K. Spelsberg (Hrsg.): *Einsichten und Aussichten – ein interdisziplinärer Auftakt.* Berlin/Münster u.a.: LIT (im Erscheinen).

Hermann, B. (1983): Zum Thema Qualifikation und Berufsausbildung. In: *Wirtschaft und Berufserziehung* (35), 202-207.

Himpsl-Gutermann, K. (2011). Selbstreflexion und Leistungsbewertung. In: T. Meyer, K. Mayr-berger, S. Münte-Goussar & C. Schwalbe (Hrsg.), *Kontrolle und Selbstkontrolle. Zur Ambiva-lenz von E-Portfolios in Bildungsprozessen*, 44. Wiesbaden: VS Verlag für Sozialwissenschaf-ten.

Hinze, U. & Blakowski, U. (2002): Anforderungen an die Betreuung im Online Lernen: Ergeb-nisse einer qualitativen Inhaltsanalyse im Rahmen der VFH. In: G. Bachmann, O. Haef-li & M. Kindt (Hrsg.), *Campus 2002. Die Virtuelle Hochschule in der Konsolidierungsphase*. Münster: Waxmann.

Hippner, H. (2006): Bedeutung, Anwendungen und Einsatzpotenziale von Social Software. In: *HMD* 252 (43). Verfügbar unter: http://www.learning-in-activity.com/images/2/20/Bedeu tung,_Anwendungen_und_Einsatzpotenziale_von_Social_Software.pdf (15.10.2012).

Hochschulrektorenkonferenz (2008): *Neue Anforderungen an die Lehre in Bachelor- und Master-Studiengängen*. Verfügbar unter: http://www.hrk-bologna.de/bologna/de/download/dateien/ Jahrestagung2008.pdf (15.10.2012).

Hochschulrektorenkonferenz (2010): *Studienreform nach Leuven. Ergebnisse und Perspekti-ven nach 2010*. Verfügbar unter: http://www.hrk-bologna.de/bologna/de/download/dateien/ Jahrestagung_2009_2seitig_internet.pdf (15.10.2012).

Hochschulrektorenkonferenz (2012): *Projekt nexus. Konzepte und gute Praxis für Studium und Lehre*. Verfügbar unter: http://www.hrk-nexus.de/fileadmin/redaktion/hrk-nexus/07-Downloads/07-02-Publikationen/nexus-Broschuere-Diversitaet.pdf (15.10.2012).

Hof, C. (2002): Von der Wissensvermittlung zur Kompetenzorientierung in der Erwachsenen-bildung? In: *Report* (49), 80-87.

Hof, C. (2009): *Lebenslanges Lernen – eine Einführung*. Stuttgart: Kohlhammer.

Hoffmann-Riem, C. (1980): Die Sozialforschung einer interpretativen Soziologie. Der Datenge-winn. In: *Kölner Zeitschrift für Soziologie und Sozialpsychologie*, 339-372.

Holzkamp, K. (1993): *Lernen. Subjektwissenschaftliche Grundlegung*. Frankfurt a.M./New York: Campus.

Honer, A. (1994): Das explorative Interview. Zur Rekonstruktion der Relevanzen von Expertin-nen und anderen Leuten. In: *Schweizerische Zeitschrift für Soziologie* (3), 623-640.

Hornung-Prähauser, V., Schaffert, S., Hilzensauer, W. & Wieden-Bischof, D. (2007): *E-Portfolio-Einführung an Hochschulen: Erwartungen und Einsatzmöglichkeiten im Laufe einer akademi-schen Bildungsbiographie*. Münster/New York u.a.: Waxmann.

House, J.H., & Javidan, M. (2004): "Overview of Globe." In: R.J. House, P.J. Hanges, M. Javidan, P.W. Dorfman & V. Gupta (Hrsg.), *Culture, Leadership, and Organizations: The GLOBE Study of 62 Societies*, 9-28. Thousand Oaks: Sage.

Huber, H.D. (2001): Interkontextualität und künstlerische Kompetenz: Eine kritische Auseinan-dersetzung. In: M. Bühler & A. Koch (Hrsg.), *Kunst und Interkontextualität: Materialien zum Symposium schau-vogel-schau*, 29-48. Köln: Salon.

Hug, T. (2004): *Bausteine zur Einführung von E-Learning in Unternehmen*. Wiesbaden: DUV

Humboldt, W. v. (1972/1999): Ideen zu einem Versuch, die Grenzen der Wirksamkeit des Staats zu bestimmen. In: W. Humboldt Werke, Bd. 1: *Schriften zur Anthropologie und Geschichte*, hrsg. v. W. Stahl. Stuttgart: Mundus.

Huschke, P. (1982): Wochenplanunterricht – Entwicklung, Adaption, Evaluation. Kritik eines Unterrichtskonzeptes und Perspektiven für seine Weiterentwicklung. In: W. Klafki, U. Schef-fer, B. Koch-Priewe, H. Stöcker, P. Huschke & H. Stang (Hrsg.), *Schulnahe Curriculument-wicklung und Handlungsforschung*, 200-278. Weinheim/Basel: Beltz.

Irons, A. (2008): *Enhancing Learning through Formative Assessment and Feedback*. New York: Routledge.

Issing, L.J. (1997): Wissensvermittlung mit Medien. In: H. Mandl & H. Spada (Hrsg.), *Wissens-psychologie*, 531-553. München/Weinheim: Psychologische Verlags Union.

Issing, L.J. (1998): Instructionsdesign für Multimedia. In: L.J. Issing & P. Klimsa (Hrsg.), *In-formation und Lernen mit Multimedia*. München/Weinheim: Psychologische Verlags Union.

Jacobs, B. (2002): *Aufgaben stellen und Feedback geben.* Verfügbar unter: http://psydok.sulb.uni-saarland.de/volltexte/2004/438/pdf/feedback.pdf (15.10.2012).

Jahnke, I. (2006): *Von der Dynamik sozialer Rollen beim Wissensmanagement – Soziotechnische Anforderungen an Communities und Organisation.* Dortmund: Deutscher Universitätsverlag.

Jahnke, I. & Wildt, J. (2011): *Fachübergreifende und fachbezogene Hochschuldidaktik.* Bielefeld: Bertelmann.

Jansen-Schulz, B., Kortendieck, B. & Poguntke, H. (2011): Diversity an nordrhein-westfälischen Hochschulen. In: *Studien Netzwerk Frauen- und Geschlechterforschung NRW* (11). Verfügbar unter: http://www.netzwerk-fgf.nrw.de/fileadmin/media/media-fgf/download/publikationen/Studie-11_Diversity-Studie-2011.pdf (15.10.2012).

Johnson, D.W., Johnson, R.T. & Stanne, M.B. (2002): *Cooperative Learning Methods: A Meta-Analysis.* Verfügbar unter: http://www.tablelearning.com/uploads/File/EXHIBIT-B.pdf (15.10.2012).

Johnston, W.B. & Packer, A.E. (1987): *Workforce 2000: Work and workers for the twenty-first century.* Indianapolis: Hudson Institute.

Jonassen, D.H. & Grabowski, B.L. (1993): *Handbook of individual differences, learning, and instruction.* Hillsdale: Erlbaum.

Jonassen, D.H., Tessmer, M. & Hannum, W.H. (1999): *Task Analysis Methods for Instructional Design.* Mahwah: Erlbaum.

Jorzik, B. (2011): Die Aufwertung der Lehre als wissenschaftspolitisches Desiderat. In: W. Benz, K. Kohler & K. Landfried (Hrsg.), *Handbuch Qualität in Studium und Lehre. Evaluation nutzen – Akkreditierung sichern – Profil schärfen!* Berlin: Raabe.

Jorzik, B., Klöckner, S. & Spelsberg, K. (2011): Qualitätsentwicklung in der Lehre unter Diversityaspekten. *Diversitas. Zeitschrift für Managing Diversity & Diversity Studies* (2), 33-40.

Jüngst, K.L. (1985): Zur Konstruktion von Aufgaben unter dem Aspekt der Optimierung von Lernprozessen. In: *Unterrichtswissenschaft* (3), 277-289.

Jung, R.H. & Schäfer, H.M. (2003): *Vielfalt gestalten – Managing Diversity.* Frankfurt a.M./London: Sage.

Kamentz, E. (2006): *Adaptivität von hypermedialen Lernsystemen. Ein Vorgehensmodell für die Konzeption einer Benutzermodellierungskomponente unter Berücksichtigung kulturbedingter Benutzereigenschaften.* Verfügbar unter: http://opus.bsz-bw.de/ubhi/volltexte/2011/90/pdf/509905455.pdf (15.10.2012).

Kassner, K. & Wassermann, P. (2002): Nicht überall, wo Methode draufsteht, ist auch Methode drin. Zur Problematik der Fundierung von ExpertInneninterviews. In: A. Bogner, B. Littig & W. Menz (Hrsg.), *Das Experteninterview. Theorie, Methode, Anwendung*, 95-111. Opladen: Budrich.

Kaufhold, M. (2006): *Kompetenz und Kompetenzerfassung. Analyse und Beurteilung von Verfahren der Kompetenzerfassung.* Wiesbaden: VS Verlag für Sozialwissenschaften.

Kerres, M. (2001): *Multimediale und telemediale Lernumgebungen: Konzeption und Entwicklung.* München: Oldenbourg.

Kerres, M. (2002): Online- und Präsenzelemente in Lernarrangements kombinieren. In: A. Hohenstein & K. Wilbers (Hrsg.), *Handbuch E-Learning.* München: DWD. Verfügbar unter: http://www.weiterbildungsportal.ch/mas/ndkele/didaktik/texte/online_und_praesenzelemente.pdf (15.10.2012).

Kerres, M. (2004): Gestaltungsorientierte Mediendidaktik und ihr Verhältnis zur Allgemeinen Didaktik. In: B. Dieckmann & P. Stadtfeld (Hrsg.), *Allgemeine Didaktik im Wandel*, 214-234. Bad Heilbrunn: Klinkhardt. Verfügbar unter: http://mediendidaktik.uni-duisburg-essen.de/system/files/m-didaktik-kerres.pdf (15.10.2012).

Kerres, M. (2012): *Mediendidaktik. Konzeption und Entwicklung mediengestützter Lernangebote.* München: Oldenbourg.

Kerres, M., Euler, D., Seufert, S., Hasanbegovic, J. & Voss, B. (2005): Lehrkompetenz für eLearning-Innovationen in der Hochschule. Ergebnisse einer explorativen Studie zu Massnahmen der Entwicklung von eLehrkompetenz. In: D. Euler & S. Seufert (Hrsg.), *SCIL-Arbeitsbe-*

richt (6). Verfügbar unter: http://www.atriumlinguarum.org/contenido/elehrkompetenz.pdf (15.10.2012).

Kerres, M., Hanft, A. & Wilkesmann, U. (2012): Implikationen einer konsequenten Öffnung der Hochschule für lebenslanges Lernen – eine Schlussbetrachtung. In: M. Kerres, A. Hanft, U. Wilkesmann & K. Wolff-Bendik (Hrsg.), *Studium 2020. Positionen und Perspektiven zum lebenslangen Lernen an Hochschulen*, 285-290. Münster/New York u.a.: Waxmann.

Kerres, M. & Nattland, A. (2007): Implikationen von Web 2.0 für das E-Learning. In: G. Gehrke (Hrsg.), *Web 2.0 – Schlagwort oder Megatrend?* Schriftreihe Medienkompetenz des Landes Nordrhein-Westfalen, 37-53. München: Kopaed.

Kerres, M., Nübel, I. & Grabe, W. (2004): Gestaltung der Online-Betreuung für E-Learning. In: D. Euler & S. Seufert (Hrsg.), *E-Learning in Hochschulen und Bildungszentren*, 335-349. München: Oldenbourg.

Kerres, M. & Petschenka, A. (2002): Didaktische Konzeption des Online-Lernens für Weiterbildung. In: B. Lehmann & E. Bloh (Hrsg.), *Online Pädagogik. Grundlagen der Berufs- und Erwachsenenbildung*, Bd. 29, 240-256. Baltmannsweiler: Schneider.

Kerres, M., Schmidt, A. & Wolff-Bendik, K. (2012): Didaktische Konzeption und Instruktionsdesign – der Vielfalt gerecht werden. In: M. Kerres, A. Hanft, U. Wilkesmann & K. Wolff-Bendik (Hrsg.), *Studium 2020. Positionen und Perspektiven zum lebenslangen Lernen an Hochschulen*, 37-43. Münster/New York u.a.: Waxmann.

Kerres, M., Stratmann, J., Ojstersek, N. & Preußler, A. (2010): Digitale Lernwelten in der Hochschule. In: K.-U. Hugger & M. Walber (Hrsg.), *Digitale Lernwelten*, 141-156. Wiesbaden: VS Verlag für Sozialwissenschaften.

Kerres, M. & de Witt, C. (2004): Pragmatismus als theoretische Grundlage für die Konzeption von eLearning. In: H.O. Mayer & D. Treichel (Hrsg.), *Handlungsorientiertes Lernen und eLearning*, 77-99. München: Oldenbourg.

Kirschner, P. A., Sweller, J., & Clark, R.E. (2006): Why Minimal Guidance During Instruction Does not Work: An Analysis of the Failure of Constructivist, Discovery, Problem-Based, Experiential, and Inquiry-Based Learning. In: *Educational Psychologist* 41 (2), 75-86.

Klafki, W. (1975): *Studien zur Bildungstheorie und Didaktik*. Weinheim: Beltz.

Klafki, W. & Stöcker, H. (1985): Differenzierung. In: W. Klafki (Hrsg.), *Neue Studien zur Bildungstheorie und Didaktik*. Weinheim: Beltz.

Klieme, E. & Hartig, J. (2008): Kompetenzkonzepte in den Sozialwissenschaften und im erziehungswissenschaftlichen Diskus. In: *Zeitschrift für Erziehungswissenschaft* (10), 11-32.

Knight, P.T. & Yorke, M. (2003): *Assessment, learning and employability*. Buckingham: Open University Press.

Köller, O. (2008): Lehr-Lernforschung. In: W. Schneider & M. Hasselhorn (Hrsg.), *Handbuch der Psychologie*, 210-222. Göttingen: Hogrefe.

Konrad, K. & Traub, S. (1999): *Selbstgesteuertes Lernen in Theorie und Praxis*. München: Oldenbourg.

Krathwohl, D.R., Bloom, B.S. & Masia, B.B. (1978): *Taxonomie von Lernzielen im affektiven Bereich*. Weinheim: Beltz.

Krautz, J. (2007): *Ware Bildung. Schule und Universität unter dem Diktat der Ökonomie*. Kreuzlingen/München: Diederichs/Hugendubel.

Krell, G. (1999): Managing Diversity. In: *Personalwirtschaft* (4), 24-26.

Krell, G. (2003): „Personelle Vielfalt in Organisationen“ als Herausforderung für Forschung und Praxis. In: H. Wächter (Hrsg.), *Personelle Vielfalt in Organisationen*, 219-232. München: Hampp.

Krell, G., Riedmüller, B., Sieben, B. & Vinz, D. (2007): *Diversity Studies. Grundlagen und disziplinäre Ansätze*. Frankfurta.M./New York: Campus Verlag.

Kromrey, H. (1998): *Empirische Sozialforschung*. Opladen: Budrich.

Kuckartz, U. (2007): *Einführung in die computergestützte Analyse qualitativer Daten*. Wiesbaden: VS Verlag für Sozialwissenschaften.

Kultusministerkonferenz (2005): *Ländergemeinsame Strukturvorgaben für die Akkreditierung von Bachelor- und Masterstudiengängen.* Verfügbar unter: http://www.kmk.org/wissenschaft-hochschule/studium-und-pruefung/bachelor-und-masterstudiengaenge/laendergemeinsame-strukturvorgaben-fuer-die-akkreditierung-von-bachelor-und-masterstudiengaengen. html (15.10.2012).

Kultusministerkonferenz (2011): *Handreichung für die Erarbeitung von Rahmenlehrplänen der Kultusministerkonferenz für den berufsbezogenen Unterricht in der Berufsschule und ihre Abstimmung mit Ausbildungsordnungen des Bundes für anerkannte Ausbildungsberufe.* Verfügbar unter: http://www.kmk.org/fileadmin/veroeffentlichungen_beschluesse/2011/2011_09_23-GEP-Handreichung.pdf (15.10.12).

Kultusministerkonferenz (2012): *Die Umsetzung der Ziele des Bologna-Prozesses 2009 – 2012. Nationaler Bericht von Kultusministerkonferenz und Bundesministerium für Bildung und Forschung unter Mitwirkung von HRK, DAAD, Akkreditierungsrat, fzs, DSW und Sozialpartnern.* Verfügbar unter: http://www.kmk.org/fileadmin/veroeffentlichungen_beschluesse/2012/2012_00_00-Bologna-Bericht-2009-2012.pdf (15.10.2012).

Kultusministerkonferenz & Bundesministerium für Bildung und Forschung (2012): *Bildung in Deutschland. Ein indikatorengestützter Bericht mit einer Analyse zur kulturellen Bildung im Lebenslauf.* Verfügbar unter: http://www.bildungsbericht.de/daten2012/bb_2012.pdf (15.10.2012).

Kurtz, H.J. (1998): Lernberater. In: S. Greif & H.J. Kurtz (Hrsg.): *Handbuch Selbstorganisiertes Lernen,* 109-113. Göttingen: Verlag für Angewandte Psychologie.

Kymlicka, W. (2000): Nation-Building and Minority Rights: Comparing East and West. In: *Journal of Ethnic and Migration Studies,* 26 (2), 183-212.

Lamnek, S. (2005): *Qualitative Sozialforschung.* Weinheim: Beltz.

Langer, I., Schulz von Thun, F. & Tausch, R. (1999): *Sich verständlich ausdrücken – Lernmaterialien.* München: Reinhardt.

Liebermann, S., Simons, G.F. & Berardo, K. (2004): *Putting diversity to work: How to successfully lead a diverse workforce.* Menlo Park CA: Crisp Learning.

Lienert, G.A. & Raatz, U. (1998): *Testaufbau und Testanalyse.* Weinheim: Beltz.

Linser, H.J. & Paradies, L. (2003): *Üben, Wiederholen, Festigen. Praxishandbuch für die Sekundarstufe I und II.* Berlin: Cornelsen.

Lipsmeier, A. (1982): Die didaktische Struktur des beruflichen Bildungswesens. In: *Enzyklopädie der Erziehungswissenschaft,* Bd. 9/1, 227-249. Stuttgart.

Lipsmeier, A. (2004): Von der institutionalisierten zur individualisierten beruflichen Weiterbildung? Wissensmanagement im Kontext betrieblichen Lernens. In: P. Dehnbostel & G. Pätzold (Hrsg.), *Innovationen und Tendenzen der betrieblichen Berufsbildung,* 162-173. Zeitschrift für Wirtschaftspädagogik (ZBW), Beihefte (18). Stuttgart: Steiner.

London, M. & Sessa, V.I. (2006): Group Feedback for Continuous Learning. In: *Human Resource Development Review,* 5 (3), 303-329.

Lowyck, J., Elen, J. & Clarebout, G. (2004): Instructional Conceptions: Analysis from an instructional design perspective. In: *International Journal of Educational Research* (41), 429-444.

Mager, R.-F. (1977): *Lernziele und Unterricht.* Weinheim/Basel: Beltz.

Mair, D. (2004): *e-Learning – das Drehbuch: Handbuch für Medienautoren und Projektleiter.* Berlin: Springer.

Mandl, H. & Krause, U.-M. (2001): Lernkompetenz für die Wissensgesellschaft. In: Diess. (Hrsg.), *Forschungsbericht* (145). Verfügbar unter: http://epub.ub.uni-muenchen.de/253/1/FB_145.pdf (15.10.2012).

Matsuba, R., Kubota, S.-I., Miyazaki, M., Nemoto, J., Kita, T., Suzuki, K. & Nakano, H. (2012): *An implementation of a learning porfolio.* Verfügbar unter: https://www.conftool.net/epic2012/index.php?page=browseSessions&path=adminSessions&presentations=show&print=yes&form_session=45 (15.10.2012).

Mattes, W. (2002): *Methoden für den Unterricht.* Paderborn: Schöningh.

Mayer, H. (2004): *Interview und schriftliche Befragung. Entwicklung, Durchführung und Auswertung.* München: Oldenbourg.

Mayer, R.E. (2005): *Multimedia learning.* New York: Cambridge University Press.

Mayring, P. (1996): *Einführung in die qualitative Sozialforschung.* Weinheim: Beltz.

Mayring, P. (2000): *Qualitative Inhaltsanalyse. Grundlagen und Techniken.* Weinheim: Beltz.

Mehlinger, H. (1995): *School reform in the information age.* Bloomington/Indiana University: Center for Excellence in Education.

Meisel, K. (2002): Selbststeuerung und professioneller Support. In: S. Kraft (Hrsg.), *Selbstgesteuertes Lernen in der Weiterbildung,* 127-143. Baltmannsweiler: Schneider.

MERIT (2006): *Study on the: Economic impact of open source software on innovation and the competitiveness of the Information and Communication Technologies (ICT) sector in the EU.* Verfügbar unter: http://ec.europa.eu/enterprise/sectors/ict/files/2006-11-20-flossimpact_en.pdf (15.10.2012).

Merril, M.D. (1991): Constructivism and Instructional Design. In: *Educational Technology,* 45-53.

Mertens, D. (1974): Schlüsselqualifikationen. Thesen zur Schulung für eine moderne Gesellschaft. In: *Mitteilungen aus der Arbeitsmarkt- und Berufsforschung* (7), 36-73. Stuttgart: Kohlhammer.

Metzger, C. & Schulmeister, R. (2010): *ZEITLast. Lehrzeit und Lernzeit: Studierbarkeit der BA-/BSc- und MA-/MSc-Studiengänge als Adaption von Lehrorganisation und Zeitmanagement unter Berücksichtigung von Fächerkultur und Neuen Technologien.* Verfügbar unter: http://www.uni-kassel.de/incher/gfhf/workload/metzger.pdf (15.10.2012).

Meuser, M. & Nagel, U. (1991): ExpertInneninterviews – vielfach erprobt, wenig bedacht. Ein Beitrag zur Methodendiskussion. In: D. Garz & K. Kraimer (Hrsg.), *Qualitativ-empirische Sozialforschung. Konzepte, Methoden, Analysen,* 441-471. Opladen: Westdeutscher Verlag.

Meuser, M. & Nagel, U. (1994): ‚Experteninterview‘. In: D. Nohlen (Hrsg.), *Lexikon der Politik,* 123-124. Frankfurt a.M.: Büchergilde Gutenberg.

Meuser, M. & Nagel, U. (1997): Das ExpertInneninterview. Wissenssoziologische Voraussetzungen und methodische Durchführung. In: B. Friebertshäuser & A. Prengel (Hrsg.), *Handbuch Qualitative Methoden in der Erziehungswissenschaft,* 481-491. Weinheim/München: Juventa.

Meyer, H. (1991): *Trainingsprogramm zur Lernzielanalyse.* Frankfurt a.M.: Hain.

Mieg, H.A. & Näf, M. (2005): *Experteninterviews in den Umwelt und Planungswissenschaften. Eine Einführung und Anleitung.* Verfügbar unter: http://www.mieg.ethz.ch/education/Skript_Experteninterviews.pdf (15.10.2012).

Mietzel, G. (2003): *Pädagogische Psychologie des Lernens und Lehrens.* Göttingen: Hogrefe.

Milliken, F.J. & Martins, L.L. (1996): Searching for Common Threads, Understanding the Multiple Effects of Diversity in Organizational Groups. In: *The Academy of Management Review,* 21 (2), 402-433.

Ministerium für Wissenschaft und Forschung NRW (2011): *Grußwort zum ersten Workshop im Rahmen des Diversity Audits.* Verfügbar unter: http://www.wissenschaft.nrw.de/objekt-pool/download_dateien/ministerium/Diversity_Management/Gru__wort_Diversity_Audit.pdf (15.10.2012).

Mitchell, R. (1992): *Testing for Learning. How new approaches to evaluation can improve American schools.* New York: The Free Press.

Möller, C. (1973): *Technik der Lernplanung. Methoden und Probleme der Lernzielerstellung.* Weinheim/Basel: Beltz.

Mosel, S. (2005): *Praktiken selbstgesteuerten Lernens anhand der Nutzung von web-basierten Personal-Publishing-Systemen.* Verfügbar unter: http://weblog.plasticthinking.org/media/1/diplomarbeit-weblogs-lernen.pdf (15.10.2012).

Müskens, I. (2001): Selbstverständnis, Aufgaben und Funktionen von Tutoren in Online-Lernumgebungen. In: Arbeitskreis Universitäre Erwachsenenbildung (Hrsg.), *Hochschule und Weiterbildung,* 29-34. Hamburg: AUE Informationsdienst.

Mulder, R.H. & Laubenbacher, S. (2007): Studierendenzentrierte Gestaltung von Hochschullehre. In: B. Hawelka, M. Hammerl & H. Gruber (Hrsg.), *Förderung von Kompetenzen in der Hochschullehre. Theoretische Konzepte und ihre Implementation in der Praxis*, 71-82. Kröning: Asanger.

Narciss, S. (2006): *Informatives tutorielles Feedback: Entwicklungs- und Evaluationsprinzipien auf der Basis instruktionspsychologischer Erkenntnisse*. Münster: Waxmann.

Niegemann, H. & Stadler, S. (2001): Hat noch jemand eine Frage? Systematische Unterrichtsbeobachtung zur Häufigkeit und kognitivem Niveau von Fragen im Unterricht. In: *Unterrichtswissenschaft*, 29 (2), 171-192.

Nielsen, J. (1994): Heuristic evaluation. In: J. Nielsen & R.L. Mack (Hrsg.), *Usability inspection methods*, 25-62. New York: John Wiley.

Noß, M. & Achtenhagen, F. (2000): Förderungsmöglichkeiten selbstgesteuerten Lernens am Arbeitsplatz. Eine empirische Untersuchung zur Ausbildung von Bank- bzw. Sparkassenkaufleuten. In: F.-J. Kaiser (Hrsg.), *Berufliche Bildung in Deutschland für das 21. Jahrhundert*, 235-256. Nürnberg: Bundesanstalt für Arbeit.

Ojstersek, N. (2009): *Betreuungskonzepte beim Blended Learning. Gestaltung und Organisation tutorieller Betreuung*. Münster/New York u.a.: Waxmann.

Olbrich, J. (2001): *Geschichte der Erwachsenenbildung in Deutschland*. Bonn: Bundeszentrale für politische Bildung.

Orth, H. (1999): *Schlüsselqualifikationen an deutschen Hochschulen. Konzepte, Standpunkte und Perspektiven*. Neuwied/Kriftel: Luchterhand.

Oser, F. & Patry, J.-L. (1990): *Choreographien unterrichtlichen Lernens. Basismodelle des Unterrichts*. Berichte zur Erziehungswissenschaft (89). Pädagogisches Institut der Universität Freiburg (Schweiz).

Paetz, N.V., Ceylan, F., Fiehn, J., Schworm, S. & Harteis, C. (2011): *Kompetenz in der Hochschuldidaktik. Ergebnisse einer Delphi-Studie über die Zukunft der Hochschullehre*. Wiesbaden: Verlag für Sozialwissenschaften.

Pätzold, G. (2008): Ist selbstgesteuertes Lernen Garant für die Nachhaltigkeit der Lernkompetenz? In: *Berufs- und Wirtschaftspädagogik* (4). Verfügbar unter: http://www.bwpat.de/ht2008/ft03/paetzold_ft03-ht2008_spezial4.pdf (15.10.2012).

Paivio, A. (1986): *Mental representations: A dual-coding approach*. New York: Oxford University Press.

Paulson, F.L., Paulson, P.R. & Meyer, C.A. (1991): What makes a Portfolio a Portfolio? Eight thoughtful guidelines will help educators encourage self-directed learning. In: *Educational Leadership*, 60-63.

Peterßen, W.H. (2004): *Lehrbuch allgemeine Didaktik*. München: Oldenbourg.

Petschenka, A., Ojstersek, N. & Kerres, M. (2004): Lernaufgaben gestalten. Lerner aktivieren mit didaktisch sinnvollen Aufgaben. In: A. Hohenstein & K. Wilbers (Hrsg.), *Handbuch E-Learning*. München: DWD.

Pfadenhauer, M. (2002): Auf gleicher Augenhöhe reden. Das Experteninterview – ein Gespräch zwischen Experte und Quasi-Experte. In: A. Bogner, B. Littig & W. Menz (Hrsg.), *Das Experteninterview. Theorie, Methode, Anwendung*, 113-130. Opladen: Budrich.

Porst, R. (1985): *Praxis der Umfrageforschung*. Stuttgart: Teubner.

Prengel, A. (1993): *Pädagogik der Vielfalt: Verschiedenheit und Gleichberechtigung in interkultureller, feministischer und integrativer Pädagogik*. Opladen: Budrich.

Presser, S. & Blair, J. (1994): Survey Pretesting: Do Different Methods Produce Different Results? In: *Sociological Methodology*, 73-104.

Quellmalz, E. (1987): Developing reasoning skills. In: J.B. Faron & R.J. Sternberg (Hrsg.), *Teaching thinking skills*, 86-105. New York: Freeman.

Raithel, J. (2006): *Quantitative Forschung. Ein Praxiskurs*. Wiesbaden: VS Verlag für Sozialwissenschaften.

Rathje, S. (2003): Ist wenig kulturelles Verständnis besser als gar keins? Problematik der Verwendung von Dimensionsmodellen zur Kulturbeschreibung. In: *Interculture Online-Journal of International Communication* (2), 1-12.

Rautenstrauch, C. (2001): *Tele-Tutoren. Qualifizierungsmerkmale einer neu entstehenden Profession.* Bielefeld: Bertelsmann.

Reich, K. (2006): *Konstruktivistische Didaktik. Lehr- und Studienbuch mit Methodenpool.* Weinheim/Basel: Beltz.

Reich, K. (2008): *Cognitive Apprenticeship. Methodenpool.* Verfügbar unter: http://methodenpool.uni-koeln.de/download/cognitive_apprenticeship.pdf (15.10.2012).

Reigeluth, C.M. (1983): Instructional design: what is it and why is it? In: C.M. Reigeluth (Hrsg.), *Instructional Theories and Models: An Overview of their Current Status*, 3-36. Hilsdale: Erlbaum.

Reinders, H. (2005): *Qualitative Interviews mit Jugendlichen führen. Ein Leitfaden.* München: Oldenbourg.

Reinmann, G. (2006): *Entwicklung und Evaluation interaktiver Lernaufgaben einer webbasierten Lernumgebung zum Thema Operantes Konditionieren.* Chemnitz: Technische Universität.

Reinmann, G. (2011): Selbstreflexion und Leistungsbewertung. In: T. Meyer, K. Mayrberger, S. Münte-Goussar & C. Schwalbe (Hrsg.), *Kontrolle und Selbstkontrolle. Zur Ambivalenz von E-Portfolios in Bildungsprozessen.* Wiesbaden: VS Verlag für Sozialwissenschaften.

Reinmann, G. & Eppler, M.J. (2008): *Wissenswege: Methoden für das persönliche Wissensmanagement.* Bern: Hans Huber.

Reinmann, G. & Jenert, T. (2011): Studierendenorientierung: Wege und Irrwege eines Begriffs mit vielen Facetten. In: *Zeitschrift für Hochschulentwicklung*, 6 (2), 106-122. Verfügbar unter: http://www.zfhe.at/index.php/zfhe/article/view/254/ (15.10.2012).

Reinmann-Rothmeier, G. (2003): *Didaktische Innovation durch Blended Learning. Leitlinien anhand eines Beispiels aus der Hochschule.* Bern: Huber.

Reinmann-Rothmeier, G. (2003a): Vom selbstgesteuerten zum selbstbestimmten Lernen. Sieben Denkanstösse und ein Plädoyer für eine konstruktivistische Haltung. In: *Pädagogik*, 55 (5), 10-13.

Reinmann-Rothmeier, G. (2003b): *Die vergessenen Weggefährten des Lernens: Herleitung eines Forschungsprogramms zu Emotionen beim E-Learning.* Verfügbar unter: http://campus2003.campus-innovation.de/program/de/html/new/SP_Didaktik_Rothmeier.pdf (15.10.2012).

Reinmann-Rothmeier, G., Mandl, H. & Erlach, C. (1999): Wissensmanagement in der Weiterbildung. In: R. Tippelt (Hrsg.), *Handbuch Erwachsenenbildung/Weiterbildung*, 753-768. Opladen: Budrich.

Reinmann-Rothmeier, G. & Mandl, H. (2001): Unterrichten und Lernumgebungen gestalten. In: A. Krapp & B. Weidenmann (Hrsg.), *Pädagogische Psychologie. Ein Lehrbuch*, 601-646. Weinheim: Beltz.

Reutter, G. (1998): Berufliche Weiterbildung im Umbruch – Was begründet die neuen Anforderungen an das Lehrpersonal? In: R. Klein & G. Reutter (Hrsg.), *Lehren ohne Zukunft? Wandel der Anforderungen an das pädagogische Personal in der Erwachsenenbildung*, 18-38. Baltmannsweiler: Schneider.

Riedinger, B. (2006): Mining for Meaning. In: A. Jafari & C. Kaufman (Hrsg.), *Handbook of research on ePortfolios*, 90-101. Hershey: Idea Group Reference.

Rihm, T. (2004): Portfolio: Baustein einer neuen Lernkultur? In: *Informationsschrift zur Lehrerbildung, Lehrerfortbildung und pädagogischen Weiterbildung* (67), 13-31.

Robinson, G. & Dechant, K. (1997): Building a Business Case for Diversity. In: *Academy of Management Executive*, 11 (3), 21-31.

Röbke, T. (2000): Kunst und Arbeit. Künstler zwischen Autonomie und sozialer Unsicherheit. Kulturforum der Sozialdemokratie. In: *Kultur in der Diskussion*, Nr. 7. Essen.

Röll, F.J. (2003): *Pädagogik der Navigation. Selbstgesteuertes Lernen durch Neue Medien.* München: kopaed.

Rössler, H. (1984): Aspekte des Lernens und des Lehrens an einer chinesischen Hochschule. Am Beispiel der 1. Fremdsprachenhochschule Beijing. In: B.D. Müller & G. Neuner (Hrsg.), *Praxisprobleme im Sprachunterricht*, 49-75. München: ludiucium.

Ropo, E. (1990): Teachers' questions: some differences between experienced and novice teachers. In: H. Mandl, E. de Corte, S.N. Bennett & H.F. Friedrich (Hrsg.), *Learning and Instruction. European Research in an International Context*. Volume 2.2: Analysis of Complex Skills and Complex Knowledge Domains, 114-128. Oxford: Pergamon Press.

Rosenberger, F. (2007): *Selbstorganisiertes Lernen und neue Technologien – Erwachsenenbildung vor neuen Herausforderungen*. Verfügbar unter: http://erwachsenenbildung.at/downloads/ themen/BMBWK_RosenbSelbstorgLernen.pdf (15.10.2012).

Rousseau, J.J. (1762/1997): *Emile oder über die Erziehung*, hrsg. und übers. v. S. Schmitz. Düsseldorf: Artemis und Winkler.

Rütter, T. (1973): *Formen der Testaufgabe*. München: Beck.

Rütter, T. (1978): Formen der Testaufgabe. In: K.J. Klauer (Hrsg.), *Handbuch der Pädagogischen Diagnostik*, 257-280. Düsseldorf: Schwann.

Salmon, G. (2004): *E-tivities – Der Schlüssel zu aktivem Online-Lernen*. Zürich: Orell füssli.

Salzburg Research Forschungsgesellschaft (2007): *Didaktische, organisatorische und technologische Grundlagen von E-Portfolios und Analyse internationaler Beispiele und Erfahrungen mit E-Portfolio-Implementierungen an Hochschulen*. Verfügbar unter: http://www.fnm-austria.at/ projekte/ePortfolio/Dateiablage/view/fnm-austria_ePortfolio_Studie_SRFG.pdf (15.10.2012).

Sauer, J. (2002): Das Forschungs- und Entwicklungsprogramm „Lernkultur Kompetenzentwicklung": Entstehung – Ziele – Inhalte. In: P. Dehnbostel, U. Elsholz, J. Meyer-Menk & J. Meister (Hrsg.), *Vernetzte Kompetenzentwicklung. Alternative Positionen zur Weiterbildung*, 45-63. Berlin: edition sigma.

Sauter, A.M. & Sauter, W. (2004): *Blended Learning: Effiziente Integration von E-Learning und Präsenztraining*. München: Leuchterhand.

Schaeper, H. & Briedis, K. (2004): *Kompetenzen von Hochschulabsolventinnen und Hochschulabsolventen, berufliche Anforderungen und Folgerungen für die Hochschulreform*. Verfügbar unter: http://www.bmbf.de/pub/his_projektbericht_08_04.pdf (15.10.2012).

Schelten, A. (2004): *Einführung in die Berufspädagogik*. Stuttgart: Steiner

Schmalz, S. (2007): Zwischen Kooperation und Kollaboration, zwischen Hierarchie und Heterarchie. Organisationsprinzipien und -strukturen von Wikis. In: C. Stegbauer, J. Schmidt & K. Schönberger (Hrsg.), *Wikis: Diskurse, Theorien und Anwendungen*. Verfügbar unter: http://www.soz.uni-frankfurt.de/K.G/B5_2007_Schmalz.pdf (15.10.2012).

Schmid, G. (2000): Arbeitsplätze der Zukunft: Von standardisierten zu variablen Arbeitsverhältnissen. In: J. Kocka & C. Offe (Hrsg.), *Geschichte und Zukunft der Arbeit*, 269-292. Frankfurt a.M./New York: Campus.

Schmit, J.S. & Appleman, D.A. (2000): Portfolios and the Politics of assessing Writing in Urban Schools. In: *Sunstein/Lovell*, 181-194.

Schnell, R., Hill, P.B. & Esser, E. (1999): *Methoden der empirischen Sozialforschung*. München: Oldenbourg.

Schneider, R., Szczyrba, B., Welbers, U. & Wildt, J. (2009): *Wandel der Lehr- und Lernkulturen*. Bielefeld: Bertelsmann.

Schulmeister, R. (2004): *Diversität von Studierenden und die Konsequenzen für eLearning*. Verfügbar unter: http://www.zhw.uni-hamburg.de/pdfs/Diversitaet.pdf (15.10.2012).

Schulmeister, R. (2004a): Didaktisches Design aus hochschuldidaktischer Sicht: Ein Plädoyer für offene Lernsituationen. In: U. Rinn & D.M. Meister (Hrsg.), *Didaktik und Neue Medien. Konzepte und Anwendungen in der Hochschule*, 19-49. Münster/New York u.a.: Waxmann.

Schulmeister, R. (2005): *Lernplattformen für das virtuelle Lernen – Evaluation und Didaktik*. München: Oldenbourg.

Schulmeister, R. (2007): *Grundlagen hypermedialer Lernsysteme*. München: Oldenbourg.

Schulmeister, R. (2012): *„Das Prüfungssystem muss weg"*. Verfügbar unter: http://derstandard. at/1331206927587/Rolf-Schulmeister-Das-Pruefungssystem-muss-weg (15.10.2012).

Schulz von Thun, F. (2005): *Miteinander reden 1: Störungen und Klärungen: Allgemeine Psychologie der Kommunikation*. Reinbek: Rowohlt.

Schüssler, I. (2004): *Determinanten einer nachhaltigen Kompetenzentwicklung*. Verfügbar unter: http://www.bibb.de/redaktion/fachkongress2002/cd-rom/PDF/03_4_04.pdf (14.12.2012).

Schwarz, J., Volkwein, K. & Winter, F. (2008): *Portfolio im Unterricht*. Minden: Klett/Kallmeyer.

Seel, N.M. (1981): *Lernaufgaben und Lernprozesse*. Stuttgart/Berlin u.a.: Kohlhammer.

Seel, N.M. (2000): *Psychologie des Lernens: Lehrbuch für Pädagogen und Psychologen*. München: Reinhardt.

Seiler, T.B. & Reinmann, G. (2004): Der Wissensbegriff im Wissensmanagement: Eine strukturgenetische Sicht. In: G. Reinmann & H. Mandl (Hrsg.), *Psychologie des Wissensmanagements: Perspektiven, Theorien und Methoden*, 11-23. Göttingen: Hogrefe.

Sepehri, P. (2002): *Diversity und Managing Diversity in internationalen Organisationen*. München/Mering: Hampp.

Shuell, T.J. (1980): Learning theory, instructional theory, and adaptation. In: R.E. Snow, P.-A. Federica & W.E. Montague (Hrsg.), *Aptitude, learning, and instruction: cognitive process analyses of learning and problem solving* (2), 277-302. Hillsdale: Erlbaum.

Shute, V.J. (2008): Focus on Formative Feedback. In: *Review of Educational Research*, 78 (1), 153-189.

Sidler, F. (2007): *Vom Nationalen Qualifikationsrahmen (NQR) zu Learning Outcomes (LO) eines Studiengangs*. Verfügbar unter: http://www.web.uni-oldenburg.de/anrechnung/download/Oldenburg_-_NQF_und_Learning_Outcomes.ppt (15.10.2012).

Siebert, H. (2006): *Selbstgesteuertes Lernen und Lernberatung. Konstruktivistische Perspektiven*. Augsburg: ZIEL.

Sippel, S. (2009): Zur Relevanz von Assessment-Feedback in der Hochschullehre. In: *Zeitschrift für Hochschulentwicklung*, 4 (1), 1-22. Verfügbar unter: http://www.zfhe.at/index.php/zfhe/article/view/60/53 (15.10.2012).

Sippel, S. & Florian, A. (2008): *Die Bedeutung von Feedback im Blended Learning: Optimierung eines Feedback-Instruments in der Veranstaltung „Einführung in die qualitative Sozialforschung"*. Verfügbar unter: http://websquare.imb-uni-augsburg.de/2008-01/4 (15.10.2012).

Slavin, R.E. (1995): *Cooperative learning: Theory, research, and practice*. Boston: Allyn & Bacon.

Slembek, E. (2001): Feedback als hermeneutischer Prozess. In: E. Slembek & H. Geißner (Hrsg.), *Feedback. Das Selbstbild im Spiegel der Fremdbilder*, 63-79. St. Ingbert: Röhrig.

Söndermann, M. (2004): *Kulturberufe. Statistisches Kurzportrait zu den erwerbstätigen Künstlern, Publizisten, Designern, Architekten und verwandten Berufen im Kulturberufemarkt in Deutschland 1995-2003*. Verfügbar unter: http://www.miz.org/artikel/studie_kulturberufe.pdf (15.10.2012).

Spelsberg, K. (2010): Diversität und neue Medien als didaktisches Prinzip. In: *Zeitschrift für Hochschulentwicklung*, 5 (2), 25-46. Verfügbar unter: http://www.zfhe.at/index.php/zfhe/article/download/7/8 (15.10.2012).

Spelsberg, K. (2012): Diversität als hochschuldidaktisches Prinzip: Ein Praxisbeispiel zur Internationalisierung der Hochschullehre an der Folkwang Universität der Künste. In: HRK (Hrsg.): *Projekt nexus. Konzepte und gute Praxis für Studium und Lehre*, 15-17. Verfügbar unter: http://www.hrk-nexus.de/fileadmin/redaktion/hrk-nexus/07-Downloads/07-02-Publikationen/nexus-Broschuere-Diversitaet.pdf (15.10.2012).

Spelsberg, K. (2013): Kompetenzorientierung im Kontext von Lebenslangem Lernen an der Folkwang Universität der Künste. In: HRK (Hrsg.), *Bühne frei – Musik und darstellende Künste an deutschen Hochschulen*, 59-60.

Stangl, W. (2012): *Portfolio*. Verfügbar unter: http://arbeitsblaetter.stangl-taller.at/PRAESENTATION/portfolio.shtml (15.10.2012).

Steger, T. (2003): *Einführung in die qualitative Sozialforschung. Schriften zur Organisationswissenschaft*. Verfügbar unter: https://www.tu-chemnitz.de/wirtschaft/bwl5/forschung/schriften/doc/lehr_EinfqualSozialforschung.pdf (15.10.2012).

Steinke, I. (1999): *Kriterien qualitativer Forschung. Ansätze zur Bewertung qualitativempirischer Sozialforschung.* Weinheim: Juventa.

Stifterverband für die Deutsche Wissenschaft (2011): *Wirtschaft und Wissenschaft.* Verfügbar unter: http://www.stifterverband.de/publikationen_und_podcasts/wirtschaft_und_wissen schaft/wuw_2011-01.pdf (15.10.2012).

Stifterverband für die Deutsche Wissenschaft (2012): *Vielfalt gestalten. Kernelemente eines Diversity-Audits für Hochschulen.* Verfügbar unter: http://www.stifterverband.info/publika tionen_und_podcasts/positionen_dokumentationen/vielfalt_gestalten/vielfalt_gestalten.pdf (15.10.2012).

Stratmann, J., Preußler, A. & Kerres, M. (2009): Lernerfolg und Kompetenz bewerten. Didaktische Potenziale von Portfolios in Lehr-/Lernkontext. In: *MedienPädagogik. Zeitschrift für Theorie und Praxis der Medienbildung* (18), 1-19. Verfügbar unter: http://www.medienpaed. com/18/stratmann0912.pdf (15.10.2012).

Stratmann, J., Preußler, A. & Kerres, M. (2009a): Lernerfolg und Kompetenz: Didaktische Potenziale der Portfolio-Methode im Hochschulstudium. In: *Zeitschrift für Hochschulentwicklung*, 4 (1), 90-103. Verfügbar unter: http://www.zfhe.at/index.php/zfhe/article/view/55 (15.10.2012).

Strauss, A. (1988): *Qualitative Analysis for Social Scientists.* Cambridge: University Press.

Strijbos, J.W., Martens, R.L. & Jochems, W.M.G. (2003): *Designing for interaction: Six stepps to designing computer-supported group-based learning.* Verfügbar unter: http://media.leidenuniv. nl/legacy/Strijbos%20et%20al_2004_Designing%20for%20interaction_CAE_42_403-424.pdf (15.10.2012).

Studierendenwerk Hamburg (2010): Studentische Lebenswelt. Zur wirtschaftlichen und sozialen Lage der Studierenden in Hamburg. Verfügbar unter: http://www.studierendenwerk-hamburg.de/studierendenwerk/de/downloads/unternehmen/Sozialerhebung_Nr19_lang.pdf (15.10.2012).

Süß, S. & Kleiner, M. (2006): Diversity Management. Verbreitung in der deutschen Unternehmenspraxis und Erklärungen aus Neo-Institutionalistischer Perspektive. In: G. Krell & H. Wächter (Hrsg.), *Diversity Management: Impulse aus der Personalforschung*, 57-59. München/Mering: Hampp.

Szczyrba, B. & Wiemer, M. (2011): Forschungsfeld Tutorien: vom Nachhilfebetrieb zum Motor guter Lehre an Hochschulen. In: *Zeitschrift für Hochschulentwicklung*, 6 (3), 165-170. Verfügbar unter: http://www.zfhe.at/index.php/zfhe/article/view/360/443 (15.10.2012).

Tashakkori, A. & Teddlie, C. (1998): *Mixed Methodology. Combining Qualitative and Quantitative Approaches.* Thousand Oaks: Sage.

Taylor, F.W. (1913): *Die Grundsätze wissenschaftlicher Betriebsführung.* München: Oldenbourg.

Thomas, D.A. & Ely, J.E. (1996): Making Differences Matter: A New Paradigm for Managing Diversity. In: *Harvard Business Review*, 79-90.

Thomas, R.R. (1992): *Beyond Race and Gender: Unleashing the power of your total work force by managing diversity.* New York: Amacom.

Thomas, R.R. (1995): A Diversity Framework. In: M.C. Chemers, S. Oskamp & M.A. Constanz (Hrsg.), *Diversity in Organisations. New Perspectives for a Workplace*, 245-263. Thousand Oaks: Sage.

Thomas, R.R. (1996): *Redefining diversity.* New York: American Management Association.

Thomaschewski, J. (2005): Die mentorielle Betreuung im Online-Studium. In: *Limpact. Leitprojekte – Informationen Compact*, 45-48.

Tiaden C. (2006): *Selbstreguliertes Lernen in der Berufsbildung: Lernstrategien messen und fördern.* Verfügbar unter: http://edoc.unibas.ch/532/1/DissB_7762.pdf (15.10.2012).

Tietgens, H. (1981): *Die Erwachsenenbildung.* München: Juventa.

Tomczak, T. (1992): Forschungsmethoden in der Marketingwissenschaft – Ein Plädoyer für den qualitativen Forschungsansatz. In: *Marketing* (2), 77-87.

Tomlinson, C. (2003): *Fulfilling the promise of the differentiated classroom: Strategies and tools for responsive teaching.* Alexandria, VA: Association for Supervision and Curriculum Development.

Traxler, H. (1983): Chancengleichheit, In: M. Klant (Hrsg.), *Schul-Spott: Karikaturen aus 2500 Jahren Pädagogik.* Hannover: Fackelträger.

Treumann, K. (1986): Zum Verhältnis qualitativer und quantitativer Forschung. Mit einem methodischen Ausblick auf neue Jugendstudien. In: W. Heitmeyer (Hrsg.), *Interdisziplinäre Jugendforschung. Fragestellungen, Problemlagen, Neuorientierungen,* 193-214. Weinheim: Juventa.

Tulodziecki, G., Herzig, B. & Blömeke, S. (2004): *Gestaltung von Unterricht: eine Einführung in die Didaktik.* Bad Heilbrunn: Klinhardt.

Tyler, R.W. (1973): *Curriculum und Unterricht.* Düsseldorf: Schwann.

Ullrich (2011): *Kompetenzorientierung in der künstlerischen Instrumental- und Gesangsausbildung.* Verfügbar unter: http://www.hrk-nexus.de/uploads/media/Tagung-nexus-Experten workshop-Musik-Ullrich.pdf (15.10.2012).

Van Dijk, T.A. & Kintsch, W. (1983): *Strategies of discourse comprehension.* New York: Academic Press.

Värlander, S. (2008): The role of students' emotions in formal feedback situations. In: *Teaching in Higher Education,* 13 (2), 145-156.

Vedder, G. (2005): Diversity Management – Quo vadis? In: *Personal* (5), 20-22.

Vogel, B. (1995): „Wenn der Eisberg zu schmelzen beginnt …" Einige Reflexionen über den Stellenwert und die Probleme des Experteninterviews in der Praxis der empirischen Sozialforschung. In: C. Brinkmann, A. Deeke & B. Völkel (Hrsg.), *Experteninterviews in der Arbeitsmarktforschung. Diskussionsbeiträge zu methodische Fragen und praktischen Erfahrungen. Beiträge zur Arbeitsmarkt- und Berufsforschung,* 73-84. Nürnberg: IAB.

Vogel, R. & Wippermann, S. (2005): *Dokumentation didaktischen Wissens in der Hochschule.* Verfügbar unter: http://www.wissenschaftsforschung.de/JB04_27-41.pdf (15.10.2012).

Volmerg, U. (1983): Validität im interpretativen Paradigma. Dargestellt an der Konstruktion qualitativer Erhebungsverfahren. In: P. Zedler & H. Moser (Hrsg.), *Aspekte qualitativer Sozialforschung. Studien zur Aktionsforschung, empirischen Hermeneutik und reflexiver Sozialtechnologie,* 124-143. Opladen: Budrich.

Vygotsky, L. (1978): *Mind in Society: The development of higher psychological processes.* Cambridge: Harvard University Press.

Wagner, D. & Sepehri, P. (2000): Managing Diversity – Wahrnehmung und Verstädnis im internationalen Personalmanagement. In: *Personal* (9), 456-461.

Wahl, D. (2006): *Lernumgebungen erfolgreich gestalten. Lehr- und Lernmethoden für Erwachsenenbildung, Hochschuldidaktik und Unterricht.* Bad Heilbrunn: Klinkhardt.

Walgenbach, K., Dietze, G., Hornscheidt, A. & Palm, A. (2007): *Gender als interdependente Kategorie. Neue Perspektiven auf Intersektionalität, Diversität und Heterogenität.* Opladen: Budrich.

Watson, P. (2002): The role and integration of learning outcomes into the educational process. In: *Active Learning in Higher Education,* 3 (3), 205-219.

Wei, J. & Salvendy, G. (2004): The cognitive task analysis methods for job and task design: review and reappraisal. In: *Behaviour & Information Technology* (23), 273-299.

Weidenmann, B. (1997): Multicodierung und Multimodalität im Lernprozeß. In: L.J. Issing & P. Klimsa (Hrsg.), *Information und Lernen mit Multimedia,* 65-84. Weinheim: Beltz.

Weinberg, J. (1996): Kompetenzlernen. In: *QUEM-Bulletin 1.*

Weinert, F.E. (1996): Lerntheorien und Instruktionsmodelle. In: Ders. (Hrsg.), *Enzyklopädie Pädagogische Psychologie,* Bd. 2, 1-48. Göttingen: Hogrefe.

Weinert, F.E. (1997): *Psychologie des Unterrichts und der Schule.* Göttingen: Hogrefe.

Weinstein, C.E. (1994): Strategic learning / strategic teaching: Flip sides of a coin. In: P.R. Pintrich, D.R. Brown & C.E. Weinstein (Hrsg.), *Student motivation, cognition, and learning,* 257-273. Hillsdale, NJ: Erlbaum.

Wenning, N. (2007): Heterogenität als Dilemma für Bildungseinrichtungen. In: S. Boller, E. Rosowski & T. Stroot (Hrsg.), *Heterogenität in Schule und Unterricht. Handlungsansätze zum pädagogischen Umgang mit Vielfalt*, 21-31. Weinheim/Basel: Beltz.

Wickens, C., Sandra, D. & Vidulich, M. (1983): Compatibility and resource competition between modalities of input, central processing, and output. In: *Human Factors: The Journal of the Human Factors and Ergonomics Society*, 25 (2), 227-248.

Wild, K.-P. & Schiefele, U. (1994): Lernstrategien im Studium: Ergebnisse zur Faktorenstruktur und Reliabilität eines neuen Fragebogens. In: *Zeitschrift für Differentielle und Diagnostische Psychologie* (15), 185-200.

Wild, K.-P. & Klein-Allermann, E. (1995): Nicht alle lernen auf die gleiche Weise … Individuelle Lernstrategien und Hochschulunterricht. In: B. Behrendt (Hrsg.), *Handbuch Hochschullehre*. Bonn: Raabe Verlag.

Wildt, J. (2002): Vom Lehren zum Lernen. Zum Wandel der Lernkultur in modularisierten Strukturen. In: B. Behrendt, H.P. Voss & J. Wildt (Hrsg.), *Neues Handbuch Hochschullehre*. Bonn: Raabe Verlag.

Wildt, J. (2004): ‚The Shift from Teaching to Learning‘ – Thesen zum Wandel der Lernkultur in modularisierten Studiengängen. In: H. Ehlert & U. Welbers (Hrsg.), *Qualitätssicherung und Studienreform. Strategie- und Programmentwicklung für Fachbereiche und Hochschulen im Rahmen von Zielvereinbarungen am Beispiel der Heinrich-Heine-Universität Düsseldorf*, 168-178. Düsseldorf.

Wildt, J. (2005): *Vom Lehren zum Lernen – hochschuldidaktische Konsequenzen aus dem Bologna-Prozess für Lehre, Studium und Prüfung*. Verfügbar unter: http://www.ewft.de/files/Wildt-05-Vom%20Lehren%20zum%20Lernen-hochschuldidaktische%20Konsequenzen.pdf (15.10.2012).

Wildt, J. (2007): Praxisbezug revisited – Zur hochschuldidaktischen Rekonstruktion von Theorie-Praxis-Verhältnissen in Studium und Lehre. In: M. Merkt & K. Mayrberger (Hrsg.), *Die Qualität akademischer Lehre. Zur Interdependenz von Hochschuldidaktik und Hochschulentwicklung*, 59-72. Innsbruck: Studienverlag.

Winkeler, R. (1979): *Innere Differenzierung. Begriff, Formen und Probleme*. Ravensburg: Maier.

Wissenschaftsrat (2008): *Empfehlungen zur Qualitätsverbesserung von Lehre und Studium*. Verfügbar unter: http://www.wissenschaftsrat.de/download/archiv/Qualitaetsverbesserung_Lehre.pdf (15.10.2012).

de Witt, C. (2005): E-Learning. In: J. Hüther & B. Schorb (Hrsg.), *Grundbegriffe der Medienpädagogik*, 74-81. München: KoPäd.

Wolf, W. (1995): Qualitative versus quantitative Forschung. In: E. König & P. Zedler (Hrsg.), *Bilanz qualitativer Forschung*, Bd. 1, 309-329. Weinheim: Deutscher Studien Verlag.

Wolter, A., Wiesner, G. & Koepernik, C. (2010): *Der lernende Mensch in der Wissensgesellschaft: Perspektiven lebenslangen Lernens*. Weinheim/München: Juventa.

Wood, P. (2003): *Diversity: The Intention of a concept*. San Francisco: Encounter Books.

Wunder, K. (2001): Feedback effektiv gestalten: Empirische Befunde zu Gestaltungsmerkmalen und Effekten. In: E. Slembek & H. Geißner (Hrsg.), *Feedback. Das Selbstbild im Spiegel der Fremdbilder*, 38-51. St. Ingbert: Röhrig.

Yin, R.K. (2003): *Case Study Research Design and Methods*. Thousand Oaks: Sage.

Sonstige Hilfsmittel

Duden (2004): *Die deutsche Rechtschreibung*. Mannheim: Brockhaus.

Kluge, F. (1999): *Etymologisches Wörterbuch der deutschen Sprache*. Berlin/New York: De Gruyter.

Stowasser, J.M., Petschenig, M. & Skutsch, F. (1980): *Der kleine Stowasser*. München: Freytag.

Weidenfeld, K.S. (2002): *Lexikon der schönsten Sprichwörter und Zitate*. München: Bassermann.

Anhang

Abbildungsverzeichnis

Tabellenverzeichnis